토론의 전사 8 - 독서 디베이트의 정석

독서 디베이트의 이론 및 실제
작품 중심으로 독서 디베이트 하는 법

토론의 전사

8

DEBATE

독서 디베이트의 정석

한결하늘

토론의 전사 8
배움과 깨달음의 지적 성장을 위하여

청소년기에 문제의식이 깃든 문학 작품을 읽고, 그 속에서 자신의 미래를 생각해 보는 경험은 매우 가치 있는 일이다. 문학 작품에 있는 등장인물의 삶을 자신의 삶과 견주어 보는 시간은 많을수록 좋다. 그래서 청소년기에 문학작품 읽기가 강조된다고 본다. 그런데 혼자 작품을 읽는 것보다는 같이 읽음으로써 지적 수용이 불가능했던 것이 상당 부분 해소될 수 있다는 믿음을 저자는 이 책을 통해서 공고화시켜주고 있다. 더 나아가 자신과 반대되는 견해를 받아들임으로써 토론의 가치가 빛을 발할 수 있음을 분명하게 보여주고 있다. 이 과정에서 자기 의견을 더 완전하게 무장시킬 수 있을 뿐만 아니라, 상대의 의견도 매우 의미 있음을 인식할 수 있도록 안내하고 있다.

저자는 여기서 한 걸음 더 나아간다. 자기와 다른 의견을 자신의 주장으로 삼아, 토론을 할 때 지적 지평이 넓어진다는 사실을 보여주고 있다. 그럼으로써 당연히 글쓰기에도 사고의 지평이 확대되어 감을 논지의 바탕에 깔고 있다. 토론을 통하여 문학 작품을 체화하는 경험은 청소년기에 무엇보다도 중요한 일이다. 문학작품 읽기와 토론을 연관 지은 책들이 꽤 있지만, 이 책이 더 돋보이는 것은 저자가 실제 토론수업을 통해서 얻은 다양한 사례가 풍성하게 영글어 있다는 것이다.

그동안 국어수업을 하면서 고민했던 독서와 토론, 글쓰기의 세 바퀴를 새로운 정비기술로 닦고 조이고 기름 친 수준을 넘어 인간을 대하는 따뜻한 시선은 한결같이 유효하다는 진실을 보여주는 책이라고 생각한다. 토론수업의 한가운데 서 있는 많은 선생님들과 아이들에게 정한섭 선생님의 신간 『토론의 전사 8』은 배움과 깨달음이라는 지적 성장의 쾌감을 제대로 느끼게 해줄 것으로 확신한다.

정우석(마산동중학교장)

정석 모르고 토론하지 마라

    어떤 한 사람을 보면 존재 자체로 경이감이 느껴지는 사람들이 있다.

    김연아나 노무현처럼 한 분야의 탁월함과 타고난 승부사의 기질로 세간의 이목을 받은 사람들이 있는가 하면 사람들과 그다지 어울리지 않아서 고독과 우수가 묻어나는, 좀 소슬한 분위기 속에서 조용히 자기 길을 걷는 그런 사람들. 이런 사람들은 간혹 이 사람의 보이지 않는 일상은 어떨까 궁금증을 유발하며 신비감을 준다. 장 지오노의 〈나무를 심는 사람〉을 처음 대면할 때 그러했다.

    정한섭 선생님의 두 번째 책 『토론의 전사 8: 독서 디베이트의 정석』(감히 정석이라니!)을 읽고 다시 그런 사람들이 떠올랐다. 선생님이 천재라거나 탁월한 승부사 혹은 한 분야의 길을 수십 년 걸어온 수도사라는 말은 아니다. 그런데 그가 쓴 글을 읽다보면, 특히 한평생을 책과 살아와서 그런지 독서에 대한 글을 읽으면 왠지 숙연해지면서 책을 대충 읽는 나의 자세를 반성한다.

책읽기나 글쓰기를 동지섣달 겨울 하늘 아래 달 곁을 휙 지나는 매처럼 비끼듯이 하는 나로서는 그가 대면하는 독서나 디베이트에 대한 진지함과 열정 속에서 어떤 경건함까지 느껴진다. 쿤데라가 말한 존재의 가벼움과 차원을 달리하는 다가가기 힘든 존재의 무거움. 그 무거움이 걸어온 발자국의 힘이 이렇게 책이 되는구나 싶다.

나도 책에 눈을 뜨고 살아온 지 삼십년, 토론 공부를 시작한지 십오년이 지났다. 정한섭 선생님과 읽어온 책의 분야가 달라서겠지만, 나는 책이 내 인생의 동지인지 적인지 모를 때가 많고 토론(debate) 또한 소통과 민주주의와 미래 혁명의 과도기에 선 지금 우리에게 얼마나 필요한지, 그 한계는 무엇인지를 끝없이 고민한다.

토론의 전사 4권에서 이미 정한섭 선생님의 책에 대한 애정과 디베이트에 대한 열정을 아는지라 '독서 디베이트의 정석'이란 이름으로 나온 이 책이 새삼스럽지는 않다. 무거운 학문보다는 가벼운 유희를 좋아하는 까닭에 논문이나 고전에 가까운 책들은 손에 잡지도 못하는 나로서는 이 책이 하나의 거대한 성문(城門)처럼 다가온다. 진짜, 제대로 된 독서와 토론의 성 안에 들어갈 수 있을까? 그동안 나는 토론의 전사이자 전도사인 양, 토론을 전파하고 다녔지만, 정작 나는 토론의 집 안에 깃들지 못하고 밖에서만, 길에서만 토론을 찾아헤맨 것은 아니었던가 돌아본다.

그리고 비로소 이 책 앞에서 왜 토론을 공부해야하는지, 토론이 독서와 어떤 운명의 사다리로 연결되어 있는지를 숙연히 깨닫는다. 이 책은 토론에 관한 한 하나의 정본이 되겠구나 싶다.

중고등학교 시절, 〈성문(成文) 영어〉 시리즈나 〈수학 정석(定石)〉을 만나지 않는 사람은 드물 것이다. 예의 도피증으로 나는 성문에 도전하지 못했고 정석을 이해하지도 못했다. 지금도 영어를 보면 울렁증을 느끼고 수학을 만나면 열등감부터 도는 까닭이 거기에 있겠지.

말을 잘하고 싶고, 더군다나 토론이라면 더더욱 잘하고 싶다는 학생들을 자주 만난다. 그들에게 토론과 말발은 왜 그리 중요할까? 말이 인생을 바꾸는 힘이라는 걸 이미 깨달은 걸까? 졸저 『토론의 전사1, 2』가 토론으로 들어가는 입문서라면 이 책 『토론의 전사 8: 독서 디베이트의 정석』은 토론의 알파와 오메가를 보여주는 말 그대로의 정석(定石)이다. 말을 잘하고 토론을 제대로 공부하고 싶다? 이 책에 도전(!)해보기를 권한다.

바둑 격언에 '정석을 배우면 잊으라'는 말이 있다. 맞는 말이다. '정석대로 두면 진다'는 말도 있지 않은가! 심지어 알파고들은 새로운 정석을 창조하기도 한다. 그러나 그들은 모두 정석의 후예들이다. 앞선 사람들의 고전적 지혜와 전통이 없었던들 과연 오늘날의 알파고가 나올 수 있었겠는가. 그래서 고수들이 '정석 모르고 바둑 두지 말라'고 하는 까닭이다.

동서양 기나긴 역사 속에서 발달해온 토론과 독서 문화에 정석이 따로 있을 리 없다. 그럼에도 저자가 감히 '정석'이라는 이름을 붙인 것은 이 책의 참고문헌이나 각주에 나와 있듯이 그 동안 한국 사회에 소개된 어지간한 토론책들은 이미 섭렵한 상태에서 학생들과의 실전경험을 담아 숙성된 토론의 가치와 방법들을 정리했기 때문이다. 이

제 우리나라도 독서토론에 관한 정본, 정석 책 한 권을 가질 시기가 되었다.

추사가 세한도에서 '세한연후 지송백지후조'라고 소나무 잣나무는 추워진 뒤에야 그 강인함을 안다고 했다. 독서와 토론 공부가 세파의 어려움을 딛는 지조 공부는 아니지만, 논리와 정서의 강인함은 적어도 이런 정석 책 한 권 정도는 떼야 기를 수 있는 것 아니겠는가!

이 책이 얼마나 많은 독자들과 소통하고 교유할지는 모른다. 다만, 눈 밝고 귀 열린 많은 분들이 이 책을 통해 한 차원 높은 토론의 다른 세상을 가슴으로 만나길 염원할 뿐이다.

마산에 가면 책과 세상을 안주 삼아 술 한 잔 하고 싶다. 그의 술자리 독서토론 문화가 너무 궁금하니까!

유동걸(토론의 전사1, 2, 3, 질문이 있는 교실 저자)

깨어있는 시민을 위하여

나라고 하는 사람은 신들에 의한 민주주의에 붙어 있는 한 마리 쇠파리 같은 이요.
민주주의라고 하는 것은 그 움직임이 게으르고 굼뜨며,
살아 있으려면 따끔한 자극을 받아야 하는 거대하고 고결한 말(馬)이다.
– 소크라테스, 플라톤, 『소크라테스의 변명』, 30E[1]

근래 5년 동안 내 삶의 중심에는 학생들과 책을 읽고 디베이트 형식으로 토론하는 일이 자리 잡고 있다. 5년 전 아내가 근무하는 학교의 독서토론 동아리 학생을 지도했던 일이 시작이었다. 학생들과 작품을 읽고 다양한 이야기를 나누었다. 학생들이 작품에 대해 보다 깊이 있게 이야기할 수 있도록 질문을 만들어서 토의 형식으로 진행했다. 적극적으로 참여하는 학생들도 있었고 거의 말이 없어 발언을 유도해야 하는 학생도 있었다. 작품을 읽지 않고 온 학생도 있었다.

이런 학생들의 모습은 매우 익숙하다. 예전에 같은 학교 선생님들과 독서 모임을 했다. 그 때 선생님들의 모습과 토론 동아리 학생들의 모습이 다르지 않다. 선생님들과 독서 모임을 하고 나면 늘 허전했다.

---

1) 마사 누스바움(우석영 옮김), 『공부를 넘어 교육으로』, 궁리, 2012. 93쪽. 재인용.

이야기는 사방으로 흩어졌고 때론 책과 무관한 이야기로 모임이 끝났다. 작품에 대한 깊이 있는 분석은 이루어지지 않았고 작품이 달랐음에도 늘 비슷한 이야기들이 오갔다. 사람들을 만나고 이야기 나누는 것은 즐거웠지만 모임에 대한 회의도 들었다. 토론 동아리 학생들과 작품에 대해 이야기를 나눌 때도 비슷한 기분이었다.

뭔가 변화가 필요했다. 느슨함에 긴장을 불어넣을 방법은 없을까. 이런 고민에서 출발한 것이 '독서 디베이트'였다. 이 긴장은 나와 학생들 모두를 힘들게 할 것은 분명했다. 그래도 느슨함보다는 긴장이 필요하다는 생각이 앞섰다. 그 긴장감과 함께 나와 학생 모두 성장할 수 있을 테니까.

독서 디베이트는 마음 먹은 것보다 훨씬 힘들었다. 공부해야 할 것이 많았다. 우선 디베이트를 할 작품을 찾아야 했지만 쉽지 않았다. 한 작품에서 토론할 논제를 만들고 논제에 대해 찬반 양측이 사용할 수 있는 쟁점을 만들 수 있는 책이 많지 않았다. 아니, 책보다는 나 자신의 능력이 부족했는지도 모른다.

겨우 책을 선택하고 나도 문제는 계속되었다. 논제를 만드는 것은 무척 힘들었다. 논제를 만들기 위해서는 늘 쟁점을 염두에 두어야 한다. 찬성 측과 반대 측이 각각 사용할 수 있는 쟁점에 대한 논점이 3가지씩 있어야 했다. 작품만을 읽고 디베이트를 하는 형태였기 때문에 이 문제가 해결되지 않으면 논제를 만들 수 없었다. 고민에 고민을 거듭하면서 초창기에는 억지로라도 달마다 한 작품을 선정하고 그에 대해 논제와 쟁점을 만들었다. 한 달에 한 번씩 디베이트를 해야 했으므로 싫든 좋든 할 수밖에 없었다. 이런 시간들을 5년 정도 거치면서 30 작품을 선정하고 그에 대해 논제와 쟁점을 만들 수 있었다. 이 중에서 25 작품을 골라 『토론의 전사4: 고전 읽기와 독서토론』이란 책을 펴냈다.

학생들과 문학 작품을 읽고 독서 디베이트를 할 때 대상 작품을 선정하고 논제와 쟁점을 만드는 것 외에도 중요한 문제가 있다. 그것은 디베이트에 대한 이론을 공부하는 것이다. 찬반 대립형 토론은 일반적인 토의와 다른 엄격한 절차와 형식을 요구하기 때문에 이에 대한 이론적 공부가 반드시 필요하다. 독서토론을 찬반 대립형 토론으로 진행할 경우도 마찬가지로 토론 이론에 대한 공부가 필요하다. 학생들과 독서 디베이트를 하기 전에는 디베이트에 대한 이론적 지식이 거의 없었다. 단지 국어교과서에서 배운 토론의 정의와 논제에는 3가지가 있다는 것이 알고 있는 지식의 전부였으니까.

디베이트는 다른 말하기와 다르다. 논제, 쟁점, 논점, 디베이트 모형, 논증 등 공부할수록 알아야 할 것들이 점점 늘어났다. 근 5년 동안 논제와 쟁점을 만들면서 토론 이론들을 같이 공부했다. 하지만 정책 토론을 주로 다루고 있는 토론에 관한 이론서들은 독서 디베이트와 잘 맞지 않았다. 특히, 토론 모형, 입론의 서론부, 논증 등의 부분에서 기존의 정책 토론의 이론들은 문학 중심의 독서 디베이트와 잘 맞지 않았다. 그럼에도 어쩔 수가 없었다.

시중에 나와 있는 독서 토론이나 독서 디베이트라는 제목의 책들을 보면 독서 디베이트를 위한 이론을 소개하고 있지는 않다. 기존의 정책 토론 모형이나 이론을 조금 소개한 다음에 대부분 독서토론을 할 만한 책이나 그 책에서 토론할 수 있는 토론거리 정도를 간단하게 설명하고 있는 경우가 대부분이다. 그러므로 조금 이상해도 기존의 디베이트 이론에 독서 디베이트를 억지로 끼워 맞출 수밖에. 디베이트 이론을 공부할수록 이런 억지스러움을 차츰 인식하게 되었고 독서 디베이트에 맞게 기존의 디베이트에 대한 지식을 조금씩 수정하면서 정리했다.

학생들과 문학 작품으로 독서 디베이트를 하면서 독서 디베이트만을 위한 이론이나 방법을 다루는 책이 있으면 좋겠다고 생각하면서 거의 모든 토론과 관련한 책들을 사서 읽었다. 하지만 그런 책은 없었다. 그래서 미흡하나마 이 책을 쓴다.

이 책에서는 작품만을 가지고 독서 디베이트를 하는 방법을 소개한다. 디베이트의 이론적인 부분은 기존의 토론 책들을 참고하여 나름대로 독서 디베이트를 할 수 있도록 다듬었다. 그렇다고 해서 독서 디베이트를 위한 새로운 토론 이론을 정립한 것은 아니다. 기존의 사회 문제를 다루는 토론 이론들을 독서 디베이트에 적용하면서 약간 다듬은 정도이다.

이 책은 출발점에 불과하다. 기존의 디베이트 책들과 크게 다르지 않지만 부분 부분 5년 동안 함께 학생들과 디베이트를 하면서 느꼈던 문제점들과 고민을 담았고 나름의 개선점도 담고 있다. 아직 아이디어 차원이고 구체적인 이론을 담고 있지는 못하다.

이 책은 독서 디베이트에 필요한 이론들을 소개하면서 가능하면 많은 실제 사례를 담으려고 노력했다. 이론만으로 실제 토론에서 벌어지는 일들을 생생하게 알기는 어렵다. 토론 이론서들을 공부하면서 구체적인 사례들이 있으면 좋겠다는 생각을 여러 번 했다. 하지만 토론에서 오고간 말들을 정리해서 사례로 남겨 놓는 일은 쉽지 않다. 학생들의 토론 내용이 사례로 남겨놓을 만큼 논리 정연하고 일관성이 있는 경우는 많지 않기 때문이다. 그럼에도 이 책은 가능한 다양한 사례를 담으려고 노력했고, 학생들의 사례가 없는 경우는 직접 사례를 만들었다.

이론은 실제 사례와 만날 때 더욱 풍성해지고 알기 쉬워진다. 실제가 없는 이론은 공허한 느낌이 들고, 이론 없는 사례는 수많은 길 중에서 길을 잃게 한다. 이 책은 이론과 사례를 비슷한 정도로 담으려고 노력했지만 아쉬움은 여전히 많고 토론 이론에 대해서도 독학을 했기에 제대로 공부를 했는지 확신이 서지 않는다. 다만, 말할 수 있는 것은 나름 최선을 다했다는 사실이다.

깨어 있는 시민 의식과 토론은 민주주의의 근간이다. 고대 그리스의 소크라테스는 시민들이 깨어 있기를 원했다. 그는 젊은이들의 생각을 깨우기 위해 그들과 대화했고 결국 그들을 타락시킨다는 혐의로 죽음을 당한다.

소크라테스는 『소크라테스의 변론』에서 그리스를 덩치가 크고 혈통이 좋지만 그 덩치 때문에 굼뜬 말에 비유하면서 자신은 그 말에 붙어서 말에게 자극을 주는 등에[2]에 비유했다. 그는 자신을 그리스 사람들

---

2) 등엣과, 노랑등엣과, 동애등엣과, 재니등엣과 따위의 등에류를 통틀어 이르는 말. 몸빛은 대체로 누런 갈색이고 온몸에 털이 많으며 투명·반투명한 한 쌍의 날개가 있다. 주둥이가 바늘 모양으로 뾰족하고 겹눈이 매우 크다.

을 일깨우고 설득하고 나무라기를 결코 그만두지 않는 사람으로 표현하면서 자신을 그리스 사람들에게 준 신의 선물이라고 말한다. 그러면서 최후의 변론에서 자신을 위해서가 아니라 시민을 위해서 유죄 평결을 내리면 안 된다고 주장한다. 만약 자신을 사형에 처한다면 앞으로 자신과 같은 사람을 쉽게 찾아내기 어려울 것이라고 주장하면서.

소크라테스는 대화와 토론을 통해서 그리스 사람들의 정신을 일깨웠다. 말에 붙은 등에처럼 때론 귀찮은 존재일지라도 그 귀찮음은 사람들을 살아있게 한다. 시민이 깨어있지 않다면 민주주의는 단지 느리고 굼뜨고 불편한 제도일지도 모른다. 독재자들은 이를 민주주의의 결점으로 생각한다. 그들은 빠르게 결정하고 사람들을 일사분란하게 움직이게 만든다. 하지만 그 빠름은 역설적으로 느림보다 못하다. 민주주의의 느림은 긴 안목과 시각으로 본다면 오히려 빠름일 수 있다. 단, 조건은 시민들이 깨어 있어야 한다는 것.

오늘날 우리에게 소크라테스는 존재하지 않는다. 우리 각자는 서로에게 소크라테스와 같은 존재가 되어야 한다. 고민하고 질문하고 토론하면서 서로의 정신을 일깨워주는 존재가 되어야 한다. 이 책이 문학 작품을 읽고 올바른 가치를 고민하고 정신을 깨어있게 하는 데 조그만 도움이라도 되면 좋겠다.

이 책은 문학 작품 중심의 독서 디베이트를 가르치려는 선생님과 독서 토론을 배우고 싶어 하는 학생들을 위해서 쓴 책이지만 일반적인 토론을 공부하는 사람들에게도 충분히 도움이 될 수 있도록 썼다. 독서 디베이트를 중심에 두고 있긴 하지만 거의 모든 대립형 토론 방식에 도움이 된다. 부족한 점이 많지만 지난 5년의 시간을 담았기에 세상에 내놓을 만한 가치가 조금은 있다고 생각해서 출판하게 되었다. 부족한 부분은 계속 고쳐나갈 생각이다.

이 책은 나만의 저작물은 아니다. 함께 책을 읽고 토론한 마산동중학교 학생들과 함께 쓴 책이라고 해도 과언이 아니다. 그들이 있었기에 공부하고 고민하고 자료를 만들 수 있었다. 독서 디베이트를 함께 한 마산동중학교 학생들에게 먼저 고마움을 전한다.

마산동중학교에서 함께 근무했던 동료 선생님들께도 감사를 드린다. 내가 학생들과 독서 디베이트를 할 수 있었던 것은 동료 선생님들의 관심과 배려 덕분에 가능했던 일이다. 특별히 안경득 선생님과 이소영 사서 선생님, 양지우 사서 선생님, 김상미 복지사 선생님, 조혜영 복지사 선생님께 감사드린다. 안경득 선생님은 늘 독서 디베이트에 관심을 보여주셨고 원고를 읽고 꼼꼼하게 교정을 봐주셨다. 사서 선생님과 복지사 선생님은 학생들을 지도하는 데 필요한 여러 준비들을 해 주셨다.

무엇보다 정우석 교장 선생님과 최주식 교감 선생님께 감사드린다. 두 분의 관심과 지원 속에서 어느 해보다 편안한 마음으로 책을 읽고 글을 쓰고 학생들과 토론할 수 있었다. 교장 선생님께서는 보잘 것 없는 책에 추천사까지 써주셨다. 깊이 감사드린다.

나는 특별히 뛰어난 개인을 믿지 않는다. 물론 천재라고 불리는 극소수의 사람들이 있겠지만 우리들 대다수는 평범한 사람일 뿐이다. 그것이 무엇이든 누군가 남들과 다른 무엇을 성취했다면 그것은 그가 속한 조직의 문화와 개인의 노력이 결합될 수 있는 좋은 기회가 있었기 때문이라고 생각한다. 그런 면에서 마산동중학교에서 좋은 교장, 교감, 동료 선생님과 학생들을 만날 수 있었던 것은 행운이었다. 요즘 몸이 편찮으신 교감 선생님께서 빨리 건강해지시길 두 손 모아 기원한다.

이 책의 출판에 직접적인 도움을 주신 애린의 마음을 지닌 토론의 전사 유동걸 선생님께도 감사드린다. 이 책은 선생님의 제안으로 지금과 같은 모습을 갖게 되었다. 토론 공부를 하고 싶어 하는 사람이 있는 곳은 전국 어디를 마다않고 가시는 선생님의 열정이 놀라울 뿐이다. 그리고 『토론의 전사4: 고전 읽기와 독서 토론』을 출판해 주고, 이 번 책까지 출판해 준 한결하늘 출판사에도 감사의 마음을 전한다.

끝으로 늘 힘이 되는 사랑하는 아내 서영욱과 두 아들 재익과 재찬에게 고마움을 전한다. 밝고 활기차서 사람들을 즐겁게 해 주는 아내와 착한 두 아들이 곁에 있는 것에 감사한다. 이 책을 사랑하는 아내 서영욱에게 바친다.

너의 오관이 닫혀 있고, 네 마음이 죽었노라!
일어나라, 학생들이여, 세속의 병든 가슴을
붉은 아침 햇빛 속에 끊임없이 씻어내도록 하라!
— 괴테의 『파우스트』(이인웅 옮김) 중에서

이성이 있고 올바른 생각만 있으면,
기교를 부리지 않아도 연설은 저절로 나오는 법일세.
자네들이 말하고자 하는 것이 진지하다면,
말마디를 꾸미려고 애쓸 필요가 있겠는가?
— 괴테의 『파우스트』(이인웅 옮김) 중에서

제게 편견 하나를 주소서. 그러면 제가 세상을 움직이리다.
— 가브리엘 가르시아 마르케스의 『예고된 죽음의 연대기』(조구호 옮김) 중에서

당신이 옳을 수도 있고 내가 틀릴 수도 있다. 다만 서로 힘을 모으면
우리는 진리에 더욱 더 가까이 다가설 수 있을 것이다.
— 칼 포퍼의 『열린 사회와 그 적들』 중에서

1 토론과 독서 디베이트

1. 토론의 개념

토론의 개념은 토의(discussion)나 논쟁과 비교하여 살펴보면 훨씬 이해하기 쉽다. 토론은 논쟁보다는 토의와 다르다. 토론은 일정한 형식과 규칙이 있으나 토의는 그렇지 않다. 토의는 형식이 있다고 해도 대체적인 규범만 있다. 토의는 일종의 집단적 사고와 의사결정 과정으로서 협의를 통해 답을 구하는 것이 목적이다. 즉, 토의는 상호 협력적 의사소통 형식이다.

논쟁(contention)은 서로 대적하고 있는 상대에게 자기의 주장을 적극적으로 펼쳐 상대의 의견을 공격하거나 비판하는 대화의 방식이다. 토의와 마찬가지로 일정한 형식이나 규칙이 적용되지는 않는다.

토론은 논쟁의 형식을 취한다. 하지만 논쟁의 당사자가 정해진 형식과 절차에 따라 자신들의 주장을 제시한다는 점에서 차이가 있다. 토론이 논쟁의 형식을 취함은 토론의 어휘적인 의미를 통해서도 알 수 있다. 토론(討論)에서 討(토)는 언(言)과 촌(寸)으로, 론(論)은 언(言)과 륜(侖)으로 나눌 수 있다. 이 구분에 따르면 토(討)는 말을 나누거나 분석한다는 의미를, 륜(侖)은 말을 돌려가며 진행한다는 뜻을 지닌다. 분석적인 말하기를 돌려가며 진행하는 토론(討論)은 한자의 뜻을 해석하면 상대방을 공격하기 위해 치는(討) 말하기(論)이다. 즉 상대방을 토벌(討伐)하기 위한 말하기가 바로 토론이다. 영어로 토론(debate)은 나누어(de) 겨루다(battle)는 어원 그대로 나누어 겨루는 말싸움이다. 즉, 말하기(論) 싸움(爭)이 토론인 셈이다. 토론의 한자와 영어의 어휘적 의미를 통해서 토론이란 말 자체가 공격성을 내포하고 있음을 알 수 있다.

토론의 개념을 좀 더 정확히 알기 위해서는 토론이 성립되기 위한 조건을 생각해 보면 된다. 토론이 성립되기 위해서는 먼저 토론할 문제(주제)가 있어야 한다. 다음으로는 그 문제에 대해 찬성과 반대의 입장을 가진 토론자들이 있어야 한다. 토론에서 토론할 문제를 일반적으로 논제라 부른다. 논제에 대해 찬성하는 입장을 가진 토론자들을 찬성 팀 혹은 긍정 팀이라 부르고, 논제에 대해 반대하는 입장을 가진 토론자들을 반대 팀 혹은 부정 팀이라고 부른다.

논제에 대해 서로 다른 입장을 가진 토론자들이 논제를 놓고 토론할 때, 그 토론은 논쟁적 성격을 띨 수밖에 없다. 토론이 과열되면 자칫 인신공격을 포함한 감정적 다툼으로 흐를 우려도 있다. 또, 토론자들은 자신의 입장을 증명하기 위해서 상대의 말에 귀 기울이지 않고 일방적으로 자기주장만 반복할 가능성도 존재한다. 이를 막기 위해서는 토론의 규칙이 필요하다.

토론의 규칙은 찬성 측과 반대 측이 동일한 조건에서 토론할 수 있도록 보장하면서 토론을 생산적인 방향으로 이끌어 가도록 만들어져야 한다. 그러기 위해서 기본적으로 토론자의 수, 토론자의 발언 횟수와 발언하는 시간이 같아야 한다.

토론에서 양 팀은 상대방의 주장을 비판하고 자신들의 주장을 강화하면서 시종일관 자신들의 입장이 옳음을 주장하려 한다. 양 팀은 상대의 주장에 설득당하지 않을 것이다. 만약 상대방에게 설득을 당한다면 토론을 더 이상 할 필요가 없다. 그렇다면 토론에서 토론자들이 자신의 주장을 증명하여 설득할 대상이 존재해야 한다. 토론자들이 설득해야 할 대상은 일반적으로 청중이지만 교육토론에서는 심판이 설득해야 할 대상이다.

마지막으로 토론자들은 논리적으로 말해야 한다. 우리 팀의 주장을 입증하든 상대 팀의 주장을 반박(비판)하든 주장과 비판에는 반드시 이유와 근거자료가 있어야 한다. 토론자가 주장과 비판에 대해서 이유와 근거자료를 제시하는 것이 논증이다. 토론은 논증을 통해서 주장하고 비판해야 한다.

위의 논의들에서 토론이 성립하기 위한 조건들을 추출해 보면, 논제, 논제에 대한 찬반의 입장을 지닌 토론자, 토론의 규칙, 청중 혹은 심판, 논증이다. 이를 바탕으로 토론의 개념을 규정해 보자.

토론은 어떤 논제에 대해 찬성 측과 반대 측(긍정 측과 부정 측)이 논증을 통해서 자기 주장의 정당함을 내세우고 상대 주장의 부당함을 밝힘으로써 청중으로 하여금 합리적인 의사결정에 이르게 하는 상호 경쟁적 의사소통 형식이다.

　지금까지의 내용을 정리해 보면, 토론이란 갈등과 문제를 해결하기 위해 논의한다는 점에서 토의와 유사하다. 하지만 토론은 상대방의 주장을 비판하고 자신의 주장이 옳음을 내세우는 대립적 태도가 요구된다는 점에서 논쟁과 비슷하다. 그러나 토론은 하나의 논제를 둘러싸고 이루어지는 점, 찬성과 반대의 대립을 이룬다는 점, 주장이 타당함을 입증하고 설득한다는 점, 일정한 규칙과 심판이 있다는 점에서 토의나 논쟁과 다르다.

　위의 설명을 통해서 보듯 통상적으로 토론은 경쟁적 의사소통 방식이며 토의는 협력적 의사소통 방식으로 분류할 수 있다. 하지만 토론의 본질적인 목적이 상대와 경쟁해서 이기는 것은 아니다. 토론의 목적은 상대방의 생각에 대한 이해이다. 이 때, 상대의 생각을 이해하기 위한 수단으로 경쟁적 방식이 더 효과적이라고 판단해서 이를 택할 뿐이다. 일반적으로 토론을 경쟁토론과 비경쟁토론으로 구분하기도 하는데, 사람들이 경쟁토론에 대해 반감을 가지는 이유는 이를 충분히 이해하지 못하기 때문이다. 상대방의 생각을 이해하기 위해서 경쟁적 방식의 토론을 택할 것인지 비경쟁적 방식의 토론을 택할지는 토론 참가자, 토론 주제 등 다양한 환경적 요인을 고려해서 좀 더 교육적 효과가 있다고 생각되는 방식을 택하면 된다.
　토론에서 경쟁의 도입은 의사소통을 잘하기 위한 하나의 방편이다.

기본적으로 의사소통은 한 방향으로 이루어지지 않는다. 일방적 소통은 소통의 외양을 취할지라도 소통이 아니다. 모든 소통은 양방향적 상호소통이다. 경쟁 토론에서도 이를 충분히 강조해야 할 필요가 있다.

토론의 상대는 적이 아니다. 비록 논제에 대한 입장을 두고 경쟁하고 있지만 이 경쟁은 서로에 대한 이해와 배려를 전제로 한다. 이런 이해와 배려 자체가 없다면 소통은 이루어지지 않고 토론은 무의미하다. 토론에서 경쟁은 상대를 이기기 위한 경쟁이 아니라 자신들이 지닌 생각을 더 잘 끌어내기 위한 경쟁일 뿐이다. 토론에서 경쟁은 나와 상대가 좀 더 논리적이고 체계적으로 생각하도록 돕는 한 방편이다. 토의와 마찬가지로 토론은 문제를 해결하기 위한 대화의 한 방법이다. 토론은 논쟁적으로 문제를 해결하려는 의사소통의 한 방식이다.

신영복의 『강의』를 보면, 정어리와 메기에 대한 흥미 있는 이야기 나온다.

"노르웨이의 어부들은 바다에서 잡은 정어리를 저장하는 탱크 속에 반드시 천적인 메기를 넣는 것이 관습이라고 합니다. 천적을 만난 불편함이 정어리를 살아 있게 한다는 것이지요."[3]

토론에서 경쟁은 승부를 위한 것이 아니라 우리의 정신을 깨어 있게 하려는 한 방법이다. 이 책에서 신영복은 "불편함은 정신을 깨어

---

3) 신영복, 『강의: 나의 동양고전 독법』, 돌베개, 2004. 75-76쪽.

있게 합니다."라고 말한다. 토론에서의 경쟁은 역설적으로 말해서 협력을 위한 경쟁임을 잊지 말자. 토론에서 경쟁이 생산적인 것이 되기 위해서는 상대와 협력이 필수적이다. 상대를 적대적으로 대하는 것은 생산적 경쟁에 아무런 도움도 되지 않는다. 상대는 나의 정신이 깨어 있도록 도와주는 협력자임을 명심하자.

2. 토론의 종류

토론은 크게 교육토론(academic debate)과 응용토론(applied debate)으로 나뉜다. 교육토론은 학생들에게 교육적 기회를 주기 위해 교육 기관에서 시행되는 토론이며, 응용토론은 어떤 제안에 대해 결정을 내려야 하는 청중이나 재판관에게 제시되는 토론을 말한다.

학교 현장에서 많이 사용되는 토론 형식은 다섯 가지가 있다. 그것은 일반적으로 CEDA 토론이라고 알려진 정책 토론(Policy Debate), 칼 포퍼 토론(Karl Popper Debate), 의회식 토론(Parliamentary Debate), 링컨-더글라스 토론(Lincoln-Douglas Debate), 퍼블릭 포럼 디베이트(Public Forum Debate)이다.

우리가 앞으로 다룰 독서 디베이트는 교육 토론에 속하며, 주로 사용하는 토론의 모형은 칼 포퍼 토론이다.

3. 독서 디베이트의 의미와 역할

독서토론은 일반적으로 작품을 읽고 여러 사람들이 작품에 대해 함께 이야기를 나누는 모든 방식을 말한다. 즉, 독서토론에는 비교적 작품에 대해 자유롭게 이야기를 나눌 수 있는 토의 형식과 어떤 주제에 대해 서로 다른 입장을 가진 사람들이 찬반의 의견 대립을 중심으로 이야기를 나누는 형식이 있다. 보통 독서토론이라고 하면 첫 번째 방식을 의미하는 경우가 많고, 독서 토론대회에서 말하는 토론은 두 번째 방식을 의미하는 경우가 많다. 이 둘을 구분하기 위해서 찬반 대립 형태의 토론을 영어 글자 그대로 디베이트로 부르기도 한다. 이 책에서는 자유롭게 의견을 나누는 형태의 독서토론은 독서토의로, 이와 구분하기 위해서 찬반 대립형식으로 진행되는 독서토론은 독서 디베이트로 부른다.

일반적으로 사회 문제를 다루는 토론(앞으로 디베이트라 칭함)과 독서 디베이트는 거의 유사하지만 약간의 차이점도 존재한다. 둘의 유사한 면은 '디베이트'라는 말 속에, 둘의 차이는 '독서'란 말 속에 들어 있다.

두 토론은 형식이 거의 같다. 물론 독서 디베이트는 많은 경우 디베이트에서 사용하는 기존의 토론모형[4]을 변형시켜서 사용한다. 하지만 그 형식적 뿌리는 같다.

디베이트는 주로 사회 문제를 다룬다. 이에 반해서 독서 디베이트는 제시된 책을 매개로 해서 사회 문제를 토론한다. 디베이트가 세상과 내가 직접적으로 만나는 형식이라면 독서 디베이트는 그 중간에 책이 가로놓여 있다. 독서 디베이트는 책을 반드시 거쳐 가야 한다. 이

---

4) 예를 들면 정책 문제를 다루는 세다 토론 모형이나 칼 포퍼 토론 모형 등을 말한다.

말은 독서 디베이트는 사회 문제를 다루는 디베이트의 연장선에서 자신들의 입장을 증명하기 위한 논점이나 증거로 책 내용의 일부를 사용해야 한다는 의미이다. 독서 디베이트라고 해서 책만 가지고 토론하지는 않는다. 이러한 차이점에도 불구하고 디베이트와 독서 디베이트는 근본적으로 다르지 않다.

이 책에서 설명하는 독서 디베이트는 시사 문제를 다루는 기존의 디베이트와 다르며, 책(작품)을 매개로 찬반 토론을 하는 독서 디베이트와도 다르다. 형식적인 면에서는 같지만 내용적인 면에서는 상당히 다르다. 기존의 독서 디베이트가 주장을 증명하기 위한 논점이나 근거 자료를 찾기 위해서 책을 이용한다면, 우리가 앞으로 다룰 독서 디베이트는 한 권의 책(작품)만 가지고 토론한다. 이 책 속에서 주장을 입증하기 위한 모든 논점과 근거자료를 찾아야 한다. 이를 우리는 독서 디베이트와 구분하기 위해서 '작품 중심 독서 디베이트'라 부른다. 여기서 말하는 작품은 문학 작품이다. 좀 더 구체적으로 말하면 소설과 희곡을 말한다. 앞으로 작품 중심의 독서 디베이트를 줄여서 그냥 독서 디베이트로 부른다. 기존의 독서 디베이트와 혼동의 여지가 있는 경우는 작품 중심의 독서 디베이트라고 부른다.

그럼, 독서 디베이트의 목적을 살펴보자. 독서 디베이트의 목적은 이인화가 말하는 문학토론과 비슷하다. 이인화[5]는 문학토론은 (1) 안건에 대한 찬반(贊反)이 아닌 해석의 차이(差異)를 중시하고 (2) 그 차

---

5) 이인화, 「문학토론에서 소설 해석의 양상에 관한 연구」, 『새국어교육』, 한국국어교육학회, 2013. 254쪽

이의 탐구를 통해 개인 및 해석 공동체의 해석 자원 확충을 지향하며 (3) 문학 자체의 본질에 입각하여 문학 텍스트에 대한 이해를 심화하는 것을 목적으로 한다고 말한다.

이인화는 일반적인 디베이트가 논제에 대한 찬성과 반대의 극단적인 입장 차이를 중시한다면 문학토론은 그렇지 않다고 본다. 문학토론은 작품에 대한 다양한 해석의 차이를 중시한다고 본다. 그는 찬성과 반대라는 극단적인 해석의 차이를 인정하지 않는다. 그러므로 그의 문학토론은 전형적인 디베이트 형태의 토론은 아니다. 그가 말하는 문학토론은 문학작품을 읽고 자유롭게 해석의 차이를 드러내는 정도의 토론을 말한다. 이러한 해석의 차이를 통해서 작품에 대한 이해의 폭을 넓히는 것을 목적으로 한다. 문학토론을 통해서 개인은 타자의 해석에 비추어 자신의 해석을 더 공고히 하거나 수정할 것이다. 그러면서 자신의 주관적인 해석에 어느 정도 객관성을 부여해 갈 것이다. 이러한 작업을 통해서 작품에 대한 개인의 해석은 심화·확장될 것이고, 작품에 대한 공동체의 해석의 자원은 그만큼 풍부해지고 깊어질 것이다.

문제는 그의 문학토론이 문학작품을 중심에 두고 있는 것 외에 일반적인 토의 형식의 독서토론과 무엇이 다른가라는 점이다. 사실상 큰 차이는 없어 보인다. 차이라면 그가 해석의 차이를 좀 더 중시한다는 정도이다. 하지만 토의 형태의 독서토론에서도 그가 말하는 해석의 차이는 존재한다. 독서토의의 일차적인 목적은 작품에 대한 이해다. 이를 위해서 작품을 분석할 때 토론자들의 경험이 다양하므로 당연히 해석의 차이가 생긴다. 사람들이 독서토의를 하는 이유는 해석의 차이를 경험하기 위해서이다. 이 해석의 차이가 작품에 대한 이해를 심화시키기 때문이다. 그러므로 이인화가 말하는 문학토론은 문학을 중심에 두고 있는 점, 해석의 차이를 표 나게 강조하는 점을 제외하면 사실상 독서토의와 큰 차이가 없다.

이 책에서 말하는 독서 디베이트는 이인화가 말하는 문학토론과 목적(내용)면에서는 유사하다. 이는 디베이트 형태든 토의 형태든 그 형식과 상관없이 모든 문학토론이 지향하는 목적이다. 작품에 대한 해석의 차이를 존중하고 작품에 대한 이해를 확장하고 심화하기 위해서 우리는 작품을 읽고 이야기하기 때문이다.

하지만 이 책에서 말하는 독서 디베이트는 이인화가 말하는 문학토론과 형식적인 면에서는 차이가 있다. 목적은 같지만 그 목적에 이르기 위한 수단은 다르다. 독서 디베이트는 엄격한 교육 토론의 형식과 절차를 요구한다. 특히, 작품을 해석할 때, 토론자들 간에 해석의 차이가 발생하는 지점에서 찬반 대립의 경쟁성을 강화할 것을 요구한다. 작품에 대한 해석의 차이를 통해서 해석의 폭을 넓히고 깊이를 심화하는 차원을 넘어서 해석의 갈등 지점에서 명확한 찬성과 반대의 입장 표명을 요구한다.

독서 디베이트가 경쟁성의 강화를 위해 엄격한 찬반의 디베이트 형식을 취한다고 해서 의견의 대립을 목표로 하지는 않는다. 이는 해석의 다름과 차이를 강조하기 위함이다. 극단적인 찬반 해석을 통해서 문학 작품 해석의 다양성을 학생들이 실제로 경험하게 하기 위함이다. 우리는 문학 작품을 다양하게 해석할 수 있다는 것을 학교에서 늘 배우지만 그것은 지식으로만 존재한다. 학생들은 해석의 다양성을 경험으로 인정하고 다양한 해석을 시도하도록 교육 받지 못하고 있다. 작품의 특정한 부분에 대한 부분적 해석의 다양성만으로는 해석의 다양성을 실감하기 어렵다. 작품에 대한 극단적인 찬반 해석은 다소 부자연스러운 해석을 나을 수도 있지만 해석의 다양성을 경험하게 하는 긍정적인 측면이 충분히 있다.

경쟁성을 강화하는 또 다른 이유는 경쟁성이 학생들의 흥미와 관심을 불러일으키는 데 매우 유용하기 때문이다. 독서토론에서 보다 흥미로운 부분은 독자들의 반응이 합치되지 않는 갈등 지점에서 나난다. 특히 작품에 대한 다양한 해석이 가능한 경우는 보다 다층적이고 본격적인 갈등 상황이 마련된다. 작품에 대한 해석의 차이나 갈등은 논쟁성의 강화로 나타난다. 이 논쟁성의 강화는 자연스럽게 경쟁성의 강화로 이어진다. 교사들은 토론 교육이 중요하다고 인정하면서도 토론의 논쟁성에 대해서는 강한 거부감을 갖고 있다. 논쟁성이 경쟁성으로 이어져서 토론은 학생들에게 상대방을 공격하는 기술을 가르친다고 생각하기 때문이다. 요즘 교사들의 비경쟁토론에 대한 관심은 이러한 생각에서 비롯된다. 그러나 독서 디베이트를 해 보면 학생들은 경쟁성을 오히려 즐긴다. 학생들에게 토론은 승패를 가리는 또 다른 게임이다.

독서 디베이트는 학생들이 작품에 대한 개인적이고 주관적인 해석을 극복하고 상대방과 논쟁을 통해 작품 해석의 정당성을 획득하는 데 도움을 준다. 독서 디베이트는 소설이나 희곡에 나타난 허구적 삶의 문제를 해석한다. 이 해석은 작중 인물의 행동과 그들이 겪는 갈등에 대한 토론자들의 가치 판단의 경합으로 이루어진다. 각각의 가치 판단이 다른 것은 토론자들의 경험을 기반으로 한 텍스트 체험이 다르기 때문이다. 독서 디베이트를 통해서 우리는 상대가 왜 나와 다르게 생각하는지 알게 된다, 또, 상대의 해석에 공감하기도 하고 반박하기도 하면서 간혹 새로운 해석을 내놓기도 한다. 그리고 무엇보다 독서 디베이트는 해석의 적절성과 타당성을 확보할 수 있도록 돕는다. 문학 독서 디베이트는 논쟁을 통해 양 팀이 자신들의 해석을 드러내고 다른 해석과의 차이를 확인하고 조정하는 과정에서 해석의 적절성과 타당성을 확보하는 데 긍정적인 역할을 할 수 있다.

4. 작품 중심의 쟁점 제시형 독서 디베이트

토론은 찬반의 대립과 차이를 논리적으로 부각시키는 활동이며, 토의는 문제를 함께 생산적으로 풀어가는 활동이다. 토의가 협동적인 의사소통 과정이라면 토론은 상대적으로 경쟁적 의사소통 과정이다. 하지만 일반적으로 교육현장에서 독서토론은 토의 형태와 찬반 대립 토론의 형태를 모두 포함한다. 독서토론에서 토론은 본래 좁은 뜻의 토론이었지만 교육적으로 널리 활용되면서 포괄적이고 일반적인 토의의 의미로 확장되었다. 독서토론은 명칭은 토론이지만 교육현장에서는 사실상 토의의 개념까지 포함하는 뜻으로 쓰이고 있다.

독서토론은 토론의 하위 개념으로 보면, 철저히 토론의 형식을 지키는 활동이 되어야 한다. 즉, 독서한 내용에 바탕을 두고, 찬반의 입장이 분명한 토론 주제를 선정하여, 토론자 역시 찬반 양쪽이 나누어진 상태에서 양편이 각각 자기 쪽의 의견을 받아들이도록 상대편을 설득하는 경쟁적 의사소통

과정이 되어야 할 것이다.

그런가 하면 독서토론을 교육적 활동의 개념으로 보고, 독서토론이 좀 더 융통성 있는 학습 활동의 한 방식 또는 학습 활동의 한 수단으로 보려는 생각도 많다. 즉 독서토론은 책을 읽는 과정이나 책을 읽은 후, 학생들이 어떤 문제에 대해서 독서 내용을 바탕으로 서로의 경험과 지식과 의견을 소통하여 학습을 진전시켜 나가는, 그리해서 합리적으로 문제를 해결해 나가는 활동이라 할 수 있다.

독서교육 전문가들도 독서토론이 교육의 자리에서는 다양한 기능과 융통성을 발휘하는 것이 되어야 함을 인정하고 있다. [······]

이렇게 본다면 독서토론이라는 명칭에 지나치게 갇혀 있을 필요는 없다. 토론 지도를 더 잘하기 위해서는 '토론 지향의 독서토론'을 활용하고, 독서 지도를 더 잘하기 위해서는 '토의 지향의 독서토론'을 활용한다는 생각을 해 볼 수 있다.[6]

'토론 지향의 독서토론'과 '토의 지향의 독서토론'은 각각 장단점이 있다. 우리는 논의의 편의를 위하여 앞의 것은 '독서 디베이트(Debate)'로 뒤의 것을 '독서토의'로 구분하여 부른다. 여기서 소개하는 독서토론의 방법은 서사 문학 작품(소설과 희곡)을 대상으로 한 독서 디베이트의 형태이다.

독서 디베이트라고 하면 일반적으로 독서토론 대회를 떠올리면 된다. 하지만 여기서 말하는 독서 디베이트는 독서토론 대회에서 말하는

---

6) 박인기 외 2인, 『토론 교육, 무엇을 어떻게 가르칠 것인가』, 한우리북스, 2014. 146-147쪽.

그것과는 다소 개념의 차이가 있다. 독서토론 대회에서의 독서토론이 토론에 중점을 두고 있다면(혹은 토론보다 독서에 더 중점을 둘 수도 있음), 작품 중심의 독서 디베이트에서의 토론은 온전히 '독서'에 중점을 둔다. 위의 인용문에서처럼 토론지도를 잘하기 위해서 독서 디베이트를 하는 것은 아니다. 오히려 독서 지도를 잘하기 위해서 독서 디베이트를 한다.

토론은 책을 읽히고 이해시키는 수단 이외의 의미는 없다. 토론 능력이 부가적으로 향상될 수는 있지만 토론 능력의 향상을 목표로 하지는 않는다. 독서 디베이트가 독서를 위한 토론이 되어야지 토론을 위한 독서가 되어서는 안 된다. 토론을 위해서 책 속의 필요한 지식을 찾아서 적당히 이용하는 독서가 되어서는 안 된다. 책으로부터 어떤 지식을 얻는 것도 독서의 즐거움일 수 있지만 그것은 너무 제한적인 즐거움이다. 또한 어떤 면에서 보면 고통스러운 경험이 될 수 있다. 시험을 잘 치르기 위해 공부를 하듯이 토론에서 승리하기 위해 책을 읽는 일은 고통스러운 경험이 될 수도 있다.

독서 디베이트는 독서를 위한 토론이 되어야 한다. 토론은 책을 즐겁고 깊이 있게 읽기 위한 수단이지 목적이 되어서는 안 된다. 책이 토론의 한 부분이 아니라 책이 토론의 전부여야 한다. 문학 작품 자체를 꼼꼼하게 읽고 그것의 가치와 의미를 바탕으로 삶을 되돌아보는 독서가 되어야 한다. 그러므로 여기서 말하는 독서 디베이트는 작품을 읽고 작품의 내용에서만 쟁점을 찾아내거나 미리 제시된 쟁점을 이용하여 책을 읽고 토론하는 것을 말한다. 일반적인 독서토론 대회처럼 책의 일부분을 논제에 대한 쟁점이나 주장의 근거로 이용하는 것이 아니라 책의 내용에서만 쟁점을 정하고 주장에 대한 이유와 근거를 찾아야 한다. 그러므로 자신이 기존에 가지고 있는 배경 지식 외에 별도의 근거자료를 찾을 필요는 없다. 유일하게 요구되는 것은 책을 꼼꼼하게 반복해서 읽으며 깊이 있게 생각하는 일이다.

독서토의와 독서 디베이트 그리고 여기서 소개하는 쟁점 제시형 독서 디베이트의 관계를 도식으로 정리하면 다음과 같다.

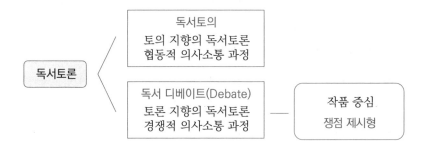

5. 독서 디베이트의 장점과 단점

1) 독서토의의 장점과 단점

먼저 독서토의의 장단점을 살펴보자. 여기서 말하는 독서토의와 독서 디베이트의 장단점은 둘의 상호 비교에 의한 상대적인 장단점이다.

독서토의는 책을 읽고 책 속에서 제기하는 문제나 책의 내용을 이해하기 위해서 자유롭게 의견을 교환하는 형태로 진행된다. 대부분 특별한 형식이나 절차는 없으며 책에 대한 다양한 의견을 교환하는 수준이다. 형식이나 절차를 정해서 할 수도 있지만 반드시 그럴 필요는 없다. 필요하다면 논제를 정해서 할 수 있지만 찬반 대립을 필요로 하는 것은 아니다. 완전히 자유롭게 의견을 교환할 수 있지만 보통 발제자가 발제를 하고 그것에 대해서 이야기를 한다. 왜냐하면 형식이 자유로운 독서토의는 초점이 없어서 토의가 산만해지고, 이야기가 엉뚱한 곳으로 흘러가기 쉽기 때문이다. 전체 토의를 이끌어 가는 사회자의 역할이 매우 중요하다. 토의의 전체적인 흐름을 일정한 방향으로 끌어가야 하기 때문이다. 그리고 결과에 대한 평가도 요구하지 않는다. 어떤 종류의 책에도 두루 사용할 수 있는 독서교육의 방법이다.

독서토의의 장점은 다음과 같다.
❶ 교사의 참여 아래 이루어진다면 작품에 대한 좀 더 깊이 있고 폭넓은 이해가 가능하다. 교사의 작품 이해 수준이 중요하다.
❷ 작품의 특정 부분이 아닌 전체를 다루기에도 용이하다.
❸ 자유롭게 발언할 수 있기 때문에 학생들에게 심리적으로 부담이 덜 된다.
❹ 비교적 많은 수의 학생이 참여할 수 있다.

독서토의의 단점은 다음과 같다.
❶ 교사가 토의를 진행한다면 교사의 부담이 클 수 있고, 학생이 토의를 진행한다면 작품의 이해 정도나 깊이가 문제가 될 수 있다.
❷ 토의가 다소 산만할 수 있고 논의가 엉뚱한 곳으로 흐를 수 있다.
❸ 책을 읽지 않고 토의에 참여하거나 토의에 참여하지 않고 구경꾼이 되는 학생들이 생길 수 있다.
❹ 특정한 학생이 토의를 주도할 경우 다른 학생들은 소외될 수 있다.

2) 독서 디베이트의 장단점

다음으로 독서 디베이트의 장단점을 살펴보자.

독서 디베이트는 찬반의 성격이 명확한 논제를 가지고 책을 읽고 토론한다. 엄격한 절차와 형식을 요구하며 중립적인 의견은 허용하지 않는다. 토론이 끝난 후에 토론에 대해서 반드시 평가하고 승패를 결정한다. 독서 디베이트는 일반적인 시사 문제를 다루는 정책토론과 목표에서 다소 차이가 있다. 일반적인 디베이트가 현실의 문제를 다양한 관점에서 이해하고 바람직한 해결 방향을 모색하는 것이 목적이라면, 독서(문학) 디베이트는 해석의 지평을 넓히는 것이 목적이다.

독서 디베이트는 내용 면에서는 해석의 차이를 중시하면서 논제에 대해서는 비교적 엄격하게 찬성과 반대의 해석을 요구하며, 형식 면에서 아카데믹 토론이 요구하는 엄격한 형식과 절차를 따른다. 극단적일 수 있는 찬반양론의 해석은 해석의 다름/차이가 존재함을 학생들에게 강조해서 인식시키는 행위이며, 독서 디베이트 후의 실제 작품에 대한 개별 학생의 해석은 쟁점들의 찬반이 서로 결합되는 어떤 지점에서 이루어질 것이다. 작품에 대한 찬반양론의 해석을 통해서 독서 디베이트를 하는 이유는 작품에 대한 해석의 차이를 확대하고 부각함으로써 자기 해석의 심화와 확장을 꾀하고자 함이다. 이 방법은 서사문학 이외에는 비교적 적합하지 않다. 문학을 제외한 대부분의 글은 작가의 관점이나 태도가 비교적 명확하여 작품 자체만 가지고 찬반 토론을 하기 어렵기 때문이다. 문학 작품은 모호성과 다양한 해석의 가능성, 극단적으로는 정반대의 해석도 가능하므로 이 방법을 사용할 수 있다.

독서 디베이트의 장점은 다음과 같다.

❶ 하나의 논제에 중점을 둔 깊이 있는 이해가 가능하다.

❷ 쓰기(입론서 작성)와 말하기 능력의 향상에 도움이 된다.

❸ 경기 형식으로 진행되므로 경쟁을 통한 흥미를 느낄 수 있고 토론에 대한 몰입도가 높다.

❹ 책을 읽는 목적이 명확해지므로 동기가 유발된다.

❺ 책을 읽지 않은 학생은 참가하기 어렵다. 팀의 승리를 위해서는 개인의 역할이 중요하므로 참가하지 않으면 팀에 피해를 주기 때문에 책을 읽을 가능성이 높다.(개인의 책무성 강화)

❻ 팀이 협력하여 토론하므로 팀원 간에 협력하는 태도가 형성되어 수시로 팀원 간의 토론(토의)이 이루어질 수 있다.(팀원 간의 협력 강화)

❼ 모두 동등한 발언 기회를 갖게 된다.

독서 디베이트의 단점은 다음과 같다.

❶ 찬성과 반대의 쟁점을 모두 작품 자체에서만 설정할 수 있는 작품을 찾기가 어렵고, 논제와 쟁점을 만들어야 하는 교사의 부담이 매우 크다.

❷ 작품 전체에 대한 전반적인 이해보다는 작품의 특정 부분에 대한 지엽적인 토론이 이루어질 수 있다.

❸ 쟁점이 제대로 형성되지 않아서 의미 있는 토론이 되지 않을 수 있다.

❹ 지나친 경쟁을 유발할 수 있다.

❺ 팀원들 간에 갈등이 조장될 수 있고 심하면 팀원을 비난할 수도 있다.

❻ 학생들에게 심리적으로 상당히 부담이 될 수 있다.

❼ 토론을 준비하는 데 많은 시간이 필요하다.

독서 디베이트의 이해를 위해서 이를 일반적인 토론 중심의 독서토론 대회와 비교하여 간략하게 정리하면 다음 표와 같다.

	독서토론대회의 디베이트	독서 디베이트
도서 종류	종류와 거의 상관 없음	문학(소설, 희곡)
도서의 사용	부분 사용(참고용)	전면적 사용
쟁점	스스로 설정해야 함	교사가 제시함(학생이 할 수도 있음)
형식	주로 세다 형식이나 변형	칼포퍼 형식이나 변형
자료조사	반드시 필요함	반드시 필요한 것은 아님

6. 독서 디베이트의 단점 보완 방안(쟁점의 제시)

논의를 위해서 우선 독서 디베이트의 단점을 학생들의 입장에서 네 가지로 요약해 보자. 첫째, 토론이 작품의 핵심적인 문제를 다루지 못하고 지엽적인 문제에 머물러서 책의 내용을 제대로 이해하지 못할 수 있다. 둘째, 책을 읽고 논제를 설정하거나 논제에 대한 쟁점을 찾기가 쉽지 않다. 셋째, 찬성과 반대의 입장을 뒷받침하는 주장들(논점)이 상호 쟁점으로 형성되지 않아서 토론이 제대로 진행되지 않을 수 있다. 넷째, 토론의 준비에 많은 시간이 소요된다.

이 네 가지 문제점 중에서 가장 중요한 것은 첫째이다. 경쟁성을 강화한 찬반 대립형 독서토론은 교육적인 면을 간과하고 있다고 비판받기도 한다. 독서토론이 독서교육의 일환으로 이루어지는 활동이라면 학생들이 읽은 작품 전반에 대해 논의할 수 있어야 한다. 그런데 찬반 대립형 독서토론은 작품 전반이 아닌 논제를 중심으로 논의가 이루어진다. 그러므로 작품에 대한 전반적인 이해와 논의는 충분히 이루어지지 않는다는 것이다.

독서 디베이트는 특정한 논제를 바탕으로 하기 때문에 작품 전반을 다루는 데 어려움이 있는 것은 사실이며 이는 간과할 수 없는 문제이다. 독서 디베이트를 할 때 학생들이 작품 본래의 의미를 제대로 파악하지 못하거나, 작품에 기반하지 않고 학생 개인의 의견을 전면에 내세워 독서 디베이트 원래의 목적과 동떨어진 장면들이 연출될 우려도 있다.

실제 학생들의 독서 디베이트를 관찰해 보면, 반대 측 토론자들이 찬성 측 입론과 상관없이 미리 준비한 입론을 읽으며 논제에 대한 자신들의 입장을 역으로 증명하려고 하는 경우를 종종 볼 수 있다. 이러한 경우 반대 측 입론이 찬성 측 입론과 독립적으로 존재하게 되어 쟁점 형성이 어려워진다. 물론 때론 반대 측 입론이 찬성 측 입론과 우연히 대립되어 쟁점이 형성될 수도 있다. 하지만, 이는 상대 주장의 논리적 타당성을 검증하면서 생겨난 것이 아니다. 쟁점은 미리 준비한 원고를 읽으면서 생긴 것이기 때문에 심화·발전되지 못하고 쉽게 약화되거나 소멸된다. 이 경우에 불필요하고 사소한 사실 관계 확인에 치중하며 난잡한 토론이 전개되기도 하고, 책의 내용에 대한 산만한 질의응답으로 채워질 우려가 있다.

이런 문제점을 해결하기 위해서 학생들의 수준을 고려하여 논제와 쟁점을 교사가 미리 제시해 주는 방법을 택했다. 물론, 논제와 쟁점을 설정할 때 논제는 작품의 이해에 핵심이 되는 것으로, 쟁점은 논제를 증명하는 방향을 안내하면서 어느 정도 작품 전반을 아우를 수 있게 설정했다. 논제와 쟁점을 제시해 주면 학생들은 쟁점을 중심으로 작품을 읽어 나가면 된다. 제시된 쟁점들은 학생들이 작품을 읽고 이해하는 길잡이가 되어 줄 수 있다. 다소 난해하고 수준 높은 작품들도 교사가 쟁점을 명확하게 제시해 줄 수 있다면 학생들은 충분히 그 나름의 수준으로 읽어낼 수 있다.

교사가 쟁점을 제시해 주는 것은 학생들이 토론을 준비하는 데도 도움이 된다. 학생들이 토론을 준비할 때 가장 힘들어 하는 부분이 쟁점을 설정하는 것이다. 교사가 미리 쟁점을 제시해 주면 학생들이 토론을 준비하는 데 많은 시간이 필요하지 않게 된다. 문제는 토론에서 쟁점을 설정하는 능력이 중요한데 이를 교사가 대신한다면 학생들의 토론 능력이 향상될까라는 의문이다. 맞다. 토론은 쟁점을 생성할 수 있는 능력이 매우 중요하다. 하지만 우리는 토론이 아닌 독서 교육에 중점을 두고 있다. 토론은 독서를 위한 수단에 불과하다. 학생들이 꼼꼼하게 읽고 책의 핵심적인 내용을 이해하는 것이 목적이다. 학생들이 스스로 쟁점을 만들 수 있다면 더없이 좋겠지만 현실적으로 쉽지 않음을 인정한 차선책이라고 볼 수 있다.

그리고 학생들이 선정한 쟁점들이 책의 내용을 깊이 있게 이해하는 데 도움이 될지 여부도 고려해야 한다. 토론이 책의 중요하지 않은 문제들에 대해서 이루어진다면 독서에 도움이 되지 못한다. 쟁점의 제시는 학생들이 책을 좀 더 깊이 있게 이해하는 데 도움을 주는 수단이 될 수 있다. 수준이 높은 학생들에게는 쟁점을 최대한 간결하게 제시하고 수준이 낮은 학생들에게는 쟁점을 비교적 구체적으로 제시함으로써 작품에 대한 이해를 높여 줄 수 있다. 만약, 학생들이 논제와 쟁점을 스스로 선정할 수 있는 능력이 있다면 학생들에게 그것을 맡길 수도 있다.

위에서 논의한 것 외에도 일반적으로 경쟁성을 강화한 찬반 대립형 독서토론이 비판받는 부분을 세 가지만 더 살펴보고, 이에 대한 대책도 고민해 보자.

첫째는 학생들이 자신의 의지와 관계없이 찬성과 반대의 입장을 선택하게 된다는 문제가 있다. 학생들은 토론의 규칙에 따라 자신의 의지와 관계없이 특정한 입장을 선택해야 한다. 학생들이 비록 논제에 대해 찬성의 입장이라도 반대 측 입장을 선택했다면 그 입장에 맞게 의견을 구성해야 한다.

둘째는 찬성과 반대의 입장에서만 논의를 하기 때문에 상호작용을 통한 공동의 의미 구성이 이루어지지 않는 문제가 있다. 찬성이나 반대의 입장은 상대와 상호소통이나 공동의 의미 구성을 거치지 않은 어느 한 팀의 사고이다. 독서토론은 상대방의 사고를 통해 상호 학습하는 과정을 거쳐야 하는데, 공격 일변도나 논쟁 중심의 논의를 통해서는 협동적인 의미를 구성할 수 없다는 것이다. 비록 팀 내에서 공동의 사고 과정을 거치지만 그것이 유의미한 결과를 얻기 위해서는 상대 토론자들과 공동의 의미를 추출할 수 있는 기회가 필요한데 찬반 대립형 독서토론은 그렇지 못하다는 것이다.

셋째는 과도한 경쟁의식의 문제이다. 과도하게 경쟁에 몰입하다 보면 서로 감정을 상하기 쉽고, 제대로 된 토론을 할 수 없다는 것이다.

첫 번째 문제의 경우는 논제에 대한 찬반의 의견을 학생들의 입장을 고려하여 사전에 정해주면 해결할 수 있다. 물론 토론을 하는 두 팀이 모두 찬성을 원하거나 반대를 원할 때는 그들의 의지와 상관없이 찬반의 입장을 정해 주어야 한다. 하지만 이것이 반드시 나쁜 것은 아니다. 이를 부정적으로 보면 자신의 신념에 어긋나는 말하기의 기술만을 키우는 것이 아니냐는 우려를 낳을 수 있다. 하지만 우리가 더불어 살기 위해서는 나의 생각과 다른 생각을 감정이입하여 살펴 볼 수 있는 능력은 매우 중요하다. 독서 디베이트는 역지사지의 의사소통 기술을 배울 수 있는 기회를 제공한다.

세계적인 미국의 법 철학자이자 교육학자인 마사 누스바움은 『공부를 넘어 교육으로』에서 매사추세츠 대학 경제학부 학생인 빌리 터커의 경우를 통해서 논쟁 교육의 중요성과 타자의 입장에 서 보는 경험의 중요성을 말하고 있다. "터커는 자신이 찬성했던 사형 제도에 반대하는 입장을 제시해야 한다는 점에 놀란다. 그는 어떤 사람이 스스로 지지하지 않는 입장을 위한 논리를 생산할 수 있다는 점을 그간 한 번도 알지 못했던 것이다. 그는 이 경험으로 정치 토론에 대한 새로운 태도를 가지게 되었다고 고백했다. 이제 그는 상대편 입장을 훨씬 더 존중하게 되었고 양편의 논지와 '공통점'에 대해 훨씬 더 많은 호기심을 가지게 되었다. 토론이란 자만을 떨고 주장을 펼치는 데 쓰이는 단순한 방법이라고 생각하지 않고 말이다. [여기서] 우리는 어떻게 이러한 전환이 정치적 '타자'를 인간화하는지, 어떻게 그것이 상대방을 우리 자신의 집단과 적어도 일부분은 생각을 공유할 수 있을지도 모르는 이성적 존재로 여기게 하는지를 알게 된다."[7]

두 번째 문제인 공동의 의미 구성이 되지 않는다는 것도 일부 문제가 될 수 있음을 인정한다. 하지만 토론을 하기 전에 팀별로 충분히 협의를 한다면 이 부분은 크게 문제가 되지 않는다. 또한 독서 디베이트를 디베이트만으로 끝낼 수도 있지만 디베이트를 한 후에 쟁점에 대한 글쓰기를 해 봄으로써 공동의 의미 구성이 가능하다. 공동의 의미 구성이 문제가 된다면 이는 토론 후의 다양한 독서 관련 활동으로 보완할 수도 있다.

세 번째 문제는 경쟁의식이 지나칠 때 독서 디베이트의 본래 목적에서 벗어날 수는 있지만 경쟁 자체가 나쁜 것은 아니다. 독서 디베이트는 공존하는 다양한 목소리들의 대화를 통해서 이루어진다. 논쟁은 열정을 자극하는 만큼 과열되어 감정적으로 치닫게 될 가능성이 충분히 있다. 찬반 대립형 토론이 "경쟁심을 자극한다"는 지적도 바로 이런 논쟁성을 비판한 것이다.

하지만 토론의 목적이 논쟁에서 이기는 것만은 아니다. 토론 과정에서 발생하는 감정의 대립은 토론의 규칙이나 예절을 모르기 때문에 발생하는 것이지(혹은 알면서도 지키지 않아서 발생하는 것이지) 논쟁성 때문에 생기는 것만은 아니다. 논쟁의 치열함은 권장하되, 그 사람의 의견과 그 사람을 분리해서 논리적으로 대응하는 훈련을 시키면 된다. 작품에 대한 이해를 위해서 토론을 하는 것이므로 상대방에 대해 상호 존중하는 자세가 필요하다. 학생들에게 소통을 위한 토론의 윤리를 반복해서 강조함으로써 이 문제를 해결할 수 있다.

---

7) 마사 누스바움(우석영 옮김), 『공부를 넘어 교육으로』, 궁리, 2012. 101쪽.

위에서 제시한 이유들과 함께 쟁점 제시형 독서 디베이트를 고민하게 된 이유는 정책토론과 달리 독서토론의 경우 아직 보편적으로 이용할 수 있는 모형(정형화된 사고의 틀)이 거의 없다는 현실도 포함된다. 또한 첫째, 둘째, 셋째로 나아가는 나열형 입론의 문제점도 어느 정도 예방할 수 있다. 나열형 입론은 각각의 핵심 주장과 하위 주장 그리고 그에 대한 근거들을 이해하기 쉽게 표현해야 하는 토론의 맥락에서 효과적이다. 실제로 교사들은 학습자들이 서로의 주장을 이해하고, 쉽게 주장을 구성하게 하기 위해 나열형 입론을 교육적으로 선호한다.

그러나 나열형 입론은 가치 논제 토론에서 매우 심각한 문제로 나타날 수 있다. 보편적으로 알려져 있는 문제와 해결이라는 논리 구조를 활용할 수 있는 정책 논제의 토론에 비해 가치 논제는 명쾌하게 활용할 수 있는 논리적 사고의 틀이 마땅치 않다. 따라서 학습자들은 생각나는 대로 나열형 입론을 구성하면서 운 좋게 그중 하나가 쟁점으로 효과가 있기를 기대할 수밖에 없다. 이는 매우 비효율적일 뿐 아니라 가치 논제의 토론이 원활하게 수행되지 않는 원인이 된다. 더욱 문제는 나열된 쟁점들이 변별성과 연계성을 갖지 못해서 중복되거나 하나의 논제에 논리적으로 수렴되지 못하는 것이다. 쟁점을 제시하는 것은 나열형 입론의 장점을 살리면서 단점을 예방하려는 노력이다.

지금까지 제기된 독서 디베이트의 문제점을 인정하고 그것에 대해 나름의 보완책을 고민해 왔지만, 좀 더 근원적으로 이런 문제 제기들에 대해 반박할 수도 있다. 위에서 제기한 독서 디베이트의 문제, 즉 정책토론과 독서토론은 교육목표가 다르므로 찬반 대립이 강한 정책토론 모형을 독서토론에 적용하는 것은 부적절하다는 생각은 상당히 일리가 있다.

정책토론과 달리 독서토론은 독서가 중심이자 목적이 되어야 한다. 그런데 정책토론 모형을 독서토론에 과도하게 적용하면 능동적 독서 행위로서 독서토론의 교육적 의의가 상실될 수 있다. 옹호나 비판의 형식으로 찬반대립이 강하게 진행되는 토론은 주어진 작품의 이해를 단순화할 우려가 있고, 좀 더 다양한 텍스트 해석에 장애가 될 수 있다는 점에서 이 같은 문제 제기는 당연히 있을 수 있다.

그럼에도 불구하고 이러한 문제제기에 대해서 다음과 같이 근원적인 재반론이 가능하다. 즉, 찬반대립이 강한 형태로 토론을 한다고 해서, 학생이 자신의 입장을 토론 과정 자체에 직접적으로 반영하지 못한다고 해서, 과연 그 토론이 작품의 이해와 논의의 폭을 좁히는 것일까. 그래서 결국 독서교육에 부적합한 것일까. 모형이 독서토의처럼 개방형이라고 해서 학생들이 작품을 더 잘 이해하는 것일까. 찬반 대립형이라고 해서 학생들의 사유와 논의의 폭을 좁히는 것일까.

어떤 모형을 선택할지는 그 모형을 적용하는 교육의 목표와 학생 그리고 교육 여건 등 여러 가지 요소를 고려하여 신중히 결정해야 한다. 아무리 좋은 모형을 마련하더라도 실제 실행 과정에서 학생이 그 모형을 효과적으로 사용하는 데 문제가 있다면 바라던 교육 목표를 달성하기는 힘들다.

2
논제의 개념과 조건

1. 개념

논제는 토론의 본질인 양측의 대립이 드러나는 출발점이다. 논제는 토론할 주제가 분명하게 드러나도록 토론거리를 잘 다듬은 문장이다. 논제는 토론 전 과정에서 이루어지는 논의의 내용과 범위를 결정한다.

2. 논제의 조건

논제는 토론에서 다루어야 할 핵심 쟁점이 선명하게 드러나도록 한 문장으로 만들어야 한다. 그렇지 않을 경우 제대로 된 토론이 이루어질 수 없다. 제대로 쟁점이 형성되지 않는 토론은 지리멸렬한 토론이 된다. 문제를 명료화하지 못하고 오히려 산만하고 혼란스럽게 만든다.

논제가 핵심 쟁점을 선명하게 드러내기 위해서는 몇 가지 조건을 충족해야 한다. 이 장에서는 그 조건들을 설명한다. 논제를 만들 때는 이 조건들을 최대한 충족시키기 위해서 노력해야 한다. 좋지 않은 논제로 인해서 토론이 원하는 방향으로 나아가지 못하는 경우를 많이 보았다. 논제는 매우 신중하게 만들어져야 한다. 논제가 충족시켜야 될 조건들에 대한 이해는 논제의 개념을 구체적으로 이해하는 데도 도움이 된다.

먼저, 토론의 논제가 갖추어야 할 조건들을 토론과 관련한 책들에서 어떻게 설명하고 있는지 살펴보자. 이를 살펴봄으로써 토론의 논제가 갖추어야 할 공통적인 조건을 추출할 수 있다.

백미숙·이상철은 『스피치와 토론』에서 6가지 조건[8]을 제시하고 있다.
❶ 변화성: 현 상태와 반대되게 진술문을 만드는 원칙.
❷ 공정성: 찬성과 반대 측 중, 어느 한 편에 유리하게 작용하는 용어, 가치적 판단의 용어, 목적을 지향하는 구절을 피해야 한다는 원칙.
❸ 균형성: 찬반이 공히 균형 있게 토론을 진행할 수 있는 논제여야 한다는 원칙.
❹ 명확성: 논제가 토론의 방향을 명확하게 드러내야 한다는 원칙.
❺ 구체성: 특정 토론의 논제에서 구체적 용어를 선택하여 행위 주체를 분명히 하거나 물리적·시간적 기한을 정함으로써 논의의 방향을 구체적으로 명시해야 한다는 원칙.
❻ 시사성: 정책 토론의 논제는 가급적 공용의 현안이나 시사적인 논제를 선택해야 한다는 원칙.

한상철은 『토론』에서 7가지 조건[9]을 제시하고 있다.

❶ 단 하나의 중심적인 논쟁점이 표현되어야 하며, 이를 위해 논제는 단문의 서술문으로 제한되어야 한다.〈명확성〉

❷ 논제는 분명하고 명료하게 제시되어야 한다.〈명확성〉

❸ 찬반 어느 한편에 유리하게 작용하는 정서적 감정이 담긴 표현은 배제해야 한다.〈공정성〉

❹ 현상을 변화시키려는 의도가 반영되어야 한다.〈변화성〉

❺ 논제가 만일 채택되었을 경우 찬성 측 주장이 받아들여지는 형태로 표현되어야 한다.〈변화성〉

❻ 논제는 긍정적인 형태로 기술되어야 한다.〈명확성〉

❼ 학생들이 다양한 정보에 접근 가능하도록 하기 위해 사회 현안을 논제로 채택해야 한다.〈시의성〉

장혜영은 『발표와 토의』에서 6가지 조건[10]을 제시하고 있다.

❶ 하나의 진술문에는 하나의 이슈만을 담아야 한다.〈명확성〉

❷ 정서적 감정이 담긴 표현은 배제해야 한다.〈공정성〉

❸ 주관적인 견해, 종교적 신념에 관한 진술문은 피해야 한다.〈공정성〉

❹ 사실에 관한 진술문은 배제해야 한다.

❺ 논제는 찬성 측에서 바라는 결정의 방향을 분명하고 정확하게 표현해야 한다.〈변화성〉

❻ 논제는 선정 당시 중요한 현실 문제를 고려해 한다.〈시의성〉

---

8) 스피치와 토론 교과교재 출간위원회, 『소통의 기초 스피치와 토론』, 성균관대학교출판부, 2014. 276-179쪽.

9) 한상철, 『토론』, 커뮤니케이션스북스, 2006. 11-15쪽.

10) 장혜영, 『발표와 토의』, 커뮤니케이션북스, 2012. 106-107쪽.

최영미 외 3인은 『독서와 토론』에서 6가지 조건[11]을 제시하고 있다.

❶ 논제는 찬성과 반대의 쟁점이 뚜렷해야 한다.〈명확성〉

❷ 논제는 현 상태와 반대되는 진술문을 만들어야 한다.〈변화성〉

❸ 논제는 찬성 측과 반대 측이 어느 한 편에 유리한 용어, 가치 판단의 용어, 목적을 지향하는 표현은 피해야 한다.〈공정성〉

❹ 논제는 찬성과 반대가 똑같이 균형 있게 진행할 수 있는 것이어야 한다.〈균형성〉

❺ 논제는 토론의 방향을 명확하게 해야 한다.〈명확성〉

❻ 논제는 가급적 현재 논란 중인 쟁점을 다루는 것이 좋다.〈시의성〉

이정옥은 『토론의 전략』에서 5가지 조건[12]을 제시하고 있다.

❶ 중심 과제는 하나이며, 단문으로 명확하게 제시해야 한다.〈명확성〉

❷ 구체적으로 입증할 수 있는 과제를 담아야 한다.〈구체성〉

❸ 대립축이 분명해야 한다.〈명확성〉

❹ 찬성 측의 입장이 반영된 긍정문으로 제시한다.〈변화성〉

❺ 시의성을 지녀야 한다.〈시의성〉

김주환은 『교실토론의 방법』에서 5가지 조건[13]을 제시하고 있다.

❶ 찬반의 쟁점이 뚜렷해야 한다.〈명확성〉

❷ 학생들의 관심과 수준에 맞는 것이 좋다.

11) 최영미·김용경·원흥연·이만식, 『독서와 토론』, 박이정, 2016. 66-68쪽.
12) 이정옥, 『토론의 전략』, 문학과지성사, 2008. 54-58쪽.
13) 김주환, 『교실토론의 방법』, 우리학교, 2009. 67-76쪽.

❸ 어느 정도 추상적이고 보편적인 논제여야 한다.

❹ 가능하면 시사적인 논제가 좋다.〈시의성〉

❺ 찬반의 논거가 풍부한 것이 좋다.〈공정성〉

알프레드 스나이더·맥스웰 슈누러는 『수업의 완성 교실토론』에서 8가지 조건[14]을 제시하고 있다.

❶ 논제는 교과의 중요 부분을 탐색할 수 있어야 한다.

❷ 논제는 흥미로워야 한다.

❸ 논제는 논쟁 가능한 것이어야 한다.〈균형성, 구체성〉

❹ 논제는 찬성 측이 현상의 변화를 지지하도록 해야 한다.〈변화성〉

❺ 논제는 하나의 중심 생각을 담고 있어야 한다.〈명확성〉

❻ 논제는 품격이 있어야 한다.

❼ 논제는 중립적 용어를 사용해야 한다.〈공정성〉

❽ 논제는 너무 광범위하게 진술하지 말아야 한다.〈구체성〉

백미숙은 논제가 갖추어야 할 조건으로 6가지를 제시하고 있지만 이 중에는 다른 범주에 포함되는 것도 있고, 반드시 필요한 조건이 아닌 경우도 있다. 공정성의 경우에는 균형성에 포함시킬 수 있다. 찬반이 공히 균형 있게 토론하기 위해서는 논제는 당연히 공정성을 갖추어야 한다. 구체성의 경우에는 명확성에 포함시킬 수 있다. 논제가 논의 방향을 구체적으로 명시하지 않으면 토론의 방향이 명확하게 드러날 수 없다. 그리고 시의성의 경우는 반드시 필요한 조건은 아니다. 논

---

14) 알프레드 스나이더·맥스웰 슈누러(민병곤·박재현·이선영 옮김), 『수업의 완성 교실토론』, 사회평론, 2014. 132-140쪽.

제가 시의성을 갖추고 있다는 말은 논제에서 다루는 문제가 우리사회가 당면한 현안임을 의미한다. 지금 문제가 되고 있는 토론거리라면 토론자들이 훨씬 흥미롭게 토론할 수 있고, 비교적 자료를 찾기도 쉬울 것이다. 하지만 이 조건은 갖추어지면 좋은 조건은 되겠지만 반드시 필요한 조건은 아니다. 독서 디베이트의 경우에는 더욱 이 조건이 필요하지 않다. 결국 백미숙이 말하는 토론의 조건은 크게 3가지로 압축할 수 있다. 그것은 변화성, 균형성(공정성), 명확성(구체성)이다.

다른 책에서 인용한 논제의 조건들은 모두 백미숙이 말한 조건들로 포괄할 수 있다. 앞에서 ◇ 표시 속에 표시한 것을 참고해서 보면 알 수 있다. 장혜영의 ❹ 사실에 관한 진술문을 배제해야 한다는 뜻은 아주 복잡한 사실이 아니면 사실은 토론의 대상이 아니기 때문이다. 김주환의 ❷ 학생들의 관심과 수준에 맞는 것이 좋다는 경우도 그러면 좋지만 반드시 필요한 조건은 아니다. 알프레드 스나이더의 ❶ 논제는 교과의 중요한 부분을 탐색할 수 있어야 한다는 것은 교실에서 교과학습으로서의 토론을 염두에 둔 것이고, ❷ 논제가 흥미로워야 한다는 것도 반드시 지켜야 할 조건은 아니다. 문제는 김주환이 제시한 조건 중 ❸ 어느 정도 추상적이고 보편적인 논제여야 한다는 조건이다. 대부분의 토론 관련 서적에서는 논제는 구체적이어야 한다고 말하고 있기 때문이다. 하지만 김주환은 학생들을 대상으로 토론을 할 때 지나치게 구체적인 논제는 학생들이 쟁점과 논점 그리고 근거자료를 찾는 데 어려움을 겪게 될 가능성이 있음을 염두에 두고 있다고 볼 수 있다. 어느 정도로 구체적으로 진술할지는 논제와 학생들의 수준을 고려해서 정하는 것이 바람직하다.

위의 특이한 조건들을 제외하면 토론의 논제가 갖추어야 할 조건을 3가지로 줄일 수 있다. 그 3가지 조건은 변화성을 좀 더 구체적으로 표현한 변화지향성, 명확성, 균형성이다. 이 조건들에 대해 구체적으로 살펴보자.

변화지향성은 글자 그대로 변화의 방향으로 나아가려는 의지를 말한다. 그렇다면 무엇을 기준으로 변화를 지향할까. 그 기준은 현재 상황(Status Quo 스테이터스 쿠오)이다. 논제는 현 상황에 대한 변화를 지향하는 방향으로 기술되어야 한다. 예를 들어 현재 학생의 체벌을 금지하고 있다면 논제는 "학생의 체벌을 허용해야 한다."가 될 것이며, 현재 학생의 체벌을 허용하고 있다면 "학생의 체벌을 금지해야 한다."가 될 것이다. 결국, 논제는 현재 상황에 변화를 요구하는 방향으로 기술되어야 한다는 뜻이다.

논제의 조건 중 변화지향성은 논제가 찬성 측의 입장을 담고 있어야 한다는 말과 같다. 찬성 측은 현 상황에 변화를 요구한다. 이와 달리 반대 팀은 현 상황을 유지하자는 입장을 갖고 있다. 이는 찬성 측은 현 상황에 대한 반대 입장을 가지며 반대 측은 찬성 측에 대한 반대 입장을 갖게 됨을 의미한다.

찬성 측은 변화를 바라는 측이고 반대 측은 변화를 거부하는 측이다. 이는 토론을 할 때 토론자들의 자리 배치와도 관련된다. 우파와 좌파는 프랑스 대혁명 당시 상대적으로 사회변동에 온건한 지롱드당이 의회의 오른쪽에, 급진적인 몽테뉴당이 의회의 왼쪽에 위치한 데서 유래한 말이다. 토론을 할 때 설득 대상은 청중이나 심판이므로 이들이 봤을 때 왼쪽은 사회의 변화를 요구하는 찬성 측이 앉고, 오른 쪽은 이를 거부하는 반대 측 토론자들이 앉는다. 찬성 측은 정치적으로 보면 좌파의 입장이고 반대 측은 우파의 입장이 된다.

독서 디베이트의 논제를 만들 때도 변화지향성의 조건을 가능하면 지키는 것이 좋다. 독서 디베이트 논제에서 현재 상태의 변화는 작품에 새로운 해석을 가하거나 기존의 해석을 뒤집는 방향으로 논제를 설정하는 것이다. 예를 들면, 『변신』에서 "그레고르가 가족보다 자신의 죽음에 대한 책임이 더 크다.", 『노인과 바다』에서 "노인이 먼 바다로 나간 것은 잘못이다.", 『이방인』에서 "뫼르소에 대한 사형 판결은 정당하다."와 같이 논제를 설정하는 것이다. 일반적으로 『변신』은 인간 소외의 문제를 다루고 있는 작품으로 이해되는데 이때 가족들의 비인간적인 면이 주로 문제가 되고 있고, 『노인과 바다』에서는 청새치와 목숨을 걸고 사투를 벌인 노인을 영웅적 인물로 해석하며, 『이방인』의 뫼르소는 보통 사람들과 다른 차이(다름, 타자성)가 그를 죽음으로 몰고 갔다고 해석되고 있기 때문이다.

그렇다고 해서 독서 디베이트의 논제를 만들 때 반드시 현재 상태의 변화 요건을 충족시켜야 한다는 뜻은 아니다. 새로운 해석을 가하거나 기존의 해석을 뒤집는 것보다는 작품을 충실하게 이해하는 방향으로 논제를 설정하는 것이 더욱 바람직하기 때문이다. 예를 들면, 『인형의 집』에서 노라는 페미니즘의 관점에서 자아를 각성하고 주체성을 확립한 인물로 표현되고 있는데, 이를 뒤집기 위해서 "노라는 책임감이 없는 사람이다."라고 논제를 설정하는 것도 가능하지만, 여성의 정체성이란 문제를 더 강조하고 싶다면 "노라는 책임감 있는 사람이다."라고 논제를 설정할 수 있다. 독서 디베이트의 논제를 설정할 때 기존의 해석을 뒤집는 방향으로 설정할지 아니면, 작품을 보다 충실하게 이해하는 방향으로 논제를 설정할지는 작품을 어떤 방향으로 읽힐 것인가를 심사숙고한 후에 결정해야 할 사항이지 명확한 답이 있는 것은 아니다.

명확성은 논제가 요구하는 바가 분명해야 한다는 뜻이다. 이 말은 토론자가 찬성과 반대의 입장 중 하나를 명확하게 선택할 수밖에 없도록 논제가 진술되어야 한다는 뜻이다. 논제는 찬성이나 반대 이외의 다른 입장을 선택할 여지를 주어서는 안 된다. 곧, 논제가 명확성을 지녀야 한다는 말은 논제가 하나의 중심적인 논쟁점을 지니고 있어야 한다는 말이다. 논제가 명확하기 위해서는 논제는 평서문, 단문, 긍정문의 조건을 모두 만족시켜야 한다. 이 말은 논제는 의문문, 복문, 부정문 중의 하나로 진술되면 안 된다는 뜻이다. 왜 그럴까.

예를 들어 "학교에서의 체벌은 학생의 지적 성장과 정서적 성장을 돕는다."란 복문의 논제가 있다고 생각해 보자. 이 논제는 체벌이 지적 성장과 정서적 성장을 모두 돕는다는 입장, 지적 성장은 돕지만 정서적 성장에는 도움이 되지 않는다는 입장, 정서적 성장에는 도움이 되지만 지적 성장에는 도움이 되지 않는다는 입장, 지적 성장과 정서적 성장에 모두 도움이 되지 않는다는 4가지 입장으로 나뉜다. 찬성 측은 체벌이 지적 성장과 정서적 성장을 모두 돕는다고 주장할 것이다. 이에 대해 반대 팀은 위에서 제시한 4가지 입장 중 찬성 팀의 입장을 제외한 3가지 입장의 선택이 가능하다. 찬성 팀에 비해 반대 팀은 여러 입장 중에서 선택할 수 있으므로 토론이 반대 팀에 유리함은 물론이고 찬성 팀은 반대 팀의 입장을 명확히 설정할 수 없어 토론 준비에 어려움을 겪을 수밖에 없다. 그렇다고 해서 반대 팀이 선택할 가능성이 있는 3가지 입장에 대해 찬성 팀이 모두 준비한다면 한 가지 입장만 준비해도 되는 반대 팀에 비해서 상당히 불리할 수밖에 없다.

이와 같은 예로 "사형과 낙태는 금지되어야 한다."와 같은 논제가 있다. 이 논제는 '사형'과 '낙태'라는 복수의 쟁점을 다루고 있다. 토론의 논제는 복수의 쟁점을 다루면 안 된다. 중심 생각이 단일하지 않을 경우 하나의 견해에는 찬성하지만 다른 하나의 견해에는 반대하는 경우가 생겨 토론 자체가 성립되지 않는 상황이 발생할 수도 있다. 이 경우는 토론이 성립된다 하더라도 복수의 쟁점은 논의를 분산시켜 깊이 있는 토론을 불가능하게 한다.

논제가 평서문이 아닌 경우나 긍정문이 아닌 경우도 논쟁점을 명확히 하기 어렵다는 측면에서 문제가 된다. 논제는 명백하게 찬성 또는 반대의 어느 한 쪽에 설 수 있는 형식으로 표현되어야 한다. 만약 논제가 중립적인 입장, 유보적인 입장, 제3의 다른 대안을 고려하는 입장을 취할 수 있도록 허용한다면 토론을 할 수 없다.

논제를 의문형 문장으로 진술할 경우는 논의의 범위가 확장되고 찬성과 반대의 분명한 입장 선택이 어렵다. 예를 들어 "학교에서 체벌을 허용해야 하는가?"라는 논제가 있다고 생각해 보자. 이 논제에 대해서는 체벌을 허용해야 한다는 입장, 체벌을 허용해서는 안 된다는 입장, 상황에 따라 다르다는 입장 등 다양한 입장의 선택이 가능하다. 다양한 입장의 선택이 가능하면 의견의 충돌이 발생하지 않을 가능성이 있다. 토론은 서로 다른 입장과 시각에 기반한 쟁점이 생길 때 가능하다.

부정문의 경우도 마찬가지다. 예를 들어서 "사형제도를 폐지해서는 안 된다."와 같은 논제가 있다고 하자. 찬성 측은 사형제도가 폐지만 안 되면 되므로 여러 가지 주장을 할 수 있다. 찬성 측은 사형제 유지의 입장을 선택할 수도 있지만 현 사형제도를 수정하여 유지하자는 입장, 사형제도는 그대로 두지만 실제로 사형은 시키자 말자는 입장도 가능하다. 그렇게 되면 찬성 측의 입장을 고정시킬 수 없어 부정 측이 입장을 구성하기 어렵게 된다. 찬성 측의 주장이 여러 가지일 수 있기 때문이다.

논제를 부정적으로 진술하는 것은 논의의 초점을 흐린다. 부정문의 논제는 논쟁을 불필요하게 복잡하게 만들 수 있다. 논제를 부정적으로 제시할 경우 당장의 임시적인 중간 단계의 목표만 제시되고 찬성 측이 종국적으로 무엇을 원하는지가 불분명해지기 때문이다. 그렇게 되면 논쟁점이 모이지 않게 된다. "백조는 희다."라고 주장하면 한 가지 주장이 되지만, "백조가 희지 않다."고 주장한다면 여러 가지 색일 가능성이 존재하는 것과 같은 이치다. 백조가 희지만 않으면 되기 때문에 백조는 '노랗다', '빨갛다'처럼 다양한 가능성이 존재하게 된다.

논제는 형식적으로뿐만 아니라 내용적인 차원에서도 가능하면 부정문은 피하는 것이 좋다. 즉, 논제가 표면적으로는 긍정문의 형식이지만 논제가 의도하는 바가 부정일 경우도 문제가 될 수 있다. 예를 들어 "토요일 수업을 폐지해야 한다."란 논제의 경우는 토요일 수업은 없애야 한다는 부정의 의도를 지니고 있다고 볼 수 있다. 이 경우에 찬성 측의 목표가 명확하지 않아 문제가 될 수 있다. 토요일 수업을 없애기만 하면 되기 때문에 여러 가지 대안이 나올 수 있다. 토요일 수업 자체를 아예 없애버리는 방안, 토요일 수업을 월요일에서 금요일 사이에 분산해서 대체하는 방안 등의 의견이 나올 수 있다. 이 경우에는 "토요일 수업은 평일 수업으로 대체되어야 한다."정도로 바꾸거나 논제의 의도를 좀 더 분명히 담아서 "토요일 수업을 평일에 대체하는 일 없이 폐지해야 한다."로 바꿀 수 있다.

하지만 부정문의 논제를 사용할 수밖에 없는 경우도 존재한다. 앞서 논제는 변화지향성을 지녀야 한다고 말했다. 이 조건과 충돌할 경우는 논제에 부정문을 사용할 수밖에 없다. 예를 들어 "현행 고교평준화는 유지되어야 한다."란 논제의 경우는 현재 고교평준화가 유지되고 있으므로 찬성 측은 현 상황에 대한 변화를 요구하는 입장에 설 수 없게 된다. 이때는 오히려 반대 측이 현 상황의 변화를 요구하는 입장에 서게 되고, 변화의 필요성에 대한 증명의 의무를 지게 된다. 이럴 경우는 어쩔 수 없이 부정문의 논제를 사용할 수밖에 없다.

다만, 부정문을 사용하면 논의가 막연해질 수 있으므로 부정문을 사용해도 논의가 구체적으로 이루어질 수 있는지를 잘 판단해야 한다. 위 논제의 경우는 맥락과 상황에 의해 어떤 형태의 평준화인지 알 수 있다. 따라서 비록 부정적인 형태로 논제가 표현되어 있지만 논제로서 부적합한 것은 아니다. 논제가 지녀야 할 조건인 변화지향성과 충돌할 경우는 부정문의 형태로 논제를 기술할 수는 있지만 다양한 입장의 선택이 가능해서 토론이 어려울 경우는 부정문이 아닌 형태를 고민해야 한다. 예를 들면, 구체적인 조건을 추가하여 긍정문이나 부정문을 만드는 방법이 있을 수 있다.

논제의 명확성에서 또 하나 더 주의해야 할 점이 있다. 그것은 논제에 정도의 의미를 띤 수식어를 사용할 때 주의가 필요하다는 점이다. '약간, 다소, 거의' 등과 같은 부사어를 사용할 때는 조심해야 한다. 예를 들어 "사회적 약자에 대한 약간의 차별은 필요하다."란 논제를 보자. 이 논제에서 '약간'이 어느 정도인지 명확하지 않기 때문에 토론에서 문제가 될 수 있다. 물론 이 논제의 경우는 "사회적 약자에 대한 차별은 필요하다."란 논제가 반대 팀에게 유리하게 작용할 가능성이 커서 '약간'이란 부사어를 사용했을 것이다. 다른 예로 "동물 실험을 약간 허용해야 한다."거나 "거의 모든 사립학교는 공립학교로 전환해야 한다."란 논제의 경우, '약간'과 '거의'의 정도를 확정하기 어려워서 좋은 토론이 이루어지기 쉽지 않다.

독서 디베이트의 논제를 설정할 때도 명확성은 매우 중요한 요건이다. 논제가 명확하지 않으면 입장과 시각의 차이가 분명하지 않게 되어 중립적 입장이나 양립의 선택이 가능할 수 있다. 그렇게 되면 토론이 불가능해질 수 있다. 독서 디베이트에서 입장과 시각의 차이와 그로 인한 대립은 주로 등장인물 자신 혹은 등장인물들 간의 가치의 대립으로 나타난다. 그러므로 논제를 설정할 때 먼저 대립시킬 가치를 선정해야 한다.

예를 들면, 장 아누이의 『안티고네』에서 가장 핵심적인 가치의 대립은 가족으로서의 의무와 국민으로서의 의무의 충돌이다. 이 충돌을 바탕으로 "안티고네의 삶(죽음)은 숭고하다."란 논제를 설정할 수 있다.

셰익스피어의 『베니스의 상인』에서는 다른 인물들의 동일성과 샤일록의 인종적·종교적 타자성의 대립을 생각하면서 "샤일록에 대한 재판은 공정하다."란 논제를 설정할 수 있다. 톨스토이의 『이반 일리치의 죽음』에서는 "죽음에 대한 이반의 태도(반응과 수용)는 타당하다."로 논제를 설정할 수 있는데, 이는 작품 속 등장인물의 가치보다는 작가의 죽음에 대한 가치관을 문제 삼고 있는 경우이다. 물론 가치의 대립을 분명히 하는 것은 논제와 함께 쟁점을 고려할 때 가능하다.

독서 디베이트 논제의 경우에는 일반적인 디베이트 논제와 달리 부정문으로 논제를 진술해도 크게 문제가 되지는 않는다. 독서 디베이트의 경우는 책을 읽고 토론하므로 맥락과 상황이 분명하다. 그러므로 독서 디베이트의 논제는 현재의 해석에 반대해서 새로운 해석을 제시하고자 할 때 논제를 부정문으로 제시하는 것도 나쁘지 않다.

박지원의 『허생전』의 경우에 논제를 "허생은 의로운 인물이 아니다."로 제시하는 것은 문제가 되지 않는다. 일반적으로 허생은 의로운 인물로 간주되고 있는데, 이는 허생에 대한 기존의 해석에 반대하고 새로운 해석을 제시하고자 하는 찬성 측의 의지가 반영되어 있다. 또한 소설 속에서 허생이 처한 상황과 행동이 명확하게 제시되어 있으므로 부정적으로 표현되어 있다 하더라도 논의가 막연해질 가능성은 별로 없다. 조지 오웰의 『동물농장』의 논제로 "피지배계급은 동물농장(혁명)의 실패에 책임이 없다."로 정하거나, 헤밍웨이의 『노인과 바다』의 논제로 "노인이 먼 바다로 나간 것은 잘못이다."와 같이 부정적인 의도를 담고 있는 것으로 보이는 논제를 정해도 작품을 통해서 상황이 한정되므로 별 문제는 없다. 중요한 것은 지배적인 작품 해석의 견해를 반대하는 측이 찬성 측이 되도록 논제를 설정하는 것이다.

　물론 가능하면 긍정문의 형태로 기술하는 것이 바람직함을 부인하는 것은 아니다. 부정문이나 부정의 의도를 담은 논제는 학생들에게 혼란을 일으키기 때문이다. 학생들은 찬성 측은 긍정을, 반대 측은 부정을 의미한다고 생각하는 경향이 있다. 그런데 부정의 논제를 사용하면 양쪽이 똑같은 입론을 써 오는 웃지도 못할 상황이 발생할 수도 있으므로 가능하면 논제는 형식이나 의도 모두 긍정문으로 진술하는 것이 바람직하다.

　마지막으로 균형성에 대해 살펴보자. 논제는 찬성과 반대 측 중에서 어느 한쪽에 유리하게 만들어져서는 안 된다. 찬성과 반대 측의 입장과 상관없이 공정한 토론이 가능하도록 균형 잡힌 논제여야 한다. 이는 찬성과 반대의 대립이 팽팽하게 긴장을 이루는 논제를 말한다. 저울 한 쪽에 찬성을, 다른 쪽에 반대의 입장을 놓았을 때 저울이 균형을 이루어야 한다. 여기서 균형은 찬성과 반대 모두 풍부한 논점과 자료를 제시할 수 있는 것이어야 한다는 뜻이다. 논제가 균형을 유지하기 위해서도 몇 가지 지켜야 할 사항이 있다.

　먼저 논제는 가치중립적인 용어를 사용해야 한다. 이 말은 정서적 감정이 담긴 표현이나 가치판단을 담고 있는 용어를 배제해야 한다는 뜻이다. 예를 들어 "잔인한 동물실험은 중단되어야 한다."란 논제는 '잔인한'이란 낱말에 감정과 가치 판단이 모두 담겨 있다. 동물실험의 잔인성을 강조하는 듯한 논제는 찬성 팀에게 유리하다. 다른 예로 "인간의 생명을 경시하는 배아연구는 금지되어야 한다."란 논제나 "학교에서 비윤리적인 체벌은 금지되어야 한다."란 논제의 경우도 배아연구가 인간 생명을 경시한다는 가치판단을 포함하고 있고, 학교의 체벌이 비윤리적이라는 가치판단을 포함하고 있다. 논제에 대한 가치판단은 토론 중에 이루어져야지 논제가 가치판단을 이미 포함하고 있어서는 안 된다. 이런 논제는 청중이나 심판에게 불필요한 선입견을 제공할 수 있다.

논제의 균형성을 위해서는 가능한 가치를 배제한 용어를 선택해야 한다. "낙태를 허용해서는 안 된다."란 논제의 경우도 '낙태(落胎)'란 단어가 태아를 떨어뜨린다는 부정적인 의미가 느껴지므로 '임신중절수술'과 같은 보다 중립적인 느낌을 주는 단어를 사용하는 것이 바람직하다. "학교에서 사랑의 매는 허용해야 한다."란 논제의 경우도 '사랑의 매'보다는 가치중립적인 '체벌'이란 단어가 적당하다.

마지막으로, 논제의 균형성을 위해서 논제가 어떤 목적성을 드러내서는 안 된다. 예를 들어 "학생을 올바르게 성장시키는 학교에서의 체벌은 바람직하다."란 논제의 경우에는 체벌이 학생들의 올바른 성장을 위한 목적임을 제시하고 있어서 찬성 측에게 유리하다. 체벌이든 무엇이든 학생들을 바르게 성장시키는 것이 분명하다면 당연히 필요할 것이다. "대한민국이 더 안전하고 행복해지기 위해서는 사회적 약자에 대한 약간의 차별은 필요하다."란 논제의 경우도 마찬가지다. 이 논제는 '대한민국의 안전과 행복을 위해서는'란 목적을 드러내고 있는데 이는 토론에서 증명해야 할 문제이다. 논제 자체가 사회적 약자에 대한 차별이 안전하고 행복한 대한민국을 위해서 필요한 것처럼 느껴지게 한다. 또, "거리의 안전을 위해서 CCTV를 설치해야 한다."는 논제의 경우도 '거리안전'이란 목적은 찬성 측에 유리하게 작용한다.

독서 디베이트의 논제를 설정할 때 균형성의 요건 중에서 특히 관심을 가져야 할 것은 찬성과 반대 측의 논거가 균형을 이루도록 설정하는 것이다. 작품을 읽고 논제를 설정할 때는 미리 찬반 양쪽의 쟁점을 생각해 보고 이들이 균형을 이루도록 설정해야 제대로 토론이 이루어질 수 있다. 물론 하나의 작품 속에서 찬반의 논거가 균형을 이루도록 논제를 설정하는 것은 매우 힘든 일이며 어쩌면 불가능할지도 모른다. 그렇다 하더라도 가능하면 균형을 이룰 수 있도록 최선의 노력을 기울여야 한다.

지금까지는 사회 문제를 다루는 디베이트와 독서 디베이트 모두에서 갖추어야 할 논제의 조건을 설명했다. 여기에 더해서 독서 디베이트의 논제가 갖추어야 할 고유한 특징을 한 가지만 추가하려 한다. 그 조건은 독서 디베이트의 목적을 고려해서 논제를 설정해야 한다는 것이다. 이를 위해서 경험을 통해 얻은 몇 가지 의견을 제시하면 다음과 같다.

첫째, 일반적으로 논제는 명확하고 구체적일수록 좋지만 독서 디베이트의 논제는 책을 전체적으로 이해하는 데 도움이 되어야 하며 특정한 주제 의식을 갖추고 있어야 한다. 책의 핵심적인 주제와 관계되면서 찬반의 의견을 명확하게 설정할 수 있는 것이어야 한다.

둘째, 학생들에게 작품을 어떤 방향으로 읽힐 것인지를 고민하여 설정해야 한다. 예를 들면, 메리 셸리의 『프랑켄슈타인』에선 괴물은 악이 아니라는 점, 소포클레스의 『오이디푸스 왕』에서 오이디푸스는 운명의 희생양이 아니라 자신의 운명에 적극적으로 맞선 인물이라는 점 등의 방향을 나름대로 정하고 그 방향에 맞게 논제를 설정해야 한다.

셋째, 논제에 대한 찬성 측의 주장을 단순히 부정할 것이 아니라, 대안적 독서, 대안적 읽기가 될 수 있도록 논제를 구성해야 한다. 예를 들어 『홍길동전』에서 "홍길동은 사익을 추구한 출세주의자이다."를 논제로 토론한다면 반대 측은 홍길동은 사익을 추구한 출세주의자가 아니라고만 주장할 것이 아니라, '홍길동은 공익을 추구한 개혁주의자임'을 증명하는 적극적 읽기가 될 수 있도록 논제를 구성해야 한다. 그래야 생산적 읽기, 생산적 토론이 될 수 있다.

만약, 『프랑켄슈타인』의 경우 "괴물은 죄가 없다."라는 논제를 설정했다면 찬성 팀은 '인간의 편견에 맞선 괴물의 투쟁'이라는 방향으로 읽을 수 있을 것이고, 반대 팀의 경우는 '괴물은 죄가 있다.'라고 읽어야 한다. 찬성 팀의 논제를 단순히 부정하는 것은 좋은 읽기 방식이 아니므로 반대 팀은 좀 더 적극적으로 자신의 주장을 펼치는 것이 좋다. 그렇다면 어떻게 읽어야 할까. 괴물의 죄를 '욕망의 노예로서의 자기 파괴'라는 방향으로 읽을 수 있다. 물론 대안적 읽기가 되기 위해서는 논제만 가지고 되는 것은 아니다. 그에 맞게 쟁점이 설정되어야 자연스런 대안적 읽기가 될 수 있다.

그러므로 여기서 독서 디베이트의 쟁점을 설정할 때 유의할 점을 몇 가지 살펴보고 다음으로 넘어가자.

첫째, 쟁점은 논제에서 벗어나지 않아야 한다.(논제 관련성)

둘째, 쟁점은 작품에서 중요한 논쟁이 일어나는 부분이 되도록 노력해야 한다. 교사 자신의 독서를 통해서만 쟁점을 설정할 수도 있지만 여러 비평이나 논문들을 참고하여 작품에서 논쟁적인 부분을 쟁점으로 설정하면 작품 이해에도 상당히 도움이 된다. 작품의 핵심적인 문제를 예로 들면, 셰익스피어의 『햄릿』의 경우에는 햄릿이 숙부의 살인을 주저하는 이유나 엔도 슈사쿠의 『침묵』에서 모성적 기독교의 문제 등을 들 수 있다.

셋째, 각각의 쟁점은 변별성과 연계성을 동시에 갖추어야 한다. 각 쟁점들은 상호 배타성과 토론자의 주장을 강화하는 일관된 방향성을 갖추어야 하며, 논리적 순서에 따라 쟁점을 전개하는 것이 좋다. 우리가 작품을 해석할 때 텍스트의 한 부분과 다른 부분의 연관성을 놓친다든가 특정 부분에 과도하게 의미 부여를 하는 것은 작품을 온전하게 이해하는 것이 아니다.

마지막으로 쟁점은 3개 정도가 적당하며 작품의 이해를 심화시킬 수 있는 것이어야 한다.

예를 들어, 프랜시스 스콧 피츠제럴드의 『위대한 개츠비』를 가지고 독서 디베이트를 한다고 생각해 보자. 『위대한 개츠비』는 1920년대 미국 사회의 물질적 사랑을 개츠비의 사랑을 통해서 표현하고 있는 작품이므로 논제는 "개츠비의 사랑은 위대하다."로 정할 수 있다. 다음으로 쟁점을 변별성과 연계성을 지니도록 구성해야 한다. 쟁점은 데이지에 대한 개츠비의 사랑을, 사랑의 목적, 사랑을 되찾기 위한 방법 그리고 사랑에 대한 평가의 순으로 변별성과 연계성을 지니도록 구성할 수 있다.

사랑의 목적에서 쟁점은 개츠비의 사랑의 목적이 데이지 자체에 대한 순수한 사랑이냐, 아니면 데이지가 지닌 부와 신분을 소유하기 위한 신분 상승의 욕망으로서의 사랑이냐의 문제가 될 수 있다. 데이지의 사랑을 되찾기 위한 방법에서 쟁점은 데이지의 사랑을 되찾기 위한 방법으로서 부(富)의 문제를 다룰 수 있다. 개츠비가 부를 부정한 방법으로 획득한 것을 인정하면서 데이지와의 사랑을 위한 불가피한 수단으로 보고 어느 정도 정당화될 수 있다고 볼 것이냐, 아니면 어떤 목적으로도 정당화될 수 없다고 볼 것이냐가 문제가 된다. 마지막으로 개츠비의 사랑을 평가하는 쟁점을 만들 수 있다. 이는 개츠비의 사랑의 결과를 평가해 보는 것이다. 개츠비의 사랑을 데이지를 향한 진실하고 위대한 사랑으로 볼 것이냐, 아니면 거짓되고 퇴폐적인 나르시스트의 자기 사랑으로 볼 것이냐의 문제이다. 쟁점을 이렇게 구성하면 사랑의 목적, 방법, 결과(평가)로 변별성과 연계성을 갖출 수 있다.

쟁점을 논제를 중심으로 변별성과 연계성을 지니도록 구성하면 일관된 하나의 이야기를 구성할 수 있게 되고, 쟁점들을 연결하면 한 편의 감상문이나 비평문을 쓸 수도 있다. 찬성 측은 개츠비는 데이지에게 다가가기 위해 어쩔 수 없이 부정한 방법으로 부를 축적할 수밖에 없었지만 그는 부 자체를 목적으로 하거나 쾌락을 즐기지 않았고, 데이지를 위해 자신이 살인죄를 뒤집어 쓸 만큼 순수한 사랑을 하였으며, 그가 과거에 집착하는 것은 과거의 가장 순수한 순간을 회복하고 싶기 때문이라는 식으로 스토리를 만들 수 있고, 반대 측은 개츠비는 데이지를 사랑한 것이 아니라 데이지가 지닌 부와 신분을 사랑한 것이며, 데이지에게 접근하기 위해 부정한 방법으로 재산을 축적하였고, 그의 사랑은 퇴행적인 자기사랑(편집증적 집착)이며 비현실적인 환상에 불과하다는 스토리를 만들 수 있다.

위의 논제의 여러 가지 조건 중, 알프레드 스나이더가 언급한 것에서 다루지 않은 조건이 한 가지 있다. 그것은 ❻ 논제는 품격이 있어야 한다는 조건이다. 오가와 요코가 쓴 『박사가 사랑한 수식』에서 박사는 단순하고 명료하여 누구도 부정할 수도 생채기를 낼 수도 없는 수식을 아름답다고 표현한다. 논제가 품격이 있어야 한다는 의미도 이와 같다. 논제를 진술할 때는 가능한 적은 단어를 사용하여 간단하고 명료하게 진술해야 한다. 많은 단어를 사용할수록 논제는 더욱 복잡해진다. 단어의 의미는 명료하지 않기 때문에 여러 단어를 사용하면 논제를 이해하는 것도, 용어를 정의내리는 것도, 토론하기도 어려워진다. 또한, 토론에서 사용되는 단어의 의미는 분명해야 한다. 모든 용어는 어느 정도 애매성을 포함할 수는 있지만 지나치게 추상적인 용어는 가능하면 피해야 한다.

명심하자. 논제를 만들 때는 "가능한 한 적은 단어를 사용하자." 이때 논제는 아름답고 품위 있어 보인다.

3
논제의 종류

　논제는 보통 세 가지로 분류한다. 사실 관계를 확인하는 사실 논제, 행동의 변화를 촉구하는 정책 논제, 가치를 평가하는 가치 논제로 나눈다. 논제를 분류하는 이유는 각 논제가 목표하는 바가 다르기 때문이다.

　토론은 고대 그리스에서 시민교육의 기초로 활용하기 위해서 깊이 있게 연구 되었다. 그리스는 토론이 필요한 공적인 영역을 법정, 의회, 공동체로 나누었다. 법정에서는 사실 관계를 파악하여 사회 정의를 실천하는 데 필요한 토론을, 의회에서는 공동체에 필요한 정책을 결정하는 데 필요한 토론을, 공동체에서는 시민들의 올바른 가치관 정립을 위해 바람직한 가치와 윤리가 무엇인지를 따져보는 데 필요한 토론을 발전시켰다. 이 각각의 토론에 해당되는 논제가 사실 논제, 정책 논제, 가치 논제이다.

이처럼 각각의 논제가 추구하는 목표가 다르기 때문에 토론을 할 때 논제에 따라 논증을 구성하는 방향이나 전략도 달라질 수밖에 없다. 즉, 논제를 파악하는 일은 토론에서 논제를 어떤 관점에서 접근할지를 결정하기 위해 필요하다. 논제 유형의 분석 결과에 따라 토론에서 사용할 쟁점이 달라진다. 각각의 논제에 대해 좀 더 구체적으로 살펴보자.

1. 논제의 종류

1) 사실 논제(참이냐 거짓이냐)

사실 논제는 사실에 대한 판단을 다룬다. 어떤 현상이나 사건에 대해 사실과 관련된 판단을 다룬다. 사실 논제로 토론할 때 가장 중요하게 다루는 내용은 사실임을 증명해줄 수 있는 근거이다. 어떤 현상이나 사건의 사실 관계를 뒷받침하는 근거만 확실하면 토론에서 이길 수 있다. 사실 논제를 다루는 대표적인 토론은 범죄의 성립 여부를 가리는 법정 토론이다. 법정에서는 증거를 바탕으로 한 사실 관계에 대한 증명을 통해서 유무죄를 결정한다.

사실 논제는 토론에서 그 자체로는 잘 다루어지지 않는다. 왜냐하면 사실을 뒷받침하는 근거만 찾으면 승패가 쉽게 결정이 나기 때문이다. 예를 들어 "담배는 몸에 해롭다."는 논제로 토론을 한다고 생각해 보자. 담배의 성분을 과학적으로 실험한 자료를 제시하면서 인체에 해롭다는 사실을 입증하면 토론은 끝난다.

물론 사실을 증명하는 일이 항상 쉬운 것은 아니다. 예를 들어 "독도는 한국 땅이다."와 같은 논제는 수많은 역사적 사실을 동원해야 증명할 수 있다. 단순한 사실 관계를 다루는 논제는 토론에 적합하지 않다. 복합적인 사실 관계를 다루는 논제가 토론에 적합하다.

사실 논제는 가치판단에 관한 논제(가치 논제)나 행위의 실천방안에 관한 논제(정책 논제)의 일부로 문제되는 경우가 많다. 교육적 목적을 위한 토론의 경우는 대부분 정책이나 가치에 관한 내용이다. 하지만 정책이나 가치를 판단하기 위해서는 우선 사실 관계를 먼저 확인해야 하는 경우가 많다. 가령, "정부는 사형제도를 폐지해야 한다."와 같은 정책 논제로 토론한다고 생각해 보자. 우선, 찬성 팀과 반대 팀은 사형제도가 범죄 예방에 효과가 있었는지 그렇지 않은지에 대한 사실 관계를 다룰 것이다.

> 사실 논제의 형식 = 대상/행위(주어) + 사실 판단(서술어)

사실 논제는 다음과 같은 것들이 있다.

- ☞ 한국인은 외국인에게 불친절하다.
- ☞ 독도는 한국 땅이다.
- ☞ 스마트폰은 사람을 바보로 만든다.
- ☞ 토익 점수는 취업에 도움이 되지 않는다.

2) 가치 논제(옳으냐 그르냐)

가치 논제는 가치 판단을 문제 삼는다. 어떤 것이 좋은가 나쁜가, 가치가 있는가 없는가 등과 같이 가치 판단을 대립의 축으로 삼는다.

가치 논제는 세상을 바라보는 가치관이나 신념과 밀접한 관련이 있다. 이 책에서 설명하고 있는 독서 디베이트의 논제들은 모두 가치 논제에 속한다.

가치 논제는 가치 판단 대상과 대상의 가치에 대한 평가적 주장으로 이루어져 있다. 우리는 어떤 대상, 사람, 생각, 사건 등에 대하여 긍정적이거나 부정적인 반응이나 태도를 드러낸다. 바로 이러한 긍정적 혹은 부정적인 느낌, 태도 등을 나타내는 표현들을 '가치어'(가치를 표현하는 말)라고 부른다. 그 예로 '옳다', '잘못되었다', '좋다', '나쁘다', '못생겼다', '아름답다', '바람직하다', '공정하다', '뛰어나다', '훌륭하다', '열등하다'와 같은 표현이 있다.

토론에서 가치 논제를 다룰 경우 토론자들의 주장이 다분히 주관적이어서 보편적으로 받아들일 만한 근거를 찾기 어렵다. 따라서 가치 논제를 다루는 토론에서 찬성 측은 반드시 가치평가에 적용될 기준을 정해야 한다. 예를 들어 '바람직하다'라는 말은 어떤 의미일까, 또 과연 긍정적인 수준이 어느 정도여야 바람직하다는 표현을 쓸 수 있을까 등과 같은 기준 말이다.

가치 논제일 경우, 일반적으로 가치 판단 기준에 바탕을 둔 입론이 사용된다. 토론에서는 가치를 평가하는 하나의 방법을 제시해야 한다. 가치에 대한 토론은 매우 추상적이고 주관적이기 때문에 토론에서는 누구나 논증에서 사용할 수 있는 객관적인 판단 기준을 제시하는 것이 중요하다. 이것이 가치 판단 기준을 제공해야 한다는 뜻이다.

예를 들어, "몸은 신성한 것이다."라는 논제로 토론한다고 생각해 보자. 찬성 측은 '몸의 온전함'이라 기준을 활용하여 몸에 재미로 문신과 피어싱을 해서는 안 된다고 주장할 것이다. 찬성 측은 토론에서 몸의 온전함을 최고의 가치로 규정하는 입론을 구성할 것이다. 그들은 몸은 조상으로부터 물려받은 것으로 함부로 훼손해서는 안 된다는 유교적 전통에 대해 언급할 것이고, 피어싱이나 문신과 관련한 감염이나 질병의 위험을 언급할 것이다.

그러면, 반대 측은 찬성 측이 선택한 기준을 반박하는 대응적 판단 기준을 제시할 것이다. 반대 측은 '개인의 자유'라는 판단 기준을 내세울 것이다. 이 기준을 바탕으로 개인이 아름다움을 위해서 자신의 몸에 문신이나 피어싱을 하는 것은 개인의 자유에 해당한다고 주장할 것이다. 문신이나 피어싱을 금지하는 것은 개인의 자유를 억압하는 일이라고 주장할 것이다.

다른 예를 하나만 더 들어보자. "인공지능(로봇) 기술의 발전은 인간의 행복을 증진시킨다."란 논제로 토론한다고 생각해 보자. 이 논제로 토론하기 위해서는 우선 행복이라는 추상적 가치를 평가할 수 있는 객관적 가치판단 기준을 제시해야 한다.

찬성 측은 먼저 '여가 시간'을 행복을 판단하는 기준으로 제시할 것이다. 찬성 측은 인공지능 로봇이 인간이 해야 할 일은 대신함으로써 개인의 여가 시간이 증대될 것이며, 이 시간에 자신이 정말 하고 싶었던 일을 할 수 있다고 주장할 것이다. 그러면 반대 측은 '노동의 신성함'이란 대응적 판단 기준을 제시할 것이다. 인공지능 로봇이 인간의 일자리를 빼앗아 감으로써 인간의 노동할 권리를 빼앗아 간다고 주장할 것이며, 인간의 노동과 인간의 행복은 밀접한 관계가 있음을 증명할 것이다.

다음으로, 찬성 팀은 '인간관계'를 행복을 판단하는 기준으로 제시할 것이다. 인간과 인간 사이의 친밀한 관계가 행복을 증진시키는데, 인공지능 로봇은 이를 방해한다고 주장할 것이다. 사람들이 로봇과 접촉하는 시간이 늘어남으로써 스마트폰처럼 상대적으로 인간관계를 해친다고 주장할 것이다. 그러면, 반대 측은 인공지능 로봇이 인간관계를 맺기 어려운 사람들에게 인간을 대신하여 인간과 관계를 맺는 역할을 할 수 있다고 주장할 것이다. 로봇이 말 상대가 되어 줄 수도 있고, 놀이 상대가 되어 줄 수도 있다고 주장할 것이다.

마지막으로 찬성 팀은 '안전'이란 가치 판단 기준을 제시할 것이다. 자율주행자동차와 같은 인공지능 기술은 사고로부터 인간을 더욱 안전하게 보호할 것이라고 주장할 것이다. 이에 맞서 반대 측은 인공지능 기술의 발전은 통제가 불가능할 수 있고, 결국은 인공지능 로봇은 인간보다 뛰어난 지능을 바탕으로 인류의 안전을 위협할 것이라는 주장을 할 수 있다.

가치 판단 기준에 대한 것은 이후 가치 논제의 필수쟁점에서 보다 구체적으로 언급할 것이다.

가치 논제에는 다음과 같은 요소들이 포함되어 있다.[15]

ⓐ 평가 또는 가치 판단의 대상: 일반적으로 이 대상이란 문장의 주어를 말한다. 예를 들어 '논제: 자유무역은 바람직하다.'에서는 이 문장의 주어인 '자유무역'이 평가 받는 대상이다.

---

15) 존 M. 에릭슨 외 2인, 『디베이트 가이드』, 길벗, 2013. 29쪽.

ⓑ 문장이 과거의 역사적인 평가를 다루는지('오바마 행정부의 경기부양 대책은 부적절했다.') 혹은 현재형인지('언론의 자유는 헌법에 규정된 권리 중 가장 중요하다.') 또는 미래를 추측하는 문장인지('해양 석유 개발은 좋지 않은 결과를 불러올 것이다.')를 알려주는 동사: 학교에서 이뤄지는 디베이트에서는 대개 현재형 형태인 '…(이)다/…(하)다'가 가장 일반적이다.

ⓒ 평가 결과를 나타내는 표현: 예를 들면 '부적절하다', '중요하다', '위험하다', '이롭다', '해롭다' 등이 있다.

> 가치 논제의 형식 = 가치판단 대상/행위(주어) + 가치 평가(가치어, 서술어)

가치 논제는 다음과 같은 것들이 있다.

☞ 세계는 고래 사냥을 중단해야 한다.
☞ 청소년의 아르바이트는 바람직하다.
☞ 학벌 없는 사회가 바람직하다.
☞ 돈이 행복을 가져다 준다.
☞ 적군(흉노)에게 포로로 잡힌 후, 이능이 한 선택은 옳다.
☞ 샤일록에 대한 재판은 공정하다.

가치 논제에서 추가적으로 한 가지만 더 짚고 넘어가자. 앞서 독서 디베이트의 논제는 모두 가치 논제라고 말했다. 그런데, 독서 디베이트의 논제는 언뜻 보면 사실 논제처럼 보이는 것이 많다. 예를 들면,

헨리크 입센의 『인형의 집』의 "노라는 책임감 있는 사람이다.", 메리 셸리의 『프랑켄슈타인』에서 "프랑켄슈타인은 비극적 영웅이다.", 아서 밀러의 『시련』에서 "세일럼에서는 불의(不義)가 승리했다." 등이 그렇다. 이들은 표면적으로 노라가 책임감 있는 사람인지 아닌지, 프랑켄슈타인은 영웅인지 아닌지, 세일럼에서는 불의가 승리했는지 아닌지의 사실 관계를 판단하는 논제처럼 보인다. 하지만 이들의 사실 관계는 작품의 해석에 따라 판단할 수밖에 없다.

독서 디베이트에서 논제를 증명하기 위한 작품의 해석에는 가치판단이 개입된다. 노라가 책임감 있는 사람인지 아닌지는 가정에서 헌신적인 아내의 역할을 중요한 가치로 볼 것인지 아니면, 자신의 자아와 행복을 찾아 가는 일을 중요한 가치로 볼 것인지에 따라 해석이 달라진다. 프랑켄슈타인이 영웅인지 아닌지는 과학자로서 과학적 혁신을 통해 인류의 발전에 헌신하는 일을 중요한 가치로 볼 것인지 아니면, 과학자의 윤리성의 문제를 더욱 중요한 가치로 볼 것인지에 따라 달라진다. 세일럼에서 불의가 승리했는지 아닌지는 어떤 상황에서도 목숨을 부지하는 것이 중요한 것인지 아니면, 자신의 양심에 따라 행동하는 것이 중요한지에 따라 해석이 달라진다. 비록 작품의 논제가 표면적으로 사실 논제처럼 보일지라도 문학 작품 해석에서 사실 관계는 어떤 가치를 중심에 두고 보느냐에 따라 달라질 수 있다.

3) 정책 논제(할 것인가 말 것인가)

정책 논제는 실천 방안에 대한 판단을 요구한다. 정책이 실천 방안 중 가장 대표적이기 때문에 정책 논제라고 한다. 정책 논제 토론은 사회에 실행되고 있는 정책을 왜, 어떻게 바꾸어야 하는지에 대해 논의하여 앞으로의 행동을 촉구한다. 구체적인 정책을 다루기 때문에 토론을 전개해 나가는 방법이 구체적이고 선명하다. 정책 논제는 미래에 일어날 행동을 다룬다. 즉, 미래에 어떤 일이 일어나야 하느냐 마느냐를 두고 토론이 진행된다.

정책 논제는 부분적으로 사실 논제나 가치 논제의 요소를 포함한다. 정책을 결정하기 위해서는 우선 사실 관계를 확인해야 하고, 또 어떤 가치를 우선하여 정책을 결정할지를 판단해야 하기 때문이다. 예를 들어서 "방사성 폐기물 매립장을 지어야 한다."는 논제의 경우, 실천 방안에 대한 토론에서 방사선 폐기물이라도 위험하다는 사실 판단과 핵 발전 자체가 유해하다는 가치 판단이 함께 혼재되어 있다. "아파트 내에서 흡연을 금지해야 한다."란 정책 논제의 경우도, 아파트 내에서 흡연이 아파트 주민의 건강을 해친다는 사실 판단과 개인의 자유보다는 공공의 이익이 우선돼야 한다는 가치판단이 동시에 이루어져 한다. 이를 바탕으로 정책의 필요성을 제기하거나 실천 방안이 제시되어야 한다.

간혹 가치 논제와 정책 논제를 구별하기 어려울 수도 있다. 이 둘을 구분하는 방법을 두 가지 소개한다. 첫째, 가치 논제와 정책 논제의 중요한 차이점 중의 하나는 그것의 실행에 대한 방안을 포함하고 있느냐의 여부이다. 정책 논제는 그 정책을 실행할 방안을 반드시 제시해야 하지만, 가치 논제의 경우는 꼭 그럴 필요가 없다. 둘째, 가치 논제의 주어는 '평가의 대상'이다. "동물실험은 정당하다."란 논제에서 정당성을 묻는 평가의 대상은 동물실험이다. 하지만 정책 논제에서 주어는

'행위의 주체'가 된다. "학교는 학내에서 학생들의 흡연을 금지해야 한다."란 정책 논제의 경우는 '학교'가 행위의 주체가 된다.

가치 논제와 정책 논제를 구별해야 하는 이유는 논제를 입증하는 방식이 다르기 때문이다. "사형제 폐지는 바람직하다."는 가치 논제와 "정부는 사형제를 폐지해야 한다."는 정책 논제를 예로 살펴보자. 정책 논제로 토론을 할 때는 찬성 측이 입론에서 제안하는 구체적인 행위의 제안에 초점을 맞춘다. 찬성 측은 먼저 입론에서 사형제, 그리고 사형제를 폐지한다는 것의 의미를 정의할 것이다. 다음에는 사형제가 존재하는 현 상태의 문제점과 그것의 피해를 여러 방면에서 지적할 것이다. 그러면서 사형제를 폐지함으로써 이런 문제를 해결할 수 있다고 주장할 것이다. 이어서 찬성 측은 사형제를 폐지한 이후의 범죄를 예방할 수 있는 구체적 실천 방안을 제시하면서 이 방안이 훨씬 우리 사회에 이익이 된다고 주장할 것이다. 한편, 반대 측은 이러한 찬성 측의 입론을 중심으로 내용을 검토하면서 찬성 측의 제안이 현실성이 있는지, 그리고 부작용은 없는지를 논의하게 된다.

이와는 달리 "사형제 폐지는 바람직하다."고 하는 가치 논제에서는 사형제 폐지가 가지고 있는 핵심 가치에 주목한다. 이 핵심 가치가 실현되는 것이 우리 사회에 왜 정당하고 필요한지에 논의를 집중할 것이다. 이 과정에서 경쟁하는 다른 가치와의 비교나 현재 우리 사회의 보편적인 가치에 대한 탐색이 이루어질 수 있다. 예를 들어, 찬성 측은 '개인의 인권'을 가장 중요한 가치로 내세울 것이고, 반대 측은 '사회의 정의'를 가장 중요한 가치로 내세울 것이다. 즉, 찬성 측은 범죄자에게도 인격이 있는데 이를 국가가 박탈하는 일은 정당하지 않다고 주장할 것이며, 반대 측은 피해자의 입장을 내세워 범죄에 대한 정당한 처벌이 우리 사회를 정의롭게 한다고 주장할 것이다. 그리고 찬성 측은 사형제가 범죄 예방에 효과가 없음을 증명하려 할 것이고, 반대 측은 범죄 예방에 효과가 있음을 증명하려 할 것이다. 이는 찬성 측이 '사형제 폐지가 바람직하다'는 판단을 입증하기 위한 노력이며, 반대 측 또한 이러한 판단을 기각하기 위해 각종 사례, 혹은 대체할 판단 기준을 제시할 수 있다.

한 가지 예를 더 검토해 보자. 부모의 체벌에 대해서 가치 논제와 정책 논제로 토론한다고 생각해 보자. 가치 논제는 "부모의 체벌은 정당하다(바람직하다)."가 될 것이며, 정책 논제는 "정부는 부모의 체벌을 금지해야 한다."가 될 것이다. 이 때 가치 논제로 토론을 할 경우에는 가치 판단 기준을 제시해야 한다. 즉, 체벌이 아이들에게 주는 심리적·육체적 피해의 정도, 체벌이 아이들의 정당한 권리를 침해하는 지의 여부, 체벌의 교육적 효과 등을 기준으로 토론을 할 수 있다. 그런데 정책 논제로 토론을 한다면 찬성 측은 이에 더해서 부모가 체벌을 할 경우, 부모를 처벌할 수 있는 방안이나 체벌을 대체할 수단을 구체적으로 제시해야 한다. 그리고 부모를 처벌할 경우에 아이들을 어떻게 보호할지도 논의해야 한다. 반대 측은 찬성 측이 제시한 방안이 실현 불가능하다거나 우리 사회에 이익이 되지 않는다는 점을 집중적으로 부각시킬 것이다.

일반적으로 가치 논제의 토론은 심도 있는 철학적 사고 능력을 주된 목표로 삼는다. 이에 반해 정책 논제의 토론은 해당 정책과 연관된 사실이나 가치 문제도 검토하지만 거기서 끝나서는 안 된다. 정책 논제로 토론할 경우는 반드시 정책에 대한 구체적인 실현 방안을 제시하고 예상 효과까지 따지는 문제 해결적 사고 능력을 보여주어야 한다. 즉, 정책 논제를 다루면서 당연히 가치 문제를 다루게 되지만 궁극적인 지향점은 다르다. 가치 논제에서는 구체적인 해결 방안의 실현 가능성과 그에 따른 이익과 비용을 산출하여 입증할 책임이 없다. 선호하는 가치에 대한 당위성을 입증하기 위한 논리적 사고력이 중요하다. 반면에 정책 논제의 경우에는 문제의 심각성과 지속성, 해결 방안의 실현 가능성, 이익과 비용 등을 구체적으로 입증하기 위한 증거 자료의 수집 등 정책을 실행하기 위한 구체적인 문제 해결적 사고가 중시된다.

가치 논제와 정책 논제를 구분할 수는 있지만 이 둘을 명확하게 분리해서 다룰 수는 없다. 왜냐하면 가치에 대한 논란이 끝나고 어떤 가치에 합의를 하였다면, 그 다음에 그 가치를 어떻게 확산하고 실천할 것인지가 문제로 대두될 것이기 때문이다. 이는 결국 가치를 실현하기 위해서 어떤 구체적인 방안을 따라야 하는가라는 정책의 문제가 된다.

가령, 인간 배아에 대한 실험이 생명윤리상 비도덕적이라는 주장에 합의하였다고 생각해 보자. 그렇다면 그 다음의 문제는 배아실험에 대한 금지를 다루는 정책적 방안이 될 것이다. 다른 예로 인권 문제에 대한 사회적인 합의가 이루어졌다면, 다음은 이를 어떻게 실행할 수 있는가에 대한 논의를 해야 한다. 하지만 현실적으로 모든 사람들이 어떤 가치에 동의할 때까지 마냥 기다릴 수는 없다. 대부분의 사람들은 가치 논제가 종결되기를 기다리는 것이 아니라 여전히 쟁점이 되고 있는 상황에서 정책 논제를 다룬다. 따라서 현실 상황에서는 가치 논제와 정책 논제가 선후 관계가 아니라 동시적으로도 충분히 논의될 수 있는 관계이다.

정책 논제에는 다음과 같은 요소들이 포함되어 있다.[16]

ⓐ 해당 행위를 하는 주체: 가치 논제에서 주어는 평가의 대상이지만, 정책 논제에서는 대개 주어가 행위의 주체이다.

ⓑ '…해야 한다'라는 동사: 이 논제의 동사구 중 이 뒷부분은 행동을 촉구하는 뜻을 가진다.

ⓒ '…해야 한다' 앞에서 구체적인 행동을 나타내는 동사: '미국은 자유무역 정책을 채택해야 한다.'라는 논제의 경우, '채택해야 한다'는 정부라는 매개체를 통해 어떤 계획이나 정책을 실제 행동으로 옮겨야 함을 나타낸다.

ⓓ 행위의 명확한 목표 혹은 제한: '미국은 자유무역 정책을 채택해야 한다.'라는 논제의 경우, '자유무역'이라는 단어는 이 주제의 방향성과 한계점을 제시하여 관세 인상, 외교 문제, 주와 주 사이의 통상 등에 관한 의견이 제기될 가능성을 배제한다.

정책 논제는 행위의 주체가 '~해야 한다'고 행위를 촉구하는 용어로 구성된다. 많은 경우 정책 논제는 행위의 주체를 정부, 학교 등으로 추측할 수 있기 때문에 제시하지 않는 경우가 많다. 하지만 이 경우도

---

16) 존 M. 에릭슨 외 2인, 앞의 책. 30쪽.

행위의 주체를 명확하게 표시해 주는 것이 좋다. 이렇게 하면 토론자들이 논제의 종류를 파악할 때 생기는 혼동을 줄일 수 있다.

> 정책 논제의 형식 = 정책 수행 주체(주어) + 정책 대상(목적어) +
> 정책 행동(서술어) + 행동에 대한 촉구(서술어)

정책 논제는 다음과 같은 것들이 있다.

☞ 정부는 공기업을 개혁해야 한다.
☞ 대학입시제도를 개혁해야 한다.
☞ 영어는 조기교육을 해야 한다.
☞ 이라크에 군사파병을 해서는 안 된다.

토론을 준비하는 사람들은 주어진 논제에 대한 분석에서 출발하므로 논제를 이해하는 것은 매우 중요한 문제이다. 논제에 대해 좀 더 알아야 할 것들이 있다.

우리는 주로 논제의 서술 방식을 보고 논제의 종류를 파악한다. 그런데 이 경우에 가끔 혼동이 발생할 수 있다. 사실 논제처럼 보이는 가치 논제가 있고, 정책 논제처럼 보이는 가치 논제가 있기 때문이다.

정책 논제는 '~해야 한다'는 식의 구절을 포함하기 때문에 다른 논제와 비교적 구별하기가 쉽다. 반면에 가치 논제의 경우는 사실 논제와 종종 혼동되는 경우가 있다. 사실이나 가치 논제는 모두 '그렇다 혹은 아니다'의 선언적인 문장으로 표현된다. 이 때문에 이 둘을 통사적으로 구분하기가 어렵다. 더욱이 사실 논제가 평가적 판단을 요구하지 않으면서도 판단적인 용어를 포함하기 때문에 실제로는 가치 논제와 비슷해 보이기도 한다. 이 경우에 사실 논제처럼 보이더라도 실제로 평가적 판단을 필요로 하면 가치 논제로 보아야 한다. 그렇지 않고 사실에 근거한 판단만을 필요로 하는 경우는 사실 논제로 봐야 한다. 예를 들어, "미국은 이라크 전쟁에서 승리했다."란 논제와 "사회적 성공은 결과다."란 논제가 있다고 생각해 보자. 전자는 전쟁에서의 승리가 무엇인지에 대한 가치 판단보다는 사실에 근거한 판단만을 요구한다고 볼 수 있으므로 사실 논제로 다루어야 한다. 후자는 사회적 성공이 결과인지 아닌지의 사실 관계를 판단하는 논제가 아니다. 이 논제는 성공을 어떻게 볼 것인지에 대한 가치판단을 포함하고 있다. 그러므로 이 논제는 가치 논제로 보아야 한다.

논제 중에는 정책 논제처럼 보이는 가치 논제도 있다. 정책 논제의 요소를 가지고 있지만 실제로는 정책에 대한 가치 판단을 드러내고 있는 논제가 이에 해당한다. 우리는 이를 유사 정책 논제 혹은 준(準) - 정책 논제라고 부른다. 유사 정책 논제는 가치 논제로 봐야 한다. 유사 정책 논제는 정책에 대한 구체적인 계획을 다루지 않는다. 유사 정책 논제는 정책에 함의되어 있는 가치에 대한 토론이 중심이 되어야 한다.

예를 들어 "핵무기 개발을 막기 위해 일방적 제재를 가하는 것은 바람직하다."는 논제가 있다고 생각해 보자. 이 논제를 다룰 때는 일방적 제재의 구체적 방법을 논의하기보다 핵무기 개발을 둘러싼 자국과 타국의 상대적 이익과 가치를 논의하는 데 초점을 두어야 한다. "정부는 소극적 안락사를 허용해야 한다."란 논제의 경우도 표면적으로 보면 정책 논제처럼 보인다. 하지만 이 논제로 토론할 때, 소극적 안락사의 실행 방안이 토론의 중심이 아니라 소극적 안락사에 대한 가치 판단이 토론의 중심이 되어야 한다. 소극적 안락사를 '개인의 자유와 존엄'이라는 가치를 앞세워 허용해야 한다고 주장하거나 '생명 존중'의 가치를 앞세워 허용해서는 안 된다고 주장할 수 있다. 이 외에도 유사 정책 논제에는 "차상위 빈곤층에 대한 정부지원이 바람직하다.", "우리나라의 현 경제 상황에서는 파이를 나누는 것보다는 나누어야 할 파이를 최대한 먼저 키우는 것에 우선을 두어야 한다."라는 논제가 있다. 이러한 논제들은 가치 논제로 구분해야 한다. 가치 논제와 정책 논제가 다른 점은 후자는 찬성 측이 실천방안을 실현시킬 계획을 제시해야 한다는 점이다. 유사 정책 논제는 실천방안에 대해 구체적으로 언급하지 않아도 된다.

논제의 세 가지 유형인 사실, 가치, 정책 논제는 완전히 상호 독립적인 것은 아니다. 실제로 논제들을 토론하다보면 다른 논제를 하위 논제로 다루는 경우가 많다. 예를 들면, 가치 논제를 다룰 때도 사실관계를 파악해야 할 필요성이 있고, 사실 논제를 다룰 때도 사실의 판단에는 가치가 개입할 여지가 많다. 완벽하게 객관적인 사실이라면 토론할 필요가 없다. 또한 정책 논제 역시 무엇을 해야 하는지 결정하기 위해서는 사실에 대한 지식이나 가치에 대한 적용과 깊은 관련을 맺을 수밖에 없다. 결국 사실 논제와 정책 논제는 가치 논제와 결부될 수밖에 없다.

논제의 유형을 분류하는 것도 중요하지만 논제에서 다루고자 하는 핵심 문제가 무엇인지 정확하게 아는 것이 무엇보다 중요하다. 왜냐하면 사실 논제, 가치 논제, 정책 논제는 경계를 넘어서며 상호 간에 복잡하게 얽히는 경우도 있기 때문이다. 예를 들어 "방사성 폐기물 처분장을 지어야 한다."와 같은 논제의 경우, "방사성 폐기물은 위험하다."라는 사실 판단과 "핵 발전은 바람직하지 않다."는 가치 판단, 그리고 "정부는 방사성 폐기물 처분장을 지어야 한다."라는 정책 판단이 함께 이루어질 수 있다. 역사적, 사회적으로 치열한 논쟁이 벌어졌던 논제일수록 사실, 가치, 정책 논제들이 복잡하게 얽혀 있다. 이것은 지극히 자연스러운 현상이다. 서로 다른 사실 인식과 가치 판단을 가진 사람들이 정책을 둘러싸고 갈등하는 양상을 보이기 때문이다.

4
논제의 필수 쟁점

1. 필수 쟁점의 개념

우리는 세 가지 종류의 논제가 있다는 것을 알고 있다. 사실 논제, 가치 논제, 정책 논제가 그것들이다. 왜, 사람들은 논제를 이 세 가지 종류로 분류했을까. -물론 이와 다르게 논제를 분류하는 사람도 있다.- 논제의 분류를 통해서 어떤 목적을 추구한 것일까. 분류는 대상에 대한 이해를 도울 목적으로 한다. 그러므로 논제의 분류는 당연히 논제를 이해하는 데 도움을 줄 목적으로 한 것이다.

논제의 분류는 논제를 만드는 사람과 논제를 분석해서 토론에 임하는 사람에게 도움을 준다. 우리는 논제 분류로부터 어떤 도움을 받을 수 있을까. 첫째, 논제의 분류는 논제를 만드는 사람들에게 많은 시사점을 줄 수 있다. 논제별로 특징을 살펴보면 각각의 논제를 만드는 방법을 알 수 있고, 좋은 논제는 어떤 조건을 갖추어야 하는지를 알 수 있다. 둘째, 논제의 종류를 알면 토론에서 쟁점을 찾는 데 도움이 된다. 토론을 하기 위해서는 먼저 논제를 분석해야 하고 그것으로부터 토론에서 사용한 쟁점을 찾아야 한다. 논제의 종류별로 일정한 사고의 틀로서 제시된 쟁점들이 있다. 이 정형화된 틀은 토론의 논증에 적용할 수 있는 기준이 되는 주장(논점)들이라고 할 수 있다. 이 틀은 논제와 관련해서 무엇이 공통적으로 문제가 되어야 하는지를 보여준다. 이렇게 논제별로 정형화된 쟁점들을 필수 쟁점[17]이라 한다. 만약 논제의 필수 쟁점에 대한 고려 없이 토론을 하면, 필수 쟁점 중 일부에 국한해서 토론이 이루어진다. 이는 문제를 전체적인 시각에서 못보고 일부만을 보게 한다. 결국 내실 있는 토론이 이루어질 수 없다.

필수 쟁점은 여러 가지 쟁점 중에서 반드시 토론에서 다루어야 하는 쟁점들이다. 찬성(긍정) 측은 토론에서 승리하기 위해서 반드시 이 쟁점들을 구체화해야 한다. 보통 디베이트에서 3~4가지 쟁점(혹은 논점)이 통상적으로 설정된다. 이 글에서는 논제의 종류에 따라 논제에 대한 입장을 논증하는 데 도움을 주는 '정형화된 사고의 틀', '기준적인 주장들'을 배운다. 왜냐하면, 이를 이용하면 비교적 쉽게 토론에서 사용할 쟁점을 찾을 수 있기 때문이다.

논제별로 필수 쟁점이 있지만 여기서 사실 논제는 다루지 않는다.

---

17) 필수 쟁점은 논제와 관련한 가능한 모든 쟁점 중에서 논제에 본질적으로 내재된 핵심적인 쟁점이다. 필수 쟁점은 논제에 대한 찬성과 반대의 판단에 결정적인 영향을 끼친다. 토론에서 필수 쟁점을 이용하여 논증을 구성하면 토론 준비와 효율적인 토론을 하는데 도움이 된다. 왜냐하면, 불필요하고 무의미한 공방을 줄이고 필수적으로 검토해야 할 사안에 집중할 수 있기 때문이다. 그래서 상호 주장의 타당성에 대한 검증이 체계적으로 이루어질 수 있다.

왜냐하면 사실 논제는 토론에서 그 자체로 잘 다루어지지 않기 때문이다. 주로 법정에서 펼쳐지는 재판이 사실 논제에 해당된다. 사실 논제는 보통 가치 논제나 정책 논제를 다룰 때 함께 문제가 되는 경우가 많고, 어떤 사실이 실제로 일어났는가를 증명하는 증거가 필수 쟁점이 된다.

이 글은 독서 디베이트에 도움을 주기 위한 목적을 가지므로 정책 논제보다는 가치 논제의 필수 쟁점에 대해 주로 설명한다. 독서 디베이트에서 사용할 수 있는 논제는 주로 가치 논제와 관련된다. 독서 디베이트의 논제는 생활 속의 갈등 상황에서 논제를 선택하는 것이 아니라 작품 속의 갈등을 다룬다. 이 갈등 상황에서 인물의 행동이나 생각을 주로 문제 삼는다. 독서 디베이트의 논제를 증명하기 위해서 토론자가 이를 어떤 가치로 읽고 해석할지가 핵심적인 문제가 된다.

그러므로 독서 디베이트의 논제들은 모두 가치 논제이다. 앞서도 설명했듯이 메리 셸리의 『프랑켄슈타인』을 읽고 "괴물은 죄가 없다."는 논제로 토론할 경우, 표면적으로 이 논제는 괴물의 죄의 여부를 따지는 사실 논제처럼 보이지만, 작품을 읽고 논제를 분석해 보면 괴물이 저지른 살인의 정당성을 따지는 논제임을 알 수 있다. 그리고 무엇보다 괴물의 죄의 유무를 판단할 때 어떤 가치를 우선 적용할지가 핵심 문제가 된다.

독서 디베이트의 논제가 모두 가치 논제임에도 여기서는 먼저 정책 논제의 필수 쟁점부터 다룰 것이다. 그 이유는 정책 논제의 필수 쟁점에 대한 이해가 가치 논제를 이해하는 데도 도움을 주기 때문이다. 특히, 가치 논제 중에서도 준-정책논제를 다룰 경우에는 가치 논제의 필수 쟁점을 중심으로 토론이 이루어지겠지만 정책 논제의 필수 쟁점도 참고해야 할 경우가 많다. 학생들을 대상으로 가치 논제로 토론할 경우, 순수한 가치 논제로 토론하기보다는 준-정책논제 형태의 가치 논제로 토론하는 경우가 많다. 이 경우에 정책 논제의 필수 쟁점 중 '이익' 쟁점은 가치를 판단할 때도 함께 고려해야 할 때가 종종 있다. 또, 일반적인 독서 토론대회에서는 정책 논제를 다루는 경우도 많기 때문에 이를 이해할 필요가 있다.

2. 정책 논제의 필수 쟁점

정책 논제의 토론에서 필수 쟁점이란 찬성 측 첫 번째 토론자가 입론에서 반드시 밝혀야 할 내용들을 말한다. 찬성 측 첫 번째 토론자는 입증의 책임을 지고 있다. 입증의 의무를 다하기 위해서는 선결 요건을 갖춘 입론[18]을 작성해야 하는데, 그러기 위해서는 필수 쟁점을 모두 포함해야 한다.

먼저, 토론과 관련한 책에서 정책 논제의 필수 쟁점으로 무엇을 제시하고 있는지 표를 통해서 살펴보자.

---

18) 선결 요건이란 찬성 측 첫 번째 입론에서 반대 측의 반박이 없으면 찬성 측의 주장이 사실로 받아들여지도록 모든 필수 쟁점을 다룬 완전한 연설을 해야 한다는 요건이다. 찬성 측은 반대 측의 반박이 없으면 사실로 받아들여지도록 모든 필수 쟁점을 다룬 완전한 연설을 해야 한다. 반박이 없으면 일단은 온전한 주장으로 받아들여지는 토론의 기본 요건을 '첫눈에 (at first look)'라는 의미를 지닌 라틴어 표현 'prima facie(프리마 파시)'를 사용하여 '선결 요건'이라고 한다. 이 선결 요건을 갖춘 입론을 'prima facie case'라고 한다.

	한상철[19]	강태환 외[20]	백미숙 외[21]	박승억 외[22]	정리
1	개념 정의		개념 규정		
2	논제관련성				
3	내재성	정당화: 지속성, 심각성	합리화/정당화: 중요성, 심각성 시의성, 지속성	필요성, 한계	문제(필요성)
4	문제해결 가능성	방안	실행 방안	해결력	해결방안
5	실천가능성				
6	결과 예측	이익: 이익과 불이익	실행 결과: 이익과 부작용	비용	이익
7	대안 가능성		부분 개선, 대체 방안	비교	
8				절차	

먼저, 위의 표에서 한상철과 백미숙은 '개념 규정'을 필수 쟁점에 포함시키고 있다. 개념 규정은 찬성 측에서 토론의 범위를 규정하기 위해서 제시한다. 이는 입증의 무거운 의무를 지고 있는 찬성 측의 특권이다. 하지만, 이 때 찬성 팀은 반대 팀도 동의할 수 있도록 개념을 규정해야 한다. 자신들에게 일방적으로 유리하게 개념을 규정하면 안 된다. 만약 찬성 팀이 그렇게 한다면, 반대 팀은 이 개념 규정에 반대하면서 자신들이 새롭게 개념을 규정하려고 할 것이다. 이때는 개념 규정이 논쟁의 대상이 될 수 있다. 문제는 토론이 개념 규정에만 머물러서는 안 된다는 것이다. 본 토론으로 들어가지 못하고 논제에 포함

19) 한상철, 『토론』, 커뮤니케이션북스, 2006. 46-52쪽.
20) 강태환·김태용·이상철·허경호, 『토론의 방법』, 커뮤니케이션북스, 2001. 42쪽.
21) 백미숙·이상철, 『스피치와 토론』, 성균관대학교출판부, 2014. 298-310쪽.
22) 박승억·신상규·신희선·이광모, 『토론과 논증』, 형설출판사, 2005. 81-88쪽.

된 용어의 개념에 대한 토론만 하다가 끝나는 정책 토론은 무의미하다. 그러므로 대부분의 경우에 찬성 팀은 반대 팀도 충분히 수용할 수 있을 정도의 개념 규정을 할 것이다. 이때의 개념 규정은 논쟁의 대상이 아니다. 그러므로 개념 규정을 필수 쟁점으로 볼 필요는 없다. 하지만 토론 논제의 종류와 상관없이 모든 토론에서 개념 규정은 반드시 해야 한다.

다음으로 한상철은 정책 논제의 필수 쟁점에 '논제 관련성'을 포함시키고 있고, 박승억은 '절차'를 포함시키고 있다. 논제 관련성이란 주장이 논제의 의도와 부합하는가를 말한다. 논제 관련성은 찬성 팀이 논제를 증명하기 위해서 내세운 논점(주장)들이 논제와 관련이 있는지 없는지를 따질 때 사용하는 개념이다. 이런 논제 관련성의 의미를 보면 알 수 있듯이 이는 찬성 측의 입론에 대해 반대 측이 문제를 제기하는 한 방식이다. 찬성 측의 주장이 논제와 관련이 없음을 내세워서 반대 측에서 반박할 때 사용한다. 그러므로 논제 관련성도 반드시 필수 쟁점에 포함될 필요는 없다. 찬성 측의 입론의 논점들이 논제 관련성이 없는 경우는 드물다. 물론 논제 관련성이 없어 찬성 측이 반대 측으로부터 이를 공격 당한다면 이는 치명적이 될 수 있다.

박승억의 '절차'는 "정책적 제안을 추진하고 실행하는 데에 따른 입법적인 절차를 관장하는 규칙과 관련된 문제"[23]를 말한다. 정책 결정에서 국회나 정부의 입법 절차의 중요성을 고려한 쟁점으로 보이는데, 이는 문제 해결 방안에 포함시키면 되므로 따로 필수 쟁점으로 다룰

---

23) 박승억 외 3인, 앞의 책. 88쪽.

필요는 없다.

　마지막으로 한상철의 '대안 가능성', 백미숙의 '부분 개선'과 '대체 방안', 박승억의 '비교'는 같은 개념을 다른 용어로 표현한 것이다. 대안 가능성은 찬성 팀이 제시한 정책보다 더 나은 대안(혹은 대체 방안)을 반대 팀에서 제시하는 것을 말한다. 반대 팀은 찬성 측이 제시한 정책보다 낫다고 생각되는 대안을 제시함으로써 찬성 팀의 주장을 반박할 수 있다. 이는 주로 기존의 정책을 부분적으로 개선하는 안이다. 만약 기존의 정책을 전면적으로 개정하는 정책안이라면 이는 찬성 측에서 제시해야 마땅하다. 그러므로 한상철의 대안 가능성과 백미숙의 부분 개선과 대체 방안은 같은 개념이다. 박승억은 비교를 "새롭게 제안된 정책과 잠재적인 대안을 비교하는 것"[24]으로 설명하고 있다. 이 설명을 보면 비교는 대안 가능성이나 대체 방안과 같은 개념임을 알 수 있다.

　그런데 대안 가능성을 필수 쟁점에 반드시 포함시켜야 할 이유는 없다. 정책 논제의 토론에서 반대 팀은 찬성 팀의 필수 쟁점 중 어느 하나만을 반박해도 토론에서 이길 수 있다. 굳이 반대 팀이 대안을 제시하지 않아도 토론에서 이길 수 있는 상황이라면 이를 제시할 필요는 없다. 만약 반대 팀이 찬성 측의 정책에 대한 대안을 제시하면, 이는 반대 팀이 찬성 팀이 제기한 문제의 중요성이나 심각성을 인정한다는 뜻이 된다. 그러므로 대안을 제시할 때는 대안이 필요한지 신중하게 생각하고 결정해야 한다. 반대 팀이 대안을 제시한다면 이에 대한 입

---

24) 박승억 외 3인, 앞의 책. 89쪽.

증의 의무도 반대 팀이 져야 한다.

위의 표에서 대안 가능성, 개념 규정, 대체 방안을 제외하면 각각의 논자들이 정책 논제의 필수 쟁점으로 3가지를 제시하고 있음을 알 수 있다. 한상철의 경우는 정책적 문제를 해결할 가능성과 그것을 실현할 방도를 구분하고 있지만 이 둘은 분리될 수 없다. 새로운 정책이 기존 정책의 문제를 해결할 가능성이 있으려면 당연히 정책을 실현할 방법도 있어야 한다.

그럼, 제시된 필수 쟁점 3가지에 대해 각각 살펴보자. 위의 표의 논자들이 제시한 정책 논제의 필수쟁점은 문제(필요성), 해결방안, 이익으로 요약할 수 있다.

1) 문제(필요성)

먼저, '문제(필요성)'부터 살펴보자. 한상철은 이를 '내재성'이라고 표현하고 있다. 내재성은 문제의 원인이 현재 상황 내에 존재하고 정책의 변화가 없다면 이 문제가 지속될 것이라는 뜻이다. 곧 내재성은 기존의 정책이 문제를 내재하고 있다는 뜻이다. 강태완의 '정당화'는 현 정책에 대한 문제 제기가 정당해야 한다는 뜻이다. 그렇게 되려면 현 정책이 일으키는 문제가 심각한 것이며 현 정책이 바뀌지 않는 한 문제가 지속될 것임을 입증해야 한다. 백미숙의 '합리화'도 마찬가지 개념이다. 합리화는 찬성 측이 "현 상황에 대한 변화의 필요성과 이를 합리화해야 할 의무"[25]를 말한다. 결국, 정당화와 같은 개념이다. 백미

---

25) 백미숙·이상철, 앞의 책. 300~301쪽.

숙은 문제가 합리화/정당화되려면, 그 문제가 사회적으로 중요하며(중요성) 심각한 문제를 일으키는 것이어서(심각성) 지금 바로 해결하지 않으면(시의성) 문제가 지속될 것(지속성)임을 증명해야 한다고 본다. 박승억의 '필요성'과 '한계'도 비슷한 개념이다. 필요성은 "현 상황의 문제가 무엇인지를 적시하고 그에 대한 대책의 필요성"[26]을 제기하는 쟁점이고, 한계는 "현 정책이나 시스템의 한계나 문제점을 지적"[27]하는 쟁점이다.

결국, 용어의 차이는 있지만 이들은 정책 토론의 필요성을 제기하려는 목적을 갖고 있다. 찬성 측은 현 정책에 문제가 있어서 이를 해결하지 않으면 심각하고 지속적인 문제가 발생할 것임을 입증함으로써 새로운 정책이 필요하다고 주장할 것이다. 이에 대해 반대 측은 현 정책에 문제가 없거나 문제가 있다하더라도 시간이 지나면 자연스럽게 해결될 수 있다거나 그렇게 심각한 문제가 아니어서 큰 피해를 주지 않음을 입증하려 할 것이다. 토론의 필요성은 현 정책의 문제에서 생기므로 이를 '문제(필요성)'로 부른다.

2) 해결 방안

다음으로 한상철의 '문제해결 가능성'과 '실천 가능성', 허경호의 '방안', 백미숙의 '실행 방안', 박승억의 '해결력'은 용어만 봐도 문제를 해결할 수 있는 실천 가능한 방안들임을 알 수 있다. 찬성 측은 자신들의 정책이 기존 정책의 문제를 해결할 것이며 새로운 정책이 실현

---

26) 박승억 외 3인, 앞의 책. 82쪽.
27) 박승억 외 3인, 앞의 책. 83쪽.

가능함을 증명하려 할 것이다. 이와 달리 반대 측은 찬성 측이 제시한 정책이 문제를 해결할 수 없거나 실현 가능한 정책이 아님을 입증하려 할 것이다. 위의 정책 논제의 필수 쟁점들을 나타내는 용어들을 의미가 좀 더 분명하게 '해결 방안'으로 부른다.

3) 이익

마지막으로 한상철의 '결과 예측', 허경호의 '이익', 백미숙의 '실행 결과', 박승억의 '비용'도 용어를 보면 어떤 의미인지 충분히 알 수 있다. 이는 찬성 측이 제시한 새로운 정책을 실행했을 때의 결과에 대한 쟁점이다. 찬성 측은 새 정책의 결과를 예측했을 때, 비용 대비해서 이익이 불이익보다 큼을 증명해야 한다. 반대 측은 그에 대해 불이익이 큼을 증명하려 할 것이다. 이 필수 쟁점을 우리는 '이익'이라고 부른다.

위의 논의를 바탕으로 정책 논제의 필수 쟁점을 정리해 보면, 크게 문제와 해결이라는 사고틀을 이끌어낼 수 있다. 정책 논제의 찬성 측은 현 정책에 문제가 있고, 이를 해결할 실현 가능한 새로운 정책이 있으며, 이를 실행함으로써 불이익보다 이익이 큼을 증명하면 된다. 반대 측은 찬성 측의 필수 쟁점 중 하나라도 반박할 수 있으면 된다. 즉, 현 정책에 크게 문제가 없다거나, 새로운 정책이 문제를 해결할 수 없고 실현 가능하지도 않다거나, 새로운 정책을 추진했을 때 불이익이 더 큼을 증명하면 된다. 그러므로 토론에서 정책 논제를 다룰 때는 문제 해결적 사고가 특히 요구된다.

4) 정책 논제의 필수 쟁점 적용 사례

"정부는 부모의 체벌을 금지해야 한다."란 정책 논제를 가지고 필수 쟁점을 어떻게 적용하여 찬성 측 입론을 구성할 수 있는지 살펴보자.[28]

(1) 문제(필요성)

찬성 측은 부모의 체벌이 아이들에게 심리적·육체적으로 피해를 줌을 증명한다. 이 때 양적 피해와 질적 피해를 생각해 볼 수 있다. 양적 피해는 부모의 체벌에 의해서 피해를 입는 아이들의 통계적 수치를 말한다. 질적 피해는 중요한 가치가 훼손됨을 분석하여 제시할 수 있다. 예를 들면, 체벌이 아이의 신체적 안전의 권리를 침해함을 분석하여 보여 줄 수 있다. 토론의 필요성을 문제로 제기할 때, 구체적 사례를 보여주는 것도 좋은 방법이다. 예를 들어, 체벌이 아이에게 심리적·육체적으로 심각한 피해를 입힌 사례를 제시하는 것이다. 이를 통해서 체벌을 금지하는 새로운 정책이 필요함을 주장한다.

(2) 해결방안

찬성 측은 부모의 체벌을 막을 수 있는 구체적 방안을 제시하고 이 방안이 실현 가능함을 증명해야 한다. 방안은 다음 세 가지를 생각해 볼 수 있다.

첫째, 체벌금지령(법)을 정해서 부모가 체벌을 할 경우에 처벌한다.

---

28) 아래의 내용은 박보영·조슈아 박의 『대립토론 결승전』(행간, 2013.) 중에서 "부모의 체벌을 금지한다."란 논제로 영국 팀과 싱가포르 팀이 벌인 실제 토론 내용을 참고한 것임.

둘째, 처벌차등제를 통해서 체벌금지령을 위반했을 때, 부모가 아이에게 한 체벌의 강도에 비례해서 부모를 처벌한다.

셋째, 부모가 아이에게 심각한 체벌을 했을 경우 아이를 사회복지 시설에 맡겨서 부모로부터 떨어뜨려 놓는다.

찬성 측은 이 세 가지 방안에 대해서 인적·물적·제도적·인식적 차원에서 충분히 정책을 실현할 수 있음을 보여주어야 한다. 먼저, 새 정책을 추진할 수 있는 인적 자원과 물적 자원이 충분함을 보여주어야 한다. 예를 들면, 체벌금지령을 추진하려면 부모의 체벌을 확인할 수 있는 인적 자원(사회복지사, 경찰 등의 인력) 부족 문제와 그에 따른 예산 문제(인건비 등)가 발생할 수 있는 데, 이를 해결할 수 있음을 보여주어야 한다. 혹은 비용보다 이익이 큼을 증명해야 한다. 또, 부모의 체벌을 막을 수 있는 법의 제정이 가능함과 이 법이 사회 구성원이 충분히 받아들일 수 있음을 보여주어야 한다. 특히, 우리나라와 같이 전통적 유교문화에 기반한 가부장적 사회의 특징을 많이 가지고 있는 경우, 부모의 체벌에 대한 구성원의 인식을 변화시키는 것이 무엇보다 중요한 문제일 수 있다.

(3) 이익

찬성 측은 위의 정책을 실현했을 때 우리 사회에 불이익보다 이익이 큼을 증명해야 한다. 예를 들어, 체벌보다는 문제를 해결하기 위한 대화가 아이들에게 심리적·육체적 피해들 덜 주면서 훨씬 효과적인 교육 방식임을 증명해야 한다.

찬성 팀과 반대 팀이 이용할 수 있는 필수 쟁점은 아래의 표를 참고하라.

필수 쟁점	찬성 측	반대 측
문제	체벌은 아이에게 심각한 심리적·육체적 피해를 준다.	체벌은 아이에게 심각한 심리적·육체적 피해를 주지 않는다.
	체벌은 부모의 자치권에 속하지 않는다. - 체벌은 폭력이므로 국가가 허용해서는 안 된다.	체벌은 부모의 자치권에 속한다. - 부모는 아이를 위한 다양한 선택권을 지닌다. 체벌도 예외는 아니다.
해결 방안	체벌금지법은 실행가능하다. (구체적 사례: 피터 논쟁)	체벌금지법은 실행불가능하다. (구체적 사례: 피터 논쟁)
이익	체벌은 나쁜 결과만 낳는다. - 부모는 때때로 비이성적으로 행동한다. - 체벌은 이익보다 불이익이 크다. (아이, 부모, 사회 모든 면에서)	체벌은 효과적인 교육수단이다. - 부모는 아이를 위한 최선의 행동을 선택한다. - 체벌은 불이익보다 이익이 크다. (아이, 부모, 사회 모든 면에서)

3. 가치논제의 필수 쟁점

먼저, 토론과 관련한 책에서 가치 논제의 필수 쟁점으로 무엇을 제시하고 있는지를 표를 통해서 살펴보자.

	한상철[29]	백미숙 외[30]	케빈 리[31]	정리
1	개념 정의	개념 규정		개념 규정
2	가치 사이의 충돌	가치 판단의 우선순위 쟁점	가치 구조: 가치 전제 +가치 기준	가치 전제
3	가치 판단의 기준	가치 판단의 기준 쟁점		가치 판단 기준
4		가치추구 결과의 쟁점		

29) 한상철, 앞의 책. 42-46쪽.
30) 백미숙·이상철, 앞의 책. 292-297쪽.
31) 케빈 리, 『이것이 디베이트 형식의 표준이다!』, 이지스에듀, 2017. 188-191쪽.

가치 논제의 필수 쟁점을 자세히 다루고 있는 책은 많지 않다. 백미숙과 한상철이 다른 책들에 비해 비교적 자세히 설명하고 있긴 하지만 둘 다 이해하기가 쉽지 않다. 케빈 리의 경우는 가치 논제를 다루는 링컨-더글라스 토론을 설명하면서 가치구조를 가치 논제 토론의 가장 중요한 개념으로 규정하고 있다. 가치구조를 자세히 설명하고 있지는 않지만 그가 말하는 가치구조가 가치 논제의 필수 쟁점을 이해하는 데 도움이 되어 논의에 포함시켰다.

이들의 논의를 바탕으로 가치 논제의 3가지 필수 쟁점을 추출하여 설명하도록 하겠다. 그 3가지는 개념 규정, 가치 전제, 가치판단 기준이다. 순서대로 살펴보자.

1) 개념 규정

세 사람 모두 '개념 규정'을 가치 논제의 필수 쟁점에 포함시키고 있다. 케빈 리는 명시적으로 개념 규정을 필수 쟁점에 포함시켜 설명하고 있지는 않지만 토론 사례에는 개념 규정이 포함되어 있다.

가치 논제뿐만 아니라 사실 논제나 정책 논제의 경우도 개념 규정은 토론에서 반드시 해야 한다. 하지만 가치 논제의 개념 규정은 좀 더 특별한 의미를 지닌다. 앞서 설명했듯이 가치 논제는 가치판단 대상과 그 대상에 대한 가치판단으로 이루어진다. 여기서 가치판단의 대상이 무엇을 의미하는지 정확히 알 수 없다면 가치판단을 내리기가 어렵다. 가치를 판단하고자 하는 대상의 개념이 모호하다면 그 개념에 기반한 가치 판단도 모호한 것일 수밖에 없다. 한상철은 이를 이렇게 설명하고 있다. "가치에 대한 토론에서는 어떤 가치를 받아들일 것인지가 문제된다. 그런데 그 가치가 어떤 의미를 지니고 있는지 분명하지 않다면 어떤 가치를 받아들일 것인지 분명치 않게 된다. 따라서 받아들여야 할 가치가 어떤 영역에서 어떤 의미를 지닌 개념인지 분명히 하는 것이 어떤 가치를 받아들일 것인지를 결정하는 데 있어서 먼저 해결되어야 할 문제이다."[32)]

한상철은 이를 구체적으로 설명하기 위해서 "혼전 동거를 법적으로 보호해야 한다."란 논제를 예로 들고 있다. 이 논제를 판단하기 위해서는 '혼전 동거'라는 가치 판단을 요하는 대상에 대한 개념 규정이 필요하다. 한상철은 이를 "법적으로 보호 받을 수 있는 혼전 동거의 범위가 '혼인 신고를 하지 않았기 때문에 법률상으로 혼인으로 인정받을 수 없으나 사실상의 혼인 관계에 있는 내연의 부부관계'를 말하는 것인지, 아니면 '법적으로 신고하지 않았지만, 서류화된 계약서에 기초한 사실혼 관계에 있는 내연의 부부관계'인지를 분명히 해야 한다"[33)]고 말하고 있다. 아마, 첫 번째 개념 규정보다는 서류화된 계약서에 기초를 두고 있는 두 번째 '혼전 동거'의 개념이 법적인 보호가 필요하다는 주장을 받아들이는 것을 더 쉽게 할 것이다. 여기서 분명한 사실은 가치 평가의 대상이 어떤 의미를 지니는지를 명확히 규정해야 그 대상에 대한 올바른 판단이 가능하다는 것이다.

한상철은 분명하게 설명하고 있지 않지만 개념 규정에서 그 다음으로 문제가 되는 것은 '법적으로 보호한다.'는 말의 의미일 것이다. 이에 대해서도 개념 규정이 필요하다. 정식으로 결혼하여 법적 보호를

---

32) 한상철, 앞의 책. 43쪽.
33) 한상철, 앞의 책. 43쪽.

받고 있는 대상과 똑같은 법적 보호를 받아야 한다는 것인지 이와 약간의 차이를 둘 수 있다는 것인지를 개념 규정해야 한다. 한상철의 논의를 보면 첫 번째의 의미로 생각된다. 물론 어떤 법적 보호가 필요한지는 토론을 통해서 밝혀야 할 문제이기도 하다.

백미숙은 가치 논제에 대한 토론에서 개념에 관한 규정과 용어에 대한 정의가 차지하는 비중은 다른 토론보다 높다면서, 가치 논제 토론을 위해서는 "논제가 내포[34]하고 있는 개념과 용어들에 대한 정의를 제대로 제시해야 한다."[35]고 말한다. 백미숙은 이를 설명하기 위해서 원정출산의 비윤리성에 대한 토론에서 '원정출산'의 개념 규정을 예로 든다. "'원정'이란 용어를 찬성 측이 '한국 국적을 가진 여성이 출생할 신생아의 이중국적 취득을 목적으로 외국에 체류하며 출산하는 비윤리적 행위'라고 정의를 내린다면, 반대 측은 '출생아 개인의 선택의 자유를 위해 외국에서 체류하며 출산하는 행위'라고 정의를 내릴 것이다."[36]

---

34) 하나의 낱말을 고찰할 때는 외연과 내포의 두 측면으로 나누어 살펴볼 수 있다. 〔……〕/ 한 개념의 외연이란 그 개념이 지시하는 대상 또는 대상들의 집합, 그 개념이 적용될 수 있는 대상들의 범위의 총체를 말한다. 예를 들면 한국인의 외연에는 "이현세", "이종범", "김대중", "신창원", "황영조" 등이 속한다. "이순신 장군"이라는 이름의 외연은 그 이름의 지칭 대상인 이순신 장군이라는 한 사람이다. 다음과 같은 일련의 개념들에 대해서 생각해 보자 : 생물, 동물, 인간, 한국인, 서울 사람, 동대문구 주민. 앞의 개념들은 뒤의 개념들보다 외연이 넓다. 즉 "동물"이라는 개념은 "인간"이라는 개념을 외연적으로 포함한다. 이때 "동물"을 유개념, "인간"을 종개념이라고 부른다. / 이와는 달리 개념을 내포적으로 고찰한다는 것은 그 개념에 속하는 특성, 속성을 다룸으로써 개념을 파악하는 방식이다. 예를 들면, "인간"이라는 개념에 속하는 속성으로는 "동물적인", "이성적인", "언어를 사용하는" 등이 대표된다. 그래서 "인간"이라는 개념은 "동물"이라는 개념을 내포적으로 포함한다.(하병학, 『토론과 설득을 위한 우리들의 논리』, 철학과현실사, 2014. 88-89쪽.)
35) 백미숙·이상철, 앞의 책. 293쪽.
36) 백미숙·이상철, 앞의 책. 293쪽.

이러한 개념 규정 속에는 찬성 팀과 반대 팀이 논의를 어떻게 전개할 것인지가 이미 포함되어 있다. 찬성 팀은 이중국적 취득이 비윤리적인 목적을 가지고 있음을 중심으로 주장을 전개할 것이고, 반대 팀은 이중국적의 취득은 개인의 자유로운 선택에 속한다는 주장을 중심으로 논의를 전개할 것이다. 그러므로 개념 규정은 단순히 가치 판단 대상의 의미를 규정하는 것을 넘어서 토론에서 자신의 주장을 증명하기 위한 출발점이 된다는 것을 알 수 있다. 이 첫 출발점에서 시작하여 토론을 통해서 양 팀이 규정한 의미를 보다 논리적으로 증명하거나 반박하는 팀이 결국 토론에서 이기게 될 것이다. 이를 백미숙은 "개념 규정에 관한 쟁점은 가치 토론에서도 토론의 방향을 결정하는 중요한 역할을 한다"[37]고 말하고 있다.

그럼, 독서 디베이트의 논제에 개념 규정의 쟁점을 적용해 보자. 소포클레스의 『오이디푸스 왕』을 "오이디푸스는 운명에 맞서는 영웅이다."란 논제로 토론한다고 가정해 보자. 먼저, '오이디푸스'가 어떤 사람인지에 대한 개념 규정이 필요하다. 찬성 팀은 오이디푸스는 가족과 국가를 보호하기 위해 운명에 맞서 끝까지 진실을 추구한 책임감 있는 사람으로 규정할 것이고, 반대 팀은 그가 운명을 회피하려고 했으며, 자신의 오만함과 열등감으로 인해 스스로 파멸한 인물로 규정을 할 것이다. 이러한 개념 규정은 찬성 팀과 반대 팀이 앞으로 논의를 어떻게 전개할지 그 방향을 알려준다.

---

37) 백미숙·이상철, 앞의 책. 293쪽.

이 논제에서 또 개념 규정이 필요한 부분은 '영웅'이란 낱말이다. 영웅을 어떤 사람으로 볼 것인지에 따라 오이디푸스가 영웅인지 아닌지를 판단할 수 있다. 오이디푸스의 개념 정의에서 보듯, 찬성 팀은 영웅이란 낱말 속에 책임감과 진실을 추구하는 용기 있는 태도 등을 영웅의 특징으로 제시하고 있다. 찬성 팀이 영웅을 이렇게 정의한다면 다음은 실제 토론에서 오이디푸스가 책임감 있는 사람인지, 진실을 추구한 용기를 가진 사람인지를 증명하는 일이 될 것이다. 이를 증명할 수 있다면 찬성 팀이 토론에서 승리할 수 있다.

그런데 독서 디베이트에서 오이디푸스가 어떤 사람인지에 대해서 객관적으로 개념을 규정하기 힘들다. 오이디푸스란 사람을 어떻게 정의할지는 작품을 읽은 사람의 판단에 달려 있다. 독자가 어떤 시각으로 오이디푸스를 보느냐에 따라 그에 대한 정의는 달라질 것이다. 오이디푸스에 대한 개념 정의보다 더 중요한 문제는 그 개념 정의가 얼마나 합당한지를 토론에서 논리적으로 설득하는 일이다. 그러므로 독서 디베이트에서 가치 판단 대상에 대한 개념 규정은 하면 좋지만 반드시 필요하다고는 생각하지 않는다. 그가 어떤 사람인지는 토론을 통해서 증명해야 할 문제이기 때문이다.

독서 디베이트에서 가치판단 대상(오이디푸스)보다는 가치를 판단하는 용어(영웅)에 대한 개념을 규정하는 것이 필요하다. 즉, 위의 논제에서는 영웅의 속성이 될 것이다. 이는 엄격하게 말해서 가치 논제 토론에서 가치 전제와 가치판단 기준에 해당된다. 그러므로 영웅의 속성은 증명해야 할 대상이다. 영웅은 어떤 속성을 가지고 있고, 그 속성에 오이디푸스의 행위가 얼마나 합당한지의 여부가 토론의 중심이 된다. 영웅을 어떻게 개념 규정할지도 토론 과정에서 증명해야 할 문제이다. 하지만 사전에 찬성 팀이 생각하는 영웅의 속성을 개념 규정하여 전체적인 토론의 방향을 안내해 주는 것이 바람직하다.

정리하자. 독서 디베이트에서 개념 규정이 필요한 부분은 가치판단 대상(오이디푸스)과 가치판단의 대상을 평가하는 부분에서 가장 핵심이 되는 단어(영웅)이다. 하지만 이 둘이 어떤 의미를 지니는 지는 사실상 토론에서 증명해야 할 문제이다. 독서 디베이트의 개념 규정 쟁점에서 이 둘에 대해서 찬성 팀이 개념을 규정을 하는 것은 바람직하지만 반드시 필요한 일은 아니다. 결국 토론의 중심은 대상을 평가하는 핵심 용어의 성격에 그 대상이 얼마나 적합한지가 될 것이다. 그러므로 개념 규정 쟁점에서는 평가 대상보다는 평가 대상을 규정하는 핵심 용어에 대한 개념을 규정하면 좋다. 이는 또한 찬성 팀의 전체적인 토론 방향을 안내하는 역할을 한다.

2) 가치 전제

가치 전제는 논제를 증명하기 위해서 전제하는 가치이다. 논증은 전제로부터 결론을 이끌어 낸다. 어떤 논제의 옳고 그름을 판단하는 결론을 내리기 위해서는 전제가 있어야 한다. 가치 논제를 증명하기 위한 전제이므로 이를 우리는 가치 전제라고 부른다. 가치 논제에 대한 입장 차이(찬성과 반대)는 서로 전제하는 가치가 다르기 때문에 발생한다. 토론에서는 이 가치들이 충돌하게 된다. 이 쟁점을 '가치 사이의 충돌'이나 '가치 판단의 우선순위' 쟁점으로 부를 수도 있지만, 가치 논제에서 양 팀이 자신들의 주장을 증명하기 위해서 전제하고 있는 가치를 파악하는 일의 중요성을 강조하기 위해서 '가치 전제'란 용어를 사용한다. 또, 가치 논제 토론에서 가치의 충돌과 이에 따른 우선순위의 결정은 당연하므로 굳이 이를 용어로 사용할 필요성은 없어 보인다.

한상철은 가치 전제를 가치 사이의 충돌이라는 개념으로 설명하고 있다. 예를 들면 "소극적 안락사는 바람직하다."란 논제에서 찬성 측은 생명에 대한 '의사 결정권'을 가치 전제로 내세울 것이다. 반대 측은 생명에 대한 의사 결정권보다 '생명 존중'의 가치를 내세울 것이다.

찬성 측은 소극적 안락사는 바람직하다는 결론을 내리려 한다. 그러기 위해서 찬성 측은 인간은 자신의 의사에 따라 자신의 삶의 방향을 결정할 자유를 갖고 있으며 그것이 바람직하다고 전제한다. 반대 측은 찬성 측의 전제에서 일반적으로 개인이 자신의 삶의 방향을 자유롭게 결정하는 것은 바람직하지만, 소극적 안락사는 여기에 해당되지 않는다는 전제를 세울 것이다. 반대 측은 우리는 일반적으로 공익을 위해서 사익의 행사를 금할 수 있는 예외 규정을 가지고 있는데, 소극적 안락사는 여기에 해당한다고 본다. 반대 측은 소극적 안락사는 생명 존중이라는 공익적 가치에 반하기 때문에 개인의 자유보다는 생명 존중이라는 공익적 가치를 우선해야 한다는 전제를 세울 것이다.

이렇게 보면 찬성 측은 자신의 일에 대해서 자유롭게 의사를 결정할 수 있는 개인의 자유를 가치 전제로, 반대 팀은 인간의 생명에 대한 존중을 가치 전제로 내세우고 있음을 알 수 있다. 실제 토론에서는 이 두 가치가 충돌한다. 결국 토론에서 이기기 위해서는 자신의 가치가 우선되어야 함을 증명해야 한다.

그런데 절대적으로 우선해야 할 가치가 존재하는 것은 아니다. 위의 토론에서 찬성 팀이 안락사를 바람직한 것으로 생각한다고 해서 생명을 경시하는 것은 아니다. 반대 팀도 안락사를 바람직하지 않은 것으로 생각한다고 해서 개인의 의사 결정의 자유를 무시하는 것도 아니다. 단지, 찬성 팀은 생명 존중은 바람직한 가치이지만 안락사에서는 개인의 자유로운 의사 결정권이 우선 보장되어야 한다고 보는 반면, 반대 팀은 개인의 의사 결정권은 존중하지만 생명을 포기하는 의사 결정권은 인정할 수 없다는 것이다.

자유롭게 의사를 결정할 자유와 생명 존중은 둘 다 바람직한 가치임에 분명하다. 결국, 그 가치는 가치를 판단하는 영역이나 상황에 따라서 우선해야 할 가치가 달라질 뿐이다. 이를 한상철은 다음과 같이 설명하고 있다. "사생활 보호와 알 권리, 개인의 자유와 공동체의 이익, 경제 성장과 환경 보호 등의 가치들이 서로 충돌한다. 이러한 충돌이 발생했을 때 어느 한 가치가 다른 가치보다 항상 우월하다면 문제는 보다 간단하다. 대립하는 것처럼 보이지만 사실은 그 가치가 우월하다는 것을 설득하기만 하면 되기 때문이다. 하지만 대개는 상황에 따라 우선해야 할 가치가 달라진다. 어떤 때는 경제 성장이 추구되어야 하지만, 다른 때는 환경 보호가 우선시 될 때도 있다. 따라서 문제되는 상황에서는 어떤 가치를 우선시 할지를 정하는 것이 가치에 관한 논제에서 가장 첨예한 논쟁거리가 된다. 어떤 가치가 항상 우월한 가치인지, 아니면 상황에 따라 우선 되는 가치가 달라지는 관계에 있다면, 문제되는 토론 논제 상황에서는 어떤 가치가 우선시되어야 하는지, 토론 논제가 문제되는 영역 전체에서 하나의 가치가 항상 우선하는 것이 아니고, 그 영역 내에서도 우선해야 될 가치가 달라지는지, 만일 그렇다면 어떤 상황이나 조건에서 어떤 가치가 우선한다고 말할 수 있는지를 결정해야 한다."[38)]

백미숙은 가치 전제 쟁점을 가치 판단의 우선순위 쟁점으로 설명하고 있다. 위의 설명에서처럼 가치 논제의 토론에서는 대립되는 두 가치 중에서 어떤 가치를 우선할 것인지를 두고 논쟁을 벌이게 된다. "안락사나 낙태에 관한 토론에서는 자기 의사 결정권과 생명 존중의 가치가, 성범죄자의 신상 공개나 인터넷 실명제에 관한 토론에서는 사생활 보호와 국민의 알권리, 대마초 합법화에 관한 토론에서는 개인의 자유와 공동체의 이익, 경제 민주화에 관한 토론에서는 성장과 분배의 가치가 서로 충돌한다."[39)] 가치 논제 토론은 이렇게 충돌하는 가치 중에서 어떤 가치를 우선하는 것이 공동체에 더 바람직한가를 살핀다.

찬성 측은 자신들이 주장하는 가치를 인정받기 위해서 논증을 펼칠 것이고 반대 팀은 찬성 팀과 대립하는 가치를 내세워 자신들의 가치가 우선되어야 함을 논증할 것이다. 이를 설명하는 백미숙의 예를 보자. "예를 들어, 경제성장이란 '목적'을 위해 환경을 희생하는 '수단'이 우선이라고 주장하는 찬성 측은 인간의 일차적 욕구인 '가난의 극복'이란 가치를 제시할 것이다. 반면에 반대 측은 환경보호와 함께 점진적인 경제성장이 우선되어야 한다고 반론을 제기할 것이다. 찬성 측은 자신들의 가치가 공동체에 우선적으로 중요하다고 주장할 것이며, 반

---

38) 한상철, 앞의 책. 44쪽.
39) 백미숙, 『토론』, 커뮤니케이션북스, 2014. 28쪽.

대 측은 찬성 측의 가치가 현 공동체에 우선적으로 중요하지 않다는 논리를 전개할 것이다."[40]

케빈 리의 가치 전제에 대해서는 가치판단 기준과 함께 살펴 볼 것이다. 왜냐하면 그는 가치 전제와 가치 기준을 묶어서 가치 구조란 개념으로 설명하고 있기 때문이다.

그럼, 가치 전제 쟁점이 독서 디베이트에 어떻게 적용되는지 살펴보자. 헤밍웨이의 『노인과 바다』를 읽고 "노인이 먼 바다로 나간 것은 잘못이다."란 논제로 토론하다고 생각해 보자.

찬성 팀에서는 어떤 가치 전제를 세울 수 있을까. 우리가 토론할 때, 보통 3가지의 논점을 사용한다. 3가지의 논점을 만드는 방법은 3가지의 서로 다른 가치 전제를 이용하는 방법, 1가지의 가치 전제에 3가지의 가치 판단 기준을 사용하는 방법, 2가지의 가치 전제 중, 첫 번째 가치 전제에 2가지의 가치 판단 기준을 사용하고, 두 번째 가치 전제에 1가지의 가치 판단 기준을 사용하는 방법 등 여러 가지가 있을 수 있다.

찬성 측은 『노인과 바다』로 토론할 때 3가지의 가치 전제를 세워서 논점(쟁점)을 만들 수 있다. 세 가지 가치 전제는 '물질적 가치', '안전', '결과'의 중요성이다. 이에 맞서 반대 측은 대립되는 가치인 '정신적 가치', '모험(자부심, 금지, 명예)', '과정'의 중요성을 내세울 수 있다.

---

40) 백미숙·이상철, 앞의 책. 294쪽.

찬성 팀은 먼저, 물질적 가치의 중요성을 말할 것이다. 노인은 먼 바다에 나가서 물고기를 잡는 데 필요한 물질적 준비가 충분하지 않았다. 그는 음식은 물론 낚시 장비조차 충분하지 않았다. 그러므로 찬성 측은 노인이 준비 없이 먼 바다에 나간 일은 잘못이라고 주장할 것이다. 이에 대해 반대 측은 정신적 가치의 중요성을 말할 것이다. 노인은 비록 물질적으로 준비가 다소 부족했지만 정신적인 면이나 기술적인 면에서는 충분한 준비가 되어 있었다. 그러므로 이를 통해서 반대 측은 노인은 정신력과 물고기를 잡는 기술로 물질적 부족을 충분히 극복할 수 있다고 주장할 것이다.

다음으로 찬성 팀은 노인이 자신의 안전을 고려하지 않고 있다고 주장할 것이다. 노인은 청새치와 사투를 벌여 청새치를 잡지만 돌아오는 길에 상어에게 모두 빼앗기고 만다. 노인은 상어와의 싸움에서 이길 수 없음을 알면서도 끝까지 상어와 싸운다. 그러므로 찬성 측은 이길 수 없는 싸움에 목숨을 건 노인의 행위는 어리석다고 주장할 것이다. 이에 맞서 반대 측은 생명보다 소중한 가치가 있음을 주장할 것이다. 노인에게는 생명보다 어부로서의 긍지와 명예가 더욱 소중한 가치라고 주장할 것이다. 반대 팀은 노인이 상어와의 싸움에서 이길 수 없음을 알고도 사투를 벌인 것은 어부로서의 명예를 지키기 위한 것으로 불굴의 의지를 보여준다고 주장할 것이다.

마지막으로 찬성 팀은 노인이 위험을 무릅쓰고 먼 바다로 나갔지만 결과적으로 청새치의 뼈만 가지고 돌아옴으로써 얻은 것이 아무 것도 없다고 주장할 것이다. 이에 반해서 반대 팀은 노인이 청새치를 가지고 마을로 돌아오지는 못했지만 노인은 청새치를 잡았다고 주장할 것이다. 그리고 무엇보다 노인이 보여준 불굴의 투쟁 정신은 그 자체로 가치가 있다고 주장할 것이다.

3) 가치 판단 기준

독서 디베이트를 포함한 가치 논제를 다루는 토론에서 가장 중요한 쟁점은 가치 판단 기준이다. 가치 판단 기준은 가치 논제 토론에서 찬성 측과 반대 측이 우선해야 한다고 생각하는 가치가 충돌할 때, 양측이 각각 그 가치를 우선해야 하는 이유를 설명하는 것이다. 논제의 상황에서 왜 그 가치를 우선해야 하는지 이유를 설명해 줘야 그 가치를 우선할 것인지 말 것인지를 판단할 수 있다.

한상철은 가치 판단의 기준을 이렇게 설명하고 있다. "가치들이 충돌할 때 단지 어떤 가치가 우선한다고 주장한다고 해서 문제가 해결되는 것은 아니다. 그것이 우선하려면 어떤 이유 때문에 우선하는지를 밝혀야 하며, 그 가치가 가진 함축[41]이나 결과 예측(전제와 귀결)에 의해 그 이유를 밝힐 수 있어야 한다. 가치는 그것이 가진 자연적 속성에 의해 그 타당성을 주장할 수 없다. [……] 대신 그 가치에 함축된 의미에 의해 그 가치의 중요성을 주장할 수 있고, 그 가치를 현실에 적용해서 나타나는 결과에 의해서 그 가치의 필요성을 주장할 수 있다."[42] 한상철의 설명에 따르면 그의 가치 판단 기준의 쟁점은 가치의 적용과 그 결과까지를 포함하고 있음을 알 수 있다. 결국 가치를 판단하는 기준은 그 가치에 함축된 의미와 가치를 적용했을 때의 결과라고

---

40) 함축(含蓄): 겉으로 드러내지 아니하고 속에 간직함. 말이나 글이 많은 뜻을 담고 있음.
41) 한상철, 앞의 책. 45쪽.

말할 수 있다.

한상철은 이를 좀 더 구체적으로 설명하기 위해서 "혼전 동거를 법적으로 보호해야 한다"는 논제를 예로 들고 있다. 이 논제에서는 어떤 가치들이 충돌할까. 찬성 측은 '사회 안전'이란 가치를 내세울 것이고, 반대 측도 마찬가지로 '사회 안전'을 가치로 내세울 것이다. 이와 같은 경우에 반대 측은 찬성 측의 가치 전제에 동의하면서 다른 가치 판단 기준을 내세울 것이다. 가치를 판단하는 기준은 혼전 동거를 법적으로 보호했을 때 예상되는 결과가 될 것이다.

한상철의 설명을 들어보자. "논제를 찬성하는 측에서는 현재 혼전 동거가 법적 보호를 받지 못함으로 인해서 많은 사실혼 관계의 남녀들이 사회적으로 방치된 상태에 있으며, 사회적 불안과 갈등의 원인이 되고 있음을 들어 혼전 동거를 법적으로 보호해야 한다고 주장할 것이다. 이럴 경우 찬성 측은 혼전 동거를 법적으로 보호한다는 것이 현실적으로 어떤 문제를 해결할 수 있음을 함축하는지를 주장함으로써 받아들여야 할 이유를 제시한 셈이다. 이에 반해 반대하는 측에서는 혼전 동거를 법적으로 보호하게 되면, 결혼에 대한 의무를 지기 싫어하는 많은 사람들이 결혼을 회피하고, 계약결혼 형태로 살고자 원할 것이며, 따라서 전통적인 가정의 파괴, 편부모 가정이나 재구성 가정의 증가 등으로 이어져 사회 문제를 더 많이 야기할 것이라고 주장할 수 있다. 이 경우에는 혼전 동거를 보호한다는 것이 가져올 결과를 예측해 봄으로써 그 불이익이나 단점이 너무 크다는 것을 주장한 셈이다."[43]

---

43) 한상철, 앞의 책. 45~46쪽.

백미숙은 한상철과 달리 가치 판단 기준 쟁점을 '가치 판단의 기준 쟁점'과 '가치 추구의 결과 쟁점'으로 구분하고 있다. 그러면서 찬성 측이 제시해야 할 가치 판단의 기준으로 네 가지를 제시하고 있고, 가치 추구의 결과를 측정할 수 있는 방법으로 세 가지를 제시하고 있다. 가치 추구의 결과는 가치를 현실의 문제에 적용했을 때, 예상되는 결과를 어떤 관점에서 평가할 것인가를 말한다. 여기서는 백미숙이 제시하고 있는 세 가지 방법은 설명하지 않겠다. 다만, 그 결과를 통해서 어떤 가치가 공동체가 추구해야 할 윤리와 도덕으로 더 바람직할 것인지를 생각해서 판단하면 된다. 여기서는 백미숙이 가치판단의 기준으로 제시한 네 가지에 대해서만 간략하게 설명한다.

백미숙은 가치 논제의 토론에서 '찬성 측은 판단 기준의 속성, 판단 기준의 타당성, 판단 기준과 대상 가치의 적합성, 판단 기준의 안정성'을 판단 기준으로 제시해야 한다고 말한다. 판단 기준의 타당성이나 판단 기준의 적합성은 상식적으로 이해하면 된다. 여기서는 판단 기준의 속성과 판단 기준의 안정성에 대해서만 설명한다.

백미숙은 판단 기준의 속성을 다음과 같이 설명하고 있다. "판단 기준의 속성은 가치의 속성들을 제시하는 것을 말한다. 찬성 측은 경제 성장이 환경보호보다 우선시되어야 한다고 주장한다면 일일당 국민소득, 국민총생산, 무역 등이 판단 기준의 속성이 되며, 국가 보안법 폐지와 관련한 토론에서는 의사表현의 자유와 거주이전의 자유가 속성이 될 것이다."[44] 또, 판단 기준의 안정성에 대해서는 다음과 같이 설

---

44) 백미숙·이상철, 앞의 책. 294쪽.

명하고 있다. "판단 기준의 안정성이란 찬성 측이 제시한 가치의 우선순위가 보편적 가치이며 일정 기간 동안 고정적이라는 것을 주장하는 것이다. 반대 측은 찬성 측의 가치 우선순위가 임시방편적이며 상황에 따라 바뀔 수 있는 것이라고 쟁점화할 수 있다."[45]

백미숙의 설명은 찬성 측이 제시하는 가치 판단의 기준은 가치가 지닌 속성을 바탕으로 제시해야 하며 제시된 속성은 타당성, 적합성, 안정성을 지니고 있어야 한다는 뜻으로 정리할 수 있다. 물론 반대 측은 찬성 측이 제시한 기준을 반박할 것이다.

케빈 리는 가치 전제와 가치 기준을 묶어서 가치 구조라는 개념으로 설명하고 있다. 링컨-더글러스 토론은 가치문제를 다룬다. 토론에서 가치문제를 다룬다는 것은 어떤 문제에 대해서 가치 판단을 한다는 뜻이다. 이를 위해서는 판단의 기준이 필요하다. 이 기준을 제시하는 것을 그는 '가치 구조'라고 말한다. 그가 말하는 가치 구조는 가치 전제에 가치 기준을 더한 것이다.

케빈 리는 가치 구조를 다음과 같이 구체적인 예를 통해서 설명하고 있다. "가치 전제는 주어진 디베이트 주제에 대해 판단할 때 추구하는 가치를 제시하는 것이다. 예를 들어 자유, 평등, 정의 등이다. 가치 전제는 누구나 동의할 수 있는 것이라야 한다. [······] 이에 비해 가치 기준은 가치 전제에 제시된 가치를 판단하는 기준에 대한 것이다." 그가 설명하고 있는 가치 전제와 가치 기준은 우리가 앞에서 설명했던 가치 전제, 가치판단 기준과 같은 개념임을 알 수 있다.

---

45) 백미숙·이상철, 앞의 책. 295쪽.

그가 가치 전제는 누구나 동의할 수 있는 것이어야 한다고 말하는 이유는 논증은 전제로부터 결론으로 나아가는데, 전제가 잘못되면 절대로 건전한 결론(올바른 결론)에 이를 수 없기 때문이다. 가치 논제의 토론에서 찬성 팀이든 반대 팀이든 전제하는 가치는 누구나 인정할 수 있는 것이어야 한다. 그렇기 때문에 가치의 충돌이 발생한다. 대다수의 사람들이 인정할 수 없는 가치와 대다수의 사람이 인정할 수 있는 가치가 충돌하면, 당연히 후자의 가치를 우선할 것이다.

케빈 리는 "사형제도는 정당하다."란 논제를 예로 들어서 그가 말하는 가치구조를 보다 자세히 설명하고 있다. 그의 설명에 의하면 찬성 팀은 '사회 정의'를, 반대 팀은 '인권 보호'를 가치 전제로 내세울 것이다. 이 두 가치에 반대할 사람은 아무도 없을 것이다. 그런 다음에 찬성 팀은 사회 정의가 실현되고 있는지의 여부를 결정할 수 있는 기준으로 '공정한 법 집행'을 제시할 것이고, 반대 팀은 인권이 실현되고 있는지 여부를 결정할 수 있는 기준으로 '생명 보호'를 제시할 것이다.

그가 제시하고 있는 예를 하나 더 살펴보자. 그는 "동물 실험은 정당하다"란 논제로 가치구조에 대해 추가적으로 설명하고 있다. 이 경우에 찬성 측은 가치 전제로 '생명의 소중함'을 들 것이고, 반대 팀도 '생명의 소중함'을 들 것이다. 전자는 인간의 생명을 후자는 동물을 생명을 말하고 있지만 '생명의 소중함'이란 가치 전제는 동일하다. 이런 경우에는 어떻게 해야 할까. 케빈 리는 이에 대해 다음과 같이 설명한다. "링컨 더글러스 디베이트에서 반드시 찬반이 서로 다른 가치 전제를 제시해야 하는 것은 아니다. 찬반이 같은 가치 전제를 제시할 수도 있다. 이럴 때는 상대방 가치 전제에 동의하면서, 다른 가치 기준을 제시할 수도 있다. 나아가 상대방 가치 전제, 가치 기준에 동의하면서도 주제에 대한 반대가 더 기준에 적합하다고 주장할 수 있다."[46]

지금까지의 논의를, "소극적 안락사는 바람직하다."란 가치 논제로 토론할 때 가치 논제의 필수쟁점을 어떻게 이용할 수 있는지를 통해서 종합적으로 검토해 보자.

(1) 개념 정의

찬성 측: 소극적 안락사는 죽음의 과정에 들어선 환자가 자연스런 죽음을 맞이할 수 있도록 환자나 환자 가족의 요청에 따라 환자에게 필요한 의학적 조치를 하지 않거나 인위적인 생명 연장 장치를 제거하는 것으로 일종의 존엄사로 볼 수 있다.

반대 측: 소극적 안락사는 환자가 죽음의 과정에 들어섰을 때, 의사가 그 진행을 일시적으로 저지하거나 지연시킬 수 있는데도 불구하고 이를 방관하는 것으로 일종의 살인(혹은 자살)으로 볼 수 있다.

(2) 가치 전제

찬성 측과 반대 측은 논제에 대한 가치 전제를 세울 것이다. 자신들의 가치 전제뿐만 아니라 상대의 가치 전제도 예측할 것이다. 이 경우에 찬성 측은 자신의 삶에서 중요한 일에 대해 스스로 결정할 수 있는 '의사 결정권'을, 반대 측은 안락사를 살인이나 자살의 관점에서 생명

---

46) 케빈 리, 앞의 책. 190쪽..

을 경시하는 일로 보고 '생명 존중'을 가치 전제로 내세울 것이다.

찬성 측은 자신들의 가치 전제인 '의사 결정권'과 반대 측의 가치 전제인 '생명 존중'의 가치가 '소극적 안락사' 문제에서 충돌함을 인식하고, 찬성 측은 자신들의 가치를 우선해야 한다고 주장할 것이다. 하지만 가치는 그 속성만 가지고는 어떤 가치를 우선해야 할지 알 수 없다. 여기서 '의사 결정권'과 '생명 존중'은 둘 다 바람직한 가치로 볼 수 있다. 상황에 따라서 어떤 가치를 다른 가치에 우선할 수 있을 뿐이다. 그러므로, 현 상황에서 가치의 우선순위를 판단할 기준이 필요하다.

(3) 가치 판단 기준

그렇다면, 찬성 측은 소극적 안락사 문제에서 개인의 '의사 결정권'이란 가치를 우선해야 한다고 청중이나 심판이 판단할 수 있는 판단 기준을 제시해야 한다. 이 판단 기준의 적절성, 관련성, 충분성의 정도에 따라서 가치 판단의 결과는 달라질 것이다. 또한, 반대 측은 찬성 측이 제시한 가치 판단 기준을 반박할 것인데, 이 반박의 적절성이나 충분성, 관련성 정도에 따라서 가치 판단이 달라질 것이다.

찬성 측은 소극적 안락사라는 문제 영역에서 '의사 결정권'을 우선해야 하는 가치로 제시했다. 그렇다면 이 가치를 '생명 존중'이라는 가치보다 우선해야 하는 이유는 무엇일까. 이렇게 우선해야 하는 이유를 제시하는 것이 가치 판단 기준이다.

찬성 측이 제시할 수 있는 판단 기준은 첫째, 자기 삶의 중요한 문제를 스스로 결정할 수 있는 의사 결정권은 기본적인 자유에 속한다는 것, 둘째, 고통 속에서 무의미하게 생명을 연장하기보다는 자연스런 죽음을 맞이하도록 하는 것이 인간의 존엄성을 지키는 것이라는 점, 셋째, 병을 치료해서 정상적인 삶을 살 가능성이 거의 없음에도 연명 치료를 하는 것은 남은 가족들에게 경제적 어려움을 초래하는 점 등을 들 수 있다.

반대 측은 찬성 측이 제시한 이러한 판단 기준에 대해 다음과 같이 반박할 수 있다. 첫째, 인간에게 가장 기본적인 권리는 자유보다는 생명을 유지할 권리라는 점, 둘째는 소극적 안락사가 환자 본인의 고통을 덜어 줄지는 몰라도 남아 있는 가족들에게는 환자를 죽도록 방치했다는 면에서 정신적 고통을 줄 수 있다는 점과 고통을 덜어 줄 수 있는 의학적 수단이 존재한다는 점, 셋째, 경제적 이유 때문에 소극적 안락사를 악용할 수 있다는 점을 들어 반박할 수 있다.

마지막으로 찬성 측은 소극적 안락사를 허용했을 때, 우리 사회에 어떤 이점(이익) 있는지를 설명할 것이고, 반대 측은 우리 사회에 어떤 피해(불이익)를 줄지를 설명할 것이다. 이 때 막연한 추측보다는 가능하면 우리 사회의 실제 사례를 들어서 증명하면 좋다.

그럼, 마지막으로 가치 논제의 필수 쟁점을 독서 디베이트의 논제에 적용해 보자.

셰익스피어의 『베니스의 상인』을 읽고, "샤일록에 대한 재판은 공정하다."란 논제로 토론한다고 생각해 보자.

(1) 개념 정의

찬성 측: 공정은 공평하고 올바름을 의미한다. 재판에서의 공정은 정의를 말하는데, 정의는 받은 만큼 돌려주는 것, 죄를 지은 만큼 벌을 주는 것을 의미한다.

반대 측: 공정은 공평하고 올바름을 의미한다. 재판에서의 공정은 결과뿐만 아니라 과정에서도 공정해야 한다는 것을 의미한다. 공정한 재판을 위해서는 우선 편견이 없어야 한다.

(2) 가치 전제

찬성 측은 자신들의 입장을 증명하기 위한 가치 전제로 '공정함'을 내세울 것이고, 반대 팀도 이 전제에 동의할 것이다. 다만, 반대 팀은 찬성 팀과 다른 가치 판단 기준을 내세워서 자신들의 입장을 증명하거나 찬성 팀의 주장을 반박할 것이다.

기본적으로 찬성 팀은 샤일록을 악당이라고 생각할 것이고, 반대 팀은 샤일록이 피해자라고 생각할 것이다.

(3) 가치 판단 기준

찬성 팀은 '공정함'이란 가치 전제를 판단하기 위한 가치 판단 기준을 재판의 원인, 재판의 과정, 재판의 결과로 구분하여 세 가지를 논점으로 제시할 것이다.

첫째, 샤일록은 그의 딸마저도 자신의 아버지를 증오할 만큼 탐욕스러운 인물이다. 결국 재판은 그의 탐욕에서 시작된 것이다.

둘째, 샤일록의 논리를 그대로 이용하여 그를 궁지로 몰아넣은 포샤의 법 해석과 적용은 타당하다. 포샤는 살 1파운드를 잘라내되 한 방울의 피도 흘려서는 안 된다고 경고한다. 계약문서에 피를 흘려도 좋다는 조건이 기록되어 있지 않다는 이유에서이다.

셋째, 샤일록의 목숨은 살려주면서, 그의 재산을 빼앗은 재판의 결과는 정당하다. 그의 탐욕에 합당한 처벌이다.

이러한 찬성 측의 가치 판단 기준을 반대 팀은 다음과 같이 반박할 수 있을 것이다.

첫째, 이 재판은 샤일록의 탐욕 때문이 아니라 샤일록에 대한 안토니오의 증오심에서 비롯되었다. 안토니오는 외국인(베니스 사람이 아님), 소수 종교인(기독교 중심 사회에서의 유대교), 소수 인종(유대인)으로서 사회적 약자인 샤일록에 대한 악한 감정을 갖고 있었다. 그의 반유대 감정이 재판의 근본적인 원인이다.

둘째, 포샤의 법 해석은 타당하지 않다. 샤일록이 계약문서대로만 해 줄 것을 요구한 일이 잘못이라고 인정하더라도 법관인 포샤의 법의 해석과 적용은 옳지 않다. 법관의 자리에 있는 포샤와 고리대금업자인 샤일록을 법 해석의 문제에 있어서 동일시할 수 없다. 비록 샤일록의 요구가 잘못되었어도 포샤는 법을 해석함에 있어서 좀 더 합리적이어야 했다. 포샤가 샤일록에게 불가능한 요구를 한 것은 잘못이다.

셋째, 재판의 결과는 샤일록에게 지나치게 가혹한 것이다. 샤일록은 재판의 결과로 가족, 재산, 종교를 모두 빼앗긴다. 결국, 포샤의 판정은 안토니오를 대신해서 샤일록에게 복수한 것에 불과하다.

4. 필수 쟁점을 정리하면서

우리가 토론을 준비할 때, 무엇보다 먼저 해야 하는 일은 논제의 종류를 파악하고 그에 따라 필수 쟁점을 구성하는 일이다. 그 다음에 필수 쟁점을 중심으로 논점을 구성해야 한다. 논점을 뒷받침하기 위해서 논거(주장에 대한 이유)와 근거자료를 찾아야 한다.

그런데 대부분 토론을 준비하는 학생들이나 이들을 지도하는 선생님들을 보면, 논제와 필수 쟁점에 대한 고려 없이 논점을 찾고 이를 뒷받침하기 위한 논거와 자료를 찾는 경우를 자주 보게 된다. 이런 방식으로 토론을 준비한다고 해서 토론이 불가능하지는 않다. 가끔 토론이 잘 될 수도 있다. 하지만 우연에 기대되는 것은 바람직하지 않다. 이런 방식으로 토론을 하면 찬성 측과 반대 측의 주장들이 서로 부딪히지 않아서 쟁점이 생기지 않을 수도 있고, 중요하지 않은 지엽적인 문제를 두고 말 꼬리 잡기식의 불필요한 논쟁이 발생하여 정작 중요한 문제를 다루지 못할 수도 있다.

토론의 입론을 준비할 때에는 반드시 필수 쟁점을 고려해야 한다. 가치 논제의 필수 쟁점에 대한 설명은 이해하기 쉽지 않은 면이 있다. 중요한 것은 필수 쟁점의 개념에 대한 정확한 이해가 아니다. 어떤 것들이 가치 논제의 토론에서 쟁점으로 다루어져야 하는지를 대략적으로 아는 것만으로도 충분히 도움이 된다.

입론을 구성할 때는 논제의 종류에 따라 요구되는 필수 쟁점들을 고려해야 한다는 것만은 꼭 명심하자.

5
논증(論證)

1. 논증의 개념

　논증은 글자 그대로 논리적으로 증명하는 일이다. 무엇을 논리적으로 증명한다는 것이며, 논리적으로 증명한다는 것은 어떤 의미일까. 논리적으로 증명해야 할 대상은 주장이며, 논리적으로 증명한다는 것은 주장에 대해 이유와 근거를 들어 설명한다는 뜻이다. 즉, 논증은 주장과 근거자료 사이의 관계를 지어주는 과정이다. 토론은 찬성 팀과 반대 팀이 자신들의 주장이 옳음을 청중이나 심판에게 설득하는 말하기의 일종이다. 그러므로 토론에서 주고받는 말은 논증을 통해서 이루어져야 한다. 이유와 근거가 없는 주장은 토론의 대상이 될 수 없다.

　논증과 비슷한 개념에는 추론이 있다. 보통 논증과 추론은 같은 의미로 사용된다. 그렇다고 논증과 추론이 완전히 같은 것은 아니다. 논증은 언어적 형태로 표현된 것을 말하는 반면, 추론은 머릿속에서 사고의 형태로 존재한다. 논증이 결론(주장)에 대한 근거나 이유를 찾는 방식으로 진행된다면, 추론은 근거나 이유로부터 주장(결론)으로 나아가는 사고방식이다. 예를 들면, 탐정이 범인을 잡기 위해 사건의 단서들을 찾아서 그것을 바탕으로 범인을 지목하는 것이 추리(추론)에 해당한다.

하지만 실제로 논증과 추론을 구분하기는 힘들다. 논증을 위해서는 사고를 해야 하고, 논증에서의 사고는 추론의 형태로 진행된다. 언어적 사고와 언어적 표현은 분리될 수 없다. 진술이 논증이 되려면 옳거나 그르다는 주장이 있어야 하고, 주장은 이유와 근거에 의해서 뒷받침되어야 한다. 주장에 대한 근거를 제시해야 하고, 그 근거가 주장을 뒷받침하기 위해 선택된 이유를 설명해야 한다. 이 과정에서 추론이 이루어진다. 논증은 추론에 기반하고 있다. 그러므로 논증과 추론은 사실 분리할 수 없다.

추론과 논증의 관계에 대한 서정혁의 설명을 들어보자. "추론과 논증의 공통점은 이 둘 모두 전제(premise)와 결론(conclusion)으로 구성된다는 점이다. 추론에서 전제는 이미 알거나 믿고 있는 것이고, 결론은 그 전제로부터 도달하는 새로운 지식이나 믿음이다. 논증에서 전제는 언어로 진술된 이유나 증거이고, 결론은 이유나 증거로 뒷받침되는 주장이다. 사유와 언어적 표현이라는 차이와는 다른 기준으로 추론과 논증을 구분하려고 할 때 전제와 결론 사이의 논리적 진행의 순서를 활용할 수 있다. 'p → q'에서 '전제 p'로부터 '결론 q'로 진행하는 것을 추론이라고 하고, '결론 q'로부터 '전제 p'로 역행하는 것을 논증이라고 할 수 있다. 즉, 추론은 주어진 전제들로부터 결론을 도출하는 과정에 중점을 두는 반면, 논증은 제시된 결론을 뒷받침할 수 있는 이유를 모색하는 데 중점을 둔다."[47]

이 글에서는 굳이 논증과 추론을 구분하지 않는다. 이러한 구분이 오히려 혼란을 부를 수도 있고, 학생들이 이들을 명확히 구분해야 할 이유도 없기 때문이다. 단지, 논증과 추론의 차이점은 참고적으로 알아두면 되겠다.

넓은 의미의 논증은 연역적 추론(논증)과 비연역적 추론(논증)을 모두 포함한다. 비연역적 추론은 다시 귀납 추론(논증), 유비 추론 등이 있다.

2. 툴민의 논증

연역 추론은 일반적인 원리로부터 구체적인 사실을 도출하는 추론 방식이고, 귀납 추론은 구체적인 사실로부터 일반적인 원리를 도출하는 방식이다. 하지만 이러한 방식은 일상적인 논증의 방식은 아니다. 우리는 일상생활에서 무엇을 논리적으로 생각할 때 연역 추론이나 귀납 추론만으로 사고하지 않는다. 일상의 논증에서는 이 둘의 요소가 섞여있다.

예를 들어, 연역 추론의 대표적인 방식인 삼단논법을 보자.

---

47) 서정혁, 『논증』, 커뮤니케이션북스, 2015. 4~5쪽.

대전제: 모든 사람은 죽는다.

소전제: 소크라테스는 사람이다.

결　론: 그러므로 소크라테스는 죽는다.

이 추론이 참이 되려면 대전제와 소전제가 반드시 참이어야 한다. 그렇지 않을 경우, 결론이 참이 될 수 없다. 그런데 현실에서 우리가 추론을 할 경우에 대전제와 소전제는 일종의 가설의 역할을 할 뿐이지 반드시 참인 것은 아니다. 수학이나 논리학의 세계가 아닌 일상의 세계에서 전제는 절대적인 참의 지위를 가질 수 없다. 대전제 자체도 추론이나 논증의 대상일 뿐이다. "모든 사람은 죽는다."는 전제는 형식 논리학에서는 참이다. 하지만 일상의 논증에서 이는 글자 그대로 하나의 전제에 불과하다. 일상생활에서 전제는 절대적으로 참이거나 거짓인 경우는 거의 없다.

이런 전통적인 논증 방식(추론 방식)의 문제를 제기하면서 보다 실용적인 방식의 논증법을 제시한 사람이 스티븐 툴민이다. 김병원은 『생각의 충돌』에서 스티븐 툴민의 논증 방식을 한국적으로 적용한 6단 논법을 제시했다. 그러면서 그는 6단 논법이 필요한 이유, 즉 실용 논리가 필요한 이유를 설명하고 있다.

그는 다음과 같이 설명하고 있다. "툴민이 실용논리를 주창하게 된 첫째 이유는 전통논리의 비실용성 때문이었다. 실제로 우리의 주위에 논리적 사고에 의한 판단을 요구하는 상황들이 많음에 비해서 전통 논리에 의한 판단 가능한 예는 지극히 제한되어 있다. 예컨대 전통 논리는 수학의 공식과 같다고 할 수 있다. 그리고 전통 논리의 목적은 진술의 진·부를 가리는 사고 과정의 타당성을 평가하는 데에 있다. 따라서 내용 중심의 현실 이해와 안건의 결정, 문제의 해결에는 전통 논리의 적용이 불가능할 때가 많다. [예: 모든 사람은 언젠가 죽는다.]와 소전제 [예: 나는 사람이다.]를 찾아서 결론 [예: 그러므로 나는 언젠가 죽는다.]로 전개할 수 있는 소재가 우리 주위 어디에 얼마나 있는가? 툴민은 현실의 내용 이해와, 현실 문제 해결에 적용할 수 있는 이론을 제시하고 있다.”[48]

그럼, 지금부터 툴민의 논증 모형을 살펴보자.[49] 툴민의 논증은 연역 추리와 귀납 추리가 결합된 형태에 가깝다. 툴민은 현실의 논증은 3단 논법과 같은 형태로 이루어지지 않는다고 보았다. 또한, 전형적인 귀납 형태로 이루어지는 것도 아니라고 보았다. 3단 논법은 전제로부터 결론으로 나아간다. 결론이 전제에 포함되어 있다면 타당한 논증이 된다. 이 때 전제의 참과 거짓은 중요한 문제가 아니다. 논증의 형식적인 타당성만을 문제 삼고 있기 때문이다. 결론이 참이 아니어도 형식적으로 타당한 논증이 가능하다. 형식 논리학의 논증이 참이 되려면 즉, 논증이 건전성[50]을 확보하려면 전제가 반드시 참이어야 한다. 그런데 현실에서 전제는 3단 논법에서의 그것과 같은 위상을 가질 수 없다. 위 3단 논법의 예에서 “모든 사람은 언제나 죽는다.”와 같은 전제

48) 김병원, 『생각의 충돌』, 자유지성사, 2000. 216-217쪽.
49) 한상철, 『토론』, 커뮤니케이션북스, 2006. 76-79쪽. 툴민의 논증과 연역 논증과 귀납 논증의 차이는 이 책의 내용을 참고하였음. 이 부분에 대해서 좀 더 자세히 알고 싶다면 이 책을 참고하라.

는 의심의 여지가 없는 참일 수 있지만, 실제 현실에서 전제는 검증의 대상이지 절대적인 지위를 가질 수 없다.

툴민은 또, 현실의 논증이 귀납 추리와 같은 형태로 이루어지지도 않는다고 보았다. 그의 논증이 사실에서부터 출발하는 것은 귀납 추리와 같다. 실험이나 관찰을 통해서 얻은 사실들을 바탕으로 보편적인 결론을 얻는 방식이 귀납 추리이다. 툴민은 사실에서 결론으로 나아가기 위해서는 사실과 결론을 이어주는 연역 추리의 전제와 같은 요소가 있어야 한다고 보았다. 물론 툴민이 말하는 전제는 연역 추리에서 말하는 전제와는 그 위상이 다르다. 이는 앞에서 설명했다. 툴민은 이를 논거(정당화)라고 부른다.

연역 추리의 대표격인 3단 논법과 툴민의 논증을 위의 예를 통해서 비교해 보면 이를 좀 더 명확히 알 수 있다.

---

50) 타당성(validity)은 논증의 결론이 전제에 함축되어 있을 때 확보된다. 다시 말해 타당한 논증은 전제로부터 결론이 따라 나오는 논증으로서, 전제들이 모두 참일 경우 결론이 참으로 증명되는 논증이다. 타당하지 않은 논증을 부당한 논증이라고 한다. 부당한 논증은 전제들이 참일지라도 결론이 반드시 참인 것은 아닌 논증이다. 예를 들어, "서 아무개는 학부모다. 따라서 그는 돌보아야 하는 자녀가 있다."는 전제 속에 결론이 함축되어 있으므로 타당한 논증이다. 이에 비해 "지구는 자전한다. 따라서 돈은 돌고 돌아야 한다."는 전제와 결론이 아무 관계도 없으므로 부당한 논증이다. / 그런데 타당한 논증이 모두 올바른 논증은 아니다. 만일 거짓 전제로부터 결론을 이끌어 내면 형식적으로 타당하지만 참이 아니라 거짓인 경우가 있다. 예를 들어, "모든 P는 Q이다. X는 P이다. 그러므로 X는 Q이다"라는 논증의 형식에서 P, Q, X 각각에 '곤충', '다리가 다섯', '개구리'를 대입하면, "모든 곤충은 다리가 다섯이다. 개구리는 곤충이다. 그러므로 개구리는 다리가 다섯이다"라는 논증이 결과된다. 이 논증에서는 전제가 거짓이기 때문에 그로부터 거짓 결론이 도출된다. 이 논증은 형식적으로 타당하지만 건전하지는 않다. '건전성(soundness)'은 참인 전제로부터 참인 결론이 도출될 때에만 확보된다. 연역 논증이 단순한 형식적 타당성이 아니라 결론이 참임을 증명하려고 하면 건전성을 확보해야 한다.(서정혁, 『논증』, 커뮤니케이션북스, 2015. 10-11쪽.)

	ⓐ 연역 / 삼단논법 논증		ⓑ 툴민식 논증
대전제	모든 사람은 죽는다.	사실	소크라테스는 사람이다.
소전제	소크라테스는 사람이다.	주장	소크라테스는 죽는다.
결론	소크라테스는 죽는다.	논거	모든 사람은 죽는다.

위의 표를 보면, 삼단 논법의 대전제는 툴민의 논증에서는 논거로, 소전제는 사실로, 결론은 주장으로 바뀌어 있음을 알 수 있다. 이는 단순히 용어가 변한 것만은 아니다. 툴민의 논증은 우리가 일상생활에서 논증을 사용하는 실제 방식에 가깝다.

우리가 일상에서 논증을 펼칠 때에는 대개 3단 논법의 대전제와 툴민식 논증의 논거는 생략하는 경우가 많다. 그러니까 "소크라테스는 사람이다." 그러므로 "소크라테스는 죽는다."와 같은 방식이다. 이를 보면 알 수 있듯이 툴민의 논증은 3단 논법과 비교했을 때, 사실만을 전제로 인정함을 알 수 있다. 즉, 특정한 사실에서 결론을 이끌어 낸다. 전제는 글자 그대로 전제하고 있는 것으로서 논증의 표면에 드러나지 않는다.

중요한 것은 3단 논법의 대전제와 툴민의 논거가 차지하는 위상은 결코 같지 않다는 사실이다. 이것이 툴민의 논증과 연역 추리의 중요한 차이점이며, 그의 논증이 실용적인 이유이기도 하다. 지금까지의 논의를 정리해 보면 툴민의 논증의 특징은 두 가지로 요약된다.

첫째는 대전제의 지위를 의심한다. 툴민이 논증에서 3단 논법의 대전제의 지위를 의심했다는 사실은 매우 중요하다. 현실의 대전제는 3단 논법의 대전제와 같은 절대적 위상을 가질 수 없다. 현실의 논증에서 전제는 단순히 가정의 지위를 가질 뿐이다. 전제는 일종의 가설

일 뿐이다. 즉, 위 3단 논법의 대전제인 "모든 사람은 죽는다."는 검증되어야 할 가설일 뿐이다.

둘째는 소전제만을 전제로 인정한다. 이는 툴민의 논증이 사실에서부터 출발함을 의미한다. 그의 논증은 사실에서 출발하여 논거(정당화)를 거쳐 결론에 이른다.

툴민은 『논변의 사용』(고현범·임건태 옮김)에서 논증의 요소로 6가지를 제시하고 있다. 그 여섯 가지 요소는 주장(claim), 자료(data), 정당한 이유(warrants), 한정어(qualifrers), 반박의 조건(rebuttal), 지지 작용(backing)이다. 이 여섯 가지에 대해 국내에서는 다양한 번역어를 사용하고 있다. 이 글에서는 이 여섯 가지 중, 논증의 기본적인 요소 3가지는 주장, 논거, 근거자료란 명칭으로 부르고, 추가적인 요소 3가지는 논거 보강, 한정어, 반박으로 부른다. 이들 각각에 대해서 살펴보자.

주장(claim)은 자신의 의견을 내세운 하나의 진술문이다. 논증의 다른 5가지 요소는 이 주장을 뒷받침하기 위한 것이다. 다른 요소들이 이를 얼마나 잘 뒷받침하느냐에 주장의 설득력이 달려 있다. 이는 논증의 목표라고 볼 수 있다.

근거자료(data)는 사실, 근거(ground) 등의 용어로 번역된다. 이는 주장을 믿을 수 있게 해 주는 자료를 말한다. 자료에는 통계 자료, 사례, 인용, 개인적 경험 등이 있다. 주장의 근거로 작용한다.

근거자료는 가치중립적인 단순한 사실에 불과하다. 즉, 자료 자체가 가치 판단을 하지는 않는다. 가끔 사람들은 자료 자체가 주장을 증명하는 것으로 생각하는 경향이 있다. 하지만 자료는 어떤 시각이나 관점에서 의해서 해석되어야 주장을 뒷받침할 수 있다. 디베이트는 자료의 싸움이기도 하지만 이 자료에 대한 해석의 싸움이기도 하다.

다양한 자료들을 사용하여 주장을 뒷받침할 때 주장은 좀 더 설득력을 갖게 된다. 근거자료는 주장과 관련이 있는 사실이어야 하며, 주장을 충분히 적절하게 설명할 수 있는 것이어야 한다.

논거(warrant)는 정당화, 연결 고리, 보증, 추론 이유 등의 용어로 번역된다. 제시된 근거자료가 주장을 정당화할 수 있는 이유를 말한다. 즉, 왜 특정한 자료를 주장을 증명하기 위해서 선택했는지 그 이유를 설명하는 것이다.

논거는 주장과 근거자료를 연결시켜 주는 다리에 비유되곤 한다. 앞서 말했지만 자료는 그 자체로 가치 판단을 하지 않는다. 자료가 주장을 증명하는 근거가 되기 위해서는 연결고리가 필요하다. 이 논거(연결고리)가 얼마나 튼튼한가가 논증의 질을 좌우한다. 주장과 자료를 이어주는 어떤 논거를 만들어내는가에 따라 주장의 설득력이 달라진다.

같은 자료를 사용하더라도 논거를 다르게 설정하면 전혀 다른 주장도 가능하다. 우리는 동일한 사실을 전혀 다른 시각으로 해석하는 경우를 일상에서도 많이 접할 수 있다.

논거는 우리 사회에서 통용되는 관습이나 상식, 누구나 인정하는 가치, 검증된 판단이나 축적된 경험, 법률적 규정, 자연의 법칙, 언어적 정의 등 대부분의 사람들이 받아들일 수 있는 개연적인 규준을 말한다.

주장, 근거자료, 논거를 어떻게 구성하느냐가 논증의 뼈대이다. 이 세 요소를 구성하는 방법에 따라 주장의 설득력이 좌우된다. 이 셋이 논증의 기본 요소에 해당되므로 이 정도는 반드시 기억하자.

그럼, 구체적인 예를 통해서 주장, 근거 자료, 논거의 관계를 살펴보자. 예를 들어 다음과 같은 문장이 있다고 생각해 보자.

ⓐ 옛날 여자들은 아주 어린 나이에 결혼했다. ⓑ 셰익스피어의 『로미오와 줄리엣』에서 줄리엣은 14살도 채 되지 않았다. 중세의 유대인 여자들이 결혼하던 나이는 보통 13살이었다. 그리고 로마제국 시대에는 많은 여자들이 13살 또는 이보다 더 어린 나이에도 결혼했다.[51]

위의 문장에서 ⓐ가 주장이고 ⓑ가 근거 자료이다. 우리는 이 문장처럼 근거자료인 ⓑ만 제시하고 ⓐ를 증명했다고 생각한다. 하지만 ⓑ만으로는 아무것도 증명하지 못한다. ⓑ가 ⓐ를 증명하기 위해서는 "13살은 결혼하기에 어린 나이이다."는 사회의 일반적인 통념인 전제 즉 논거(정당화)가 필요하다. 논거인 13살이 과연 어린 나이인지의 판단 여부에 따라 주장에 대한 평가는 달라질 것이다.

---

51) 앤서니 웨스턴(이보경 옮김), 『논증의 기술』, 필맥, 2007. 40쪽.

다음으로 위의 세 기본요소들을 보완하여 논증을 좀 더 튼튼하게 만들어 주는 보조적 요소 3가지에 대해 알아보자.

논거 보강(backing)은 지지, 보강 등의 용어로 번역된다. 논거 보강의 대상은 논거이다. 논거 보강의 역할은 논거를 지지하는 것이다. 주장과 근거자료를 이어주는 논거가 튼튼해야 좋은 논증이 될 수 있다. 이 논거가 튼튼해지도록 이를 도와주는 것이 논거 보강이다.

논거 보강은 논증에서 논거의 부족한 부분을 보충해주는 역할을 한다. 논거 보강은 논거가 전제하고 있는 요소들에 대한 구체적인 설명을 통해서 이를 보완해 준다. 논거 보강은 주로 논거를 보강해 주는 것이지만 주장과 근거 자료를 보강해 주기도 한다.

논거 보강에는 통계와 증언 그리고 일상생활에서 논거를 참으로 만드는 보다 일반적인 원리, 원칙, 규칙, 규범, 법률, 전통, 관습 등이 있다.

위의 예에서 "13살은 결혼하기에 어린 나이다."란 논거는 왜 13살이 결혼하기에 어린 나이인지에 대한 설명이 필요하다. 예를 들면, 전 세계 여성들의 결혼 평균 나이와 같은 통계 자료가 이에 대한 설명이 될 것이다. 이와 같이 논거를 구체적으로 설명해주는 자료를 우리는 논거 보강이라고 한다.

한정어(qualifrers)은 확률치(modality)로 번역되기도 한다. 한정어는 주장의 강도로 주장과 근거를 한정하는 것이다. 한정어는 근거자료와 논거가 어느 정도의 확률로 주장을 지지하는가를 말한다. 즉, 주장의 타당성이나 정당성의 정도를 말한다. 일상적인 논증은 3단 논법처럼 100% 주장을 증명할 수 없다.

그러므로 근거자료와 논거가 어느 정도 확률로 주장을 뒷받침하는지 밝힐 필요가 있다. 주장이 옳을 확률을, 예를 들면 60%나 90%처럼 한정을 해야 주장이 반박 당할 가능성이 적어진다. 내 주장이 100% 확실하다고 주장한다면 그 만큼 반박 당할 가능성도 커진다. 그래서 보통 논증을 할 때는 '일반적, 종종, 가끔, 드물게, 어쩌면' 등의 한정어를 붙이게 된다. 한정어는 논증의 표면에 드러나지 않는 경우가 많다.

위의 예에서 "옛날 여자들은 아주 어린 나이에 결혼했다."란 주장보다는 "대부분의 옛날 여자들은 아주 어린 나이에 결혼했다."라고 주장하거나 "드물게 옛날 여자들은 아주 어린 나이에 결혼했다."라고 주장한다면, 주장의 강도는 약해지겠지만 상대로부터 반박 당할 가능성은 그만큼 낮아진다.

반박(rebuttal)은 반박 조건, 유보 사항, 유보 조건(reservation), 반론 꺾기 등의 용어로 번역된다. 반박을 가장 쉽게 설명하는 말은 주장에 대한 예외가 될 것이다. 주장이 타당하지 않거나 적용되지 않는 예외적인 경우를 말한다. 즉, 반박은 주장에 반하여 제기될 것이라고 예상되는 의견을 말한다. 보통 토론에서 상대방이 우리의 주장을 반박할 때 사용되는데, 미리 상대가 반박할 것을 예상하고 예외적인 조건을 달아 놓은 것을 말한다.

반박을 위의 예에 적용하면, "옛날 여자들은 아주 어린 나이에 결혼했다."란 주장에서 예외적인 경우를 미리 언급해서 상대방의 반박을 사전에 차단하는 방법이다.

툴민은 다음과 같은 예[52]를 들어서 자신의 논증 요소를 설명하고 있다.

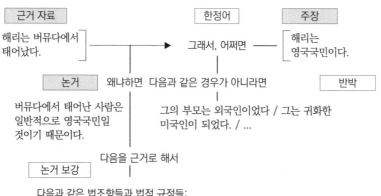

지금까지의 논의를 바탕으로 툴민(Toulmin)의 논증을 다음과 같이 도식화할 수 있다.

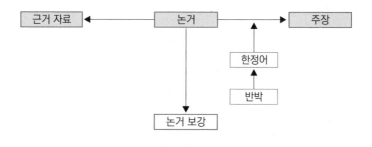

52) 스티븐 E. 툴민(고현범·임건태 옮김), 『논변의 사용』, 고려대학교출판부, 2006. 173쪽.

마지막으로 툴민의 논증를 독서 디베이트의 논증에 적용해 보자.

헤밍웨이의 『노인과 바다』를 "노인이 먼 바다로 나간 것은 잘못이다."란 논제로 토론을 한다고 생각해보자.

〈찬성 측〉

주장: 노인이 먼 바다로 나간 것은 잘못이다.

근거자료: 노인은 물질적 준비가 부족했다.

논거(정당화): 충분한 준비 없이 위험한 일을 해서는 안 된다.

논거 보강: 노인은 마실 물과 식량조차 충분히 준비하지 않았다. 이런 준비도 없이 먼 바다로 나가는 일은 자신의 목숨을 위험하게 하는 일이다.

한정어: 대부분의 경우에(꼭 필요한 것은 아님)

반박: 반대 측은 비록 노인이 정신적으로 충분히 강인하고 물고기를 잡는 실력이 뛰어나므로 물질적인 부족을 극복할 수 있다고 주장하겠지만, 인간의 정신력에도 한계가 있고, 물고기를 잡는 실력이 물질적인 부족을 해결할 수는 없다.

〈반대 측〉

주장: 노인이 먼 바다로 나간 것은 잘한 일이다.

근거자료: 노인은 정신적 강인함과 물고기를 잡는 뛰어난 기술을 갖고 있다.

논거(정당화): 강인한 정신력과 오랜 경험은 물질적 부족을 충분히 보완할 수 있다.

논거 보강: 노인은 물질적으로 충분한 준비를 갖출만한 환경을 가지고 있지 않다. 대신에 그는 불굴의 의지와 평생 물고기를 잡은 어부로서 누구보다 뛰어난 물고기를 잡는 기술을 가지고 있다. 실제 우리는 주변에서 강인한 정신력으로 어려움을 이겨낸 사람을 종종 볼 수 있다.

한정어: 대부분의 경우에(꼭 필요한 것은 아님)

반박: 찬성 팀은 물질적 준비(물, 식량 등) 없이 노인이 먼 바다로 나간 것은 잘못이라고 주장하겠지만, 인생을 안정적으로만 살 수는 없으며 때론 모험도 필요하다. 인생에서 생명보다 더 소중한 것들이 있다. 노인에게는 어부로서의 명예와 자부심이 그것이다. 이를 위해서는 노인은 모험을 할 수밖에 없었다.

3. 6단 논법

김병원 교수는 툴민의 논증을 좀 더 이해하기 쉽게 설명하고 있다. 그는 툴민의 6가지 논증 요소를 안건, 결론, 이유, 설명, 반론 꺾기, 정리(예외의 고려)로 6단 논법으로 정리한다.

그의 6단 논법은 "주제의 (1) 안건에 대해 (2) 자신의 결론을 내리고, 그 결론에 이르게 된 (3) 이유를 찾아 그것을 밝히고, (4) 이유의 옳음을 설명하고, (5) 결론에 반대 또는 대조되는 의견이나 생각의 잘못됨을 지적하고, (6) 예외의 경우를 정리"[53]하는 것이다.

---

53) 김병원, 앞의 책. 16쪽.

(1) 안건은 토론하고자 하는 주제이다. 토론의 논제라고 말할 수 있다. 즉, 특정 사안에 대해 사람들이 찬성과 반대로 대립하고 있는 토론거리라고 할 수 있다.

(2) 결론은 안건에 대한 자신의 입장을 말한다. 안건에 대해서 찬성과 반대의 입장을 정하는 것을 말한다.

(3), (4) 이유와 설명은 자신의 입장을 선택하게 된 이유를 말하고, 그것을 자세하게 설명하는 일이다. 이 부분이 토론의 본질에 해당된다. 토론은 제시된 이유와 설명이 얼마나 합당한지를 살펴보는 일이다.

김병원은 좋은 이유는 "첫째, 안건과 직접 관계 있는 내용이면서, 둘째, 객관적이어서 문제의 여러 면을 다 포함하는 '큰 생각'이어야 한다. 그래야 안건으로부터 결론으로 넘어간 사고 과정을 정당화시킬 수 있을 것이다."[54]고 말하고 있다. 이와는 반대로 그는 좋지 않은 이유의 유형을 3가지[55] 제시하고 있다.

유형1 무관: 안건과의 관계가 확실하지 않은 이유
유형2 확대: 의미와 적용의 범위가 지나치게 넓은 이유
유형3 편협: 객관적이지 않고 부분적으로만 적용이 가능한 이유

(5) 반론 꺾기는 반대하는 쪽의 이유와 설명이 잘못되었음을 지적하는 일이다.

(6) 정리는 현실적인 예외 사항을 언급하는 일이다.

---

54) 김병원, 앞의 책. 91쪽.
55) 김병원, 앞의 책. 90쪽.

김병원의 6단 논법을 좀 더 쉽게 이해하기 위해서 그가 들고 있는 예[56]를 살펴보자.

〈안건〉 산타클로스는 존재한다.

〈결론〉 그렇다.

〈이유〉 세상에는 지각할 수 있는 세계와 지각할 수 없는 세계가 있는데, 산타는 지각할 수 없는 세계에 속한다.

〈설명〉 사랑과 관용과 헌신과 믿음과 시와 소녀 버지니아 등은 직접 지각할 수 있는 것이 아니지만 이들은 존재한다. 그러므로 지각할 수 없는 산타클로스도 존재한다.

〈반론 꺾기〉 그러나 보이는 것만을 존재하는 것이라고 정의할 때에는 산타란 없다고 생각할 수 있지 아니한가? 그렇지만 사실상 보이지 않는 세계의 존재를 인정해야 한다. 사랑, 관용, 헌신, 믿음, 시처럼, 눈으로 꿰뚫어볼 수 없는 베일 너머에 있는 것들을 오로지 눈에 보이지 않기 때문에 그들의 존재를 부인한다면 인간의 삶은 황량해질 것이다. 보이지 않는 세계도 인간 세계의 일부이다.

〈정리〉 보이는 것만을 존재한다고 개념 정의를 할 때에는 산타크로스 모습을 한 인형이나 성탄 절기의 '산타클로스'들만 존재할 뿐일 것이다. 그러나 현실적으로 보이지 않는 세계를 인정해야 하므로 산타는 존재한다.

위의 6단 논법을 독서 디베이트에 적용해 보자.

---

56) 김병원, 앞의 책. 206쪽.

아이스퀼로스의 『아가멤논』에서 "클뤼타이메스트라의 복수는 정당하다."란 논제로 토론하는 경우를 예로 들어 적용해 보자.

〈안건〉 아가멤논은 이피게네이아를 제물로 바칠 수밖에 없었다.

〈결론〉 그렇다.

〈이유〉 트로이를 공격하기 위해서 출발하려던 함선이 순풍이 불지 않아 출항할 수 없었다.

〈설명〉 순풍을 불게 하려면 아가멤논은 아르테미스의 요구를 들어 줄 수밖에 없었다. 아르테미스는 이피게네이아의 희생을 요구하였다.

〈반론 꺾기〉 혹자는 딸을 희생시키기보다는 전쟁을 포기했어야 한다고 말할 것이다. 하지만 트로이 전쟁은 환대의 정의를 배반한 파리스를 응징하기 위한 전쟁으로서 이는 제우스의 정의를 실현하기 위한 전쟁이다. 아가멤논은 제우스의 명을 거부할 수 없었다. 또한, 이 시대의 영웅들은 명예를 목숨보다 소중하게 여겼기 때문에 파리스에게 당한 치욕을 참을 수 없었다. 치욕은 반드시 갚아야 하는 것이었다.

〈정리〉 아버지와 딸의 인륜은 중요한 것이지만 제우스의 정의를 실현하기 위해서는 딸의 희생이 불가피했다. 아가멤논은 한 가정의 아버지이기도 하지만 동맹군의 사령관이기도 했음을 감안해야 한다.

4. ARE 논증

학생들에게 논증을 가르칠 때, 툴민의 6가지로 논증 요소 중에서 기본 요소 세 가지를 중심으로 가르친다. 즉, 주장, 논거, 근거자료를 중심으로 논증을 가르친다. 위의 김병원의 결말, 이유, 설명을 중심으로 가르친다. 그 이유는 툴민의 논거 보강은 논거를 보강하는 역할을 하기 때문에 넓게는 논거에 포함시킬 수 있기 때문이다. 또, 한정어와 반박의 경우는 토론을 할 때, 상대방이 우리의 논증을 공격할 때 사용하는 방법이기 때문에 굳이 논증에 포함시킬 필요가 없다. 물론 입론을 구성할 때, 반박이나 한정어를 논증에 포함시켜 구성하면 훨씬 튼튼한 논증을 구성할 수 있다. 하지만 현실적으로 디베이트를 할 때, 논증 외에도 이론적으로 공부해야 할 것이 다른 토론보다 많기 때문에 논증에 너무 깊이 들어가는 일이 꼭 바람직한 것은 아니다.

툴민의 6가지 논증 요소를 한꺼번에 모두 가르치면 학생들이 논증을 지나치게 어렵게 생각할 수 있다. 또한, 논거나 논거 보강의 개념은 쉽지 않다. 개념을 들으면 알 것 같은데, 실제로 적용해 보면 논거 혹은 논거 보강인지 정확하게 알고 사용하기 쉽지 않다. 그래서 학생들에게 논증을 가르칠 때에는 김병원의 6단 논법이나 ARE 논증을 가르친다.

ARE 논증은 특별한 것은 아니고, 툴민의 논증의 기본 3요소를 이용한 논증이라고 생각하면 된다. ARE는 논증을 구성하는 세 가지 요소인 주장(Assertion), 이유(Reasoning), 근거(Evidence)의 영문 첫 글자를 따 온 것이다. 이는 툴민의 주장, 논거, 근거자료에 대응한다.

주장(Assertion)은 논증하고자 하는 핵심 의견을 말한다. 보통 주장이 이유와 근거를 포함하고 있지 않은 경우를 단언이라고도 한다. 단언은 증거가 없는 주장이다. 이 경우의 주장은 단언이다.

이유(Reasoning)는 진술이 참임을 보증 또는 정당화하는 것을 말한다. 주장이 옳은 이유를 설명하는 것이다. 툴민의 논거(warrant)와 논거 보강에 해당한다고 보면 된다. 어떤 근거 자료를 바탕으로 어떤 주장을 하는 것이 옳다는 이유를 들어 보증해주는 역할을 담당한다.

근거(Evidence)는 주장과 이유를 뒷받침하는 것이다. 툴민의 근거 자료에 해당한다. 주장을 지지해 주는 사실적 정보를 말한다.

ARE 형식이 사용된 논증의 간단한 예 두 가지[57]를 살펴보자.

주장: 고양이는 좋은 반려 동물이다.
이유: 고양이는 자신이 믿는 대상에게 심리적 지지와 우정을 제공한다.
근거: 고양이랑 10년간 같이 산 지바(Geeba) 이모는 고양이가 최고의 친구라고 생각한다.

주장: 나토는 발트 해 국가들까지 회원국으로 받아들여야 한다.
이유: 나토는 어떤 동유럽 국가의 침략도 막아 줄 동맹을 형성함으로써 안보를 보장한다.
근거: 현재의 모든 나토 회원국이 오랫동안 서로를 존중해 왔다는 사실은 이 기구가 안전을 보장한다는 것을 보여준다.

위의 ARE 형식의 논증을 독서 디베이트에 적용해 보자.

---

57) 알프레드 스나이더·맥스웰 슈누러(민병곤 외 2인 옮김), 『수업의 완성 교실토론』, 사회평론, 2014. 54쪽. ARE 논증은 이 책에서 빌려온 논증이다.

셰익스피어의 『베니스의 상인』에서 "샤일록에 대한 재판은 공정하다."란 논제로 토론하는 경우와 허먼 멜빌의 『수병, 빌리 버드』에서 "비어 함장이 빌리를 교수형시킨 것은 정당하다."란 논제로 토론하는 경우에서 예를 들겠다.

주장: 포샤의 법 해석은 옳지 않다.

이유: 샤일록에게 안토니오의 몸에서 피를 흘리지 않고 1파운드의 살을 베어 내라는 포샤의 요구는 불가능한 것이다. 샤일록이 안토니오에게 3달 동안 3천 더컷을 빌려주고, 기일 내에 갚지 못하면 안토니오의 몸에서 1파운드의 살을 베어 내는 것을 조건으로 차용증서를 쓰게 한 일이 잘못이라고 말할 수는 있다. 하지만 상인인 샤일록과 법관인 포샤의 법 해석이 같은 논리로 이루어지는 것은 바람직하지 않다. 포샤는 좀 더 합리적으로 법을 해석했어야 한다.

근거: 사람의 몸에서 피를 흘리지 않고 살을 베는 것은 불가능하다.

주장: 비어 함장이 빌리를 교수형시킨 것은 정당하다.

이유: 전시에 전함의 함장에게 전함의 안전을 지키는 일은 무엇보다 중요한 일이다. 비록 클레가트가 빌리를 모함한 것은 사실이지만 그렇다고 해서 그것이 빌리가 상관인 클레가트를 살해한 일을 정당화시킬 수는 없다. 빌리는 클레가트를 주먹으로 쳐서 죽이는 대신 좀 더 합리적으로 문제를 해결할 방법을 찾았어야 했다.

근거: 빌리는 전시에 상관인 클레가트를 죽였다.

5. 논증을 정리하며

마지막으로 논증에서 가장 중요한 사실 한 가지만 충고하자. 우리가 주장을 전개하거나 상대방의 주장을 분석할 때 가장 중요하게 생각해야 할 것은 모든 주장은 구체적인 사실이나 사례로부터 일반화된 원리나 원칙을 구축하거나, 일반화된 원리나 원칙으로부터 구체적인 사실을 이끌어낸다는 사실이다. 여기서 특히, 일반화된 원리나 원칙이 논증의 목표나 출발점이 된다는 사실을 명심해야 한다. 그러므로 논증에서 주장을 펼치거나 분석할 때 어떤 일반화된 원리나 원칙을 사용할 것인지 혹은 사용되고 있는지를 먼저 생각해야 한다.

존 M. 에릭슨이 논증에서 말하고 있는 다음의 내용은 매우 중요한 사실임에도 실제 학생들은 토론에서는 이를 간과한다. 주장이 전제하고 있는 원리나 원칙을 파악하여 상대방의 전제를 공격하여 토론에서 승리하는 경우를 여러 번 본적이 있다. 논증은 전제에서 결론을 이끌어낸다. 이는 논증에서 가장 기본적인 사실이다. 이 기본이 가장 중요하다.

자신의 주장에 어떤 가치가 있는지 증명하려면, 그 바탕에 존재하는 일반화된 원리·원칙이 무엇인지 드러내야 합니다. / 결국 모든 주장의 가치는 그 기저에 깔린 일반화 논리의 질에 따라 달라집니다. 이는 곧 일반화 논리를 이해해야 그 주장의 본질을 이해할 수 있다는 뜻도 됩니다. 때때로 디베이터들은 자신이 내세운 주장의 1차적인 토대

(일반화된 원리나 원칙, 전제 등)나 2차적인 주장 자체를 다뤄야 할 순간에 주장을 뒷받침하는 3차적인 증거만 불필요하게 나열하는 실수를 저지릅니다. 그러나 이와 반대로 일반화 논리와 주장 및 증거 사이의 연관성을 밝히거나 논리적 결함을 지적할 경우, 그 디베이터는 스스로 논증 과정을 논하고 상대방의 오류를 짚어낼 능력이 있음을 증명하게 됩니다. / 이처럼 논리 정연한 모습은 날짜나 자료 등의 정확성과 타당성을 지적하는 소소한 공격보다 청중에게 강한 인상을 안겨주고 심사위원들의 판단에 더욱 큰 영향을 미칩니다. / 물론 그렇다고 해서 증거가 디베이트에서 중요하지 않다는 말은 아닙니다. 다만 디베이터의 사고와 의사소통에서 논증이 차지하는 비중이 그만큼 크다는 뜻이지요.[58]

논증의 유형이나 개념을 잘 안다고 해서 학생들이 논증을 잘하는 것은 아니다. 이것보다는 평소 생활에서 논리적으로 생각하는 습관을 기르도록 하는 것이 좋다. 논증에는 근거가 있어야 하고, 그 근거가 왜, 주장을 뒷받침할 수 있는가를 생각해 보는 연습을 자주하는 것이 좋다. 무엇보다 어떤 주장이 어떤 전제를 가지고 있는지 평소에 잘 살펴보는 습관을 가져야 한다.

---

58) 존 M. 에릭슨·제임스 J. 머피·레이먼드 버드 조이쉬너(서종기 옮김), 『디베이트 가이드』, 2013. 79-80쪽.

6
토론의 요소

토론이란 낱말의 어원을 살펴보면 나누어 겨루는 말싸움의 의미를 가지고 있다. 그러므로 토론의 기본요소인 입론, 반론, 최종발언과 추가 요소인 확인질문, 작전회의(숙의시간)의 역할이 무엇인지를 살펴볼 때 중세 시대의 전쟁에 비유해서 이해하는 것이 도움이 된다.

1. 입론

입론은 진지의 구축, 성을 쌓는 작업에 비유할 수 있다. 전쟁을 하기 위해서는 먼저 진지를 구축해야 한다. 이 진지가 전쟁을 치르는 거점이 된다. 이를 바탕으로 공격하거나 방어가 이루어진다. 진지를 튼튼하게 구축하지 못하면 적의 공격에 쉽게 무너진다. 튼튼한 성은 그 자체로 완벽한 방어막의 구실을 한다.

입론도 마찬가지다. 입론은 우리 팀의 주장을 논리적으로 전개하는 역할을 한다. 입론은 우리 팀이 주장을 하는 이유를 논리적으로 명료하게 작성해서 발표해야 한다. 상대가 우리 팀의 입론을 들었을 때 쉽게 약점을 찾을 수 없도록 빈틈 없이 견고하게 작성해야 한다. 입론의 어떤 부분에서 허점이 노출되면 상대가 어리석지 않다면 바로 그곳을 공격할 것이 분명하기 때문이다. 좋은 입론은 그 자체로 상대방의 반박으로부터 우리 팀을 충실하게 보호해 준다. 뿐만 아니라 견고한 입론은 상대를 당황하게 한다. 당황한 상대방은 입론에 대해 산발적이고 지엽적인 공격에 머물게 된다.

그러므로 우리는 토론에 임할 때 먼저 완벽하게 진지(성)부터 구축해야 한다. 제대로 진지를 구축하지 않고 섣부르게 공격하다가는 오히려 상대방에게 역공을 당해서 성이 함락되는 고통을 겪게 된다. 좋은 입론이 없는 좋은 토론은 결코 존재하지 않는다. 좋은 입론 없이는 결코 토론에서 승리할 수 없다. 이를 반드시 명심해야 한다. 어설프게 진지를 구축하고 전쟁에 나가는 것은 어리석은 일이다. 좋은 입론 없이 토론에 나가는 것도 마찬가지로 어리석은 일이다.

튼튼한 성곽은 벽돌 하나하나가 튼튼해야 하고 그것이 전체 성곽과 유기적으로 연결되어 있어야 한다. 입론도 마찬가지다. 주장과 이유, 그리고 근거 등에 세심하게 신경을 써야 할 뿐더러 이를 유기적으로 잘 연결 짓는 것도 매우 중요하다. 각각의 벽돌이 아무리 튼튼하더라도 유기적으로 연결되어 서로를 든든하게 받쳐주지 못한다면 그 벽돌들은 아무 역할도 할 수 없다. 상대는 그 벽돌의 틈을 공격할 것이다. 입론에서의 주장, 이유, 근거도 마찬가지다. 아무리 좋은 근거자료도

적절하게 해석되지 않아서 주장을 뒷받침할 수 없다면 무용지물이며, 아무리 좋은 주장과 이유도 적당하고 충분한 사실적 근거가 없다면 쓸모가 없다. 상대방은 주장, 이유, 근거자료 그 자체만이 아니라 그것들이 연결되는 부위도 공격하려 할 것이다.

튼튼한 성을 쌓기 위해서는 많은 시간과 노력이 필요하다. 마찬가지로 좋은 입론을 작성하기 위해서는 많은 시간과 노력이 필요하겠지만, 이러한 노력이 결국 승리를 위한 발판이 될 것은 너무나 명백하다.

2. 확인질문

대부분의 학생들은 확인질문의 개념을 잘 이해하지 못한다. 확인질문은 전쟁에서 적의 근거지(진지)를 공격하기 전에 그곳을 사전에 탐색하는 작업이라고 생각하면 간단하다. 확인질문은 성의 이곳저곳을 적의 눈에 띄지 않게 탐색하면서 약점을 찾는 작업이다. 약점을 찾으면 바로 그곳을 집중 공격하면 된다. 물론 상대방이 아주 허술하다면 모를까 약점을 찾기는 매우 어렵다. 약점을 찾을 수만 있다면 승기를 잡았다고 볼 수 있다.

확인질문은 상대의 입론이나 반론에 대해 질문을 통해서 약점을 탐색하는 작업이다. 이때 질문들은 신중하고 은밀한 방식으로 이루어져야 한다. 적의 성을 탐색할 때는 은밀하게 해야 한다. 적의 눈에 띄면 탐색도 하지 못하고 붙잡힌다. 상대방이 나의 질문의 의도를 명확하게 안다면 쉽게 방어할 수 있다. 혹은 상대방이 의도적으로 약점이 아닌 곳을 약점처럼 노출시켜 우리를 역으로 공격할 수도 있다. 모든 질문은 상대방의 약점을 찾는 데에 집중되어야 하고, 모든 답변은 우리 팀의 주장을 보호하는 방향으로 이루어져 한다. 답변을 쉽게 생각하여 잘못하게 되면 우리 팀의 약점이 바로 드러날 수 있다.

물론, 적의 기지를 탐색하다 보면 적에게 탐색 활동이 발각되어 싸움이 일어날 수 있다. 이럴 때는 싸울 수밖에 없지만 목적은 탐색임을 잊지 말아야 한다. 쉽게 이길 수 없는 싸움이라면 어떻게든 빨리 현 상황을 마무리 짓고 빠져 나와야 한다. 매우 제한된 시간 속에서 소득 없는 싸움을 길게 이어가는 것은 시간 낭비일 뿐이다. 적의 진지의 약점을 탐색할 다른 방법을 찾아야 한다. 만약, 적과 피할 수 없는 교전에서 승리할 자신이 있다면 싸워서 승리를 거두는 것도 나쁘지 않다. 승리는 우리 팀의 사기를 진작시키고 상대의 사기를 꺾어 놓을 것이다. 가벼운 교전에서 승리를 자신할 수 없다면 되도록 짧게 끝내고 빠져나와야 한다. 물론 가능하면 싸움을 빨리 마무리를 짓고 나오는 것이 좋다. 도망가는 모습을 보이는 것도 좋지 않기 때문이다.

학생들의 확인 질문의 문제점은 첫째, 공격을 위해서 상대방의 약점을 찾으려는 명확한 의도가 없는 경우, 둘째, 질문의 의도가 너무 명확하여 상대방이 쉽게 대응할 수 있는 경우, 셋째, 이로 인해 오히려 상대방에게 역공의 기회를 제공하는 경우, 넷째, 어떠한 성과도 없이 확인 질문이 장황하게 진행되다가 끝나버리는 경우 등이 있다.

상식적으로 아무런 정보 없이 무턱대고 상대의 성을 공격하는 것은 매우 어리석은 일이다. 묻지마식의 공격은 천운이 있다면 모를까 성공하기 어렵다. 물론 가끔 성공을 하는 경우도 없지는 않지만 운에 기대어서는 안 된다. 많은 학생들이 확인질문의 시간을 상대방을 공격하는 시간으로 오해한다. 그래서 장황하게 자신의 주장을 늘어놓거나 상대방이 자신의 주장을 강화할 수 있는 질문들을 던져서 상대를 유리하게 해주는 경우를 볼 수 있다. 이 시간은 공격을 위한 약점을 찾는 시간이지 공격을 하는 시간이 아니다. 상대의 성(세력)에 대한 사전 탐색 후에 공격이 이루어지는 것처럼 확인질문 후에 반박 시간에 공격이 이루어져야 한다.

탐색과 공격을 혼동해서는 안 되며, 탐색은 신중하게 계획되고 체계적으로 이루어져야 성공할 수 있다. 잘 이루어진 탐색은 성공적인 공격을 위한 토대가 된다.

3. 반론(반박)

반론은 적에 대한 공격에 해당한다. 적을 공격하지 않고 전쟁에서 승리할 수는 없는 것처럼, 토론에서 적을 효과적으로 공략하지 못한다면 결코 토론에서 승리할 수 없다. 반박은 토론의 각 요소 중에서 가장 본질적인 토론의 요소라고 볼 수 있다.

상대의 성을 공격할 때, 먼저 우리 측의 장점이 무엇인가를 생각해야 한다. 가장 좋은 공격은 우리가 가지고 있는 강점을 바탕으로 상대의 약점을 공격하는 것이다. 가장 어리석은 공격은 이와는 반대의 방식으로 이루어지는 공격이다. 이러한 공격은 상대를 이롭게 할 뿐이다. 확인질문에서 얻은 적의 약점을 우리 팀의 강점으로 공략할 수 있다면 적은 쉽게 붕괴될 것이다. 손자병법에 적을 알고 나를 알면 백전백승이라는 말도 있지 않은가.

적을 공격하는 방법은 두 가지가 있다. 하나는 적의 성을 직접 공략하는 것이다. 공격을 위해서 적의 성의 약점을 찾는 것처럼, 확인질문에서 상대방 주장의 약점을 찾아서 반박 시간에 그것을 하나하나 공격하는 방법이다. 상대의 논점이 주장, 이유, 근거로 구성되어 있다면 상대의 주장을 공격할 수도 있고, 이유나 근거를 공격할 수도 있다.

두 번째는 적의 공격을 차단하기 위해서 우리 성을 점점 튼튼하게 만들어 가는 것이다. 상대방의 성을 공격하여 일거에 무너뜨릴 수만 있다면 좋겠지만 상대방의 저항이 만만치 않을 것은 쉽게 예상할 수 있다. 또, 상대방이 방어만 하지 않고 역으로 우리를 치고 나올 수도 있다. 그러므로 공격과 동시에 우리 성이 역으로 공략 당하지 않도록 성을 점점 튼튼하게 만드는 작업도 병행해야 한다. 우리의 성을 강화하는 작업은 직접적인 공격은 아니지만 넓게 보아 상대방의 공격을 차단하는 것도 공격의 의미에 포함된다. 방어도 공격이라는 말은 모순처럼 들리지만 그 속에 포함된 역설적 의미를 곰곰이 생각해 보길 바란다.

가장 좋은 공격은 상대방의 성을 직접 공격하는 방법과 우리 성을 튼튼하게 방어하는 간접적인 공격 방법을 병행하는 것이다. 하지만 대부분의 학생들은 반론 시간에 상대방을 직접 공격하려고만 하지 자신의 성을 방어하는 데는 크게 관심이 없어 보인다. 이로 인해서 공격의 시간을 다 채우지도 못하고 오히려 다음 번 상대방의 공격에 역공을 당하는 장면을 쉽게 볼 수 있다.

가장 좋은 공격은 공격과 방어가 동시에 이루어져야 한다. 상대방의 실력이 아주 모자라지 않는 다음에야 일거에 공격해서 상대를 무너뜨리는 일은 불가능하다. 공격만 하지 말고 방어에도 신경을 써야 한다. 효과적인 방어는 효과적인 공격임을 명심하자. 마구잡이로 공격만 하다가는 자멸할 수 있다.

4. 작전회의

작전회의 시간은 전쟁에서 전략을 다듬는 시간에 비유할 수 있다. 공격 전략이나 방어 전략을 수정하는 시간이다. 전쟁을 하다 보면 사전에 아무리 잘 준비하더라도 미처 예상하지 못한 변수들이 생기기 마련이다. 전쟁 상황에서 변수가 생겼는데도 기존의 전략이나 전술을 고집하는 일은 어리석다. 상황에 맞게 적절하게 대응해야 하는 데 팀 경기인 토론에서는 팀원 간 대응 전략을 짤 시간이 필요하다. 대응을 위해서는 팀원 간의 적절한 사전 조율이 반드시 필요하다. 사전 조율이 없는 상태에서 섣불리 말하면 팀원 간의 의견 충돌로 자체 모순을 드러낼 수 있다. 이는 토론에서 굉장히 불리한 상황을 만든다.

전쟁 중에 혹시 나의 약점이 노출되었다면 그 약점을 어떻게 보완할 것인지 생각해야 하고, 적의 약점을 찾았다면 이를 어떤 방식으로 공격할 것인지 새로 계획을 세워야 한다. 이는 효과적인 방어와 공격을 위해서 반드시 필요하다.

전쟁 중에 전선이 흐트러지는 것처럼 토론에서도 입론에 대한 확인 질문과 반박의 단계를 거치면서 토론 중에 오간 내용이 정리되지 않아 무척 산만하게 진행되는 경우가 있다. 작전회의 시간은 여유를 갖고 이를 재정리하는 시간의 의미도 있다.

또한, 이 시간을 통해서 토론에서 자신의 역할을 제대로 해내지 못해 의기소침한 팀원이 있다면 팀원을 위로하고 격려하며, 토론에 임하는 새로운 의지를 다질 수 있다.

효율적으로 작전회의 시간을 사용하면 토론의 방향이나 승패를 바꿀 수 있다. 그런데 학생들이 작전회의 시간을 사용하는 것을 보면 서로에게 힘을 주기보다는 가끔 비난을 하는 경우도 있고, 사적인 얘기를 나누는 경우도 볼 수 있는데 이는 결코 바람직하지 않다.

5. 최종발언

최종발언 시간은 전쟁에 비유하면 적에게 최후의 일격을 가하는 시간이다. 적에게 최후의 일격을 가하기 위해서 먼저 우리 편의 전열을 정비해야 하고, 최후의 일격을 가할 지점을 찾아야 한다. 물론 그 지점은 전쟁을 통해서 확인된 우리 편의 강점과 상대의 약점이 만나는 지점이 될 것이다. 공격을 이곳에 총집중해야 한다. 이런 공격을 통해서 우리가 명백하게 승리했음을 보여주어야 한다.

또한, 뛰어난 장수라면 승리를 어떻게 극적으로 연출할 것인지도 고민해야 한다. 단순히 승리하는 것으로 만족할 수도 있겠지만 극적인 승리의 연출은 자기 편의 사기를 진작시킬 수 있는 효과적인 방편이 되기 때문이다.

하지만 대부분 학생들의 토론을 보면 이 시간에 우리 팀의 주장과 상대 팀의 주장을 단순하게 요약해서 보여주거나, 자신의 잘한 점만 설명하는 경향이 있다. 가장 좋은 방법은 우리가 잘한 점과 상대가 잘하지 못한 점을 비교하여 인상적으로 마무리하는 것이다.

결국 최종발언은 토론에서 왜 우리가 이겼는지를 심판에게 마지막으로 호소하는 시간이다. 어떻게 하면 심판에게 강한 인상을 남기면서 토론을 마무리할 것인지를 고민해야 한다. 최종발언은 글자 그대로 마지막 발언이기 때문에 심판의 기억에 가장 많이 남는 발언이 될 것이므로 강한 호소력을 발휘해야 한다.

토론이 비록 논리의 게임이긴 하지만 인간은 때로는 논리보다 정서적인 발언에 쉽게 설득 당하는 경향이 있다. 어떻게 하면 심판의 정서적인 면을 자극해서 그들을 설득할 수 있을지도 깊이 고민해야 한다. 가장 좋은 최종발언은 논리를 기반으로 하여 설득하되, 효과적인 정서적 반응을 유도할 수 있는 설득을 결합하여 발언하는 것이다.

위에서 설명한 토론의 구성 요소를 간략하게 정리하면 아래의 표와 같다.

기본 구성 요소 3가지

입론	• 자신의 주장을 근거와 사례를 들어 개략적으로 논증하는 토론의 첫 단계. • 찬성 측에서 먼저 주장을 펼친 후 반대 측에서 반론적 성격의 주장을 펼침.(반론성 입론) • 전쟁에서 진지(성)를 구축하는 단계. • 입론 이후의 모든 토론 과정은 입론을 바탕으로 진행되어야 함.
반론	• 상대방 주장의 논리적인 모순을 지적하고 자기주장의 논리성을 강화시키는 단계. • 자기 팀의 강점을 바탕으로 상대 팀의 약점을 공략하는 단계. • 토론의 본질적이며 핵심적인 부분. • 전쟁에서 적의 진지(성)를 공격하는 단계.
최종발언	• 토론에서 드러난 쟁점을 자신들에게 유리한 방향으로 정리하면서 자기 팀이 승리했음을 마지막으로 설득하는 단계. • 전쟁에서 최후의 일격에 해당하는 단계. • 논리적인 설득 못지않게 정서적인 면을 자극하는 강렬한 호소가 필요함.

추가 요소 2가지

확인질문	• 상대방 주장의 논리적인 문제점을 질문을 통해서 탐색하고 확인하는 과정으로 반론을 위한 토대가 됨. • 전쟁에서 적의 진지(성)를 공략하기 전에 적의 진지(성)의 약점을 사전에 탐색하는 단계.
작전회의	• 팀원끼리 협의하여 상대의 주장에 대한 반론의 논리를 찾거나 상대의 공격에 대한 대응 방안을 마련하고 자기 측의 주장을 강화하기 위한 준비시간. • 전쟁에서 전략과 전술을 상황에 맞게 수정하는 단계.

7
독서 디베이트 모형

학교 현장이나 학생을 대상으로 한 토론교육이나 토론 대회에서 많이 사용되고 있는 토론 유형은 다섯 가지이다. 다섯 가지는 일반적으로 CEDA 토론이라고 알려진 정책 토론(Policy Debate), 칼 포퍼 토론(Karl Popper Debate), 의회식 토론 (Parliamentary Debate), 링컨-더글라스 토론(Lincoln-Douglas Debate), 퍼블릭 포럼 디베이트(Public Forum Debate)를 말한다. 이 다섯 가지 토론 모형은 원 모형 그대로 사용되기도 하고 대회나 교육적 상황에 맞게 적절하게 변형시켜서 사용하기도 한다.

독서토론에서 일반적으로 많이 사용하는 모형은 정책토론 모형(세다 모형)과 칼 포퍼 토론 모형 그리고 퍼블릭 포럼 디베이트 모형이다. 링컨-더글라스 토론 모형은 가치논제의 토론에 적합하므로 독서 디베이트의 토론 모형으로 적합하지만 1:1 방식의 토론이어서 많은 학생들이 토론을 직접 경험하기는 어려운 모형이다. 의회식 토론의 경우는 발표 중간에 질의(POI 발언권 요청)를 하는 방식에 학생들이 익숙하지 않으며, 팀 내의 토론자간 발언 기회의 차이 등으로 교육적 목적으로 사용하는 데 다소 어려움이 있다. 한 사람이 1회 발언하는 시간의 경우도 비교적 긴 편이어서 학생들이 이 모형으로 토론을 하기 쉽지 않고, 그렇다고 발언 시간을 줄이면 한 팀에서 발언할 수 있는 기회가 3번이므로 토론이 너무 빨리 끝날 수 있다.

퍼블릭 포럼 디베이트 모형[59]은 처음 토론을 경험하는 학생들에게 비교적 쉽게 사용해 볼 수 있는 토론 모형이다. 이 모형으로 실제 토론을 해 보면 다른 모형에 비해서 학생들이 심리적으로 부담을 덜 가지는 것을 알 수 있다. 실제 토론에서 학생들은 확인질문을 매우 부담스러워한다. 한 사람은 질문을 하고 한 사람은 대답하는 형태가 질문자나 답변자 모두에게 부담스럽기 때문이다. 그런데 이 모형에서는 확인질문 시간에 상호 질문하고 대답할 수 있어 상대적으로 개인이 지는 부담이 줄어든다. 하지만 이 모형의 요약과 마지막 초점(최종 발언)의 단계에 대해 학생들이 잘 이해하지 못해서 이 둘의 내용이 별 차이가 없는 경우와, 상대 팀의 주장과 우리 팀의 주장을 단순히 기계적으로 요약하는 경우 등이 자주 생겨서 전체적으로 토론이 지루한 느낌이 있다. 그러니까 입론과 반론 이후 요약과 마지막 초점을 통해서 토론이 심화되기보다는 앞의 입론과 반론에서 오고간 내용을 단순히 정리하

---

59) 퍼블릭 포럼 디베이트에 대해서 자세히 알고 싶다면, 케빈 리의 『대한민국의 교육을 바꾸다 Debate 디베이트』, 『대한민국의 교육을 바꾸다 Debate 디베이트 심화편』, 『이것이 디베이트 형식의 표준이다!』, 김왕근의 『소통의 기술』 그리고 강경순 외 2인의 『토론하는 호모루덴스』 등을 볼 것을 권함.

고 반복하는 수준에서 토론이 진행되는 경우가 많다. 물론 이는 근본적으로 학생들의 토론 능력의 문제이지만 토론의 모형도 영향을 미친다. 그래서 학생들이 이 모형에 조금 익숙해지면 칼 포퍼 토론 모형으로 바꾸는 것이 좋다.

세다 토론 모형[60]의 경우는 정책토론을 위한 모형이므로 가치 논제를 주로 다루는 독서토론의 모형으로 쓰기에는 적당하지 않다. 물론 이 모형을 독서토론 모형으로 쓰면 안 된다는 것은 아니다. 예를 들어 독서토론의 논제가 찬성 측의 증명의 부담을 매우 크게 요구할 경우에는 이 모형을 사용하는 것이 바람직할 수도 있다. 하지만 작품 중심의 독서 디베이트의 경우는 가치논제를 주로 다루고 찬성 측의 증명의 부담이 반대 측보다 특별히 크다고 볼 수 없다. 반대 측은 찬성 측의 주장을 단순히 반박하는 것만으로는 토론에 승리할 수 없고 자신의 주장을 입증할 책임이 찬성 팀과 마찬가지로 존재한다. 그러므로 찬성 측의 입론에서 시작해서 찬성 측의 최종발언으로 끝나게 하여 찬성 측의 증명의 부담을 덜어 주는 세다 토론 모형은 적절하지 않다. 양팀이 거의 비슷한 수준의 입증 책임을 갖고 있는데 토론의 절차 면에서 찬성 팀에게 다소 유리하게 설계된 세다 토론 모형은 상대적으로 반대 팀에게는 불리하게 작용할 수 있기 때문이다.

또한 세다 토론 모형은 두 번의 입론과 두 번의 반론으로 구성되어 있어서 학생들에게 어려운 모형이다. 이 모형으로 실제 토론을 해 보면 학생들은 두 번 주어지는 입론을 계획적으로 사용하지 못한다. 첫 번째

---

60) 세다 토론 모형에 대해 자세히 알고 싶다면, 이두원의 『논쟁』과 『정책토론의 정석』, 강태완 외 3인의 『토론의 방법』, 한상철의 『토론』을 볼 것을 권함.

입론과 두 번째 입론의 차이가 거의 없거나 입론과 두 번째 반박도 거의 구별되지 않는다. 능숙한 토론자라면 두 번의 입론을 전략적으로 사용할 수 있는 여지가 많지만 그렇지 않은 토론자는 오히려 두 번의 입론을 차별화하여 전략적으로 사용하는 방법에서 어려움을 겪게 된다.

세다 토론 모형은 입론뿐만 아니라 반론도 두 번이다. 그러면서 최종발언이 없다. 이 때 두 번째 반론에서는 최종발언을 포함시켜야 한다. 한데 이 모형은 반론만 두 번 있어서 학생들은 직관적으로 최종발언을 하지 않아도 되는 것으로 생각하는 경향이 있다.

어떤 토론 모형을 사용할지는 논제와 학생들의 수준을 고려하여 결정해야 한다. 독서 디베이트의 경우는 처음에는 퍼블릭 포럼 디베이트 모형을, 학생들이 어느 정도 토론의 경험이 있다면 칼 포퍼 토론 모형을 사용하는 것이 좋다. 그 이유는 이 모형의 특징을 살펴보면 알 수 있다. 칼 포퍼 토론 모형[61]의 특징은 정책토론 모형(세다 모형)과 비교해서 이해하면 편리하다. 그러므로 먼저 정책토론 모형을 설명하고, 이와 비교해서 칼 포퍼 토론 모형의 특징을 설명하고자 한다.

1. 정책 토론(Policy Debate) 모형

정책 토론은 글자 그대로 현재 시행되고 있는 정책의 문제점을 들어서 정책의 변화를 촉구하는 찬성 측과 현 상황의 유지 즉 현상 유지를 원하는 반대 측이 벌이는 토론이다.

---

61) 칼 포퍼 토론의 경우는 비교적 자세하게 설명한 책은 없음. 숙명여자대학교의사소통센터의 『발표와 토론』 정도가 참고할 만함.

찬성 측은 현재 시행되고 있는 정책의 문제점을 들어서 토론의 필요성이 있음과 새로운 정책이 실현가능하고, 정책을 실천했을 때 불이익보다는 이익이 큼을 증명해야 한다. 이런 요소들을 정책토론의 필수 쟁점이라고 하는데 이들 중에서 하나라도 설득하지 못한다면 토론에서 이길 수 없다. 이에 반해서 반대 측은 이런 요소들 중에서 어느 하나만 성공적으로 반박할 수 있어도 토론에서 승리할 수 있다.

예를 들어서 반대 측이 찬성 측이 제기한 문제가 시간이 지나면 자연스럽게 해결될 수 있음을 성공적으로 반박할 수 있다면 새로운 정책의 시행은 불필요하다. 또, 찬성 측이 제기한 문제가 지속될 것임을 인정하더라도 새로운 정책을 시행할 인적·물적 토대가 충분하지 않아서 새로운 정책의 시행이 불가능함을 반대 측이 성공적으로 반박할 수만 있어도 반대 측이 토론에서 승리할 것이다. 나아가, 반대 측이 찬성 측이 제기한 토론의 필요성을 인정하고, 찬성 측이 제시한 정책의 실현 가능성을 인정하더라도 이를 실행했을 때, 현 상황을 유지하는 것에 견주어 이익의 정도가 비슷하거나 오히려 불이익이 더 크다는 것을 입증해도 반대 측이 이길 것이다. 즉, 찬성 측은 정책토론에서 요구하는 필수쟁점을 모두 입증해야 토론에서 이길 수 있는 데 반해서 반대 측은 필수쟁점 중 하나만 성공적으로 반박해도 토론에서 승리할 수 있다. 이는 어떻게 보면 당연하다. 새로운 정책을 추진하는 일은 많은 변수와 위험 요소를 안고 있기 때문이다. 새로운 정책이 기존의 정책에 비해 명백한 이익이 없다면 굳이 새로운 정책을 추진하는 모험을 할 필요는 없다.

위의 설명처럼 정책 토론에서 찬성 측은 필수쟁점을 모두 입증해야 하므로 입증의 책임이 매우 크다. 이에 반해서 반대 측은 필수쟁점 중 하나만 반박해도 토론에서 승리할 수 있으므로 찬성 팀에 비해 상대적으로 매우 유리한 입장에 있다. 이런 상태에서 토론을 하는 것은 불공평하다. 이러한 불공평함을 토론의 절차에서 조정하여 양측의 힘의 균형이 어느 정도 유지된 상태에서 토론이 이루어지도록 하기 위해서, 정책토론은 찬성 팀의 발언으로 시작하여 찬성 팀의 발언으로 끝나도록 설계되어 있다.

토론 모형을 보는 법(이는 곧 토론 모형을 설계할 때 지켜야 하는 규칙들을 설명하는 것이다.)을 설명하면서 정책 토론 모형의 특징을 좀 더 구체적으로 살펴보자. 여기서 굳이 토론 모형을 보는 법을 설명하는 이유는 토론 모형을 볼 줄 알아야 기존의 토론 모형을 교육적 상황에 맞게 적절하게 수정하여 사용할 수 있기 때문이다. 교육적 상황에는 다양한 변수가 존재하는데 기존의 토론 모형은 교육적 상황에 맞지 않는 경우가 많다.

정책 토론(CEDA 토론)의 절차는 다음과 같다.

순서	찬성 측		반대 측		시 간	
	제1토론자	제2토론자	제1토론자	제2토론자	총 60분	총 72분
1	입론				8분	10분(또는 9분)
2				확인질문	3분	3분
3			입론		8분	10분(또는 9분)
4	확인질문				3분	3분
5		입론			8분	10분(또는 9분)
6			확인질문		3분	3분
7				입론	8분	10분(또는 9분)
8		확인질문			3분	3분
9			반론		4분	5분(또는 6분)
10	반론				4분	5분(또는 6분)
11				반론	4분	5분(또는 6분)
12		반론			4분	5분(또는 6분)

토론을 처음 접하는 사람들은 토론 모형(절차)을 보고 발언 순서를 외우려고 한다. 하지만 모형을 외우는 것은 쉽지 않다. 토론 모형을 어렵게 외우기보다는 토론 모형을 볼 줄 알아야 한다. 토론 모형을 볼 줄 알면 토론의 순서를 쉽게 머리 속에서 떠올릴 수 있다.

토론 모형을 볼 때는 첫째는 각 팀의 토론자가 몇 명인가를 살펴봐야 한다. 링컨-더글라스 토론 모형의 경우는 1:1 토론이고, 정책토론, 의회식 토론, 퍼블릭 포럼 디베이트의 경우는 2:2 토론이다. 그리고 칼 포퍼 토론은 3:3 토론이다. 물론 토론자의 수는 교육의 목적에 맞게 이들 모형을 적절히 변형시켜서 조정할 수 있다.

둘째, 각각의 토론자의 역할과 발언 시간을 살펴봐야 한다. 위의 정책 토론 모형을 보면, 정책 토론의 경우 찬성 측과 반대 측의 제1토론자와 제2토론자 모두 입론, 확인질문, 반론을 각각 한 번씩 하게 되어 있음을 알 수 있다. 입론, 확인질문, 반론을 하는 순서에는 차이가 있지만 하는 역할은 같고 각 발언자가 사용하는 시간도 같음을 알 수 있다. 60분 모형의 경우에는 각 토론자가 15분씩, 72분 모형의 경우에는 각 토론자가 18분씩 공평하게 발언하게 되어 있다. 토론에서 각 토론자가 공평한 역할을 수행하고 공평하게 발언 시간을 사용할 수 있다는 것은 정책토론 모형의 장점이라 할 수 있다. 왜냐하면 각각의 토론자가 공평한 발언 기회를 가질 수 있는 경우가 그렇지 않은 경우보다 훨씬 교육적이기 때문이다.

셋째는 처음 발언하는 사람과 마지막 발언하는 사람이 누군가를 살펴봐야 한다. 퍼블릭 포럼 디베이트를 제외하고는 보통 찬성 측 제1토론자의 입론으로 토론이 시작되고 마지막 발언도 찬성 측이 한다. 칼 포퍼 토론의 경우는 찬성 측 제1토론자의 입론으로 시작하는 것은 같지만 토론의 마지막 발언은 반대 측 제3토론자가 하게 된다. 퍼블릭 포럼 디베이트의 경우는 동전 던지기를 통해서 이긴 팀이 논제에 대한 찬성과 반대 중 어느 입장에 설 것인지 또는 먼저 발언할 것인지, 나중에 발언할 것인지를 선택할 수 있다. 찬성 팀이 동전 던지기에서 승리해서 먼저 발언할 것을 선택하면 반대 팀은 찬성 측 입장에 설 것인지 반대 측 입장에 설 것인지를 선택할 수 있고, 찬성 팀이 찬성 측 입장을 선택하면 반대 팀은 먼저 발언을 시작할 것인지 뒤에 발언을 시작할 것인지를 선택할 수 있다.

넷째는 어떤 토론 모형이든 한 토론자가 연속해서 발언하지 않는다는 것을 알고 이를 중심으로 각 토론자의 발언이 어떤 순서로 설계되어 있는지 살펴보는 것이다. 위의 세다 모형을 보면 찬성 측의 입론에서 토론이 시작되므로 다음 발언은 반대 측에서 하게 된다. 입론은 찬성 측이든 반대 측이든 제1토론자가 한다. 만약 찬성 측 제1토론자의 입론 다음에 반대 측 제1토론자가 확인질문을 하게 된다면 반대 측 제1토론자는 바로 다음 순서인 반대 측의 첫 번째 입론을 연속적으로 하게 된다. 그렇게 되면, 반대 측 제1토론자는 찬성 측 제1토론자에 대한 확인질문에 이어 바로 첫 번째 입론을 하게 되어 어려움을 겪게 된다. 그래서 반대 측의 첫 번째 확인질문은 반대 측 제2토론자가 맡게 된다. 반대 측의 제1토론자의 첫 번째 입론에 대한 확인질문의 경우도 찬성 측 제2토론자가 맡지 않고 찬성 측 제1토론자가 맡는 것도 같은 이유이다. 왜냐하면 찬성 측 제2토론자는 찬성 측의 확인질문 다음에 두 번째 입론을 해야 하기 때문이다. 만약 반대 측 제1토론자에 대한 확인질문을 찬성 측 제2토론자가 하게 되면, 찬성 측 제2토론자는 곧 이어 찬성 측 두 번째 입론을 해야 되므로 연속해서 발언해야 하는 어려움을 겪게 된다.

다섯째는 확인질문의 위치를 살펴봐야 한다. 확인질문은 입론 다음에 두는 것이 보통이지만 반론 다음에 두는 경우도 있다. 위의 정책토론 모형의 경우는 각각의 입론 다음에만 두 번의 확인질문을 두고 있고 반론 다음에는 확인질문이 없다. 정책토론 모형의 중요한 특징은 두 번의 입론과 확인질문에 있다. 확인질문은 정책토론 모형 이전의 토론모형들이 자기 팀의 주장에만 신경 쓰고 상대 팀의 주장을 귀 기울여 듣지 않는 모습을 반성하면서 만들어졌다. 확인질문을 하기 위해서는 상대의 주장에 귀 기울일 수밖에 없기 때문이다. 토론에서 승리하기 위해서는 자신들의 주장을 논리적으로 잘 전개하는 것 못지않게 상대방의 말을 잘 듣고 핵심을 파악하는 능력도 중요하다.

마지막으로 정책 토론을 포함한 대부분의 토론 모형이 찬성 측의 발언으로 시작해서 찬성 측의 발언으로 끝나는 이유를 살펴보면서 토론 모형을 보는 방법에 대한 설명을 마치겠다. 위의 정책토론 모형을 보면 찬성 측의 입론으로 시작해서 찬성 측의 반론으로 끝남을 알 수 있다. 왜 찬성 측의 입론으로 시작해서 반대 측의 반론으로 끝나지 않을까. 찬성 측의 입론으로 시작하는 것은 기존 정책의 변화를 요구하는 찬성 측에 입증의 책임이 있기 때문이지만 다른 이유도 있다.

토론에서 처음 발언과 마지막 발언을 할 수 있다는 것은 매우 유리한 입지를 보장 받는 것이다. 심리학의 닻내림 효과(Anchoring Effect)를 생각해 보면 처음 발언의 중요성을 알 수 있다. 배가 어느 지점에 닻을 내리면 이리저리 움직여 보았자 그 부근에서 맴돌게 된다. 이처럼 닻내림 효과는 사람들이 어떤 판단과 의사 결정을 할 때, 의식 또는 무의식적으로 처음에 제시되는 기준이 그 판단과 의사결정에 영향을 끼치는 현상을 말한다.

일상에서 쉽게 볼 수 있는 닻내림 효과는 어떤 수에 대한 질문을 받았을 때 처음 그 수에 대한 대답이 별 의미가 없는 것이라 하더라도, 어떤 수에 대한 최종적인 판단이 처음 제시된 그 수에서 크게 벗어나지 않는 현상에서 볼 수 있다. 예를 들어 이집트의 수도인 카이로의 인구가 얼마인가라는 전혀 알 수 없는 질문을 받았다고 생각해 보자. 이 때 누군가가 5만 명이라고 답하고 나면 그 이후의 사람들은 갑자기 100만 명이라고 하지 않고 6만 명, 4만 명 등 5만 명 주위를 맴도는 현상을 말한다.

닻내림 현상에 비추어 보면 결국 우리가 토론을 할 때 전체적인 토론의 내용은 첫 발언(첫 번째 토론자의 입론)의 주위를 맴돌 수밖에 없다는 것을 알 수 있다. 그러므로 토론에서 찬성 측 토론자의 입론의 중요성은 아무리 강조해도 지나치지 않다. 찬성 측이 논리적으로 빈틈 없고 설득력이 강한 첫 번째 입론을 할 수 있다면 토론에서 매우 유리한 입지를 차지할 수 있고, 전반적으로 매우 생산적인 토론이 이루어질 수 있다. 만약 그렇지 않다면 토론은 비생산적으로 지리멸렬(支離滅裂)하게 진행될 것이며, 찬성 측은 결코 토론에서 승리할 수 없다. 왜냐하면 쉽게 반대 측에게 반박 당할 것이기 때문이다. 더구나 정책 논제에 대한 토론의 경우에 반대 측은 필수쟁점 중 어느 하나만 제대로 반박하면 토론에서 승리할 수 있기에 더욱 그렇다.

토론에서 마지막 발언의 중요성은 굳이 설명하지 않아도 상식적으로 알 수 있다. 가령 한 시간 동안 토론을 한다고 하면, 서로 의미가 상반된 무수히 많은 말들이 폭포수처럼 쏟아진다. 말들의 소나기 속에서 심판이나 청중은 쉽게 갈피를 잡기 어렵다. 물론 토론의 심판은 공정한 평가를 위해서 토론 내용을 메모하면서 고도의 집중력을 발휘하려고 노력하겠지만 그렇다고 해도 모든 것을 기억할 수도 없고, 토론 중에 오간 중요한 내용을 놓치기도 한다.

마지막 발언의 중요성을 여러 가지 측면에서 말할 수 있겠지만 분명한 것은 마지막으로 한 발언이 심판이나 청중의 기억 속에 가장 많이 남는다는 상식적인 사실이다. 더구나 찬성 측의 마지막 발언은 토론 중에서 유일하게 상대의 반박을 허용하지 않는다. 반대 측의 최종발언은 찬성 측의 최종발언에 의해서 필요하면 반박을 당할 수 있지만 찬성 측의 최종발언을 끝으로 토론이 종료되기 때문에 반대 팀은 반박하고 싶어도 반박할 수 없다. 그러므로 찬성 팀이 비유나 일화[62] 등의 예를 들어서 좀 더 강력한 설득력을 발휘해도 반대 팀은 반박의 기회가 없다.

실제로 학생들과 토론을 할 때 대부분의 경우 기존의 토론 모형을

---

62) 비유나 일화 등은 토론의 내용과 완벽하게 일치할 수 없다. 비유는 두 대상의 공통점을 통해서 어떤 대상을 좀 더 쉽게 이해시키기 위한 수단으로 사용되지만, 두 대상 사이에는 공통점과 함께 차이도 존재하기 때문이다. 일화의 경우도 마찬가지다. 비유와 일화 등을 토론에 적절하게 이용하는 것은 강력한 설득력을 발휘하지만 자칫 잘못하면 상대에게 공격의 빌미를 제공한다. 예를 들어 찬성 팀이 설명하고자 하는 대상의 공통점에 바탕한 비유로 심판이나 청중을 효과적으로 설득하려고 한다면 반대 팀은 두 대상 사이의 차이점을 집요하게 파고들면서 반박할 것이다. 그러므로 비유나 일화 등은 심판이나 청중을 설득하는 강력한 무기이긴 하지만 매우 신중하게 사용되어야 한다.

그대로 사용하지 않는다. 토론 논제의 성격, 토론에서 사용할 수 있는 시간이나 학생 수, 학생들의 수준 등 여러 요소를 고려해야 하기 때문이다. 위에서 토론 모형을 보는 법에 대해 설명한 이유는 토론을 진행할 때 상황에 맞는 토론 모형을 만드는 데 도움이 되기 때문이다. 토론의 모형은 교육적 상황에 맞게 자유롭게 변형할 수 있지만 위에서 설명한 내용들을 기본적으로 지키면서 변형하는 것이 바람직하다.

2. 칼 포퍼 토론(**Karl Popper Debate**) 모형

다음으로 독서 디베이트에서 주로 사용하는 칼 포퍼 토론 모형에 대해 설명하고자 한다. 앞에서 정책토론 모형을 예로 들어서 토론 모형을 보는 법을 설명한 이유는 정책토론 모형과 칼 포퍼 토론 모형을 비교해서 보면 칼 포퍼 토론 모형의 특징이 좀 더 잘 이해되기 때문이다.

칼 포퍼 토론 모형은 우리들에게 『열린 사회와 그 적들』, 『추측과 논박』 등의 저서로 잘 알려진 철학자 칼 포퍼(Karl Popper)와 금융인이자 투자가인 조지 소로스(George Soros)가 세운 소로스 재단에 의해 1994년에 만들어졌다. 이들이 이 토론 모형을 만든 이유는 비판적 합리주의자의 태도를 익힐 수 있도록 하기 위해서이다. 비판적 합리주의는 인간의 이성이 완벽하지 않으며 오류를 범할 수 있다는 전제에서 출발한다. 비판적 합리주의자는 인간의 이성은 한계를 지니므로 이를 극복하기 위해서는 서로에 대한 비판을 허용하고 반증을 통해서 점진적으로 나아가야만 진리에 도달할 수 있다고 주장한다.

칼 포퍼 토론 모형은 비판적 합리주의의 태도를 익힐 수 있도록 반론 중심으로 고안된 토론 형식이다.

칼 포퍼 토론의 절차는 다음과 같다.

순서	찬성 측			반대 측			시간
	제1토론자	제2토론자	제3토론자	제1토론자	제2토론자	제3토론자	총 44분
1	입론						6분
2						확인질문	3분
3				입론			6분
4			확인질문				3분
5		반론					5분
6				확인질문			3분
7					반론		5분
8	확인질문						3분
9			반론				5분
12						반론	5분

위의 토론 모형을 바탕으로 칼 포퍼 토론 모형의 특징을 살펴보자.

첫째, 위의 토론 모형을 보면 알겠지만 입론은 각 팀에서 1번을 하는데 반론은 2번씩 하게 되어 있다. 팀 당 입론에 6분의 시간을 사용하는데 반론에는 10분을 사용한다. 그만큼 반론을 중시하는 모형임을 알 수 있다. 양 팀이 무엇을 어떻게 주장하는가보다는 그 주장의 근거를 반론을 통해서 충분히 검증하겠다는 비판적 합리주의의 정신을 반영한 모형이다. 이 모형은 양 팀의 주장에 대한 비판과 검증을 중시한다.

둘째, 칼 포퍼 모형의 다른 특징은 다른 토론 모형이 1:1 혹은 2:2 토론인데 비해서 3:3 토론이라는 것이다. 토론자가 많다는 것은 각각의 토론자가 안게 되는 부담이 적다는 의미도 되지만 토론자 간의 유기적인 협조가 무엇보다 중요함을 의미한다. 가끔 학생들과 토론하다 보면 예기치 않게 불참하는 학생이 생겨서 어쩔 수 없이 3:2 토론을 하는 경우가 있다. 이럴 경우에 3명의 토론 팀이 2명의 토론 팀보다 수가 많으므로 유리할 것이라고 생각하지만 반드시 그렇지는 않았다. 오히려 2명이 한 팀인 경우가 팀원 간의 유기적 협조가 잘 이루어져 토론을 더 잘하는 경우가 많았다. 물론 이 경우에 각각의 토론 팀에 속한 팀원의 수보다는 팀원의 자질이 더 중요하기 때문에 그런 결과가 나왔다고 볼 수도 있을 것이다. 하지만 분명한 것은 팀원의 수가 많다는 것이 토론에서 반드시 상대보다 유리한 것은 아니라는 사실이다. 팀원의 수가 많아진다는 것은 그 만큼 팀원 간 유기적 협조가 더 어렵다는 것을 의미하기도 한다.

셋째, 각 팀의 팀원들 간에 발언 기회가 균등하지 않다. 보다시피 제1토론자는 입론과 확인질문을, 제3토론자는 반론과 확인질문을 하게 되어 있는데 제2토론자는 1번의 반론만 하게 되어 있다. 제2토론자의 발언 기회가 1번 밖에 없다고 해서 이 토론자의 역할이 중요하지 않은 것은 아니다. 제2토론자는 제1토론자와 제3토론자가 토론 중에 놓치고 있는 것을 잘 파악해서 각각의 토론자에게 메모를 통해서 전달해 줌으로써 토론의 흐름을 바꿀 수도 있다. 결국 팀원들 간의 협력과 팀워크가 매우 중요하다.

넷째, 토론의 기본 요소를 입론, 반론, 최종발언이라고 볼 때 이 토론모형에는 최종발언의 순서가 없다. 각 팀에서 두 번째 반론을 맡은 제3토론자는 반론을 할 때 최종발언을 포함시켜서 반론을 해야 한다. 먼저, 상대팀의 발언 내용에 대해서 반론을 하고 이어서 최종발언을 하면 된다.

마지막으로 칼 포퍼 토론 모형의 가장 중요한 특징을 살펴보자. 퍼블릭 포럼 디베이트를 제외하고 대부분의 토론은 앞에서 설명한 것처럼 찬성 팀의 발언으로 시작해서 찬성 팀의 발언으로 끝난다. 이는 찬성 측이 지고 있는 증명의 부담이 매우 크기 때문에 토론의 형평을 유지하기 위한 조치임을 위의 정책토론 모형에서 설명했다. 그런데 칼 포퍼 토론 모형은 찬성 측의 발언으로 시작하는 것은 같지만 반대 팀의 발언으로 토론이 끝난다. 즉 마지막 발언은 반대 팀에서 하게 된다. 칼 포퍼 토론 모형은 정책토론 모형과 달리 찬성 측에서 발언을 시작해서 반대 측의 발언으로 끝나므로 발언의 순서에 있어서 양 팀이 비교적 공평하다고 볼 수 있다. 왜 그럴까. 이는 칼 포퍼 토론이 찬성 팀뿐만 아니라 반대 팀에게도 비슷한 수준의 입증 책임을 요구하기 때문이다. 정책토론의 경우에 반대 팀은 찬성 팀이 틀렸다는 것을 증명하면 토론에서 이길 수 있지만, 칼 포퍼 토론에서는 찬성 팀이 틀렸고 우리가 옳다는 것을 증명해야 토론에서 이길 수 있다. 그러므로 이 토론 모형은 찬성 측과 반대 측이 팽팽하게 대립하는 논제를 토론하는 데 적합하다.

칼 포퍼 토론에서 반대 팀은 정책 토론처럼 찬성 팀의 주장을 반증하기만 해서는 토론에서 승리할 수 없다. 또한 필수쟁점 중 어느 하나만 반박해서도 토론에서 이기기 쉽지 않다. 정책토론 모형과 달리 상대의 주장을 조목조목 반박하는 것이 좋다. 물론 중요한 쟁점과 덜 중요한 쟁점이 있을 수 있기 때문에 가장 중요한 쟁점을 중심으로 반박을 하되 그렇지 않은 쟁점도 가능하면 함께 반박해야 한다. 침묵은 동의를 뜻한다는 말처럼 반박하지 않은 쟁점은 상대의 주장을 받아들인다는 의미가 되기 때문이다. 양측 모두 상대방의 주장에 대한 반론의 부담을 지고 있으므로 상대방의 주장에 대하여 적극적인 반론을 전개하는 태도가 요구된다.

3. 독서 디베이트 모형(칼 포퍼 토론 모형의 변형)

독서 디베이트의 모형은 칼 포퍼 토론 모형을 기반으로 하여 이를 조금 변형시켰다. 독서 디베이트 모형으로 칼 포퍼 토론 모형을 선택한 이유와 이를 변형시켜서 사용한 이유를 설명하고자 한다.

먼저, 칼 포퍼 토론 모형을 사용한 이유를 설명하면 다음과 같다.

첫째, 다른 토론 모형은 1:1 혹은 2:2 토론인데, 칼 포퍼 모형은 3:3 모형이어서 다른 토론 모형에 비해 좀 더 많은 학생을 토론에 참여시킬 수 있기 때문이다.

둘째, 디베이트는 경쟁적인 성격이 강하다. 이 경쟁적 성격은 학생들의 흥미를 유발하는 강한 동기가 된다. 하지만 우리가 세상을 살아가는 데에는 경쟁 못지않게 협력이 중요하다. 3명이 한 팀이 되는 것은 더 많은 학생을 참여시킬 수 있는 장점과 더불어 다른 모형보다 팀원 간의 유기적 협조 즉 협력의 필요성이 증대되는 장점이 있다. 다른 모형에 비해 경쟁과 협력을 학생들이 모두 배우는 데 가장 적합한 모형이라고 생각된다.

마지막으로 독서 디베이트는 주로 가치 논제를 다룬다고 했는데, 이 가치 논제에 적합한 모형이 바로 칼 포퍼 모형이다. 그 이유는 다음과 같다.

가치 논제는 가치에 대한 평가적 주장으로 이루어져 있다. 우리는 어떤 대상, 사람, 생각, 사건 등에 대하여 긍정적이거나 부정적인 반응이나 태도를 표명한다. 바로 이러한 긍정적 혹은 부정적인 느낌, 태도 등을 나타내는 표현들을 '가치어'(가치를 표현하는 말)라고 부른다. 그 예로 '옳다', '잘못되었다', '좋다', '나쁘다', '못생겼다', '아름답다', '바람직하다', '공정하다', '뛰어나다', '훌륭하다', '열등하다'와 같은 표현들을 들 수 있다.

가치 논제는 세상을 바라보는 가치관이나 신념과 밀접한 관련이 있다. 상대방이 아무리 충분한 근거를 가지고 주장을 하거나 반박을 해도 상대의 가치관이나 신념을 변화시키기는 매우 어렵다. 정책 논제의 토론의 경우는 정책을 추진했을 때 생기는 여러 문제점과 정책 추진의 이익과 불이익을 어느 정도 객관적으로 추측하고 예상할 수 있으므로 가치 논제에 비해 상대를 설득하기가 쉽다. 하지만 가치 논제의 경우는 가치판단의 기준을 세우고, 그것을 현실에 적용했을 때 어느 것이 우리들의 삶에 이익이 될지는 정책 논제보다 판단하기 어렵다. 그리고 정책 논제의 경우는 다수에게 이익이 되는 정책이 올바른 정책일 가능성이 높지만, 가치 논제의 경우는 그 가치를 따르는 것이 다수에게 이익이 된다고 해도 그것이 바람직한 가치인가는 정책 논제보다 좀 더 신중하게 판단해야 한다.

예를 들어 "소극적 안락사는 바람직하다."란 가치 논제로 토론을 한다고 생각해 보자. 찬성 측은 말기 암 환자 등의 고통을 예로 들면서 개인에게는 자신의 생명을 자유롭게 결정할 권한이 있다고 주장할 것이고, 반대 측은 개인의 자유는 보장되어야 하지만 자신의 생명을 죽게 할 자유까지는 없다고 볼 것이다. 이러한 자유는 자칫 생명경시 풍조 등으로 연결될 것이기 때문이다. 특히, 종교인들은 하나님이 주신 생명을 자신의 의지로 끊는 것은 죄악으로 보기도 한다. 이 경우에 양측이 주장하는 가치 중에서 어느 것을 따르는 것이 우리의 삶을 더욱 풍요롭게 할지는 쉽게 판단하거나 예측하기 어렵다. 양 측은 생명이나 자유를 바라보는 시각이 근본적으로 차이가 있으므로 사실상 상대를 설득하는 것은 거의 불가능하며 서로의 입장 차이를 확인하는 정도의 토론이 될 가능성이 높다. 토론이 반드시 어떤 결론에 도달할 필요는 없다. 서로의 입장 차이를 확인하는 것은 문제 해결의 출발점으로서 그 자체로 충분한 의의가 있다.

가치에 대한 선호는 절대적이기보다는 상황에 따라 변한다. 가치 논제는 정책 논제처럼 현 상황을 선호하지 않는다.[63] 이 말은 정책 논제처럼 찬성 측은 증명의 의무를, 반대 측은 반박의 의무를 지니는 것

---

63) 정책 논제에서 현 상황을 선호하는 것을 추정의 원칙이라 한다. 추정(presumption)은 토론에서 한 측을 미리 선호하는 경향성을 일컫는 말이다. 어떤 믿음이나 판단, 정책을 적극적으로 부정하도록 누군가가 입증하지 못했다면 그 믿음이나 판단, 정책을 선호하는 것으로 간주하는 일종의 자동적인 의사결정 규칙이다. 추정의 원칙은 현 상황(Status Quo)을 선호한다. 토론은 결과를 판단할 청자나 심사위원 혹은 의사결정권을 가진 그 누군가를 전제로 한다. 그리고 이러한 청자와 의사결정자는 중립적인 입장에서 토론에 임하게 된다. 하지만 찬성이나 반대 어느 쪽도 상대방을 설득하거나 압도하지 못했을 경우, 청자나 의사결정자는 자동적인 의사결정의 규칙에 따라서 어느 한편을 선호하게 된다. 바로 이러한 선호의 경향성을 다스리는 규칙이 추정의 원칙이다. 추정의 원칙을 이해하는 가장 손쉬운 예가 형사사건에 적용되는 무죄추정의 원칙이다. 검사는 찬성 측의 입장으로서 현 상황의 변화를 주장한다. 검사가 상황의 변화를 충분히 입증하지 못했을 경우에, 추정의 원칙에 따라서 검사는 재판에서 지고 피의자는 무죄로 방면된다. 이 때 추정의 원칙은 피의자가 무죄인 상황을 선호한다. 일반적인 토론의 상황에서 추정의 원칙에 따라 선호되는 입장은 현상유지를 바라는 반대 측의 입장이다. 하지만 독서 디베이트처럼 가치 논제의 토론에서는 추정의 원칙은 적용되지 않는다.

이 아니라 찬성 측과 반대 측 모두 증명과 반박의 의무를 지닌다는 말이다. 양 팀에 주어지는 증명과 반박의 의무는 비슷한 수준이라고 보면 된다. 따라서 양 측이 비슷한 정도의 증명 의무를 지니고 있는 칼 포퍼 토론 모형이 가치 논제를 다루는 독서 디베이트 모형으로 가장 적합하다고 생각된다.

하지만 기존의 칼 포퍼 토론 모형으로 학생들이 토론을 할 때 두 가지 문제가 있다. 첫 번째 문제는 팀원들 사이의 발언 기회가 균등하지 않다는 것이다. 제1토론자는 입론과 확인질문을, 제3토론자는 반론과 확인질문을 하게 되어 있는데 제2토론자는 반론만 하게 되어 있어 발언 기회가 다른 두 토론자에 비해 적다. 두 번째는 토론의 기본 3요소를 입론, 반론, 최종발언이라고 볼 때 최종발언의 단계가 없다는 것이다. 그래서 학생들은 칼 포퍼 토론 모형에서는 최종발언을 하지 않아도 되는 것으로 착각하는 경우가 있다.

이 두 문제를 해결하기 위해서 제2토론자의 발언 기회를 한 번 더 늘려서 두 번 발언하게 함으로써 다른 토론자들과의 형평성을 유지하고, 마지막 반론에서 최종발언을 분리했다.

또 하나 생각해 볼 문제는 작전타임(숙의시간)의 문제이다. 보통 디베이트에서는 토론 중에 사용할 수 있는 작전타임 시간을 2~3분 정도 제공한다. 작전타임 시간은 각 팀이 자신의 발언을 앞두고 필요에 따라서 주어진 시간 내에서 자유롭게 사용할 수 있다. 각 팀에게 주어진 시간이 2분인데 처음의 작전회의에서 50초를 사용했다면 나머지 1분 10초를 토론이 끝날 때까지 사용할 수 있다. 언제, 얼마만큼의 시간을 사용할 것인지는 토론 팀이 결정한다.

그런데 대부분의 디베이트에서 제공하는 작전타임이 독서 디베이트에서는 너무 짧다는 생각이 든다. 독서 디베이트는 가능하면 구성원 간에 토의하고 협력하는 시간이 많으면 좋다고 생각한다. 실제 토론을 할 때 작전타임을 주면 학생들이 매우 활발하게 서로 의견을 교환하는 모습을 볼 수 있다. 이런 모습 자체가 독서토론이 추구하는 교육적 모습이다. 물론 작전타임을 너무 많이 주면 디베이트의 긴장감이 떨어질 수 있다. 어느 정도의 작전타임이 적당한지는 상대적인 것이므로 교육적 상황에 맞게 디베이트를 진행하는 사람이 잘 판단해야 한다.

독서 디베이트 모형에서는 작전타임의 시기를 각 팀이 알아서 판단하게 두지 않고 토론 모형 내에 고정시켰다. 이는 진행의 편리를 위한 것이다. 작전타임의 시간만 제한하고 각 팀이 필요한 시기에 적절하게 사용하는 방법과 토론 모형 내에 고정시켜서 사용하는 방법 중 어느 것을 선택해도 별 상관은 없다.

위의 여러 가지 생각들을 정리하여 만들어진 독서 디베이트 모형은 다음과 같다. 이 모형의 총 소요 시간은 40분이며, 제한 시간을 초과했을 경우에는 15초 이내에 발언을 마무리하도록 했고, 그렇지 못할 경우는 즉시 발언을 중단하게 했다.

〈 변형된 칼 포퍼 토론 모형: 독서 디베이트 모형 〉

순서	찬성 측			반대 측			시간 (40분)
	제1토론자	제2토론자	제3토론자	제1토론자	제2토론자	제3토론자	
1	입론						4분
2					확인질문		2분
3				입론			4분
4		확인질문					2분
5	작 전			타 임			3분
6		반론					3분
7				확인질문			2분
8						반론	3분
9	확인질문						2분
10	작 전			타 임			3분
11		반론					3분
12					반론		3분
13			최종발언				3분
14						최종발언	3분

　위의 모형을 보면, 제1토론자는 입론과 확인질문을, 제2토론자는 반론과 확인질문을, 제3토론자는 반론과 최종발언을 하게 되어 있어 토론자간 발언기회가 공평하고, 두 번의 반론은 칼 포퍼 토론의 비판적 합리주의의 정신을 고려하여 그대로 두면서 최종발언을 추가했음을 알 수 있다.

　이 모형으로 토론을 해 보면 확인질문의 시간이 너무 짧다고 생각하는 학생들이 꽤 있었다. 이는 확인질문을 하는 요령이 부족하여 장황하게 질문하고 답변하는 문제에 대부분 비롯된다. 핵심을 정확하게 질문하는 요령이 필요하다. 다만, 학생들이 확인질문을 어느 정도 능숙하게 할 수 있다면 시간을 3분으로 늘리는 것도 나쁘지는 않다.

8
입론

1. 입론이란

입론(立論)은 글자 그대로 토론을 위해 자신들의 주장을 세우는 과정이다. 논제와 관련하여 자신들의 입장[65]이 정당함을 주장에 대한 이유와 근거를 들어 개략적으로 알리는 과정이다.

입론을 좀 더 구체적으로 설명하면, 논제에 대해 자기 팀의 입장을 담은 논점(주장, 쟁점)을 펼치는 과정이다. 이 논점들에 의해서 팀의 입장이 뒷받침 된다. 토론은 입론에서 펼친 논점을 바탕으로 진행되므로 입론에서 자기 팀의 입장을 충분히 포괄적으로 드러내야 한다. 토

---

65) 입장은 논제에 대한 찬성과 반대를 말하며, 주장은 이러한 입장을 뒷받침하는 하위 주장들이다. 주장은 이유와 근거를 통해서만 뒷받침되는 것은 아니고 주장을 통해서도 뒷받침된다. 단 주장을 뒷받침하는 주장은 다시 이유와 근거가 필요하다. 우리가 논설문을 쓸 때 논설문 전체의 주장(주제)이 있을 것이고, 그 주제(주장)를 뒷받침하는 주장들이 있을 것이다.

론의 방향이 잘 드러나도록 양 팀은 말할 내용을 명쾌하게 정리하여 발표해야 한다.

찬성 팀은 토론 전에 논제에 대한 자신들의 입장을 충분히 준비해서 그대로 입론을 할 수 있지만 반대 팀은 그렇지 않다. 반대 팀은 논제에 대한 자신들의 입장을 충분히 담은 입론을 토론 전에 작성하되 그것을 그대로 토론에서 사용하면 안 된다. 그렇게 하면 최악의 경우, 찬성 측과 반대 측의 논제에 대한 논점들이 충돌하지 않아서 쟁점이 생성되지 않을 수도 있다. 쟁점이 생성되지 않는 토론이란 자기주장의 무한반복일 뿐이다. 반대 팀은 사전에 충분히 입론을 준비하되 찬성 팀의 입론을 듣고 그것에 맞추어 자신들이 사전에 작성한 입론을 즉석에서 수정하면서 쟁점을 만들어야 한다. 즉, 반대 팀은 반박성 입론을 해야 한다.

토론 도중에는 새로운 논점(주장)을 제시할 수 없다. 논점은 입론에서만 제시해야 한다. 간혹 반론에서 새로운 논점을 제시하는 학생들이 있는데 이는 토론의 규칙에 어긋난다. 토론 도중에 새로운 논점이 계속 생긴다면 토론이 중요한 쟁점에 집중되지 않아서 무척 방만하게 진행될 것이다. 더구나 토론은 시간의 제약을 받는다. 토론 중에 계속해서 새로운 주장을 내놓는다면 그 주장을 검증할 시간이 없게 된다. 결국 제대로 된 토론이 이루어질 수 없다.

토론은 입론에서 시작되고 확인질문 및 반박에서 확장되므로 첫 출발인 입론이 좋지 않으면 좋은 토론이 되기 어렵다. 비록 확인질문과 반박에 대한 준비 등이 다소 부족하더라도 입론이 좋으면 토론은 그럭저럭 진행된다. 하지만 빈약한 입론으로는 토론을 진행하기 어렵고,

진행이 가능하더라도 결코 좋은 토론이 될 수 없다.

2. 입론의 구성

입론은 자신들의 입장을 담은 일종의 논설문이다. 논설문이 서론, 본론, 결론으로 구성되는 것처럼 입론도 서론, 본론, 결론으로 구성하는 것이 바람직하다.

입론의 서론은 세 가지 요소를 포함해야 한다. 첫 번째, 토론의 필요성이다. 토론을 하기 위해서는 먼저 청중이나 심판들에게 이 토론이 필요함을 설득해야 한다. 그렇게 할 수 없다면 토론은 할 필요가 없다. 불필요한 토론으로 시간을 낭비할 이유가 없기 때문이다.

대부분의 학생들은 독서 디베이트의 경우는 사회 문제를 다루는 것이 아니므로 토론의 필요성을 말할 필요가 없다고 생각한다. 사회 문제(정책논제)를 다룰 경우는 사회에서 발생하고 있는 문제를 우리의 삶과 연결지어 토론의 필요성을 설명할 수 있다. 현 정책의 문제점을 지적하면서 새로운 정책이 우리 삶을 어떻게 더 나은 삶을 만들 수 있는지를 간단히 설명하면 된다. 그런데 문학 작품을 가지고 토론을 할 때는 토론의 필요성을 설명하기가 쉽지 않다. 독서 디베이트의 논제를 판단하기 위한 가치와 우리의 삶을 연결시켜야 하기 때문이다. 어떤 가치가 우리 삶과 어떤 관계가 있는지를 설명해야 한다.

이 경우 토론의 필요성은 대부분 삶과 관련한 철학적인 성격을 띤다. 예를 들어, 셰익스피어의 『맥베스』로 "맥베스는 운명의 희생양이다."란 논제로 토론을 할 때, 운명과 삶의 관계를 깊이 고민해야 토론의 필요성을 설명할 수 있다. 운명을 어떻게 설명하고 어떻게 받아들이는 것이 우리 삶을 더 의미있게 하는지 고민해야 한다. 학생들에게는 쉽지 않은 과정이지만 성숙한 삶을 위해서는 반드시 필요한 고민이기도 하다. 어떤 가치를 우선하고 어떤 가치를 추구하는 삶을 살 것인가는 삶의 방향을 좌우한다. 사회의 현안 문제를 다루든 작품 속의 가치 문제를 바탕으로 토론하든 토론의 필요성은 반드시 설명해야 한다.

두 번째는 토론의 범위를 정하는 일이다. 토론의 범위는 논제에 사용된 핵심용어의 개념을 정의함으로써 결정된다. 이는 찬성 측의 권리로서 찬성 측이 토론의 범위를 정한다. 물론 반대 측도 충분히 받아들일 수 있도록 범위를 정해야지 자신의 팀에게 일방적으로 유리하게 범위를 정해서는 안 된다. 그렇게 하면 반대 팀이 이의를 제기하면서 찬성 팀의 용어 정의를 받아들이지 않을 것이며, 반대 팀은 새롭게 용어의 개념 정의를 할 것이다. 이를 또 찬성 팀이 수용할 수 없다면 토론은 개념 정의에서 벗어나기 어렵다.[66]

예를 들어, "체벌은 교육적으로 필요하다."라는 논제로 토론한다면, 핵심 용어에 해당하는 '체벌'의 개념을 반드시 정의해야 한다. 만약 체벌을 '교육적인 목적으로 신체에 직접적인 고통을 가해 벌하는 것'으로 정의했다면, 토론을 진행하는 전 과정에서 이 범주 안에서 주장을 펼쳐야 한다. 반대 측도 용어 정의를 해야 한다. 찬성 측의 정의에 동

---

66) 칼 포퍼는 개념을 정의할 때는 무한퇴행의 과정에 빠지지 않기 위해 한두 단계 이상을 넘어서지 않아야 한다고 말한 바 있다. 우리가 토론을 할 때는 개념에 관한 토론은 가급적 피하는 것이 좋으며, 개념을 정의할 때도 개념 자체의 의미보다는 진술의 의의에 더 주의를 기울여야 한다. 즉 가치 토론에서는 토론을 진행하면서 자신들의 주장을 입증하는 방향으로 평가 용어의 의미를 정교하게 다듬어 가야 한다.

의할 경우 찬성 측의 정의에 동의한다고 말하면 된다. 찬성 측의 용어 정의에 동의하지 않을 경우에는 반대 측이 생각하는 용어의 정의를 밝혀야 한다.

독서 디베이트의 경우에는 사실, 용어의 개념 정의가 거의 필요 없다. 앞의 "맥베스는 운명의 희생양이다."란 논제의 경우를 통해 이를 살펴보자. 이 논제는 '맥베스'라는 인물(평가대상)에 대한 평가적 용어(운명의 희생양이다)로 구성되어 있다. 독서 디베이트와 같은 가치 논제의 토론에서 용어의 정의는 평가대상과 평가용어(가치어)에 대해 모두 이루어져야 한다.

그런데 평가대상인 '맥베스'의 경우에는 작품을 읽고 독서 디베이트를 하는 것이므로 굳이 그가 누구임을 설명할 필요가 없다. 물론 심판진이나 청중들에게 그가 누구인지를 설명할 필요성이 있을 수도 있지만 독서 디베이트의 심판이나 청중이라면 사전에 작품을 읽고 오는 것이 마땅하다.

가치어인 '운명의 희생양이다'의 경우에는 '운명'과 '희생양'의 의미를 입론의 서론부에서 정의하는 것보다는 각 팀이 생각하는 '운명의 희생양'의 의미를 토론을 통해서 증명하는 것이 중요하다. 자신들이 정의하는 '운명의 희생양' 개념에 맞게 토론을 이끌어 갈 수 있다면 토론에서 승리할 수 있다. 소포클레스의 『오이디푸스 왕』에서 "오이디푸스는 운명에 맞선 영웅이다."란 논제로 토론한다고 생각해 보자. 이 토론에서 승리하기 위해서는 '운명'과 '영웅'을 자신들의 입장에 맞게 정의하고 토론 내내 자신들의 입장을 뒷받침하는 방향으로 토론을 이끌어 가야 한다. 찬성 팀의 경우는 '운명'은 고정된 것이 아니며 비록 운명이 신의 뜻에 따라 정해져 있다 해도 그 속에서도 개인의 선택은 여전히 가능하다고 생각하며 그러한 선택에 책임지는 사람이 '영웅'이라고 정의할 것이다. 반대 팀은 '운명'은 개인이 어떻게 할 수 있는 것이 아니므로 개인의 선택은 결국 운명을 받아들이는 방향으로 진행될 것이고 자신의 운명에 반항하는 것이 '영웅'적 행위가 될 수 없음을 증명하려 할 것이다.

이렇게 보면 독서 디베이트의 서론 부분에서 사실상 논제에 포함된 용어의 개념 정의가 필요 없어 보인다. 하지만 토론의 일반적인 규칙을 따르고 자신들이 증명하고자 하는 방향을 사전에 제시한다는 의미에서 대상에 대한 평가를 포함하는 부분에 대해서는 간단하게 용어 정의를 하는 것이 바람직하다. 위의 "오이디푸스는 운명에 맞선 영웅이다."란 논제의 경우는 '오이디푸스'에 대한 개념 정의를 할 필요는 없고(물론 해서 안 된다는 뜻은 아니다), '운명'과 '희생양'에 대해서는 개념 정의를 하는 것이 바람직하다. 실제 독서 디베이트에서 학생들에게 이렇게 입론의 서론부에서 개념 정의를 하도록 가르치고 있다.

세 번째는 논제에 대한 입장을 명확히 해야 한다. 입론에서는 토론의 필요성을 밝히고, 토론의 범위를 정한 후, 자신들의 입장을 명확히 밝혀야 토론을 할 수 있다. 물론 자신들의 입장은 찬성과 반대라는 입장을 정하는 순간 명확해지지만 자신들의 입장을 논제에 대해 찬성한다, 반대한다보다는 조금 더 구체적으로 설명하면서 자신들의 입장을 명확히 밝히면 좋다.

입론의 본론은 3~4가지 쟁점(논점)을 제시해야 한다. 본론 부분은 토론의 핵심적인 부분이다. 이 부분을 중심으로 토론이 진행된다.

본론에서는 보통 3가지 정도의 쟁점을 제시한다. 일반적으로 쟁점을 2개만 제시하면 토론이 빈약해지고, 쟁점이 4가지 이상이면 산만한 느낌이 든다. 반드시 쟁점을 3가지 제시할 필요는 없지만 가급적 3가지 정도가 경험상 적당하다.

쟁점(논점)을 제시할 때는 넘버링(첫째, 둘째, 셋째)을 하는 것이 좋다. 그래야 심판이나 청중이 쟁점을 구별하기 쉽고, 상대 팀이 반박할 때 무엇에 대한 반박인지를 알기 쉽기 때문이다. 반박을 할 때는 보통 "상대 팀의 첫 번째 주장인 ~에 대해 반박하겠습니다"의 형태를 취한다. 그래야 심판이나 청중이 상대 팀의 주장 중에 무엇에 대한 반박인지를 알아서 두 팀의 주장을 쉽게 비교할 수 있다.

일반적으로 토론의 의무를 말할 때, 찬성 측의 입증의 의무와 반대 팀의 반증의 의무만 말하는 경향이 있는데, 이들 못지않게 중요한 것이 의사소통의 의무[67]이다. 토론은 상대방을 설득하는 경기가 아니다. 토론에서 상대방은 절대로 설득 당하지 않는다. 설득 당한다면 토론은 끝난다. 토론에서 우리가 설득해야 하는 사람은 토론을 평가하는 심판이나 청중이다. 이 사람들에게 팀의 입장을 어떻게 전달하는가에 따라서 토론의 승패가 결정된다. 아무리 자신들이 좋은 토론을 했다고 자신하더라도 그것이 심판이나 청중에게 제대로 전달되지 않았다면 결

---

67) 의사소통의 의무를 충실히 이행하기 위해서는 첫째, 앞으로 무엇을 말할 것인지 전체적인 내용을 미리 예고해 준다. 둘째, 어떤 단계나 과정을 따라 말하고 있는지 말해 주면 좋다. 이를 위해 첫째, 둘째, 셋째 등으로 넘버링(numbering)을 하면 좋다. 그래야 토론 상대방이 어떤 쟁점에 대해 문제 삼을 때 그 넘버링에 따라 비판, 질문, 반박을 하기가 쉽다. 또한, 심판이나 청중들도 무엇을 서로 문제 삼는지 쉽게 알 수 있다. 셋째, 가능하면 마지막에 중요한 사항을 요약해서 다시 한번 들려주면 좋다.

코 토론에서 승리할 수 없다. 가끔 토론대회의 심판을 보면, 결과에 승복하지 못하고 자신들이 상대 팀보다 더 잘했다고 주장하는 학생들이 있다. 물론 그들이 더 잘했을 수도 있지만 그들이 심판이나 청중과 효과적으로 의사소통을 못했을 수도 있다. 그래서 토론에서 진 것일 수도 있다. 토론의 본론을 전개할 때 가급적이면 넘버링을 하자. 토론을 처음 배우는 학생이라면 반드시 그렇게 하는 것이 좋다.

본론에서 쟁점을 제시할 때에는 주장, 주장에 대한 이유, 근거(자료)의 순으로 하면 된다. 가끔 토론자들은 근거(자료)만 제시하는 것으로 주장을 증명했다고 생각한다. 하지만 자료는 아무것도 증명하지 않는다. 자료를 어떻게 해석하는가가 중요하다. 자신들의 주장에 맞게 적절한 자료(텍스트의 내용)를 찾아서 그것을 해석한 것이 이유이다. 자신의 주장을 뒷받침할 수 있는 근거를 찾아 적절한 이유(해석)를 말할 수 있는 능력이 곧 텍스트를 해석하는 능력이다.

문학 작품 내에서 근거자료를 가져올 때, 본문의 내용을 그대로 길게 인용하는 것은 바람직하지 않다. 작품을 읽은 사람은 이미 알고 있는 내용이므로 지루할 뿐만 아니라 불필요하게 자기 팀의 시간을 낭비하는 꼴이다. 작품의 내용을 인용할 때 작품 속에서 내용을 그대로 가져오지 말고 문장으로 간결하게 요약해서 핵심만 인용하여 말하는 것이 바람직하다. 물론 인용한 페이지는 곧 증거이므로 반드시 기억해야 한다.

본문은 다음과 같은 형식으로 쓰면 된다.

첫째, 쟁점 혹은 논점: **주장 + 이유(논거) + 근거(근거자료, 텍스트)**

둘째, 쟁점 혹은 논점: 주장 + 이유(논거) + 근거(근거자료, 텍스트)

셋째, 쟁점 혹은 논점: 주장 + 이유(논거) + 근거(근거자료, 텍스트)

가능하면 각각의 3가지 쟁점은 비슷한 분량으로 작성한다. 특정한 쟁점이 다른 쟁점에 비해서 분량이 너무 적다면 중요하지 않은 쟁점으로 보일 것이다. 보통 4분의 입론을 한다고 할 때, 입론의 서론 30초, 본론의 첫 번째 쟁점 1분, 두 번째 쟁점 1분, 세 번째 쟁점 1분, 결론으로 30초 정도의 시간을 사용할 수 있는 분량으로 입론을 작성하라고 학생들에게 요구한다.

독서 디베이트의 논제와 쟁점들은 졸저 『토론의 전사 4』[68]에 정리되어 있다. 학생들이 스스로 문학 작품 속에서 논제에 대한 쟁점을 3가지씩 찾는 일은 쉽지 않다. 이 책의 2부에 정리되어 있는 논제와 쟁점들을 이용하면 쉽게 입론을 작성할 수 있다. 물론 학생들의 능력이 되면 스스로 쟁점을 찾는 것이 바람직하다.

결론에서는 자신들의 주장을 다시 간결하게 요약하고 정리해 준다. 심판이나 청중과의 원만한 의사소통을 위해서도 입론의 논점을 중심으로 요약해서 정리해 주는 일은 반드시 필요하다. 청중이나 심판이 모든 것을 기억하는 것은 아니다. 그들에게 무엇을 기억시킬 것인지를 고민하고 그것을 효과적으로 전달해야 토론에서 승리할 수 있음을 잊지 말자.

---

68) 정한섭, 『토론의 전사 4: 고전 읽기와 독서토론』, 한결하늘, 2017.

3. 독서 디베이트의 입론 구성

　　토론을 위한 입론을 구성할 때, 입론의 내용은 논제의 종류에 따라 달라진다. 사실 논제는 사실 관계를 중심으로 입론을 구성하며, 정책 논제는 새로운 정책의 필요성이나 정책의 실천 방안, 정책을 실천했을 때의 이익 등을 중심으로 입론을 구성한다. 그리고 가치 논제는 가치 판단의 기준을 제시하고 그 기준을 적용했을 때 어느 것이 인간의 삶에 더 유익할지를 다룬다.

　　독서 디베이트의 논제는 가치 논제이다. 『토론의 전사 4』의 2부에는 소설 15작품과 희곡 10작품에 대한 논제와 쟁점을 제시하고 있다. 이 쟁점들은 가치의 충돌로 구성되어 있다. 예를 들면, 『노인과 바다』에서는 삶에서 과정이 중요한지 결과가 중요한지를, 장 아누이의 『안티고네』에서는 가족에 대한 의무와 국가에 대한 의무 중 어느 것을 우선할 것인지의 문제를 다룬다. 따라서 이 책의 2부에서 소개하고 있는 쟁점들을 이용하여 입론을 구성한다면 자연스럽게 가치의 대립이 이루어진다.

　　문제는 입론의 서론부이다. 앞에서 설명한 것처럼 입론의 서론부는 보통 토론의 필요성, 토론의 범위를 정하기 위한 논제에 포함된 핵심 용어의 개념 정의 그리고 각 팀의 주장으로 구성된다. 입론을 구성하는 세 요소 중에서 일반적인 토론의 경우, 토론의 필요성을 논제에 포함된 문제에 대한 사회적·역사적 배경을 통해서 제기한다. 그런데 독서 디베이트에서는 이런 방식으로 문제를 제기하기 어렵다. 그래서 독서 디베이트를 위한 입론의 서론부에 들어갈 수 있는 내용들을 새로

고안했다. 그 내용들을 살펴보자.

(1) 인사 및 자기 소개: 입론에 들어가기 전에 간단한 인사와 자기를 소개한다. 토론에서 자신이 맡은 역할과 성명을 간단히 소개하면 된다.

(2) 논의 배경 소개(토론의 필요성을 설득): 논의의 배경을 설명하는 방법은 두 가지가 있다. 이 중에서 어느 한 가지 방법을 선택해서 설명하거나 둘을 적절히 결합해서 사용하면 된다.

첫째, 자신들의 입장에 맞게 책의 줄거리를 간결하게 요약하면서 논제에 대한 토론의 필요성을 제기한다. 이 때 주의할 것은 작품의 줄거리를 간결하게 요약하되 중립적으로 요약해서는 안 된다. 자신들의 입장을 증명하는 방향으로 줄거리가 요약되어야 한다. 만약 중립적으로 요약한다면 찬성 팀과 반대 팀이 작품의 줄거리를 요약하면서 제기하는 토론의 필요성이 다르지 않을 것이다.

둘째, 작가의 의도(작품의 주제, 교훈)를 바탕으로 이를 인간의 삶이나 사회현상과 연관 지어 논의의 배경을 설명한다. 작품에서 작가가 말하고자 하는 바를 우리의 삶과 연결 지어서 토론이 필요함을 설명하거나 작품에서 작가가 말하고자 하는 바와 우리 사회에서 일어나는 문제들을 연관 지어서 토론이 필요한 이유를 설명하는 방법이다. 이 때에는 토론이 가지는 의미(의의)를 토론자 자신들의 입장에서 설명하거나 현실에서 벌어지는 사회 현상의 예(신문, 뉴스, 영화, 드라마 등)를 논제와 연관 지어 설명하면 효과적이다.

(3) 주장을 증명하기 위한 읽기의 방향 제시: 이는 독서 디베이트의 독특한 입론의 서론부 요소이다. 논제에 대한 자신의 입장을 증명하기

위해서 해당 작품을 어떤 방향으로 읽어야 하는지를 설명하는 것이다. 즉 작품을 읽는 관점을 드러내는 것이다. 헤밍웨이의 『노인과 바다』를 "노인이 먼 바다로 나간 것은 잘못이다."란 논제로 토론을 한다면, 찬성 팀은 죽음조차도 두려워하지 않는 노인의 불굴의 투쟁의 기록으로 이 작품을 읽어야 한다고 주장할 것이고, 반대 측은 행운에 의지해서 불가능한 싸움을 한 노인의 패배의 기록으로 읽어야 한다고 주장할 것이다.

(4) 우리 팀의 구체적인 주장: 논제에 대한 팀의 주장이 구체적으로 무엇인지 간결하게 설명한다. 주장을 증명하기 위한 읽기의 방향을 간략하게 제시하면서 우리 팀의 구체적인 주장을 밝히면 좋다.

(5) 증명 과정에 대한 사전 안내: 어떤 과정을 거쳐서 우리 팀의 주장을 증명할 것인지를 간단하게 소개한다. 반드시 필요한 과정은 아니지만 어떤 순서로 증명할 것인지를 사전에 설명한다면 심판이나 청중은 훨씬 듣기가 쉬울 것이다. 이는 의사소통의 의무를 실천하기 위한 방편의 하나로 고려해 봄직하다.

(6) 용어의 개념 정의: 논제에 포함되어 있는 핵심 용어의 개념을 정의한다. 가치 논제는 가치판단 대상과 대상에 대한 가치를 평가하는 용어(가치어)로 구성된다. 독서 디베이트에서 논제에 대한 자신들의 입장을 벗어나지 않는 범위에서 가치 평가 용어에 대해 찬반 양측이 모두 동의할 수 있을 정도의 수준에서 용어의 개념을 규정하는 것이 좋다.

위의 여섯 가지 요소들을 적절하게 조합하여 입론의 서론부를 만들면 된다. 여섯 가지 요소 중에서 (1) 인사 및 자기 소개 (2) 논의 배경 소개(토론의 필요성) (3) 우리 팀의 구체적인 주장 (6) 용어의 개념 정의(평가 대상이 아닌 평가 용어의 개념 정의) 등 4가지는 반드시 하는 것이 좋다. 나머지 요소들은 필요하다고 판단하면 필수 요소에 추가할 수 있다. 단, 입론에 주어진 시간을 고려해서 입론의 서론을 적절한 분량으로 작성해야 한다.

독서 디베이트 입론의 본론 부분은 다른 토론과 다를 바 없다. 논제를 증명할 논점(쟁점)을 3가지 정도 제시하면 된다. 주장은 논거(이유)[69]와 자료를 포함하고 있어야 한다. 논점은 첫째, 둘째, 셋째로 나누어 '주장 + 이유(해석) + 근거자료(텍스트)'의 형태로 제시하면 된다.

주의할 것은 각각의 논점들이 중복되지 않도록 해야 한다. 가끔 학생들의 입론을 보면, 첫째, 둘째, 셋째로 구분은 되어 있는데 첫째와 둘째가 같은 내용이거나 둘째와 셋째가 사실상 같은 내용 등으로 중복되는 경우가 많다. 각각의 논점들은 변별성을 지녀야 한다.

각각의 논점들은 상호배타성 즉 변별성만 지녀서는 안 된다. 논점들은 입장을 증명하기 위해 밀접하게 연계되어 있어야 한다. 각각의 논점들이 따로 논다면 좋은 입론이라 보기 어렵다. 논점들은 변별성과 함께 상호 연계성도 지녀야 한다. 상호 연계된 논점들은 논제에 대한 증명을 심화시키는 방향으로 나아가야 한다.

---

69) 논거는 주장과 책의 내용을 연결시키는 해석 행위를 말한다. 주장만 있어서는 안 된다. 모든 주장에 반드시 이유와 근거자료가 있어야 한다.

독서 디베이트 입론의 결론부는 다른 토론과 같이 입론에 펼친 논점들을 요약해서 정리해 주면 된다. 필요하다면 중요한 점을 다시 한번 강조할 수 있다.

4. 독서 디베이트의 입론 시범

독서 디베이트의 입론을 어떻게 작성할 수 있는지 메리 셸리의 『프랑켄슈타인』으로 시범을 보이고자 한다. 이는 학생들의 교육 자료로 활용하기 위해 만든 입론이지 실제 독서 디베이트에서 사용할 수 있는 입론은 아니다. 실제 독서 디베이트에서 활용하기에는 분량이 너무 많기 때문이다.

토론 도서	메리 셸리의 『프랑켄슈타인』
논제	괴물은 죄가 없다.
찬성 측 입론	인간의 편견에 맞선 괴물의 투쟁: 정한섭

〈서론〉

[인사 및 자기 소개] 안녕하십니까. '괴물은 죄가 없다.'란 논제의 찬성 측 입론을 맡은 제1토론자 정한섭입니다.

[찬성 팀 주장] 저희는 괴물에게 죄가 없다고 주장하며, 프랑켄슈타인이 창조한 생명체를 괴물이라고 불러서도 안 된다고 주장합니다.(하지만 이번 토론에서는 혼란을 피하기 위하여 책의 표현을 그대로 따르겠습니다. 괴물에게는 이름[70]이 없기 때문입니다. 프랑켄슈타인은 그의 피조물에게

이름조차 지어주지 않았습니다.)

[용어의 개념 정의] 먼저, '괴물'과 '죄'에 대한 개념 규정을 하겠습니다. '괴물(怪物)'은 국립국어원의 사전에 의하면 '괴상하게 생긴 물체'라고 정의됩니다. 그런데 우리가 괴물이라고 부를 때는 단순히 이상한 물체를 가리키기보다는 우리와 다른 것을 보통 괴물이라고 부르며 대부분 부정적인 느낌을 포함하고 있습니다. 또, 국립국어원은 '죄'를 ① 양심이나 도리에 벗어난 행위 ② 잘못이나 허물로 인하여 벌을 받을 만한 일 ③ 법률에 위반되어 처벌을 면하지 못하는 불법 행위 등을 말합니다. 간단히 죄는 양심이나 도리에 어긋나 벌을 받을 만한 일이라고 정의할 수 있습니다. 그렇다면, 이 소설에서 괴물에게 죄가 있다면 어떤 죄일까요. 괴물이 인간에게 행한 폭력(살인)을 대표적인 죄로 규정할 수 있을 것입니다.

[주장의 증명을 위한 읽기의 방향 제시] 저희는 이 작품을 인간에 대한 괴물의 잔인한 복수극으로 읽어서는 안 된다고 생각합니다. 괴물은 독일 오두막의 드레이시 노인에게 연민과 우정을 구하면서 다음과 같이 말합니다. "그들(사람들)의 눈은 치명적인 편견에 가려서, 친절하고 다정다감한 친구

---

70) 철학자 김용석은 『철학정원』이란 책에서 괴물의 비극은 이름이 없는데서 시작된다고 말하고 있습니다. 그는 다음과 같이 말합니다. "빅토르(이 책에서는 빅터로 번역됨)는 돌이킬 수 없는 잘못을 저지르고 만다. 자신의 피조물에 이름을 붙여주지 않은 것이다. // 이름 없이 홀로 남은 괴물은 이 세상에 첫발을 내디디면서 이미 다른 사람들에게 '부정된 존재'가 된다. 아무도 그를 부를 수 없다는 사실은 존재 자체가 부정될 가능성을 의미한다. 창조 신화에서도 조물주는 자신의 피조물에게 이름을 지어주어 그 존재를 확인한다. 아담과 이브도 그렇게 탄생했고, 그들 역시 에덴 동산의 다른 생명체에 이름을 짓는 것으로 삶을 시작한다. // 작명은 아무렇게나 부르지 않겠다는 것을 선언하는 일이다. 내게 이름이 있다는 건 나 아닌 다른 사람들을 제약한다. 그것은 '나를 함부로 부르지 말라'고 알리는 일이며, 곧 '나를 함부로 대하지 말라'고 경고하는 것이다. 그런데 탄생한 뒤 이름이 없다는 건 비극의 시작이다. // 왜 그런가? 비극의 본질은 결국 운명이 나를 함부로 대하고 말았구나 하고 인식하는 데 있다. 이름이 없다는 건 이미 이 세상이 나를 함부로 대할 가능성을 제공하는 일이다. 빅토르의 피조물은 타인들이 자신을 함부로 대할 수 있는 가장 비극적인 삶을 시작한 것이다."

를 보아야 하는데 혐오스러운 괴물만 본답니다." 이 작품은 괴물의 말처럼 인간(사회)의 편견에 맞서 살아남기 위한 한 생명체의 투쟁으로 읽어야 합니다. 이 소설은 한 생명체에 대한 편견과 불관용이 어떻게 사회를 파탄으로 몰고 가는지를 보여주는 소설입니다.

[논의 배경: 토론의 의의] 우리는 인간에게 행한 괴물의 폭력을 정당하다고 생각합니다. 정당방위(正當防衛)라고 주장하는 것이죠. 정당방위란 '자기 또는 남에게 가하여지는 급박하고 부당한 침해를 막기 위하여 침해자에게 어쩔 수 없이 취하는 가해 행위'를 말합니다. 괴물의 폭력은 자기에게 가해진 부당한 침해에 맞서 살아남기 위한 어쩔 수 없는 선택이라고 생각합니다. 괴물이 우리와 다르다고 해서 악은 아닙니다. 다른 것이 곧 나쁜 것은 아닙니다. 오늘의 토론은 우리와 다른 것이 부정적인 것은 아니며, 다른 것을 인정하는 관용적인 태도를 배우는 자리가 되었으면 합니다.

[증명 과정 사전 안내] 그럼, 괴물에게 죄가 없고, 괴물의 폭력은 정당방위임을 세 가지 근거를 들어서 증명하겠습니다. 이는 괴물에게 행해진 침해가 부당하며 괴물이 살아가기 위해서는 이 침해에 맞설 수밖에 없었음을 증명하는 과정이 될 것입니다.

서론에 ① 인사 및 자기 소개 ② 찬성 팀 주장 ③ 용어 개념 정의 ④ 주장의 증명을 위한 읽기의 방향 제시 ⑤ 논의 배경: 토론의 의의 ⑥ 증명 과정 사전 안내를 모두 포함시킬 필요는 없다. 반드시 포함해야 되는 것은 인사 및 자기 소개, 자기 팀의 구체적인 주장, 토론의 의의, 용어의 개념 정의'이다. 서론부의 여섯 가지 요소의 순서는 정해진 것이 아니며 자연스러운 입론이 되도록 위치는 적당하게 정하면 된다.

위의 글은 학생들에게 독서 디베이트 입론의 서론 부분의 작성을 교육하기 위한 목적으로 길게 쓴 것이다. 실제 토론에 사용하기 위해서 쓴 글이 아니다. 실제 토론에서는 시간을 계산하여 적절하게 서론의 양을 조절해야 한다. 서론이 입론 전체에서 차지하는 비중을 고려해서 너무 길게 쓰면 안 된다.

위에 제시한 여섯 가지 요소는 독서 디베이트를 위해 입론을 써 보면서 개인적으로 생각한 것이다. 반드시 이렇게 써야 하는 것은 아니다.

〈본론〉

[주장과 그에 대한 근거와 이유 제시] 첫째, 죄는 괴물이 아니라 프랑켄슈타인에게 있습니다. 행복하고 탁월한 존재를 만들겠다는 프랑켄슈타인의 아름다운 꿈은 추악한 외모를 지닌 괴물에 의해서 좌절을 겪습니다. 그는 자신이 만든 괴물에게서 공포와 혐오감을 느껴서 괴물을 버리고 달아납니다. 프랑켄슈타인은 자신이 괴물을 만들었음에도 괴물에 대해 최소한의 책임도 지지 않았습니다. "누구나 끔찍한 괴물을 미워하지. 이 세상의 어떤 생물보다 비참한 나를 아주 증오하지! 하지만 나를 창조한 당신까지 나를 미워하고 냉대하다니."라는 프랑켄슈타인에 대한 괴물의 비난은 타당합니다. 그래서는 안 되는 것이니까요.

혹시 여러분 중에는 괴물의 외모가 너무 흉측해서 프랑켄슈타인이 공포를 느꼈기 때문에 그럴 수밖에 없었을 것이라고 생각하는 사람들도 있을 것입니다. 하지만 괴물은 프랑켄슈타인에게 흉측한 모습으로 자신을 만들어 달라고 한 적이 없습니다. 자신이 한 일이 아닌 것이 죄가 되거나 증오의 이유가 되어서는 안 될 것입니다.

프랑켄슈타인에게 버림을 받은 괴물은 추위와 배고픔과 두려움에 떨었습니다. 불쌍하고 무력하고 비참한 괴물은 사방 천지 아무것도 분간할 수 없었습니다. 그는 온몸이 아파서 주저앉아 울었습니다. 이는 아무것도 모르는 어린 아이를 세상에 버리는 것과 같습니다. 아무 것도 모르는 어린 자식을 버린 부모를 처벌하는 것이 정당하다면 창조자로서의 양심을 져버린 프랑켄슈타인에게 죄를 묻는 것이 괴물에게 그렇게 하는 것보다 정당하지 않을까요. 자식이 비참한 존재라면 부모는 더욱 더 그 자식을 보호해야 하지 않을까요. 자식이 흉측한 모습이라고 해서 부모가 자식을 버리는 행위가 정당화될 수 있을까요. 그러므로 죄는 자신이 창조한 괴물에 대해서 최소한의 책임도 지지 않은 프랑켄슈타인에게 있습니다. 괴물은 다만 버림받은 피해자일 뿐입니다.

둘째, 괴물은 선한 생명체입니다. 그를 악하게 만든 것은 괴물의 말대로 편향된 '인간의 감각' 곧 편견입니다. 죄가 있다면 괴물을 악하게 만든 인간들의 편견에 있을 것입니다. 죄의 결과만 보지 말고 그 원인을 살펴보는 것이 정당하지 않을까요.

여러분은 저희 팀에게 괴물이 선한 생명체였다는 증거를 대라는 당연한 요구를 하실 것입니다. 저희 팀은 그 증거로 세 가지를 제시하겠습니다. 첫째, 괴물은 그 자신이 미덕과 착한 감정을 높이 평가하고, 자신의 영혼은 사랑과 자비로 빛났다고 여러 번 말하고 있습니다. 프랑켄슈타인 조차도 "만들어진 초기에 그가 보여 준 미덕의 가능성과, 그의 보호자들이 그에게 보인 혐오와 경멸 때문에 모든 친절이 말라 시든 일을 생각해 보았다."라고 말하고 있습니다. 그는 분명 초기에는 미덕을 지닌 존재였던 것입니다. 그럼 좀 더 구체적인 두 가지 증거를 더 들겠습니다. 둘째, 독일 오두막의 드레이시 가족을 괴물이 어떻게 도와주었는지 여러분은 기억하실 것입니다. 괴물은 그들에게 땔감을 구해주고, 길에 쌓인 눈을 치워주었으며, 펠릭스가 하던 일을 대신해 주었습니다. 그것도 아무도 모르게 말입니다. 이런 존재를 어떻게 선하다 하지 않을 수 있겠습니까. 셋째는 그가 드레이시 가족으로부터 버림을 받아서 가슴에 깊은 상처를 받았을 때의 일입니다. 숨어 있던 괴물은 은신처에서 나와 급류에 빠진 어린 소녀를 구해서 의식을 회복시켜주려고 노력합니다. 이 세 가지 증거를 통해서 우리는 괴물이 처음에는 선한 생명체였던 것을 알 수 있습니다.

그러면 이 선한 생명체에게 사람들은 흉측한 외모에 대한 편견을 가지고 어떻게 대했던가요? 제일 처음 괴물이 어떤 마을에 들어갔을 때 사람들은 온갖 무기와 돌을 던져 괴물이 멍들게 합니다. 괴물은 탁 트인 들판으로 도망쳐서 홀랑 벗은 몸으로 헛간에 숨어 덜덜 떨었습니다. 괴물이 선행을 베푼 드레이시 노인 가족은 어떠했습니까. 노인에게 자비와 연민을 구하고 있는 괴물을 펠릭스는 땅바닥에 넘어뜨리고 지팡이로 심하게 때렸습니다. 또, 어린 소녀를 급류에서 구해주었을 때는 어떠했던가요. 소녀의 의식을 회복시키기 위해 노력하고 있는 괴물을 소녀를 따라오던 청년은 총으로 쏘아서 살과 뼈를 부수는 듯한 비참하고도 고통스러운 상처를 주었습니다.

저희 팀이 위에서 제시한 것처럼 괴물은 흉측한 외모와는 달리 마음씨가 착합니다. 하지만 괴물이 사람들을 도와주었을 때 괴물은 사람들로부터 어떤 대우를 받았습니까. 그것은 폭력이었습니다. 선한 행위에 대해 상을 주지는 못할망정 폭력을 행사하고 심지어 총을 쏘아 괴물에게 깊은 상처를 입히기도 했습니다.

결국, 인간의 편견이 선한 괴물을 악하게 몰아간 것입니다. 괴물은 악마가 되고 싶어 하지 않았습니다. 선하게 살고 싶었지만 사회가 그것을 용납하지 않았습니다. 그에게 착하게 살 여지를 전혀 주지 않은 것입니다. 괴물의 외침이 제 귀에 아직도 생생하게 들립니다. "어떤 존재가 내게 자비로운 감정을 느낀다면, 그에게 백배 천배 보답할 거야. 그 한 사람 때문에 모든 인간과 평화롭게 지낼거야." 단 한명의 인간도 그에게 자비를 베풀지 않았던 인간의 편견이 괴물을 악하게 만든 것입니다. 그렇다면 죄는 누구에게 있는 것일까요. 괴물에게 있습니까, 아니면 괴물을 악하게 몰아간 사회와 인간들의 편견에 있습니까.

셋째, 아무리 추악한 괴물에게도 행복을 추구할 권리가 있습니다. 인간에게 어떤 동정과 연민도 받을 수 없었던 외톨이, 소외된 존재인 괴물은 프랑켄슈타인에게 자신에게 필요한 연민을 나누며 함께 살 수 있는 여자 괴물을 만들어 달라고 합니다. 이런 괴물의 요구는 부당한 것일까요. 예수의 말처럼 사람은 빵만으로 살 수 없는 것입니다. 인간은 동시에 자기의 전 존재를 걸고 헌신할 가치가 있는 어떤 대상을 필요로 합니다. 그런 대상을 찾을 수 없을 때 삶은 허무할 것입니다. 그리고 그것이 삶을 병들게 합니다. 섬세한 감수성과 지능을 갖춘 괴물도 마찬가지입니다. 그에게는 그를 인정해 주고 그가 헌신할 수 있는 존재가 필요합니다. 모든 인간이 자신을 혐오하고 미워하는 상태에서 자신을 이해할 단 하나의 존재, 자신이 헌신을 바칠 단 하나의 존재를 만들어 달라는 것이 지나친 요구일까요. 세상에 자신을 사랑하고 이해해 줄 사람이 단 한 명도 없다면 여러분은 세상을 살아갈 수 있겠습니까. 차라리 죽는 것이 나을 것입니다. 저희 팀은 여자 괴물을 만들어 달라는 괴물의 요구는 그가 살아가기 위한 최소한의 필요조건이라고 생각합니다.

아마 반대 팀은 여자 괴물을 만들어 주어서는 안 된다고 말할 것입니다. 그 이유는 프랑켄슈타인 제시하고 있는 세 가지 이유 정도이겠죠. 첫째, 인간의 사랑과 연민을 갈망하는 괴물이 본인의 약속과는 다르게 세상과 동떨어져서 황무지 같은 곳에서 살 수 없을 것이라는 점, 둘째, 새롭게 만들 여자 괴물의 성격을 알 수 없다는 점(남자 괴물보다 더 사악한 존재가 될 수도 있다는 점), 셋째, 스스로 불행하다고 해서 다른 사람까지 불행하게 만드는 놈은 살려 두어서는 안 된다는 점입니다.

하지만 저희 팀은 프랑켄슈타인의 주장이 타당하지 않다고 생각합니다. 그 이유는 세 가지입니다. 첫째, 괴물은 여자 괴물이 아주 만족스럽지는 않겠지만 그것이 자신이 받을 수 있는 전부라는 것을 명확하게 알고 있으며 그것에 만족하겠다고 말하고 있습니다. 괴물은 인간들로부터 사랑과 연민을 구하는 것이 이미 불가능하다는 것을 경험으로 알고 있는 것이지요. 그러므로 괴물은 더 이상 인간의 사랑과 연민을 구하지 않을 것입니다. 둘째, 여자 괴물을 이미 만들어진 괴물과 똑같은 방식으로 만든다면 그 괴물은 선할 것입니다. 저희 팀은 괴물이 처음에 선한 생명체였다는 것을 이미 증명했습니다. 셋째, 여자 괴물의 존재는 괴물이 불행하다는 생각에서 벗어날 수 있는 계기가 될 것입니다. 괴물은 여자 괴물의 공감을 얻게 되면 자신의 사악함은 사라질 것이며, 지금의 비참한 감정에서 벗어날 수 있을 것이라고 말하고 있습니다. 나아가 프랑켄슈타인에게 감사하며 살 수 있을 것이고 그것을 간절히 바라고 있습니다. 괴물이 불행을 느끼지 않게 된다면 더 이상 인간들을 괴롭힐 이유도 없을 것입니다.

그렇다면, 괴물의 이런 정당한 요구가 받아들여지지 않자 괴물이 행한 복수는 어떻게 봐야 하는 것일까요. 이 복수는 정당한 것일까요. 이 복수의 정당성의 여부는 여자 괴물의 존재가 괴물의 삶, 행복을 위해 절대적인 것인지 그렇지 않은지에 달려 있습니다. 저희 팀은 위에서 주장한 것처럼 여자 괴물의 존재는 괴물이 살아가기 위해서 절대적으로 필요하다고 생각합니다.

괴물이 프랑켄슈타인이 사랑하는 사람들(막내 동생, 친구, 아내 등)을 죽이자 프랑켄슈타인은 "오로지 가슴 속에 불타는 정당한 복수심 때문에 버틸 수 있었다."라고 말하고 있습니다. 프랑켄슈타인의 말대로 괴물에 대한 그의 복수가 정당한 것이라면 자신의 장래가 달린 여자 괴물을 부수는 프랑켄슈타인의 모습을 보고 악마처럼 울부짖다가 복수를 다짐하는 괴물의 행위도 정당할 것입니다. 사람인 프랑켄슈타인의 복수는 정당하고 괴물의 복수는 정당하지 않다는 것은 또 하나의 편견에 불과합니다.

반대 팀은 아마 프랑켄슈타인에 대한 괴물의 복수가 정당하다고 하더라도 프랑켄슈타인 본인에게 직접 복수를 하지 않고 선한 사람들을 죽여서 복수하는 것은 그 어떤 이유로도 정당화될 수 없다고 주장할 것입니다. 하지만 괴물은 불행하게도 프랑켄슈타인을 죽일 수는 없습니다. 프랑켄슈타인을 죽이는 것은 괴물 자신을 죽이는 것과 다름없기 때문입니다. 프랑켄슈타인이 죽어버리면 괴물은 더 이상 어떤 희망도 가질 수 없게 됩니다. 그가 프랑켄슈타인을 죽인다면 괴물은 영원히 혼자인 삶, 고독한 삶을 살아야 할 것입니다. 그것은 괴물에게는 불가능한 삶입니다. 여러분은 프랑켄슈타인이 죽었을 때 괴물이 자신을 불태우겠다고 말하는 마지막 장면을 기억하실 것입니다. 괴물이 프랑켄슈타인이 아닌 그가 사랑하는 사람들을 죽인 것은 괴물의 입장에서는 어쩔 수 없는 선택입니다. 그것도 몹시 고통스러운 선택이지요. 괴물이 선량한 사람들을 죽일 때 즐거워했을 것이라고 생각하지 마십시오. 괴물도 어쩔 수 없이 그들을 죽였지만 그도 그 일로 양심의 고통을 느꼈습니다. 괴물은 월턴에게 자신이 죽인 무고한 사람들을 생각하며 다음과 같이 말합니다.

"내게 고통과 양심의 가책이 전혀 없다고 생각하는 거야?" [……] "죄를 저지를 때마다 이 사람(프랑켄슈타인)이 나보다 더 고통당하진 않았어. 오! 아직도 기억나. 범행을 하나하나 저지를 때마다 그는 내가 겪은 고통의 만분의 일도 겪지 않았어. 끔찍한 이기심이 나를 몰아갔지만, 내 심장에는 양심의 가책이 독처럼 퍼져 있었어. 클러벌의 신음 소리가 내 귀에는 음악 소리처럼 들렸을 거라고 생각해? 내 마음은 사랑과 연민에 예민하게 반응하도록 만들어졌어. [……] 스스로 치명적인 고통을 자초한다는 걸 알고 있었지만, 나는 충동의 주인이 아니라 노예였던 거야."

괴물도 무고한 사람들을 죽이면서 엄청난 고통을 느꼈습니다. 하지만 그가 겪은 불행과 그를 버린 프랑켄슈타인이 그의 정당한 요구를 거절한 것에 대한 분노가 그를 충동의 노예로 만든 것입니다. 괴물은 악마 같은 살인자가 아닙니다. 그는 살인할 때마다 양심의 고통을 느낍니다. 진정한 살인자는 그의 소중한 사람들이 죽어갈 때마다 그 자신의 입으로 반복적으로 말하고 있듯이 프랑켄슈타인 자신인 것입니다. 프랑켄슈타인은 이렇게 말하지 않았던가요. "내가 스스로 윌리엄과 저스틴 그리고 클러벌의 살인자라고 불렀던 모양이다." "윌리엄과 저스틴, 헨리, 모두 제 손으로 죽인 거예요."

  (1) 기본적으로 본문의 내용은 논제에 대한 자신들의 입장(찬성, 반대)을 증명하는 것이다. 논제에 대한 입장이 '대(大) 주장'이라면, 근거는 '하위 주장'이라고 할 수 있다. 이 하위 주장들은 근거와 근거에 대한 설명(이유)으로 구성된다. 주장만 있어서는 토론이 아니다. 토론에서는 반드시 근거가 필요하다.

  독서 디베이트는 일반적인 시사토론과 다르다. 시사토론은 그것이 정책 논제이든 가치 논제이든 혹은 사실 논제이든 사실(팩트)에 근거한 주장을 펼쳐야 한다. 그래서 자신들의 주장을 뒷받침할 수 있는 사실을 조사하는 것이 매우 중요하다. 정보의 싸움이다.

  하지만 독서 디베이트는 그렇지 않다. 자신들의 주장에 맞게 작품을 해석하는 것이 중요하다. 독서 디베이트는 작품에 대한 다양한 해석이 충돌하면서 전개된다. 해석의 다양성을 보여주어야 한다. 양 팀의 해석이 충돌하는 지점에서 쟁점이 형성된다. 물론 이 해석은 작품을 근거로 한 해석이어야 한다. 이 해석이 얼마나 논리적이고 합리적인지에 따라서, 상대방의 해석의 논리적 허점을 얼마나 잘 지적할 수 있느냐에 따라서 독서 디베이트의 승패가 결정된다. 그래서 작품을 꼼꼼하게 분석적으로 읽는 것, 반복적으로 읽는 것이 매우 중요하다.

  자신들의 입장을 뒷받침하기 위해서 작품 속의 표현을 인용하는 것은 권장한다. 하지만 지나친 인용은 혼란스럽다. 인용을 많이 하기보다는 작품 속의 내용을 자신의 말로 풀어서 설명하는 것이 좋다. 하지만 자신의 주장을 증명하기 위해서나 상대방의 주장을 반박하기 위해서 결정적인 순간에 적절한 인용을 하는 것은 청중과 심판에게 매우 강한 인상을 줄 수 있다.

(2) 반대 팀의 입론의 경우, 상대방의 주장을 무조건 반박하기만 하는 것은 바람직하지 않다. 상대방의 주장에 대해서 '이것도 아니다, 저것도 아니다'라고 단순히 부정만 할 것이 아니라 읽기의 대안을 제시해야 한다. 반대 팀도 논제에 대한 자신들의 주장을 펼치고 그것을 증명해야 한다. 일반적인 정책토론의 경우에도 상대방의 주장을 단순히 부정하기만 하면 심판관에게 나쁜 인상을 줄 수 있다. 부정적인 사람으로 보이는 것이다. 비판과 더불어 정책적 대안이 제시되어야 한다. 독서 디베이트도 마찬가지다. 예를 들어, 메리 셸리의 『프랑켄슈타인』을 "괴물은 죄가 없다."란 논제로 토론한다고 하자. 죄가 없다는 찬성 팀의 주장에 무조건 그렇지 않다고만 반박할 것이 아니라, 그것이 무슨 죄인지를 적극적으로 밝혀야 한다. 이 주장도 잘못되었다, 저 주장도 잘못되었다고 말하는 것은 쉽다. 하지만 읽기의 대안을 제시하는 것은 생각보다 쉽지 않다. 괴물에게는 자신의 욕망을 통제하지 못한 잘못이 있음을 주장하는 것이 좋다. 자기 스스로 자신의 욕망을 통제하는 것이 아니라 욕망에 의해서 자신이 조정되고 통제됨으로써 어떤 비극이 발생하는지를 보여줄 수 있다.

(3) 본론에는 논제를 증명하거나 반박하기 위한 세 가지 근거(하위 주장)를 들면 된다. 근거를 2개 사용하면 토론이 너무 빈약하게 된다. 토론의 내용이 확장되지 못하고 동어반복의 경향을 보인다. 쉽게 말해서 앞에서 했던 말을 하고 또 하는 경향이 생긴다. 그리고 네 가지 근거를 사용하면 조금 혼란스럽고 정신이 없다.

(4) 본론의 근거를 제시할 때는 반드시 Signpost(교통 표지판, 이정표)를 사용한다. Signpost는 주장을 명료하게 구분해서 말하는 것이다. 즉, 오늘 우리 팀의 주장은 세 가지인데, 첫째는……. 둘째는……. 셋째는……. 이라는 식으로 말하는 것이다. 토론에서는 많은 말이 정신없이 오간다. Signpost를 사용해야 주장들이 명료하게 구분되고, 무엇에 대한 반박인지도 알기 쉽다. 자신들의 주장을 전개할 때뿐만 아니라 상대방의 주장을 반박할 때도 Signpost를 사용한다. 상대방의 첫째 근거(하위주장)에 대한 반박인지, 둘째 근거에 대한 반박인지를 명확히 밝히면서 반박을 하는 것이 상대 팀, 청중, 심판관 모두가 토론을 이해하는 데 많은 도움이 된다.

(5) 본론에서 논제를 뒷받침하는 하위 주장과 그에 대한 근거와 설명은 분량이 균등한 것이 좋다. 첫째, 둘째, 셋째가 균등한 분량이어야 어느 한쪽에 치우친 느낌이 들지 않고, 세 가지 근거가 모두 중요한 느낌이 든다. 하지만 위의 글은 그렇게 하지 않았다. 이 입론은 실제 토론을 위한 것이 아니라, 입론의 작성 방법을 교육하기 위한 것이며, 또한 토론 후에 작품에 대한 이해를 도우려는 목적을 가지고 있기 때문이다. 그래서, 특히 세 번째 주장은 작품 이해에 매우 중요하므로 장황하게 설명하고 있다. 또한 지나치게 작품 속 내용을 많이 인용하고 있는 것도 마찬가지 이유이다. 이 입론에는 학생들이 작품을 꼼꼼하게 읽기를 바라는 마음이 담겨 있다.

〈결론〉

[주장의 요약과 정리] 결론적으로 저희 팀은 괴물을 만들어 놓고 최소한의 책임도 지지 않고 버린 점, 버려진 선한 생명체인 괴물을 인간들의 편

견으로 악으로 몰아간 점, 악으로부터 벗어나기 위해서 여자 괴물이 필요하다는 괴물의 정당한 요구를 프랑켄슈타인이 들어주지 않은 점을 들어서 죄인은 괴물이 아니라 프랑켄슈타인과 인간들의 편견이라고 주장합니다. 괴물은 죄가 없습니다.

[마지막 강조] 괴물은 불쌍한 존재입니다. 괴물이 간절히 사람들에게 받고 싶어 하던 호감과 사랑, 연민과 우정, 보호와 친절을 이제 배심원과 심판진 여러분이 괴물에게 주어야 하지 않을까요.

토론 도서	소포클레스의 『오이디푸스 왕』
논제	오이디푸스는 운명에 맞선 영웅이다.
반대 측 입론	행위와 그 결과 혹은 창조로서의 운명: 정한섭

〈서론〉

[자기 소개 및 토론의 의의] 안녕하십니까. "오이디푸스는 운명에 맞선 영웅이다."란 논제의 반대 측 입론을 맡은 정한섭입니다. 오늘의 토론은 한 인간의 어리석은 행동이 어떻게 자신과 가족을 파멸시키고 국가를 혼란에 빠뜨렸는지를 보여줄 것입니다. 이를 통해서 자신의 삶을 적극적으로 개척하고, 자신의 감정을 절제하며 타인의 말에 귀 기울이는 자세의 소중함을 배울 수 있을 것입니다.

[주장을 증명하기 위한 읽기의 방향 제시] 저희 팀은 『오이디푸스 왕』을 운명의 비극으로 읽어서는 안 된다고 생각합니다. 오이디푸스 자신의 과오(過誤)에 의해서 생긴 비극으로 읽어야 한다고 생각합니다. 비극의 책임을 신(神)에게서 찾을 것이 아니라 오이디푸스의 과오에서 찾아야 한다

는 것입니다. 이렇게 읽음으로써 우리는 이 작품으로부터 가치 있는 교훈을 얻을 수 있습니다.

[우리 팀의 구체적인 주장] 저희 팀은 오이디푸스는 자신의 어리석은 행동으로 스스로를 파멸시킨 사람이라고 주장합니다. 그는 운명에 맞선 영웅이 아닙니다. 두려운 운명을 회피하려다가 스스로의 잘못으로 운명에 굴복하였다고 생각합니다. 그는 운명의 패배자입니다.

[증명 과정에 대한 사전 안내] 저희 팀은 세 가지 근거를 들어서 이를 증명하겠습니다. 오이디푸스가 운명에 맞선 영웅이 아님을 증명할 것입니다. 그 근거는 첫째, 오이디푸스는 운명을 회피하려다가 운명에 굴복했으며, 둘째, 그 자신의 성격적 과격함과 오만함이 그를 파멸케 했으며, 셋째, 그는 고통을 참지 못해 광기에 사로잡혀 자해를 함으로써 스스로 비참한 운명을 완성했다는 것입니다.

[용어의 개념 정의] 본격적인 증명에 들어가기 전에 먼저 '운명'에 대해 개념 정의를 하겠습니다. 이는 오늘의 토론에서 매우 중요한 일입니다. 운명을 어떻게 정의하느냐에 따라서 이 작품에 대한 해석이 많이 달라질 수 있기 때문입니다. 철학자 김상봉은 그의 책 『그리스 비극에 대한 편지』에서 운명을 이렇게 정의합니다. 적극적인 의미의 운명이란 '모든 사람이 타고나는 각자의 삶의 몫', '각 사람의 삶에 고유한 성질'을 말합니다. 그리고 소극적인 의미의 운명은 '우리들 각자가 짊어지고 태어난 자기만의 삶의 몫이면서 우리 자신이 그 까닭을 알 수 없는 것'입니다. 이는 운명은 우리가 인식할 수 없는, 합리적 인식을 초월한 삶의 이면으로 정의하는 것입니다. 우리 스스로의 힘으로는 어쩔 수 없는 삶의 그 무엇이라는 것이죠.

찬성 팀과 대부분의 사람들은 운명을 소극적인 의미로 해석하고자 할 것입니다. 저희 팀도 운명의 소극적인 의미를 일부 인정합니다. 하지만 저희 팀은 이에 그치지 않고 운명을 보다 적극적인 의미로 해석하고자 합니다. 운명은 신적인 힘, 우리가 이해할 수 없는 비합리적이고 맹목적인 것이 아니라, 자신의 고유한 성격과 행위에서 비롯되는 것이라고 생각합니다. 자신의 행위와 그것의 결과가 곧 그의 운명이라고 생각합니다. 운명은 고정불변의 것이 아니라 스스로가 창조하는 것입니다.

〈본론〉

[주장과 그에 대한 근거와 이유 제시] 그럼, 본격적으로 오이디푸스가 운명에 맞선 영웅이 아님을 증명하겠습니다. 세 가지 근거를 들어서 증명하겠습니다.

첫째, 오이디푸스는 운명을 회피했다고 생각합니다. 이 비극의 출발점은 라이오스와 이오카스테가 그들에게 내려진 운명을 회피하는 데서 시작됩니다. 그들에게서 태어난 자식이 아버지를 죽일 것이라는 예언을 듣고 그들은 자식인 오이디푸스를 죽이려고 합니다. 하지만 라이오스의 목자의 도움으로 오이디푸스는 살아남습니다. 친부모로부터 버림받은 오이디푸스는 코린토스의 왕 폴뤼보스와 메로페의 양자가 됩니다.

어느 날 오이디푸스는 연회석에서 술에 취한 어떤 사내로부터 그가 그들의 아들이 아니라는 말을 듣습니다. 그 일이 계속 그의 마음을 괴롭히자 사실 관계의 확인을 위해 그는 부모님 몰래 아폴론을 찾아갑니다. 아폴론은 오이디푸스의 물음에는 대답하지 않고 친부살해와 근친상간의 운명을 그에게 들려줍니다. 이 말을 들은 오이디푸스는 코린토스로 돌아가지 않고 줄곧 세상을 떠돕니다. 그러던 중 오이디푸스는 친아버지인 라이오스를 죽이게 되고, 스핑크스의 수수께끼를 풀어서 테바이의 왕이 되며, 그의 친모인 이오카스테와 결혼하여 네 명의 자식을 낳게 됩니다.

　친부살해와 근친상간의 운명에서 벗어나고자 집을 떠난 오이디푸스의 행위는 결국 치욕적인 운명의 출발점이 됩니다. 아폴론의 신탁을 듣고 집을 떠나 방랑한 오이디푸스의 행위는 운명에 맞선 영웅적 행위가 아닙니다. 그는 스스로 자신이 폴뤼보스의 친자식인지 아닌지를 밝히려고 적극적으로 노력하지 않았습니다. 고작 자신의 양부모에게 그 사실을 물어 본 것이 다입니다. 이런 상황에서 어떤 양부모가 감히 친자식이 아니라고 말할 수 있겠습니까.

　그가 자신의 "어머니와 몸을 섞을 운명이며 사람들에게 차마 눈뜨고 볼 수 없는 자식들을 보여주게 될 것이며 자신의 아버지를 살해할 것"이라는 아폴론의 신탁을 듣고 행한 행동도 마찬가지입니다. 신탁을 듣고 집을 떠난 것은 자신의 운명에 대한 적극적 도전이 아닙니다. 이는 자신의 운명에 대한 회피이고 도피입니다. 운명에 맞설 용기가 그에게는 없었습니다. 영국의 수학자이자 철학자인 버트런드 러셀은 "모든 종류의 두려움을 극복하는 올바른 방법은 이성적으로 침착하게, 그러나 매우 집중적으로 그 두려움에 대해서 생각하는 것이다."라고 말했습니다. 오이디푸스는 신탁에 대한 자신의 두려움을 이성적으로 침착하게 집중적으로 생각하며 해결책을 찾아야 했다고 생각합니다. 그러나 그는 너무 성급하게 두려움으로부터 도피하였습니다. 그리고 그것은 비겁한 행동이었습니다.

　저희 팀은 오이디푸스가 고국으로 돌아가야 했다고 생각합니다. 돌아가서 그 운명에 적극적으로 맞섬으로써 자신의 운명을 개척해야 했다고 생각합니다. 그러나 그는 그렇게 하지 않았습니다. 그리하여 신이 예언한 운명에 대한 회피가 그 자신의 비극적 운명이 된 것입니다. 문제는 신탁이 아니라 그 자신의 비겁한 도피입니다. 그의 비극적 운명은 아폴론의 신탁에 대해 그 자신이 선택한 행위의 결과입니다. 신탁에 대한 두려움으로부터 도망친 그의 행위가 곧 그의 운명이 됩니다.

둘째, 오이디푸스는 그 자신의 성격과 그로 인한 과오로 파멸하게 됩니다. 그의 파멸은 그의 성격과 그 성격에서 비롯된 행위의 결과입니다. 그는 성질이 급하고 과격합니다. 또, 그는 오만하며 자신의 신분에 대한 열등감을 갖고 있습니다. 주변 사람의 말도 귀 기울여 듣지 않습니다.

그의 비극은 그의 급한 성질과 과격한 행위에서 비롯된 것입니다. 그가 친부인 라이오스를 죽이는 과정은 이를 잘 보여줍니다. 포키스에서 세 갈래로 갈라지는 좁고 가파른 길(혹은 세 길이 만나는 곳)을 내려가다가 오이디푸스는 라이오스 일행과 마주칩니다. 마부와 라이오스가 그를 억지로 길에서 몰아내려고 하자 그는 화가 나서 자신을 옆으로 밀어낸 마부를 때립니다. 그러자 노인이 침(針)이 둘 달린 막대기로 오이디푸스의 머리를 정통으로 내리칩니다. 이에 화가 난 오이디푸스는 자신의 지팡이로 노인을 때려죽이고, 그 일행도 모조리 죽입니다.(실제 한 명은 살아남았음.)

라이오스가 먼저 때렸으므로 오이디푸스의 행위는 정당방위라고 주장하는 사람들이 있습니다. 하지만 이것은 정당방위가 아닙니다. 자신에 대한 정당한 방어를 넘어서 과도하게 폭력을 행사함으로써 살인을 저지른 것입니다. 오이디푸스는 라이오스만 죽인 것이 아니라 그 일행을 모두 죽입니다. 그 자신도 노인이 "똑같은 벌을 받은 것이 아니라"고 말하고 있습니다. 화를 참지 못하는 급한 성질과 과격한 성격이 그가 친부를 살해하도록 한 것입니다. 친부살해는 운명이 아니라 이와 같은 그 자신의 성격에서 비롯된 것입니다.

오이디푸스는 성질이 급하고 과격할 뿐만 아니라 또한 오만(교만)하기도 한 인물입니다. 그는 자신을 "이름이 세상에 널리 알려진 이 오이디푸스"라고 칭하며, "자신의 재치로 맞추어 그녀(스핑크스)를 침묵시켰"음을 자랑하고 있습니다. 스핑크스를 침묵시킨 과거의 경험에 힘입어 그는 농작물이 생산되지 못하고, 여인들과 동물들은 임신을 하지 못하고, 숱한 시민들이 전염병에 고통을 받고 있는 테바이, 커다란 재앙에 빠져 '황폐화'된 현재의 테바이, "폭풍에 출렁거리는", '국가라는 배'를 또 한 번 구할 수 있으리라는 자신감에 차 있습니다. 그 지나친 자신감은 곧 오만함입니다.

찬성 팀은 자신이 파멸될 것임에도 불구하고 끝없이 진실을 추구하는 그의 행동이 영웅적이라고 주장할 것입니다. "진실(진리)을 위해서 그 자신의 모든 것을 희생시키는 그가 영웅이 아니면 도대체 누가 영웅이 될 수 있을까요?"라고 물을 것입니다. 진실의 추구라는 자신의 신념을 지키기 위해 그가 지불한 고통의 크기만큼 그의 위대함이 드러난다고 주장할 것입니다. 그의 "쓰라리고 쓰라린 고통"은 진실의 추구라는 정신적 가치를 지키기 위한 대가라고 주장할 것입니다.

하지만 저희 팀은 그렇게 생각하지 않습니다. 그의 진실은 그 자신이 의도한 것이 아닙니다. 다만, 그의 오만함과 교만함이 그를 진실의 함정 속에 몰아넣은 것입니다. 오이디푸스는 진실을 오만함 속에서 '지나친 열정'으로 추구합니다. 우리는 이미 『프랑켄슈타인』에서 지식에 대한 과도한 열망과 추구가 어떤 비극을 초래했는지 알고 있습니다. 한계 없는 진실(지식, 진리)의 추구가 괴물이라는 파괴적 도구를 만들어서 빅터와 그가 사랑하는 사람들, 그리고 괴물 자신을 어떤 고통 속으로 몰아넣었는지를 잘 알고 있습니다. 진실에 대한 오이디푸스의 과도한 추구는 그와 그의 가족들 모두에게 고통을 주며 국가를 혼란에 빠뜨립니다.

　과도하게 진실을 추구하는 오이디푸스를 테이레시아스, 이오카스테, 목자가 모두 만류하지만 오만한 오이디푸스는 듣지 않습니다. 그들은 모두 오이디푸스를 위해서 만류했던 것입니다. 하지만 오이디푸스는 이들 모두를 위협하고 비난합니다. 그는 테이레시아스를 "사악한 자들 중에서 가장 사악한 자", "귀도 지혜도 눈먼 자", "음흉한 마술사", "교활한 돌팔이 설교사"라고 비난하며, 크레온과 모의하여 자신의 왕위를 빼앗으려 한다고 모함합니다. "제발 부탁이니 그대 자신의 목숨을 소중히 여기신다면 이 일을 추궁하지" 말라는 이오카스테의 간절한 청원에도 그는 신분적 열등감으로 이 여인이 "자신의 고귀한 가문을 자랑하도록 내버려두라."라고 말합니다. 오이디푸스의 비천한 신분이 드러날까 두려워서 이오카스테가 만류한다고 오해한 것입니다. 이를 보면 그의 오만함 속에는 그의 신분에 대한 열등감이 숨어 있는 것 같습니다. 그는 왕족으로서 왕위를 계승한 것이 아니라 그 자신의 힘으로 왕이 되었습니다. 그것은 그 자신의 자랑이면서 한편으로는 신분적 열등감을 갖게 한 것입니다. 이 열등감이 그를 더욱 오만하고 교만하게 행동하게 한 측면도 있다고 생각됩니다. 또, 그 자신의 목숨을 살려준 목자에게는 진실을 말하지 않으면 죽이겠다고 위협합니다.

테이레시아스에 대한 오이디푸스의 모독은 그의 오만함이 어느 정도인지를 잘 보여줍니다. 그는 테이레시아스가 눈먼 것까지도 조롱합니다. 잘 알려진 대로 테이레시아스의 실명한 눈은 제우스가 준 예언자의 눈입니다. 오이디푸스가 실명한 눈을 비웃는 것은 다름 아닌 신의 지혜와 예언의 눈에 대한 조소이자 도전인 것입니다. 자신의 능력에 대한 더 없는 오만이며 신에 대한 불경입니다. 그렇지 않다하더라도 앞을 보지 못하는 장애인의 눈을 비난하는 것은 너무도 잔인한 행위입니다.

그의 오만이 자신을 위하는 다른 사람들의 말에 귀 기울이지 않게 한 것입니다. 그의 비극, 그의 고통은 그 자신의 오만함이 "스스로 택한 고통"입니다. 신이 그에게 부여한 운명이 아닙니다.

찬성 팀은 진실의 추구는 역병으로부터 테바이를 구한 영웅적인 행동이라고 주장할 것입니다. 아폴론은 라이오스의 살인자를 찾아서 그를 벌주라고 명했습니다. 이 일이 이루어져야 역병이 살아질 것입니다. 따라서 백성을 위한 훌륭한 왕으로서 끝까지 진실을 추구하는 것은 당연한 의무이며, 오이디푸스는 이를 사명감을 가지고 행한 것이라고 주장할 것입니다. 오이디푸스는 자신을 희생시켜 국가를 구한 영웅이라고 주장할 것입니다. 무서운 것을 말할지 않을 수 없다는 목자의 말에 오이디푸스는 "그래도 기어이 들어야겠다."고 답합니다. 찬성 팀은 그의 말에서 진실에 대한 강한 의지와 국가와 백성을 위한 책무와 사명감을 읽으려고 할 것입니다.

하지만 우리는 이러한 해석에도 동의하지 않습니다. 역병은 화를 참지 못하며 또한 과격한 그의 성격에서 비롯된 것입니다. 그 성격으로 그는 라이오스를 죽였으니까요. 그는 역병의 원인 제공자입니다. 그가 이것을 해결했다고 해서 영웅이 되지는 않을 것입니다. 결자해지(結者解之) 정도의 가치를 지닐 것입니다. 또한 그가 진정으로 테바이를 위해서 진실을 추구했는지도 의문입니다. 그는 스핑크스의 수수께끼를 풀어 그 자신의 뛰어남을 증명하고 그것을 자랑했습니다. 그것처럼 이번에도 그 자신의 뛰어남을 입증하기 위해서 그렇게 했다고 생각합니다. 국가와 국민을 위한다는 것은 핑계가 아닐까요.

그가 지나친 자신감과 오만함 속에 있지 않았더라면 진실을 더욱 빨리 파악했을 수도 있었을 것입니다. 그랬다면, 사태를 조금 더 원만하게 해결했을 수도 있었을 것입니다. 이오카스테를 죽음으로 몰아넣고 그 자신의 눈을 찌르지 않고도 그가 조용히 테바이를 떠남으로써 사태를 해결할 수도 있었다고 생각합니다. 그가 테바이를 떠남으로써 테바이는 정화되고 역병은 물러갈 것입니다.

결론적으로 진실에 대한 끝없는 추구는 재앙으로부터 테바이를 구하기 위한 왕으로서의 책임감과 의무감에서 비롯된 영웅적 행위가 아닙니다. 지나친 오만(자신의 힘과 지식을 과신)과 자신감, 출신 성분에 대한 열등감(그는 왕위를 물려받은 것이 아니고 스스로의 노력으로 얻음), 타인에 대한 의심(크레온, 테이레시아스가 자신의 왕위를 찬탈하려고 자신을 라이오스의 살해범으로 지목했다고 생각)에서 비롯된 어리석은 행위입니다. 이 모든 것이 복합적으로 작용하여 그는 어리석은 행동을 하게 되었고, 그 결과로 그는 비극의 주인공, 운명의 희생양이 된 것입니다.

셋째, 추구하던 진실을 알게 된 오이디푸스는 고통을 참지 못해 광기에 사로잡혔습니다. 광기 속에서 자해(自害)를 함으로써 스스로 비참한 운명을 완성했습니다. 누가 그렇게 만든 것이 아닙니다. 그가 말하고 있는 것처럼 그 자신이 그렇게 한 것입니다. 그는 "하나 이 두 눈은 다른 사람이 아니라 가련한 내가 손수 찔렀다."라고 말하고 있습니다.

오이디푸스가 자신의 눈을 스스로 찌른 것은 자신의 행위에 대한 책임과 결과를 전적으로 수용한 영웅적 행위가 아닙니다. 재앙으로부터 테바이를 구원한 행동이 아니라 고통을 참지 못해 저지른 어리석은 자해입니다. 광기 속에서 자해함으로써 그는 또 한번 운명으로부터 도피했다고 생각합니다. 자신의 행위에 대해 철저하게 책임지고 그것을 감당한 것이 아니라 고통 속으로 도피한 것이라고 생각합니다. 이는 또한 신에 대한 불경이기도 합니다. 그가 신탁을 진실로 믿었다면 신이 그에게 내릴 응당한 처벌을 기다려야 하지 않았을까요.

그의 부친살해와 근친상간은 너무나 큰 죄입니다. 그는 눈을 스스로 찔렀지만 자살하지는 않습니다. 그것은 최소한 죽음으로 갚아야 할 죄가 아닐까요. 오이디푸스는 장님으로 테바이와 사람으로부터 멀리 떨어진 키타이론 산속에 칩거하고자 합니다. 어쩌면 그가 자신의 눈을 찌른 행위는 살고 싶은 욕망에서 고통 속으로 도피한 비겁한 행동일 수도 있습니다.

〈결론〉

[주장의 요약과 정리, 마지막 강조] 지금까지의 논의를 간단히 정리하여 저희 팀의 주장을 다시 한번 강조하여 말씀드리겠습니다. 오이디푸스는 운명에 맞선 영웅이 아닙니다. 그는 자신의 운명을 창조하지 않았습니다. 그는 신탁을 운명으로 받아들이고 그것을 회피하려 했습니다. 저희 팀은

운명은 수동적으로 주어진 것이 아니라 자신의 적극적인 행동으로 만들어 가는 것이라고 생각합니다. 오이디푸스의 비극은 신이 부여한 운명의 비극이 아니라 그 자신의 성격적 결함에서 비롯된 것입니다. 성격의 과격함과 오만함이 그를 파멸케 한 것입니다. 그는 오만에 가득 차 있고, 자신의 힘과 지식을 과신하며, 격한 기질에 테이레시아스와 크레온이 서로 공모하여 자신의 왕위를 찬탈하려 한다는 가당찮은 의심까지 합니다. 이러한 성격적 결함들이 바로 오이디푸스를 비극적 운명으로 전락시킨 것입니다. 그리고 마지막 순간까지 그는 자신의 눈을 찌른 자해를 통해서 고통 속으로 도피했다고 생각합니다. 이상과 같이 그는 운명에 맞선 영웅이 아니라, 스스로의 운명을 창조하지 못한, 스스로의 어리석음으로 자신을 파멸시킨 사람에 불과합니다. 이상으로 반대 팀 입론을 마치겠습니다. 감사합니다.

토론 도서	아이스퀼로스의 『아가멤논』
논제	아가멤논을 죽인 클뤼타이메스트라의 행동은 정당하다.
찬성/반대 측 입론	정한섭

  * 이 입론의 예시는 찬성과 반대 양측이 입론에서 쓸 수 있는 내용을 대략적으로 설명한 것이다. 이와 같은 형식으로 독서 디베이트를 준비하는 것도 괜찮은 방법이다.

〈서론〉
(1) 토론의 목적과 의의 제시
요즘 우리는 뉴스를 통해서 남편과 아내 또는 부모와 자식 사이에서 벌어지는 폭력으로 가정이 붕괴되고 가족들이 고통 받는 장면을 무수히 보고 있다. 오늘 우리의 토론은 그리스 비극 작품을 통해 이러한 폭력의 심각성과 피해에 대해 생각해 보는 기회가 될 것이다. 또한 이 작품에 대한 토론은 사랑과 이해가 없는 가족 사이에 극단적인 폭력이 발생할 수 있으며, 그로 인해 가족들이 어떤 고통을 겪게 되는지를 보여주는 토론이 될 것이다. 폭력의 심각성과 가족 간의 사랑과 이해의 중요성을 생각하게 하는 토론이 될 것이다.

(2) 주장을 증명하기 위한 읽기의 방향 제시

[찬성 팀] 이 작품을 클뤼타이메스트라의 입장에서 읽어야 한다. 자식을 죽인 남편의 잔인한 행위를 목격했고, 10년 간의 전쟁 기간 동안 두려움과 외로움 속에서 살았으며, 가문의 저주를 두려워하는 여인의 입장에서 읽어야 한다.

또한, 백성들의 고통을 지켜보고 그들의 원성과 원한을 듣는 왕비의 입장에서 읽어야 한다. 자신과 가문(집안)과 국가에 고통을 준 인간에 대한 정당한 복수로 읽어야 한다.

잔인하고 호전적이며 오만하며 호색한 남편이자 왕을 둔 한 가정, 가문, 국가의 비극으로 읽어야 한다.

[반대 팀] 이 작품은 아가멤논의 입장에서 읽어야 한다. 제우스의 정의를 행하기 위해서 고통스럽지만 사랑하는 딸을 제물로 바칠 수밖에 없었고, 10년 간의 고통스러운 전쟁 뒤에 승리하고 돌아온 후, 바람난 아내(사악한 여자)에게 살해 당하는 남편의 입장에서 읽어야 한다.

교활하고 잔인하며 부정(不貞)하고 권력욕이 있는 여인이 남편의 권력을 빼앗고 자신의 정부(情夫)를 보호하기 위해 벌인 살인극으로 읽어야 한다.

이러한 여인이 가정과 가문과 국가를 어떻게 파괴하는지를 보여주는 비극으로 읽어야 한다.

(3) 용어의 개념 정의

[찬성 팀] "아가멤논을 죽인 클뤼타이메스트라의 행동은 정당하다."란 논제에서 '정당하다'는 낱말은 개념의 정의가 필요하다. 클뤼타이메스트라가 아가멤논을 죽인 행위가 정당화되려면 그녀의 행동이 정당방위(正當防衛)여야 한다.

오늘날의 정당방위의 개념은 '자기 또는 남에게 가하여지는 급박하고 부당한 침해를 막기 위하여 침해자에게 어쩔 수 없이 취하는 가해 행위'를 말한다. 하지만 이 작품의 배경이 되는 트로이아 전쟁의 시기에는 오늘날과 같은 법과 제도가 없었고 잘못을 행한 자에게 복수를 하는 것이 일반적이었으므로, 부당한 침해를 막기 위한 목적뿐만 아니라 부당한 침해 자체(침해가 발생한 이후의)에 대한 복수까지도 정당방위의 개념에 포함시켜야 한다.

이를 바탕으로 찬성 팀은 클뤼타이메스트라가 자신의 고통과 딸을 위한 복수, 가문의 저주를 막아야 할 필요성, 호전적이며 잔인한 왕으로부터 국가와 백성을 보호해야 필요성까지를 정당방위의 개념에 포함시켜야 한다.

[반대 팀] 반대 팀은 찬성 팀의 정당방위의 개념에는 동의하지만 그 범위에 있어서는 동의하기 어렵다. 자신과 가족과 가문의 범위까지 정당방위의 개념을 확대하는 것은 동의하지만 왕과 왕비의 역할은 다르므로 그녀가 국가와 국민을 보호해야 할 필요성을 느꼈다는 것은 인정할 수 없다. 따라서 왕비로서 국가와 백성을 보호해야 할 필요성은 정당방위의 개념에서 제외해야 한다. 물론 정당방위의 개념을 가문의 범위까지 확대하는 것도 반대할 수 있지만, 범위를 너무 좁히면 토론하기 어렵다.

(4) 우리 팀의 구체적인 주장

[찬성 팀] 클뤼타이메스트라가 자신과 가족, 가문, 국가를 위해서 아가멤논을 죽였으므로 그녀의 행위는 정당하다.

[반대 팀] 클뤼타이메스트라는 자신의 권력욕과 정부(情夫)를 위해서 위대한 왕을 살해한 잔인한 부인이자 왕비이므로 그녀의 행위는 부당하다.

(5) 증명 과정에 대한 사전 안내

[찬성 팀] 가족(자신, 딸), 가문, 국가의 입장에서 클뤼타이메스트라의 행위가 정당방위임을 세 가지 주장을 통해서 입증한다. 이는 아가멤논이 좋은 가장, 남편, 왕이 아니었음을 입증하는 것이다. 아가멤논이 잔인하고 호전적일 뿐만 아니라 호색한이며 복수욕에 사로잡힌 인물임을 입증하는 것이다. 아가멤논으로 인해서 가정과 가문, 국가가 고통 받고, 희생되었음을 증명하는 것이다.

[반대 팀] 가족(자신, 딸), 가문, 국가의 입장에서 클뤼타이메스트라의 행위가 정당방위가 아니라 자신의 부도덕한 욕망을 충족시키기 위한 행위임을 세 가지 주장을 통해서 입증한다. 이는 아가멤논이 정의를 실현하기 위해서 가족까지도 희생시킨 희생적 영웅임을 입증하는 것이며, 반대로 클뤼타이메스트라가 영웅을 함정에 빠뜨려 죽인 잔인한 호색한이며 부도덕한 인물임을 입증하는 것이다.

〈본론〉

쟁점 ❶ 가족의 면에서

[찬성 팀] 〈주장1〉 아가멤논은 좋은 아버지, 좋은 남편이 아니었다. 나쁜 아버지, 나쁜 남편이었다.

〈근거〉 ① 이피게네이아를 트로이아 원정을 위해 잔인하게 희생시켰다. ② 10년 동안의 트로이아 원정 기간 동안 아내를 사실상 방치했다. 아내는 외로움과 두려움 속에서 살아야 했다. 그 외로움과 두려움 속에서 정부(情夫)인 아이기스토스를 만난 것이다. 자식들에게는 자신의 이런 모습을 보여주기 싫었을 것이다. 그래서 오레스테스를 떠나보낸 것이다. 오레스테스를 떠나 보낸 것은 그의 안전을 생각했기 때문이다. ③ 아가멤논은 전쟁 기간 동안 트로이아에서 방탕한 생활(크뤼세이스들을 농락)을 하였고, 전리품(戰利品)으로 프리아모스의 공주인 캇산드라를 첩으로 데려와 아내를 모욕하였다.

[반대 팀] 〈주장1〉 아가멤논은 단순히 한 가정의 아버지, 남편이 아니라 한 국가의 왕이었다. 왕의 역할을 위해서 가정을 희생시킨 것은 불가피한

선택이었다. 아가멤논이 좋은 남편과 아버지라는 증거도 없지만 아가멤논이 나쁜 남편과 아버지라는 증거도 없다.

〈근거〉① 이피게네이아의 희생은 트로이아 전쟁을 위한 불가피한 선택이었다. 그가 자식을 희생시킬 결정을 하는 과정에서 눈물을 흘린 것을 생각해 보라. 오히려 자식까지 희생시킨 것은 영웅적 선택일 수 있다. ② 아가멤논은 한 집안의 가장이기도 하지만, 트로이아 전쟁의 동맹국들의 맹주였다. 전쟁을 하면서 가정과 아내를 돌본다는 것은 불가능하다. 클뤼타이메스트라는 아내의 역할을 제대로 하지 않았다. 아들인 오레스테스를 추방했다. 그녀가 어떻게 아가멤논을 심판할 수 있는가. ③ 아가멤논에게도 전쟁은 고통스러운 것이었고 그도 외로웠을 것이다. 그의 행동은 전쟁터에서 한 행위이므로 이해해야 한다. 클뤼타이메스트라도 정부(情夫)를 두고 방탕한 생활을 하였다. ⇒ 클뤼타이메스트라는 아가멤논이 캇산드라를 데려오기 전부터 이미 아가멤논을 죽일 계획을 세우고 있었다. 그러므로 캇산드라의 존재는 아가멤논을 죽인 것에 대한 정당한 이유가 될 수 없다. 변명일 뿐이다.

쟁점❷ 가문의 면에서

[찬성 팀] 〈주장2〉 아가멤논의 가문은 대대로 잔인한 악행을 저질렀다. 아가멤논은 그 악행과 악함을 물려받았으므로 또 다른 악행을 저지를 것이다.

〈근거〉① 아트레우스는 동생의 자식들을 죽여 동생에게 먹이는 악행을 저질렀다. 동생인 튀에스테스는 가문을 저주하였다. 악행은 도덕적·윤리적으로 유전된다. ② 아가멤논이 이피게네이아를 죽인 것은 그 악행이 대를 이어 계속될 것임을 보여준다. 그녀는 아가멤논의 잔인함이 자신의 다른 자식들을 죽일지도 모른다고 생각했을 수도 있다. 가문의 저주가 자식들에게 되풀이 될 것이 두려워서 오레스테스를 떠나보낸 것이다. 아가멤논은 트로이아 전쟁에서 수많은 잔인한 행위를 하였다. 그의 잔인한 성격은 가문 대대로 이어지는 것이다.

③ 클뤼타이메스트라가 아가멤논을 죽인 것은 가문의 저주를 끊기 위한 불가피한 선택이었다. 자신과 자식들, 가문을 보호하기 위한 선택이었다. ⇒ "그대가 드디어 진실을 말하는구려. / 하지만 나는 플레이스테네스가의 악령과 / 계약을 맺고, 비록 어려운 일이긴 하지만, / 지금까지 있었던 이 모든 일을 / 기꺼이 참고 견딜 것이오. / 그가 앞으로는 이 집을 떠나 다른 가문을 / 동족상잔으로 멸망시키겠다면 말이오. / 만일 내가 동족상잔의 광기를 / 이 집에서 내쫓을 수만 있다면 / 재산은 조금밖에 없어도 만족할 것이오."(1567~1576행)

[반대 팀] 〈주장2〉 가문의 악행과 아가멤논은 상관없다.

〈근거〉 ① 아트레우스의 악행은 아가멤논과 상관없다. 잔인한 행위가 유전되는 것은 아니다. ② 아가멤논이 이피게네이아를 죽인 것은 전쟁을 위한 불가피한 희생이었다. 아가멤논의 성격을 잔인하다고 단정 지을 수 없다. 전쟁에서 잔인한 행동은 불가피한 것이다. 오히려 클뤼타이메스트라가 아가멤논을 죽이는 과정과 죽인 후에 보여준 그녀의 행동이 훨씬 잔인하다. 그녀는 아가멤논과 캇산드라의 시체를 보고 환호하였고, 아가멤논의 장례도 제대로 치러주지 않았다. 클뤼타이메스트라는 오레스테스를 추방한 것으로 보아 자식을 사랑하지 않았다. 그녀의 정부(情夫)인 아이기

스토스는 남편의 사촌 동생인데, 이것은 가문을 위한 행위가 아니다. ③ 아내가 남편을 죽인 잔인한 행위가 가문의 저주를 끊을 수 없다. 또 다른 가문의 저주를 낳을 뿐이다. 폭력으로 폭력을 종식시킬 수는 없다.

쟁점❸ 국가의 면에서

[찬성 팀] 〈주장3〉 아가멤논은 호전적이고 잔인한 오만한 왕이다.

〈근거〉 ① 트로이아 전쟁은 정의로운 전쟁이 아니다. 아내를 빼앗긴 한 남자가 그의 아내를 되찾기 위한 복수욕에서 비롯되었다. ② 트로이아 전쟁은 아르고스의 백성들뿐만 아니라 트로이아인들에게도 너무 많은 고통을 준 잔인한 전쟁이었다. 아르고스인들은 아가멤논에게 불평을 했고 원한을 가졌다. ③ 클뤼타이메스트라가 아가멤논을 죽인 것은 호전적이고 잔인하고 오만한 왕을 백성들을 위해서 제거한 것이며, 트로이아를 과도하게 파괴하고 신전을 약탈한 아가멤논에 대한 신의 응징이다. 아가멤논의 오만함은 '자줏빛 천'을 밟는 장면에서 잘 드러난다. 클뤼타이메스트라는 백성들의 원한을 풀어준 것이다. 아가멤논은 가정과 국가를 그의 복수욕의 희생물로 삼았다.

[반대 팀] 〈주장3〉 아가멤논은 존경받는 전쟁의 영웅이다.

〈근거〉 ① 트로이아 전쟁은 가정의 신, 환대의 신을 모욕한 파리스를 응징한 정의로운 전쟁이다. ② 전쟁에서 백성들이 고통을 받는 것은 불가피한 일이다. 전쟁을 하는데 좋아 할 백성이 있겠는가. 전쟁은 국가의 명예를 되찾기 위해서 고통스럽지만 불가피한 것이었다. ③ 클뤼타이메스트라는 남편의 권력을 빼앗고, 그의 정부(情夫)인 아이기스토스를 위해서 남편을 죽인 것이지, 국가를 위해서 그렇게 한 것은 아니다. 남편을 자신의 욕망의 희생물로 삼은 것이다.

〈결론〉

[찬성 팀] 아가멤논은 자신의 복수욕과 명예욕을 충족시키기 위해 전쟁을 일으켰다. 그 전쟁으로 클뤼타이메스트라는 10년 동안 고통을 받았고, 딸인 이피게네이아는 희생제물이 되었다.

또, 아가멤논은 아트레우스 가문 대대로 내려오는 잔인한 성격과 가문의 저주를 물려받았으므로 클뤼타이메스트라는 아가멤논을 죽여 자신과 집안을 보호하고자 하였고, 호전적인 왕으로부터 백성과 국가를 보호하고자 아가멤논을 죽였으므로 그녀의 복수는 정당하다.

그녀는 사적인 욕망을 위해서 남편을 죽인 것이 아니라 가문과 국가를 위해서 남편을 죽인 것이다. 우리는 그녀의 고통스러운 선택을, 그녀가 그럴 수밖에 없었음을 충분히 증명했다고 생각한다.

[반대 팀] 클뤼타이메스트라는 가문과 국가를 위해서 위대한 아가멤논 왕을 죽인 것이 아니다. 그녀는 자신의 권력욕과 정부(情夫)인 아이기스토스를 보호하기 위하여 남편을 죽인 것이다.

그녀는 잔인하고 부정한 인물이며 자식도 제대로 돌보지 않았다. 우리는 정의를 실현하기 위해 자식을 희생 제물로 바칠 수밖에 없었던 아가멤논의 고통을 이해해야 한다. 또, 오랜 전쟁 끝에 고향으로 돌아오자마자 잔인한 아내의 배신과 음모로 죽은 아가멤논의 비통함을 이해해야 한다.

우리는 아가멤논의 고통과 슬픔, 더불어 클뤼타이메스트라의 권력욕,

부정함, 잔인함을 충분히 증명했다고 생각하며 따라서 그녀의 살인은 결코 정당화될 수 없다.

토론 도서	소포클레스의 『오이디푸스 왕』
논제	오이디푸스는 운명에 맞선 영웅이다.
찬성 측 입론	거창 덕유중학교 김정용 선생님[71]

* 이 입론은 독서 디베이트 연수 때, 선생님 간의 토론에서 실제 사용된 것이다. 입론이 체계적으로 견고하게 매우 잘 구성되어 있다.

안녕하십니까. "오이디푸스는 운명에 맞선 영웅이다."란 논제의 찬성 측 입론을 맡은 김정용입니다.

저희는 오이디푸스는 운명에 맞선 영웅이라고 주장합니다. 오이디푸스는 운명의 신에 의해 예정된 삶을 벗어나기 위해 노력하다가 끝내 벗어날 수 없음을 알고, '실존의 경악과 공포'를 당당히 자신의 운명으로 받아들이고 모든 것을 잃고도 자기를 긍정하며 고통을 극복한 영웅입니다.

먼저, 용어의 개념을 규정하겠습니다. '운명'은 미리 결정되어 있는 것으로 인간은 이에 순종해야 한다는 의미입니다. '영웅'은 아무리 큰 고통이 주어지더라도 자신의 행동에 대해 책임지고 고통을 극복하는 자라고 규정하겠습니다.

저희는 이 작품을 인간의 모든 행동이란 인간이 제어할 수 없는 어떤

71) 김정용 선생님의 허락을 받고 게재함.

초월적 힘에 의해 이미 결정되었다는 결정론적 관점과 인간은 얼마든지 자유의지에 따라 삶을 자신이 원하는 대로 개척할 수 있다는 자유의지론적 관점을 중심으로 읽어야 할 소설로 봅니다.

그럼, 오이디푸스는 운명에 맞선 영웅이었음을 세 가지 근거를 들어서 증명하겠습니다.

첫째, 친부살해와 근친상간의 신탁을 벗어나고자 집을 떠난 오이디푸스의 행위는 운명에 맞선 영웅적 행위입니다. 결과적으로 그의 운명에 맞선 노력이 오히려 신탁을 완수하는 행위가 되었지만 그가 코린토스를 떠나 방랑하며 신탁에 맞서려 한 노력은 자기를 희생한 행위입니다. 왜냐하면 2500년 전 그리스 시대에 가장 큰 형벌은 공동체에서 추방되는 것입니다. 오이디푸스는 코린토스의 왕자로서 부와 명예를 가진 사람이었습니다. 그러나 부모를 보호하기 위해 아폴론의 신탁을 듣고는 바로 부와 명예도 버리고 자기를 희생하며 집을 떠났습니다. 오이디푸스가 연회에서 술 취한 어떤 사내로부터 그가 왕 폴뤼보스와 메로페의 아들이 아니라는 말을 듣고 아폴론을 찾아간 것에 대해 경솔한 성격이라고 말합니다. 그러나 그것은 사실이 아닙니다. 연회 다음날 오이디푸스는 부모님께 사실을 확인했고, 두 분에 관한한 마음을 놓았다고 적고 있습니다. 이 내용으로 볼 때 오이디푸스는 사랑하는 부모님을 지키기 위하여 집(공동체)을 떠나 자신을 희생한 영웅입니다.

둘째, 오이디푸스가 끝까지 진실을 밝히고자 하는 것은 테베와 그 시민들과의 유대 관계, 그들에 대한 사랑과 의무감, 책임 의식이 작용한 결과입니다. 극의 시작에서 제사장과 아이들이 오이디푸스에게 자신들의 재난과 고통을 탄원하는 장면이 나옵니다. 그때 테베에 닥친 엄청난 재앙에서 시민들을 구하기 위해 신이 계시한 모든 것을 실행하겠다고 그는 맹세합니다. 그래서 진실을 은폐할 수 있는 상황에서도 모든 비밀을 알고 있는 예언자 테이레시아스와 라이오스의 시종을 끝까지 추궁합니다. 파국을 막기 위한 이오카스테의 애원에도 불구하고 오이디푸스는 "모든 것을 명확하게 밝힐 수 있는 기회를 놓칠 수 없다"며 진실에의 추적 의지를 굽히지 않습니다. 오이디푸스는 자기뿐만 아니라 테베시와 모든 시민들을 위해서 반드시 살인자를 밝혀내야 하는 것입니다. 라이오스의 살인자에 대한 오이디푸스의 저주는 그의 탐색 행위의 순수성을 입증해주는 사례입니다. 특히, 이오카스테의 말을 통해 자신이 바로 라이오스의 살인자일지도 모른다고 생각하기 시작하면서 더욱 분명해집니다. 그는 라이오스가 교차로에서 살해되었다는 이오카스테의 설명에 자신의 과거의 기억을 되살리게 되고, "내 무지 때문에 내 자신에게 저주를 한 것 같다"라고 고백합니다. 이러한 고백은 오이디푸스가 테이레시아스의 예언대로 자신이 살인자일 가능성을 거의 확인하고 있음을 말해줍니다. 보통의 사람이라면 지금의 부와 권력, 명예를 유지하면서, 위험과 고통을 피하기 위해 대충 눈감고 모른 척하며 살 수도 있었을 것입니다. 하지만 오이디푸스는 여기에서 진실에 대한 탐색을 멈추지 않습니다. 그는 비록 자신의 과거에 대한 공포를 갖고 있지만 자신의 이익이나 행복보다는 진실을 밝히려 합니다. 이러한 사고의 배경에는 오이디푸스의 도덕적 의무감과 책임의식, 즉 개인의 운명보다는 공동체 테베의 운명을 더 중시하는 태도를 초지일관 보여줍니다.

셋째, 오이디푸스는 자신의 정체가 밝혀졌을 때 스스로 자신의 눈을 찌른 뒤, 자신에게 이 엄청난 고통을 가져다 준 것이 아폴론이었지만 "나의 눈을 찌른 손은 그 누구의 것도 아닌 나 자신의 손이었다"고 절규합니다. 오이디푸스는 "나 자신 이외에 다른 어떤 인간도 나의 고통을 짊어질 수 없다"고 외치면서, 자신의 운명을 당당하게 수용하면서 자신의 운명을 스스로 주재하는 모습을 보여줍니다. 한계를 가진 인간의 고귀함을 느낄 수 있습니다. 감동입니다. 비록 신탁의 덫을 피할 수 없었지만 자살을 선택하지 않고 스스로 자신의 눈을 찔러 의연히 장님의 길을 선택합니다. 오이디푸스의 위대함은 세계의 비밀을 보고도 자기 자신의 비밀을 보지 못한 자신의 두 눈을 찔러 의연히 장님의 길을 선택하고, 모든 것을 잃고도 자기를 긍정하면서 부모가 자기를 버렸던 키타이론 산을 선택한 것입니다. 운명에 맞선 영웅의 부조리에 대한 긍정입니다. 부조리한 세상을 살아가는 인간에 대한 응원입니다. 모든 사람이 부조리한 세상을 살아가고 있지만, 그것을 의식하지 못하는 사람에게 이 세상은 전혀 부조리하지 않습니다. 이 신화가 비극적인 것은 그 영웅이 의식하고 있기 때문입니다. 그런데 중요한 것은 의식하는 현재의 순간에 모든 비극이 소멸된다는 사실입니다. 오이디푸스는 부조리의 인식과 수용을 통해 행복을 찾아가야 할 인간의 운명을 드러내고자 했던 것으로 보입니다.

결론적으로 저희 팀은 부모를 보호하기 위해 자신을 희생하여 공동체를 떠난 점, 자신을 파멸에 이르게 할 것을 알면서도 테베의 시민을 구하기 위하여 진실을 끝까지 규명한 점, 인간으로서 감당하기 힘든 실존의 고통을 의연히 수용하고 자신을 긍정한 점을 들어 이 논제에 찬성합니다.

오이디푸스의 모든 결정은 신들의 꼭두각시가 되지 않겠다는 인간 의지의 선언입니다. 그래서 오이디푸스는 운명에 맞선 영웅입니다.

5. 독서 디베이트의 학생 입론 예시

여기에 소개되는 학생 입론들은 특별히 뛰어난 입론이기 때문에 소개하는 것은 아니다. 입론의 서론이 갖추어야 할 요소들을 제대로 갖추고 있지 못한 글도 있고, 본론에서는 주장에 대한 근거가 부족한 글도 있으며, 결론의 요약·정리 부분이 없는 글도 있다.

다만, 학생들을 지도한 경험에 비추어 보면, 이론적으로 설명하는 것보다는 실제의 예를 많이 보여주는 것이 훨씬 학생 지도에 도움이 되었기에 소개한다. 이런 저런 입론의 예들을 보면 어떻게 입론을 써야 할지 자연스럽게 알게 된다. 아래의 학생 입론들을 보면서 위에서 설명한 독서 디베이트의 입론 작성 방법을 바탕으로 학생들이 쓴 입론을 평가해 보는 것도 입론 작성법을 배우는 데 도움이 될 것이다.

이 입론들은 모두 독서 디베이트에서 실제로 사용된 것들이다.

토론 도서	로이스 로리의 『기억전달자』
논제	조너스의 마을은 유토피아(이상사회)이다.
찬성 측 입론	2015학년도 1학년 이○○(마산동중학교)

[자기소개] 안녕하십니까. "조너스의 마을은 유토피아(이상사회)이다."란

논제의 찬성 측 입론 맡은 이○○입니다.

[줄거리 요약을 통한 논의 배경 설명] 로이스 로리의 『기억전달자』에서는 사람들이 하나의 공동체를 이루어 살면서 공동체의 모든 것을 행복을 위해 통제를 합니다. 이 책의 주인공 조너스는 열두 살 기념식에서 공동체 내에서는 단 한 명밖에 없는 기억보유자로 선택받은 후, 이전 기억보유자를 찾아가 훈련을 받습니다. 이전 기억전달자는 조너스에게 여러 가지 기억을 전달해 줍니다. 다채로운 색깔의 기억, 호수에서 한가로이 보트를 타고 노는 기억, 썰매를 타고 눈 쌓인 언덕을 내려가는 기억 등을 전달 받습니다. 그러나 그것은 좋은 기억만이 아닌 나쁜 기억까지도 전부 혼자서 감당해야 하는 힘든 직업으로 햇볕으로 입은 화상의 기억, 언덕을 내려가는 속도를 주체 하지 못해 부러진 다리의 고통, 그리고 죽음에 대한 끔찍한 기억을 전달 받으면서 조너스는 마을 공동체의 규칙과 시스템에 대한 의문이 생기기 시작합니다. 그래서 우리는 이 책을 통해서 현대 사회에서 일어나고 있는 여러 가지 사건들 중, 좋은 기억과 나쁜 기억을 비교해 보면서 보다 더 나은 미래를 위해 무엇이 필요한지를 알아보고 또한 조너스의 마을은 유토피아(이상사회)인가에 대해 함께 논의하고자 합니다.

[우리 팀의 주장] 저희 팀은 조너스의 마을이 유토피아(이상사회)라고 주장합니다.

[용어의 정의] '유토피아'란 일반적으로 현실에는 결코 존재하지 않는 이상적인 사회를 말하며, 인간이 생각할 수 있는 최선의 상태를 갖춘 완전한 사회를 뜻합니다.

저희 팀은 다음과 같은 이유로 조너스의 마을이 유토피아(이상사회)라고 주장합니다.

[주장①] 첫째, 조너스의 마을은 안전합니다.

[주장①에 대한 이유와 근거] 만약 사회가 안전하지 않으면 폭력과 범죄, 싸움, 전쟁 등 불안에 떨면서 불행하게 살아야 합니다. 그렇게 되면 행복과 기쁨도 없어지고 미래에 대한 희망이 없는 암울한 세상이 될 것입니다. 따라서 안전이 보장되지 않는 사회는 행복도, 기쁨도 없기 때문에 안전이 제일 중요합니다.

기억전달자는 "날씨를 통제한 거지. 눈이 내리면 식량들이 잘 자라지 않거든. 그러면 농사 기간이 짧아지지. 그리고 예측할 수 없는 날씨 때문에 어떤 날에는 교통이 거의 마비 상태에 빠지기도 했단다. 그건 전혀 실용적이지 않았지.(p.142)"라고 말하고 있습니다. 기억전달자의 말대로 조너스의 마을에서는 날씨를 통제하여 지구온난화, 태풍 등 사회문제가 되는 기후 재앙이 없습니다. 또 조너스와 기억전달자의 대화에서 "사람들이 자기 직위를 스스로 선택한다면 말이에요?" 기억전달자가 말했다. "끔찍한 일이 벌어지겠지. 그렇다고 생각하지 않니?" 조너스는 낄낄 웃으면서 대답했다. "굉장히 끔찍한 일이 벌어지겠죠. 상상조차 못 하겠어요. 사람들이 잘못 선택하지 않도록 우리가 보호해야 해요.(p.168)"라는 말처럼 조너스의 마을은 사람의 직업을 통제하여 잘못된 선택을 막아 끔찍한 일이 일어나지 않도록 하고 있습니다.

그리고 기억전달자나 기억보유자가 기억을 보유하고 있기 때문에 마을 사람들은 안 좋은 기억 때문에 고통을 받지 않습니다. 그러므로 조너스의 마을은 잘못된 선택으로 인해 고통을 당하거나 책임을 지는 일이 없으며 질서와 통제로 사전에 고통을 예측하고 대비하여 편안한 삶을 누리게 됩니다.

[주장②] 둘째, 조너스의 마을은 굶주림과 가난이 없습니다.

[주장②에 대한 이유와 근거] 만약 사회에 굶주림과 가난이 발생하면 심각한 사회문제가 됩니다. 전쟁, 기아, 식량문제 등은 안전한 사회를 금방 혼란에 빠뜨릴 수 있습니다. 그렇기 때문에 굶주림과 가난이 없어야 행복하고 편안한 사회를 유지할 수 있습니다. 기억전달자는 "그때 내 머릿속에 떠오른 가장 강한 기억이 굶주림이었지. 그 기억은 몇 세대 전으로부터 내려왔어. 어쩌면 몇 백 년 전에 있었던 일일지도 몰라. 인구가 너무 늘어서 전 세계가 굶주림에 허덕였지. 굶주림에 모두가 시달렸어. 결국 전쟁이 일어났단다. 원로들은 고통에 대해 듣고 싶어 하지 않아. 단지 조언을 구할 뿐이지. 난 단지 그들에게 인구를 늘려서는 안 된다고 충고했을 뿐이야.(p.192)"라고 말하고 있습니다. 『기억전달자』에서는 굶주림과 가난을 없애기 위해 한 해에 50명씩 새로 태어나는 아이의 수를 제한하고 있습니다. 따라서 굶주림과 가난이 생기지 않습니다. 우리나라의 경우도 1960년대는 전쟁 이후 베이비붐으로 인해 자원과 식량이 부족하여 '둘도 많다'라는 표어를 사용하면서 산아제한을 권장하여 식량부족을 막고 삶의 질을 높인 경험이 있습니다. 그리고 현대 사회에 와서는 정반대로 모든 환경이 풍족한 가운데서도 출산율이 낮아 오히려 국가에서 출산을 지원하고 있는 실정입니다. 이처럼 현대사회에도 산아제한이나 출산지원 등 인구에 대한 적절한 통제를 요구하고 있습니다. 이와 같이 조너스의 마을은 규칙과 통제를 통해 굶주림과 가난을 없앴기 때문에 유토피아(이상사

회)인 것입니다.

　[주장③] 셋째, 조너스의 마을은 사랑을 통제합니다.

　[주장③에 대한 이유와 근거] 사람들이 사랑을 통제하지 못하면 무분별하게 사랑을 하게 되고, 그 결과 새로 태어나는 아이들의 수를 조절할 수 없게 됩니다. 그러면 조너스가 사는 마을은 한순간에 파괴될 겁니다. 조너스의 마을이 이미 해결해 버린 '굶어죽는' 문제 등이 다시 등장해서 골치를 썩일 것입니다. 조너스는 "물론 그 방식으로는 마을이 잘 돌아가지 않으리라는 건 이해해요. 그리고 지금 우리 마을이 더 잘 조직되어 있다는 것도요. 어쩌면 사랑이란 살아가는데 위험한 방식일지도 몰라요.(p.215)"라고 말하고 있습니다. 또 조너스의 마을에서는 "알려드립니다. 제때 치료를 받으려면 성욕은 반드시 보고해야 한다는 걸 다시 한 번 주의 드리는 바입니다.(p.66)"라고 말하고 있습니다. 이 말대로 사랑은 출산 증가를 가져오는 위험한 요인이기 때문에 통제하고 이를 위하여 불필요한 성적 욕망이 생겨나지 않도록 하는 것은 단지 약만 먹으면 되는 간단한 행동일 뿐입니다. 약을 먹으면 성욕이 감쪽같이 사라집니다. 현대사회의 예를 들면 아프리카 같은 후진국 나라에서는 사랑을 통제하지 못하거나 성욕을 억제하는 약을 구할 수 없어 굶주림과 가난으로 인해 수많은 어린 아이들이 태어난지 얼마 되지 않아 사망하는 불행한 일이 많습니다. 그렇다면 조너스의 마을은 사랑을 통제하여 굶주림과 가난이 없기 때문에 유토피아(이상사회)입니다.

　[주장의 요약과 정리, 주장 강조] 이와 같이 조너스의 마을은 규칙과 통제

를 통하여 가난과 굶주림이 없고, 안전하고 책임의 고통이 따르지 않으며, 사랑을 통제하여 출산율이 높아지는 불행한 일이 없으므로 조너스의 마을은 유토피아라고 생각합니다.

　이상으로 찬성 측 입론을 마치겠습니다.

토론 도서	로이스 로리의 『기억전달자』
논제	조너스의 마을은 유토피아(이상사회)이다.
반대 측 입론	2015학년도 1학년 이〇〇(마산동중학교)

　[자기소개] 안녕하십니까. 논제 "조너스의 마을은 유토피아(이상사회)이다."의 반대 측 입론을 맡은 이〇〇입니다.

　[줄거리 요약을 통한 논의 배경 설명] 조너스의 마을에는 사랑이 없습니다. 그리고 자유가 없어서 자신의 직위나 배우자를 자신이 선택할 수 없습니다. 조너스는 열두 살 기념식에서 마을 최고의 영예인 기억보유자의 직위를 받았습니다. 그래서 전 기억보유자로부터 옛날의 기억을 전달 받습니다. 여러 가지 기억을 전달 받던 중 조너스는 임무해제에 관한 영상을 보게 됩니다. 임무해제가 사람을 안락사시킨다는 것을 알게 됩니다. 그는 큰 충격에 빠져 임무해제 당할 가브리엘을 데리고 마을을 탈출합니다. 이러한 내용을 바탕으로 저희(우리)는 조너스의 마을이 이상사회인가에 대해 논의를 하고자 합니다.

　[우리 팀의 주장] 저희는 조너스의 마을은 유토피아가 아니라고 주장합니다.

　[용어의 정의] 먼저 용어 정의를 하자면 이상사회란 인간들이 사회를 구

성하고 생활하면서 가장 바람직하다고 여기고, 또 그렇게 이루어지기를 바라는 사회를 뜻합니다.

저희 팀은 다음과 같은 이유로 조너스의 마을이 이상사회가 아니라고 주장합니다.

[주장①] 첫째, 조너스의 마을에는 사랑이 없습니다.
[주장①에 대한 이유와 근거] 무분별한 사랑을 통제하지 못하는 사회는 신생아의 수를 조절할 수 없어 한순간에 파괴될 수도 있습니다. 인구가 지나치게 많을 경우 식량이 부족하여 사람들은 굶어 죽게 될 것입니다. 조너스의 마을은 이를 막기 위해서 약으로 성욕을 조절합니다. 생명에 대한 윤리나 도덕은 생각하지 않습니다. 이것은 사랑의 위험성만을 강조한 나머지 아름다운 사랑을 이해하지 못한 결과입니다. 아름다운 사랑은 규칙이나 통제로 억제할 수 없는 것입니다. 인간의 가장 기본적인 욕구인 성욕까지 약물로 통제하는 것은 인간의 존엄성을 무시하고 침해하는 것입니다.

사랑을 통제하여 인구가 증가하는 것을 막아 소수만 안전하고 폭력, 범죄, 싸움, 전쟁 등의 불안한 요소가 없다고 해서 이상사회가 되는 것은 아닙니다. 조너스의 마을은 스스로 생기는 사랑의 감정에 대해서 침묵합니다. 사랑을 인정하는 것을 두려워하고 있습니다. 오늘날 현대 사회에서도 우리 자신이 모르는 가운데 규칙과 통제를 통한 임무해제가 얼마든지 일어날 수 있습니다. 이러한 사랑을 통제하면 다양성이나 차이를 인정하지 않는, 느낌이 없는, 늘 같음 상태의 사회가 되면서 인간을 수단으로 이용할 위험성이 따르게 됩니다.

사회가 완벽한 안전을 보장하는 것이 행복의 필요충분 조건은 아닙니다. 이런 사회에서 누군가 자신을 통제하고 속이고 있다면 우리는 두려움을 느끼고 서로를 의심하고 감시할 것입니다. 모두가 불행하게 될 것입니다. 세계 여러 나라의 행복지수를 나타내는 통계에 따르면 꼭 잘 살고 안전하며 부유한 나라라고 해서 그 사회의 행복지수가 높은 것은 아닙니다. 안전이 보장되지 않는 사회에서도 얼마든지 행복지수가 높게 나타나는 경우도 있습니다. 오늘날 현대 사회는 문화와 문명이 고도로 발전하고 있는데 비해 점점 사랑이 식어가고 인간미가 사라져 가고 있습니다.

조너스의 마을은 스스로 알지 못하는 사이에 인간의 기본적인 욕구까지 통제하고 감시하고 있어 사랑이 없습니다. 그러므로 조너스의 마을은 이상사회가 아닙니다.

[주장②] 둘째, 조너스의 마을은 자유가 없습니다.

[주장②에 대한 이유와 근거] 조너스의 마을은 철저한 규칙과 통제를 통해 기후, 자연재해 등 불편한 것들을 모두 없애고 사회를 안정적으로 유지합니다. 하지만 자유가 없습니다. 마을의 원로위원회에서 사람들의 직위를 정해주고 훈련을 통해 자신의 직위에 따른 일을 합니다. 이처럼 이 마을 사람들에게는 안전과 공평이 보장되지만 자신의 직위나 배우자를 스스로 선택할 수 있는 자유가 없습니다.

조너스는 열두 살 기념식에서 마을 최고의 영예인 기억보유자 직위를 받았습니다. 그러나 결국 조너스는 자유가 없는 마을을 탈출했습니다. 또한 조너스의 마을은 비윤리적인 임무해제, 곧 규칙에 따라 사람을 죽이는 안락사와 산아제한 그리고 쌍둥이를 낳았을 때 몸무게가 적게 나가는 아이를 죽이는 등의 규칙과 통제로 사회를 유지하면서 선택의 기회 즉 자유를 없애버리고 아무 느낌이 없는 세계를 만들었습니다. 그 결과 조너스의 마을은 편안함과 부족함이 없는 상태가 되었지만 그것만으로 유토피아가 되는 것은 아닙니다. 물론 인간이 행복한 삶을 누리기 위해서는 안정된 직위를 가지고 기본적인 식량이 공급되어야 합니다. 그러나 안정된 직위와 식량이 행복의 필수적인 요소는 아닙니다. 왜냐하면 인간은 사회적인 동물이기 때문입니다. 예를 들면 인간은 인격적인 권리를 얻기 위해 캠페인에 동참하거나 장기간의 단식으로 스스로 죽음을 선택하기도 합니다. 또, 인류 역사를 통해서 많은 사람들이 인격적인 권리를 얻기 위해 목숨을 바친 것도 알 수 있습니다. 이처럼 자유의 가치가 죽음보다 큰 경우는 얼마든지 많이 있습니다. 선택의 자유가 없는 인간은 동물, 기계, 로봇과 같은 도구적인 인생을 살아갈 수도 있습니다. 선택의 자유가 없는 조너스의 마을은 개인의 자유를 침해하고 인간을 통제의 수단으로 이용하고 있습니다. 이와 같이 선택의 자유가 없는 조너스의 마을은 겉보기에는 안정된 사회처럼 잘 유지되고 있지만 규칙과 통제를 남용하게 되면 매우 위험한 사회가 될 수 있습니다. 스스로 선택할 수 있는 기회인 자유가 없는 조너스의 마을은 이상사회가 아닙니다.

[주장③] 셋째, 조너스의 마을은 생명을 가볍게 여깁니다.
[주장③에 대한 이유와 근거] 윤리성이란 인류가 더불어 살아가기 위해 필요한 사회적인 올바른 규범으로 법을 포함한 도덕적인 규칙들입니다. 인간의 자유와 평등을 침해하지 않는 기본적인 도리이기도 합니다. 그러

나 조너스의 마을의 규칙은 마을의 안전과 편안함, 물질적인 부족함을 없애기 위해 인간의 가장 기본적인 생명에 대한 윤리와 도덕을 무시하고 있습니다. 조너스 마을의 임무해제 즉 노인에 대한 안락사, 산아제한, 규칙위반자를 죽이는 것은 명백한 범죄행위인 살인입니다. 인구 증가를 막기 위해 안락사나 산아 제한을 행하고 사회질서를 유지하기 위해 규칙위반자를 임무해제를 시킵니다. 이러한 통제로 굶주림이나 가난으로부터 마을은 보호를 받으며 매우 안정적이고 체계적으로 관리 되고 있습니다. 그러나 임무해제 된 다른 소수는 희생되는 것입니다. 인간의 생명은 장애, 인종, 빈부, 사상 등 어떠한 차별도 받아서는 안 됩니다. 곧 인간의 성품은 태어나면서부터 생기게 된 차이이므로 인정하고 받아들이는 사회가 이상사회라고 생각합니다. 그러나 조너스의 마을은 비윤리적인 임무해제를 통해 인구를 조절하므로 유토피아가 될 수 없습니다.

이처럼 조너스의 마을은 마을의 규칙과 통제 안에서는 안정되고 공정한 것처럼 보이지만 인간의 생명에 대한 윤리성과 도덕성이 없기 때문에 유토피아가 될 수 없습니다. 생명의 가치 즉 윤리성은 어떤 한 마을의 규칙과 통제보다 더 크고 넓은 의미를 가지고 있습니다. 그러므로 마을의 안전을 위해 다른 소수를 임무해제하는 조너스의 마을은 생명에 대한 윤리성이 없으므로 유토피아가 아닙니다.

[주장의 요약과 정리, 주장 강조] 조너스의 마을은 사랑에 대한 기본적인 욕구까지 통제하고 있으며, 자신의 직위 등을 스스로 선택할 수 있는 자유가 박탈되어 있습니다. 겉으로 보기에는 매우 안정되어 있고, 차별이 없는 공평한 사회인 것처럼 보이지만 생명에 대한 윤리성이나 도덕성이 없

고 규칙과 통제를 통하여 인간을 수단과 도구로 이용할 위험성이 있으므로 이번 논제 "조너스의 마을은 유토피아(이상사회)이다."에 대해서 반대합니다. 이상으로 반대 측 입론을 마치겠습니다.

토론 도서	로버트 루이스 스티븐슨의 『지킬박사와 하이드 씨』
논제	지킬 박사는 하이드의 행동에 책임이 없다.
찬성 측 입론	2017학년도 3학년 오○○(마산동중학교)

안녕하십니까? 저는 이번 토론의 찬성 측 입론을 맡은 오○○ 입니다. 오늘 저희가 토론할 도서는 '지킬 박사와 하이드 씨'이고, 논제는 "지킬 박사는 하이드의 행동에 책임이 없다."입니다. 하이드와 지킬은 하나의 몸을 가지고 서로 기억을 공유하지만 서로 다른 인격을 가지고 있습니다. 그렇다면 지킬은 하이드의 악행에 '책임'이 있을까요? 저희는 그렇게 생각하지 않습니다. 저희는 이번 토론에서 책임을 '자신의 행위에 대해 자신 또는 타인의 평가에 근거하여 받는 비난과 그에 따른 제제'라고 정의합니다. 그럼 지금부터 저희 찬성 측에서 지킬이 하이드의 악행에 대해 책임이 없다고 생각하는 이유를 말씀드리겠습니다.

첫째, 지킬이 쾌락을 추구하는 것은 잘못이 아닙니다. 지킬에게 하이드의 행동에 대한 책임을 묻기에 앞서 지킬 박사가 하이드로 변신한 목적에 대하여 지킬 박사는 아무런 악의가 없었다는 것을 말하고 싶습니다. 지킬은 그저 점잖지 못한 정도의 쾌락을 원한 것이었습니다. 하이드가 살인을 저지르는 정도의 악행을 원하지 않았습니다. 또 쾌락이란 '유쾌하고 즐거움, 또는 그런 느낌'을 말하는 것인데 인간으로서 어느 정도의 쾌락을 추구하는 것은 당연한 일입니다. 술, 게임, 혹은 성적 쾌락 등 그 형태는 매우 다양하지만 인간이라면 보편적으로 쾌락을 추구합니다. 지킬은 그저 이러한 욕구를 하이드를 통하여 얻고자 한 것입니다. 그러므로 지킬이 하이드로 변하여 쾌락을 얻으려고 한 것은 잘못이 아닙니다.

둘째, 지킬과 하이드는 서로 다른 인격체이므로 둘을 서로 구분하여야 합니다. 지킬과 하이드는 하나의 몸으로 기억을 공유하고 있지만 결국 둘은 다른 인격을 가진 존재입니다. 악행을 저지를 때에는 지킬의 의사와 상관없이 오로지 하이드의 의지로만 이루어집니다. 하이드의 악행에 지킬의 의사가 반영된 것이 아니기 때문에 지킬에게 책임을 묻는 것은 옳지 않다고 생각합니다. 또 저희는 몸이 하나라고 해도 지킬 박사와 하이드는 서로 다른 인격이기 때문에 둘은 다른 존재라고 생각합니다. 누구에게 잘못을 따지고, 죄가 있고, 처벌을 해야 하는 가해자인지 묻는다면 그 대상은 지킬 박사가 아니라 지킬의 몸에 있는 하이드가 되어야 할 것입니다.

셋째, 지킬은 하이드로 인하여 자살을 선택하였습니다. 지킬은 더 이상 하이드로서의 삶을 살 수 없었습니다. 그렇다고 지킬로서의 삶을 살 수도 없었습니다. 지킬은 점점 하이드의 의식에 지배당하고 있어 다시 하이드의 의식이 나온다면 지킬의 의식을 찾지 못할 것을 알았습니다. 운 좋게 지킬로서 산다고 하더라도 하이드가 언제 또 다시 나와 변신을 할지 알수 없어 불안해 하며 살 것이고, 만약 하이드로 산다고 해도 그는 평생 도망을 다니면서 살아야 했을 것입니다. 아니면 체포되어 평생 감옥에 있거나 사형에 처해졌을 수도 있었습니다. 결국 지킬은 어느 쪽의 모습으로도 생활할 수 없어 자살이란 선택을 한 것입니다. 지킬 본인도 결국은 하이드의 피해자라고 할 수 있습니다.

저희는 이러한 이유를 들어 지킬은 하이드의 행동에 책임이 없다고 주장합니다.

토론 도서	로버트 루이스 스티븐슨의 『지킬박사와 하이드 씨』
논제	지킬 박사는 하이드의 행동에 책임이 없다.
반대 측 입론	2017학년도 3학년 김○○(마산동중학교)

책임의 정의: 자신이 행한 일에 대한 결과에 지는 부담이나 의무.(하이드는 지킬이 만들어낸 존재로 성향이 분리되었을 뿐, 둘 다 지킬 한 사람이라는 본질은 변함이 없음. 또한 스스로 하이드가 되기를 원했음. 지킬(=하이드)는 이에 대해 책임을 질 필요가 있음.)

헨리 지킬: 도덕적 자아(하이드를 여태까지 통제해 온 제어자로서의 인격)

에드워드 하이드: 쾌락을 추구하는 자아(인간성이나 양심, 사회적 비난과 관계 없이 쾌락을 추구하는 헨리 지킬의 본능)

반갑습니다. 반대 측 입론을 맡은 제1토론자 김○○입니다. 오늘 토론의 논제는 "지킬은 하이드의 악행에 대한 책임이 없다."입니다. 책임이란 자신이 행한 일에 대한 결과에 지는 부담이나 의무를 의미합니다. 하이드는 지킬이 만들어낸 존재이며, 성향이 분리되었을 뿐 두 인격 모두 헨리 지킬 그 '자신'이라는 것은 변함이 없습니다. 그렇기 때문에 하이드가 한 행동에 지킬은 마땅히 책임을 져야만 한다고 생각합니다.

지금부터 세 가지 이유를 들어 저희 측의 입장을 증명하겠습니다.

첫째, 지킬의 쾌락 추구는 받아들여 질 수 없습니다. 지킬은 항상 쾌락을 추구했습니다. 하지만 자신의 사회적 체면을 염려하여 도덕적인 자아와 쾌락을 추구하는 자아를 철저하게 분리시켰습니다. 그는 자신의 쾌락을 추구하는 자아만을 분리해 양심의 가책 없이 쾌락을 즐기려고 하죠. 하지만 문제는 지킬이 원한 '품위 없는 처신'이 처음에는 용인될 수 있었겠지만 작중에서 하이드(쾌락을 추구하는 자아)의 행동은 '품위 없는 처신' 정도의 쾌락이 아니었습니다. 아이를 짓밟고, 커루 경을 때려서 살해하는 등 더 이상 용인되지 못할 쾌락으로 변질되죠. 지킬이 가진 쾌락을 추구하는 자아만이 자유로울 때 불러온 결과가 이렇듯 참혹합니다. 지킬이 약을 만든 것이 올바른 행위일까요? 모든 사람은 자신의 쾌락을 제어할 도덕적인 자아가 필요합니다. 지킬의 약은 그런 제어자로부터 자유로운 상태인 하이드를 분리해 낸 것이죠. 의도는 이해하나, 그 방법이 잘못되었습니다. 지킬이 쾌락을 추구하기 위해 한 모든 행동들은 옳지 못합니다.

둘째, 지킬의 선택은 잘못되었습니다. 어느 날 지킬은 잠자리에서 깨어

나니 자신이 원하지 않았음에도 하이드로 변해 있었습니다. 그는 스스로도 이 이상은 지킬과 하이드를 마음대로 선택할 수 없게 될 것임을 깨달았습니다. 그는 헨리 지킬로서의, 도덕적 자아로서의 삶을 선택합니다. 아직 이 때는 스스로 절제가 가능한 시점이었습니다. 그러나 그는 하이드를 포기하지 못했습니다. 하이드로 지내며 즐겼던 여러 쾌락들을 잊지 못한 것이죠. 결국 그는 위험을 알고 있으면서도 에드워드 하이드로 변신하게 됩니다. 중독의 상태라고도 볼 수 있지만 중독이 되기 전까지 지킬은 돌아올 수많은 기회가 있었습니다. 선택의 책임은 지킬에게 있습니다.

그리고 두 의식의 문제인데, 하이드의 행동에 지킬은 마땅히 책임을 져야합니다. 하이드는 지극히 정상적인 상태입니다. 단지 도덕적 성향의 제어자로부터 자유로울 뿐이죠. 하이드가 비정상적인 것이 아닙니다.

지킬이 원한 것과 하이드가 행한 것이 다르기 때문에 지킬에게 책임을 물을 수 없다는 문제가 발생할 수 있는데, 지킬이 원한 것이 아니라고 단정할 수 있을까요? 도덕적 성향의 제어가 없는 시점의 하이드의 행동이야말로 지킬의 내면이 원하던 것이라고도 생각할 수 있습니다. 지킬이 하이드의 행동에 문제가 있음을 느끼고 조치를 취하려 한 것도 결국은 도덕적 성향의 제어가 있기 때문입니다.

셋째, 지킬의 자살은 자신의 죄를 인정하고 책임지는 행위입니다. 지킬은 하이드로서 살아올 수 있었습니다. 도덕적 성향의 제어자가 없을 뿐이지 하이드는 정상적인 상태입니다. 지킬이 되돌아 올 수 없는 선택의 갈림길에서 끝내 하이드를 선택한 시점부터 그는 하이드로서의 삶을 원한 것입니다. 하지만 최후의 순간 그는(하이드인 상태의 지킬) 자살을 택합니다. 어터슨과 폴이 문을 부수고 들어가기 직전에 말이죠. 지킬은 자술서에 이렇게 적어 놓았죠. "하이드가 스스로 죽음을 맞이할 용기를 찾을 것인가." 이것이 두려움에 의한 자살을 의미한다면 용기라는 말을 쓰지 않았을 것입니다. 문이 부숴지기 직전 하이드는 현실을 깨닫고 선택한 것이죠. 두려움을 이유로 자살한 것이라면 흐느끼고 울 동안 언제 죽어도 이상하지 않았을 것입니다. 또는 도망치는 선택지도 있었겠죠. 그는 책임을 진 것입니다.

이상으로 반대 팀의 입론을 마치겠습니다.

토론 도서	셰익스피어의 『베니스의 상인』
논제	샤일록에 대한 재판은 공정하다.
반대 측 입론	2016학년도 3학년 황○○(마산동중학교)

안녕하십니까. 저는 반대 측의 입론을 맡은 제1토론자 황○○입니다.

오늘 저희가 토론할 도서는 셰익스피어의 『베니스의 상인』입니다. 그리고 논제는 "샤일록에 대한 재판은 공정하다."입니다. 본격적으로 토론을 시작하기에 앞서 이번 토론의 중요성에 대하여 이야기를 해 보겠습니다. 우리나라를 비롯하여 어느 나라에나 소수인들이 있습니다. 우리나라에 온 외국인 노동자들은 흔히들 말하는 소수인들이죠. 하지만 몇몇 사람들은 그들을 우리랑 같은 사람이라 여기지 않고 멸시하는 태도를 보입니다. 우리나라 사람들이 외국에 가서 우리가 멸시를 받는 상황도 있습니다. 이러한 잘못된 인식이 세계에 남아 있는 상황에서 베니스의 유대인으로 소수인이었던 샤일록과 그의 울분에 대하여 생각을 해 보아야겠습니다.

그럼 지금부터 저희는 3가지 근거를 들어 샤일록에 대한 재판은 공정하지 않음을 증명해 보이도록 하겠습니다.

　　첫째, 이 재판의 실질적 원인은 안토니오에게서 제공됩니다. 샤일록은 이 재판을 통해서 안토니오에게 복수를 하고 그의 목숨을 앗아가려 했습니다. 그는 재판에서 원래 갚아야 할 돈의 배를 준다고 해도 그것을 거절하며 안토니오에 대한 복수만을 하려고 하였습니다. 이를 보면 샤일록은 분명 악한 인물일 것입니다. 하지만 그를 악하게 한 것은 무엇일까요? 그는 베니스에 삽니다. 베니스의 대부분의 사람들은 기독교를 믿습니다. 하지만 샤일록은 예외였죠. 그는 유대교를 믿는 유대인이었습니다. 안토니오를 포함한 수많은 기독교인들은 그를 멸시합니다. 특히 안토니오의 경우는 더욱 심했습니다. 그는 샤일록을 개라고 하며 그에게 침을 뱉고 발로 차며 심지어 그의 고리대금업을 공개적으로 비난하고 그것을 방해합니다. 안토니오는 밧사니오를 위해 자신의 목숨을 걸고 돈을 빌려주는 등 사랑과 자비로 가득 찬 선인으로 비추어집니다. 하지만 과연 민족과 종교가 다르다고 이방인 샤일록을 멸시하며 천대하는 안토니오를 선인으로 볼 수 있을까요? 저희는 이 재판을 선인 안토니오와 그의 동료들이 악인 샤일록을 심판하는 것으로 보는 것이 아니라 더 넓게 보아서 샤일록을 악하게 만들 수밖에 없던 상황과 샤일록에게 안토니오가 했던 악행을 보는 것이 중요하다고 생각합니다. 즉 이 재판의 원인은 순수하게 샤일록의 악한 마음만이 아니라 그를 그렇게 만들었던 겉은 선이나 속은 악인 위선적인 인물, 안토니오에게 있다고 저희는 주장합니다.

둘째, 이 재판의 과정은 부당했습니다. 이 재판의 판사는 포샤였습니다. 포샤는 고의적이고 악의적인 법의 해석과 판단으로 공정하지 못한 판결을 내립니다. 포샤는 안토니오에게 자비를 내리라는 제안을 샤일록에게 합니다. 안토니오를 치료할 의사를 샤일록의 비용으로 데려오라는 말도 합니다. 하지만 샤일록은 이 모든 것을 받아들이지 않습니다. 계약서에는 절대 그런 말이 쓰여 있지 않았다는 이유였죠. 그는 계약서에 쓰인 그대로 하기를 원하였습니다. 이 말을 들은 포샤는 이것을 악용합니다. 포샤는 계약서에 쓰인 그대로 심장에서 가장 가까운 곳에서 1파운드의 살을 가져가라고 합니다. 하지만 계약서에는 안토니오가 피를 흘리면 된다는 말이 없다고 하면서 그가 피를 한 방울이라도 흘릴 시에는 샤일록의 재산을 몰수하겠다고 합니다. 이것은 말이 안 되는 논리입니다. 사람이 어떻게 살이 칼에 베이는데 피를 흘리지 않을 수 있겠습니까? 이것은 당연한 일을 부정하는 것입니다. 이러한 억지를 들은 샤일록은 복수를 포기하고 그저 빌려준 돈만을 받기를 원합니다. 하지만 포샤는 법을 악의적으로 해석하여 원고와 피고를 뒤바꾸고 샤일록을 기만하였습니다. 포샤는 순수하게 안토니오만을 위한 공정하지 못한 판정을 내렸습니다. 이 재판의 과정이 부당했기 때문에 이 재판은 공정하지 못합니다.

셋째, 재판의 판결과 결과는 부당했습니다. 이 재판에서 포샤는 법을 악용하여 샤일록의 목숨과 모든 재산을 빼앗을 수 있는 판결을 내립니다. 샤일록은 결국 이 재판에서 승리가 불가능함을 깨닫고 포기를 합니다. 결국 재판의 결과로 샤일록은 딸과 재산 그리고 종교마저 빼앗깁니다. 샤일록을 죽일 수 있었던 베니스의 기독교인들은 그야말로 자신들의 자비와 관용의 정신으로 그의 생명을 구하며, 그 자비와 관용의 정신으로 그의 재산의 반을 아버지를 배신한 딸에게 넘기며, 그 자비와 관용의 정신으로 그를 몰락시켰습니다. 그들에게 자비와 관용이란 이런 것입니다. 결과적으로 계약을 어기고 돈을 갚지 않았던 안토니오는 선인이고 법에 맞게 행동했던 샤일록은 악인이며 자신들은 그런 악인의 생명까지 구해준 것이죠. 엄청난 위선이지 않습니까? 실제로 자신들에게 해를 끼치지 않았던 샤일록은 극악무도한 악인이 되었으며 샤일록을 멸시하던 안토니오는 사랑과 자비, 관용의 정신을 가진 사람이 되었습니다. 이 재판으로 베니스의 기독교인들은 자신들만을 위한 사랑과 자비, 관용으로 이방인인 샤일록을 파멸시켰습니다. 또한 정당하게 사용되어야 할 법률을 악용하여 법률의 품위를 떨어트리기까지 하였습니다.

이러한 결과와 앞서 말씀드렸던 다른 두 가지 근거를 통해 저희는 샤일록에 대한 재판은 공정하지 않다고 생각합니다.

토론 도서	『아우를 위하여』, 『우상의 눈물』, 『우리들의 일그러진 영웅』
논제	한 사람의 잘못(폭력)은 우리 모두의 잘못이다.
반대 측 입론	2016학년도 3학년 황○○(마산동중학교)

안녕하십니까? 반대 측 입론을 맡은 황○○입니다. "한 사람의 잘못(폭력)은 우리 모두의 잘못이다."라는 논제의 반대 측 입론을 시작하겠습니다. 우리 팀은 오늘 논제에서 '잘못'이라는 말을 '잘하지 못하여 그릇되게 한 일, 또는 옳지 못하게 한 일'이라는 뜻으로 정의합니다. 저희 팀은 한 사람의 잘못이 우리 모두의 잘못이 될 수 없다고 생각합니다. 그 이유는 다

음 세 가지입니다.

    첫째, 폭력적인 행동의 책임을 사회에 묻는 것은 그들의 폭력을 정당화 시키기 때문입니다. '정당화'란 '정당성이 없거나 정당성에 의문이 있는 것을 무엇으로 둘러대어 정당한 것으로 만든다'는 뜻으로, 그들 이영래, 최기표, 엄석대의 가정환경이 아무리 불우해도 그것을 잘못 없는 다른 아 이들에게 폭력으로 화풀이 하는 것에 대해 사회의 책임을 묻는 것은 그들 의 폭력을 정당화시키는 것이며 조금만 생각하면 그들이 충분히 해결할 수 있는 문제입니다. 예를 들면 선생님이나 다른 친구들에게 도움을 청해 보는 것도 하나의 해결책입니다. 또한 불우한 가정환경이 꼭 폭력으로 이 어지는 것은 아닙니다. 예를 들면 '공부의 신'이라는 텔레비전 프로그램에 서 자신의 가정환경이 너무 어렵다는 열등감으로 누구보다 몇 배로 공부 를 열심히 해 성공한 경우가 그 예입니다. 이런 경우처럼 자신의 현실을 받아들이고 정면으로 승부하면 됩니다. 그런데 그들은 가정환경이 불우하 다는 이유로 이런 사회에 불만을 가지고 잘못 없는 아이들을 때리고 따돌 리며 자신의 현실을 받아들이지 않고 계속 도피합니다. 이렇게 그들이 현 실을 인정하지 않고 도피하는 동안 그 주변에 있는 아이들은 무슨 죄가 있는 것입니까.

    둘째, 학급 아이들에게까지 책임을 묻는 것은 폭력의 희생자를 가해자 로 만드는 불합리한 일이기 때문입니다. 그렇지 않아도 반 아이들은 이영 래, 최기표, 엄석대에게 폭력을 당했는데 그들에게까지 책임을 묻는 것은 폭력의 희생자를 가해자로 만드는 불합리한 일이며 만일 학급 아이들이 그들의 편에 붙어서 자발적으로 복종하며 개인적인 이익을 누린 것이 문제라면 그것은 그들이 그렇게 할 수밖에 없는 상황이었기 때문에 그런 것입니다. 예로는 『우리들의 일그러진 영웅』에서 한병태가 엄석대의 편에 붙지 않자 학급 아이들이 한병태를 왕따시키며 불평등하게 대해 한병태가 엄석대의 편에 붙도록 어쩔 수 없는 상황을 만들었고, 한병태가 그들의 편에 붙자 자신의 의지와 무관하게 개인적인 이익을 누릴 수밖에 없었던 것입니다. 그러므로 학급 아이들은 그들에 대한 권력과 두려움 때문에 그들을 도운 것입니다.

셋째, 담임이 석대에게 가한 체벌은 정당하기 때문입니다. '정당하다'란 '이치에 맞아 올바르고 마땅하다'라는 뜻으로 『우리들의 일그러진 영웅』에서 엄석대의 새로운 담임 선생님이 석대에게 가한 체벌은 정당합니다. 먼저 담임은 학생이 올바른 길을 가게 하는 의무와 사명이 있으며 그것을 위한 체벌은 정당하기 때문입니다. 엄석대는 최기표, 이영래와 같이 불우한 가정환경에 놓여 있으며 그로인해 죄 없는 반 아이들을 때리고 따돌리며 자신에게 주어진 현실을 인정하지 않고 사회에 불만을 가지며 현실을 도피합니다. 그 과정에서 반 아이들은 계속해서 폭력에 시달립니다. 이런 상황에서 선생님이 그들이 현실을 도피하지 않고 올바른 길을 가게 체벌하는 것은 정당합니다. 또한 『우리들의 일그러진 영웅』에서 엄석대의 왕국이 무너진 것에 새로운 선생님의 체벌이 가장 큰 역할을 했습니다.

마지막으로 우리 팀의 주장은 첫째, 폭력적인 행동에 대해 사회의 책임을 묻는 것은 그들의 폭력을 정당화시키는 것이며, 둘째, 반 아이들에게까지 책임을 묻는 것은 폭력의 희생자를 가해자로 만드는 불합리한 일이며, 셋째, 담임이 석대에게 가한 체벌은 정당하다는 것입니다. 이상으로 논제 "한 사람의 잘못(폭력)은 우리 모두의 잘못이다."의 반대 측 입론을 마치 겠습니다.

토론 도서	헤밍웨이의 『노인과 바다』
논제	노인이 먼 바다로 나간 것은 잘못이다.
찬성 측 입론	2017학년도 2학년 안○○(대방중학교)

안녕하십니까? "노인이 먼 바다로 나간 것은 잘못이다."라는 논제의 찬성 측 입론을 맡은 제1토론자를 안○○입니다. 먼저 저희는 '잘못'을 잘하지 못하거나 옳지 못하게 한 일이라고 정의합니다. 84일 동안 아무것도 잡지 못한 노인에게 85일째 되는 날 자신의 배보다 훨씬 큰 청새치가 걸립니다. 그는 2일 동안이나 청새치를 잡기 위해 사투를 벌입니다. 그럼에도 불구하고 집으로 돌아가는 길에 상어 떼를 만나 결국 청새치는 머리와 뼈밖에 남지 않습니다. 결국 노인은 실패한 것입니다. 현대 사회에서는 그 일을 하기까지의 과정이나 노력보다 그 일의 결과를 중요하게 여기고 있습니다. 노인이 아무런 대책 없이 바다로 나가 힘들게 잡은 청새치를 머리와 뼈를 제외하고 모두 잃어버린 상황에서 바다로 나간 노인의 행동이 잘 되었다고 할 수 있을까요? 저희는 그렇게 생각하지 않습니다. 그럼 저희는 지금부터 3가지 근거를 들어 노인이 바다로 나간 것은 잘못임을 증명해 보이겠습니다.

첫째, 노인이 바다로 나간 것은 무모합니다. 우선 그는 물질적으로 준비가 전혀 되어 있지 않았습니다. 의지만 넘쳤지 물질적으로는 전혀, 심지어 식량조차도 준비하지 않았습니다. 그는 물질적으로 충분하지 않은 상태에서 너무 멀리 나간 자신의 행동으로 인해 힘겹게 잡은 청새치마저 놓치고 맙니다. 그는 큰 물고기를 잡기 위해 순간적인 판단으로 물질적으로 준비도 되지 않은 채 바다로 떠납니다. 또한 그는 84일 동안 물고기를 잡지 못해 행운 즉 기적만 바라고 있습니다. 어떤 행위를 하더라도 꿈은 있으나 노력하지 않고 행운만 바란다면 결코 이룰 수 없습니다. 그는 운에 의지했고 운이 그를 파멸시킨 것입니다. 즉 그는 준비도 없이 무작정 바다로 나갔고 지나치게 운에 의지한 모험을 시작해 실패한 것입니다.

둘째, 노인의 행동은 무가치합니다. 동네 주민들이 그를 '불쌍하다' '운이 다했다' 등 부정적인 말을 하자 자존심을 회복하기 위해 먼 바다로 모험을 떠난 것입니다. 온갖 위험한 상황 속에서 청새치를 잡았지만 뼈와 머리만 빼고는 상어에게 뺏기게 됩니다. 고기를 낚았으나 뼈만 남는 것은 인간의 무상, 허무함을 나타낸다고 할 수 있습니다. 그의 노력은 무의미했으며 자신의 목숨까지 잃을 뻔한 어리석은 행동입니다. 그는 애초에 상어와 싸우면 질 것을 알고 있었고 정해져 있는 승부에서 자신을 통제하지 못해 일어난 일입니다. 그것은 의지의 투쟁이라기보단 패배자의 몸부림이라고 할 수 있습니다. 즉 그는 그가 자신을 감당할 수 없을 정도로 멀리 나간 것입니다.

셋째, 그는 영웅이라 할 수 없습니다. 노인은 자신을 통제하지 못해 먼 바다로 나갔습니다. 그는 근본적으로 감성벽과 자기연민, 외로움, 오두막 벽에 걸린 죽은 아내의 사진, 식량 부족, 눈물에 빠져 있는 인물이라 할 수 있습니다. 그는 자신의 삶에서 패배한 노인, 재산, 가족조차 없어 동네 사람들에게 동정을 받는 사람에 불과합니다. 또한 그는 인간이 아닌 것들을 친구, 동료, 적이라 부르고 다른 배를 타게 된 아이를 그리워합니다. 노인의 모습에서 치열한 삶을 사는 불굴의 인간상은 찾아 볼 수 없습니다. 먼 바다에서 홀로 모험한 것은 자신의 목숨을 위험하게 한 것입니다. 무엇보다도 청새치를 지키기 위해 상어와 사투를 벌인 노인의 행동은 어리석다고 할 수 있습니다.

결론적으로 준비가 전혀 되어있지 않은 상태에서 모험을 떠난 무모함, 자신을 통제하지 못해 소득이 없는 현실, 질 것을 알고도 상어와 사투를 벌인 노인의 행동을 보면 먼 바다로 나간 것이 잘한 행동이 결코 아님을 알 수 있습니다.

토론 도서	헨리크 입센의 『인형의 집』
논제	노라는 책임감 있는 사람이다.
찬성 측 입론	2017학년도 3학년 오○○(마산동중학교)

안녕하십니까? 저는 찬성 측 입론을 맡은 오○○입니다. 오늘 저희가 토론할 도서는 헨리크 입센의 페미니즘 희곡인 『인형의 집』이고, 논제는 "노라는 책임감 있는 사람이다."입니다. 먼저 책임감이란 '맡아서 해야 할 임무나 의무를 중요하게 생각하는 마음'입니다. 평생 아버지와 남편 헬메

르에게 맞춰 살아왔던 노라는 인간으로서 자신의 자아를 찾기 위해 허위와 위선으로 둘러싸인 인형의 집을 떠나게 됩니다. 이러한 노라의 행동은 무책임하게 보일 수도 있지만 저희는 노라가 그런 사람이 아니라 아내와 어머니로서의 책임을 다한 사람이라고 생각합니다. 뿐만 아니라 자기 자신에 대한 책임까지 생각할 수 있게 된 사람이라고 생각합니다. 그러면 지금부터 저희가 그렇게 생각한 이유를 말씀드리겠습니다.

먼저, 노라는 랑크 박사와의 관계에서 선을 넘는 행동을 하지 않았습니다. 노라는 크로그스타드에게 빌린 돈을 갚을 방법을 찾던 중 랑크 박사에게 필요한 돈을 부탁하여 채무를 해결할 생각을 하지만, 이때 랑크 박사가 노라에게 고백을 하고 맙니다. 자신을 사랑하고 있는 랑크 박사에게 돈을 부탁하였다면 랑크 박사는 선뜻 돈을 주었을 것을 노라는 알고 있었습니다. 하지만 노라는 결국 랑크 박사의 마음을 거절한 채 채무관계에 대한 이야기를 꺼내지 않고 불편해 하며 헬메르의 곁에 둡니다. 이것은 노라가 아내로서 헬메르에 대한 신뢰를 지킴과 동시에 헬메르와 랑크 박사의 관계를 깨뜨리지 않는 최선의 선택이라고 생각합니다.

또한 노라는 헬메르를 위해서 선의의 거짓말을 하였습니다. 노라는 병에 걸린 헬메르의 목숨을 구하기 위해 크로그스타드에게 돈을 빌리고 그일을 헬메르에게 사실대로 말하지 않았습니다. 노라는 헬메르가 남자로서 자존심이 아주 강한 사람이기 때문에 자신에게 도움을 받았다는 것을 알면 수치스럽고 체면이 떨어진다고 생각할 것을 알고 있었고 곧 그것이 현재의 행복한 가정을 다른 모습으로 바꿔 놓을 것이라고 생각했기 때문에 사실을 말하지 않은 것입니다. 결국 이러한 노라의 행동은 가정을 지키기 위한 행동으로 아내로서 남편을 구하기 위한 책임감 있는 행동을 한 것입니다.

마지막으로 노라는 진짜 자신을 찾기 위해 용기 있는 행동을 합니다. 노라의 주위 사람들은 노라가 아무것도 할 수 없을 것이라고 생각합니다. 크리스티네는 노라가 고생을 모를 것이라고 하였고 헬메르는 노라가 스스로는 제대로 행동할 수 없기 때문에 자신에게 기대면 충고를 해주고 인도해주며 노라의 무기력함은 노라를 두 배로 매력적으로 만든다고 말합니다. 그저 헬메르의 마음에 들게 춤추고 노래하는 종달새로서 진심으로 행복하지 않은 결혼 생활을 했다는 것을 노라는 깨닫습니다. 그렇기 때문에 진정한 자기 자신의 자아를 찾기 위해, 자신에 대한 책임을 지기 위해 떠난 것입니다.

누군가가 노라의 삶을 대신 살아 주지는 않습니다. 노라의 삶은 노라가 책임지는 것입니다. 노라는 아내로서, 어머니로서 책임감을 가지고 살아왔으며 이제는 한 명의 인간으로서 자신에 대한 책임을 지려고 하는 책임감 있는 사람입니다. 이상으로 찬성 측 입론을 마치겠습니다. 감사합니다.

토론 도서	조지 오웰의 『동물농장』
논제	피지배계급은 동물농장(혁명)의 실패에 책임이 없다.
반대 측 입론	2017학년도 3학년 김○○(경원중학교)

안녕하십니까. "피지배계급은 동물농장(혁명)의 실패에 책임이 없다."라는 논제에 대한 반대 측 입론을 맡은 김○○입니다. '책임'이란 '어떤 일에 관련되어 그 결과에 대하여 지는 의무나 부담'이라고 정의하겠습니다. 저희는 동물농장의 혁명 실패에 지배계층뿐만 아니라 피지배계층에게도 책임이 있다고 생각합니다. 저희는 피지배계층의 문제점을 찾아보고 비판적으로 생각해 보기 위해 이 토론을 하게 되었습니다. 그럼 지금부터 피지배계층에게도 책임과 의무가 있다는 것을 3가지 근거를 들어 설명을 드리겠습니다.

첫째, 현실의 문제를 방관하는 태도는 미래의 불행을 만들어내는 원인이 됩니다. 방관이란 어떤 일에 직접 나서서 관여하지 않고 곁에서 보기만 하는 것을 의미합니다. 어떤 사건이 일어나는 곳에는 항상 가해자와 피해자 그리고 방관자가 존재합니다. 그 중 방관자가 방관을 하지 않는다면 대부분의 사건은 일이 커지지 않을 것입니다. 대부분의 폭행사건도 그렇습니다. 피해자의 주변에 있던 사람들이 방관하면 사태는 더욱 심각해집니다. 동물농장에서도 벤자민은 사태를 파악하지 못한 복서나 클로버, 개와 양과 달리 사태를 파악하고도 이를 다른 동물들에게 알리려고 노력을 하지 않았습니다.

동물들은 진실을 알 권리가 있습니다. 하지만 자신들의 힘으로는 쉽게 알 수가 없습니다. 따라서 진실을 알고 있는 벤자민이 적극적으로 행동해 혁명의 목적이 무엇인지 돌아보게 해야 합니다. 그러므로 벤자민은 지배계층의 거짓말로 인해 많은 동물들이 피해를 입을 때, 동물농장의 미래를 생각하여 돼지들의 권력에 대항하고, 혁명의 성공을 위해서 잘못을 바로

잡고, 사상의 자유를 되찾으려고 노력했어야 합니다. 그러나 벤자민은 자신에게 큰 피해가 가지 않는다는 생각으로 인해 적극적으로 행동하려 하지 않고 이를 무시하고 받아들이지 않았습니다. 이러한 벤자민의 행동은 동물농장의 실패에 대한 책임이 있습니다.

　둘째, 잘못된 것을 무조건 믿는 맹목적 신념은 사회의 비극을 초래합니다. 클로버와 복서는 존경받을 만한 인물이었습니다. 복서는 다른 동물들에게 신뢰를 얻고 있었기에 그들은 자신의 행동이 다른 동물들에게 어떤 영향을 미칠지 생각하고 신중하게 행동했어야 합니다. 하지만 그들은 잘못된 신념으로 다른 동물들의 진실마저 가렸습니다. 특히 클로버는 현재의 상태가 메이저가 말한 세상이 아니었다는 것을 알고 있었음에도 불구하고 계명을 맹신하느라, 또 존스가 다시 돌아올까 두려워 나서지 않았습니다. 복서는 언제나 나폴레옹은 옳다며 그 이유는 생각하지 않은 채 맹목적으로 자신의 행동이 옳다고 생각하였습니다. 복서와 클로버는 맹목적인 신념에 빠져 자신의 행동이 미래에 어떤 영향을 끼칠지 생각하지 않고 행동했습니다. 이는 결국 동물농장의 실패의 가장 큰 원인 중 하나가 되었습니다. 따라서 맹목적으로 판단하지 않고 자신의 판단이 옳은 이유를 논리적으로 찾았더라면 자신들의 행동이 동물농장의 실패에 영향을 주는지 알았을 것이고, 따라서 옳게 행동하여 실패라는 결과에 도달하지 않았을 것입니다.

　셋째, 타율적으로 행동하는 것은 옳지 않습니다. 개는 지배계층인 돼지가 시키는 대로 다른 동물들을 위협하고 양들은 '네 발은 좋고 두 발은 나쁘다.'라는 구호를 이용해 다른 동물들의 의사표현을 방해하였습니다. 결국 개와 양들은 돼지들이 불러오는 동물농장의 부패와 실패를 가중시켰고 동물농장은 실패했습니다. 개와 양들이 타율에 의해 행동했다고 죄가 없을 수는 없습니다. 이들에게 죄가 없다는 것은 일차 세계 대전 중 유태인 학살의 주범으로 체포된 아이히만이 했던 말, "단지 상부의 명령에 복종했을 뿐 나는 결코 잘못하지 않았다."라는 말과 다르지 않게 됩니다. 개와 양, 그리고 아이히만처럼 타인의 고통을 헤아릴 줄 모르는 생각의 무능은 말하기의 무능을 그리고 행동의 무능을 낳습니다. 개와 양들 그리고 아이히만이 남이 시켜 행동한 것, 즉 타율적 행동은 자기 행동에 책임을 지려고 하지 않는 문제를 발생시킵니다. 그리고 타율에 따른 행동도 도덕적 책임을 면할 수 없기에 개와 양들은 책임을 져야 합니다.

요약하자면, 지식인인 벤자민이 현실의 문제에 무관심한 태도를 취했던 점, 복서와 클로버가 무비판적으로 맹목적 신념에 충실했던 점, 개와 양들이 돼지들의 명령에 따라 행동했다고 하더라도 도덕적 책임을 면할 수 없다는 점을 들어 이들 모두 동물농장의 실패에 책임이 있다고 생각합니다. 이상으로 반대 측 입론을 마치겠습니다. 감사합니다.

6. 입론에 대한 당부

토론에서 입론의 중요성은 아무리 강조해도 지나치지 않다. 입론은 토론의 출발점으로 옷의 첫 단추에 비유할 수 있다. 첫 단추를 잘못 끼우면 아무리 열심히 해도 옷을 제대로 입을 수 없다. 토론도 마찬가지다. 입론이 잘못되면 아무리 토론 중에 열심히 해도 결코 좋은 토론이 될 수 없다. 충분한 시간을 들여서 가능한 완벽한 입론을 작성한 후에 토론에 임해야 한다. 좋은 입론이 좋은 토론을 보장하는 필요충분조건은 아니다. 하지만 좋은 입론은 좋은 토론을 위한 필요조건임을 잊어서는 안 된다.

9
반론

1. 반론이란

반론은 토론의 본질적인 부분으로서 토론의 핵심이다. 토론은 의견의 충돌을 전제로 한다. 이 충돌은 반론 부분에서 주로 이루어진다. 반론은 글자 그대로 상대방의 주장을 반박하는 일이다. 상대방의 주장이든 우리 팀의 주장이든 어떤 주장도 완벽할 수는 없다. 그렇기에 반박이 가능하고 토론이 가능하다.

반론은 상대방 주장의 허점(논리적 오류, 자료의 오류 등)을 찾아서 그것이 왜 잘못되었는지를 논리적으로 밝히는 일이다. 상대방의 주장을 자신의 주장만으로는 반박할 수 없다. 자신의 주장을 뒷받침할 합리적인 이유와 자료(사례)를 바탕으로 상대방의 주장을 반박해야 한다.

토론에서 반박은 자신의 주장이나 의견이 지닌 강점을 바탕으로 상대방의 약점을 비판하는 것이 좋다. 토론의 승패는 무엇을 반박했고 무엇을 반박하지 않았는가에 따라 결정된다.

반론을 할 때는 주의해야 할 점이 있다. 첫째, "침묵은 동의를 뜻한다."란 말을 명심하자. 상대방의 주장 중에서 비판하지 않은 것은 그것을 받아들이는 것으로 간주한다. 즉, 반론 시 거론하지 않은 논점이나 쟁점은 수용한 것으로 간주한다.

둘째, 반박에서는 보통 새로운 주장이 허용되지 않는다. 입론에서 제시한 기존의 주장에 새로운 자료나 의견을 보충하는 것은 가능하지만 새로운 주장을 해서는 안 된다. 앞서 입론에서 언급한 것처럼 모든 주장은 입론에서 이루어져야 하고, 반론은 이 입론에 바탕해서 이루어져야 한다. 입론에서 제시하지 않은 쟁점이나 논점을 들어서 반론해서는 안 된다. 상대방이 주장하지 않은 내용을 반론하는 일은 상식적으로 옳지 않다.

2. 효율적인 반론의 전략

토론에서 효율적인 반론을 할 수 있다면 토론에서 승리할 가능성이 많다. 상대의 주장을 효율적으로 반박하기 위해서는 전략을 잘 세워야 한다. 효율적인 반박을 위한 전략을 세울 때 도움이 될 만한 내용을 몇 가지 소개한다.

첫째, 토론에서 주어진 시간을 고려하여 상대방의 논점 중에서 어느 것을 먼저, 어느 것을 중점에 두고 반박할지를 결정해야 한다. 토론에서는 보통 3가지 논점이 사용되는 데 그 모든 논점이 동등한 수준의 중요성을 가지는 것은 아니다. 각각의 논점들은 서로 분리되어 있는 것처럼 생각되지만 논제에 대한 입장을 증명하기 위한 것이므로 완전히 분리된 것일 수는 없다. 각각의 논점이 완전히 분리된 것이라면 좋은 입론이 될 수 없다. 각각의 논점들은 상호 연결되어서 논제에 대한 입장을 뒷받침할 때 강한 설득력을 발휘한다. 각 논점들이 서로 연결되기 위해서는 공통으로 전제하는 신념이나 가치가 있거나 중심이 되는 논점이 존재해야 한다. 이를 찾는 것은 반박에서 매우 중요하다. 하지만 대부분 학생들의 토론을 보면 개별 논점을 반박하기에 여념이 없다. 상대방이 핵심적으로 전제하고 있는 개념이나 신념 혹은 가치의 문제점을 찾아 반박할 수 있다면 토론은 매우 유리하게 전개될 것이다.

반박을 할 때는 상대방의 각각의 논점(쟁점)을 개별적으로 조목조목 반박하는 것도 좋지만 각각의 논점들의 관계를 살펴 논리적 흐름을 파악하고, 그 흐름에서 논점들이 전제하는 핵심적인 신념이나 가치를 중심에 두고 다른 쟁점들을 이와 연계하여 반박하는 것이 좋은 전략이다.

예를 들어, 『노인과 바다』로 "노인이 먼 바다로 나간 것은 잘못이다."란 논제로 토론한다고 생각해 보자. 첫 번째 쟁점은 정신과 물질의 문제이다. 노인은 물질적인 준비가 부족한 상태에서 큰 물고기를 잡기 위해 먼 바다로 나간다. 그렇지만 그는 숙련된 기술을 갖고 있고 정신적으로는 준비된 상태이다. 이 경우에 그가 먼 바다로 나간 것은 무모함인가 아니면 삶에 대한 열정과 의지를 보여주는가. 두 번째 쟁점은 과정과 결과의 문제이다. 노인은 애써 잡은 청새치를 상어에게 모두 빼앗기고 뼈만 가지고 돌아온다. 상어와 싸움에서 이길 수 없음을 알면서도 목숨을 걸고 싸운다. 이 때 노인의 행위는 가치가 있는 것일까 그렇지 않을까. 노인은 청새치를 잡은 것일까 그렇지 않은 것일까. 세 번째 쟁점은 영웅과 패배자의 문제이다. 우리는 노인을 끝까지 포기하지 않고 싸운 영웅으로 봐야 할까 아니면, 스스로에 대한 통제력을 상실하고 상어와 부질없는 싸움을 벌인 패배자로 보아야 할까. 이 세 가지 쟁점 중에서 핵심이 되는 것은 두 번째 쟁점이다. 찬성 팀이 첫 번째 쟁점에서 이기지 못하더라도 두 번째 쟁점에서 이길 수 있다면 자연스럽게 세 번째 쟁점에서도 이길 수 있다. 비록 이길 수 없다는 것을 알면서도 상어와 끝까지 싸우고 결국은 청새치의 뼈만 가지고 돌아올 수밖에 없었지만 이런 노인의 행위를 불굴의 의지로 싸운 위대한 패배임을 증명할 수 있다면 그를 자연스럽게 영웅적인 인물로 규정할 수 있게 된다. 중요한 것은 청새치의 뼈만 가지고 귀향한 것도, 상어와 무모할 정도로 목숨을 걸고 싸운 것도 아닌, 결과와 상관없이 끝까지 포기하지 않는 그의 강인한 의지 그 자체임을 입증할 수 있다면 물질적으로 다소 준비가 덜 된 부분은 그렇게 중요하지 않다.

또 다른 예로 조지 오웰의 『동물농장』으로 "피지배계급은 동물농장 (혁명)의 실패에 책임이 없다."란 논제로 토론을 한다고 생각해 보자. 여기서 말하는 피지배계급은 벤자민, 복서와 클로버, 양과 개로 한정했다. 첫 번째 쟁점은 벤자민에 대한 것이다. 벤자민은 지적이지만 현실의 문제에 참여하지 않는 동물이다. 이 쟁점에서 제기하는 문제는 지식인이 자신의 지식을 사회를 위해서 사용할 책임이 있는가이다. 두 번째 쟁점은 복서와 클로버에 대한 것이다. 이 쟁점이 제기하는 문제는 복서와 클로버처럼 자신의 신념에 투철한 동물들이 동물농장에 도움이 된다고 생각해서 한 일들이 그들의 어리석음으로 인해 그 결과가 좋지 않을 때 그들에게 책임을 물을 수 있는가이다. 세 번째 쟁점은 개와 양들에 관한 것이다. 개들과 양들은 아무 생각이 없는 동물들이다. 이 쟁점에서 제기하는 문제는 머리가 나쁘고 무지해서 돼지들이 시키는 대로 한 행동이 동물농장에 피해를 주었다면 그들에게 책임을 물을 수 있는가이다.

반대 측의 경우는 이 세 쟁점에 대해 개별적으로 대응할 것이 아니라 서로 연계해서 대응하는 것이 좋다. 찬성 측은 벤자민, 복서와 클로버, 양과 개들이 돼지들을 이길 힘이 없었기 때문에 그들에게 책임을 묻는 것은 문제가 있다고 주장할 수 있다. 물론 이 동물들이 개별적으로 행동하면 그럴 수도 있지만 이들이 서로 힘을 합쳐서 즉 연대하여 돼지들에게 대응했다면 상황은 달라지지 않았을까. 벤자민은 돼지들이 동물농장의 동물들을 속이고 있음을 복서와 클로버에게 알리고 복서와 클로버는 자신이 지닌 힘을 바탕으로 다른 동물들과 힘을 합친다면 상황은 어떻게 전개되었을까. 반대 팀이 이런 방식으로 대응한다면 각각의 쟁점들을 분리해서 개별적으로 대응할 때보다 훨씬 유리하게 토론을 이끌어 갈 수 있다.

또, 반대 팀은 찬성 팀이 복서와 클로버, 개와 돼지들은 자신들의 행동이 어떤 결과를 가져올지 몰랐기 때문에 책임이 없다고 주장한다면, 벤자민의 경우는 돼지들이 동물들을 속이고 있다는 것을 알면서 아무 행동을 하지 않았기 때문에 책임이 있다고 주장할 수 있다.

효율적인 반박을 위해서는 무턱대고 논점들을 각각 분리해서 반박할 것이 아니라 논점들이 서로 어떻게 연결되고 있는지를 숙고하여 잘 살펴야 한다. 이는 반박을 할 때 매우 중요한 일임에도 불구하고 대부분의 학생들은 이를 생각하지 않고 상대방의 주장을 개별적으로 조목조목 반박하려고만 한다.

둘째, 상대방의 주장 중에서 인정할 수 있는 부분은 인정하되 여기서 끝내지 말고 자신들의 생각과 차이가 있는 부분은 분명하게 설명하는 것이 좋다. 중요하지 않은 사소한 충돌지점에서 많은 시간을 소모할 필요는 없다. 예를 들어, 앞에서 언급한 『노인과 바다』의 토론에서 찬성 팀은 노인이 먼 바다로 나가기 위한 물질적 준비가 충분하지 않았음을 인정하면서 노인은 물고기를 잡는 숙련된 기술과 정신적인 강인함을 지니고 있어 이의 극복이 어느 정도 가능했음을 설명하는 것이다. 상대방의 주장에서 인정할 수 있는 부분은 인정하는 것이 심판이나 청중에게 좀 더 호감을 줄 수 있다. 왜냐하면 좀 더 성숙하고 유연한 사고를 하는 토론자라는 인상을 주기 때문이다.

셋째, 반박을 할 때는 디베이트의 전체 개요를 중심으로 생각하고 말해야 한다. 토론의 흐름표를 작성하면서 토론의 흐름을 파악하고 자신의 반박이 무엇에 대한 반박인지를 명확히 해야 한다. 그러면서 상대방의 주장과 우리의 반박을 비교·대조하여 대립점(의견의 충돌지점)을 심판이나 청중에게 명확하게 보여주어야 한다. 대립점을 명확히 한 후에 상대방의 주장의 허점이나 논리적 오류를 파고들어야 한다. 그렇지 않으면 토론이 혼란스럽게 진행되어 심판이나 청중은 각 팀의 주장을 명료하게 파악하기 어렵다. 독서 디베이트 내내 개요를 중심으로 생각하고 말해야 함을 명심해야 한다.

넷째, 토론 모형 중에는 반론이 두 번 있는 경우가 있다. 이 때 첫 번째 반론과 두 번째 반론을 어떤 내용으로 어떻게 반론할 것인지 사전에 계획을 잘 세워야 한다. 학생들의 토론을 보면 첫 번째 반론과 두 번째 반론이 내용면에서 거의 차이가 없는 동어반복의 경향을 보인다. 반론이 두 번 있는 경우, 첫 번째 반론에서는 상대방의 논점 중 가장 취약한 점을 공략하고, 두 번째 반론에서는 첫 번째 반론에서 빠진 내용을 반박하는 것이 효율적이다.

마지막으로 반박을 할 때 적절한 유머를 사용하는 것이 좋다. 토론자가 토론 상황에 맞는 적절한 유머를 사용하면 심판이나 청중들에게 침착하고 여유가 있다는 인상을 줄 수 있다.

박보영·조슈아 박이 지은 『대립토론 결승전』이란 책을 보면, 세계학생토론대회(WSDC)에서 영국 팀과 싱가포르 팀이 "부모의 체벌을 금지한다."란 논제로 토론한 내용의 전문이 실려 있다. 영국 팀은 논제에 대한 찬성의 입장이고 싱가포르 팀은 반대의 입장이다. 사전을 제외한 어떤 자료도 사용할 수 없고, 1시간의 준비 시간 밖에 주어지지 않은 즉흥토론이지만 매우 흥미롭고 수준 높은 토론을 보여준다. 이 토론에서 몇몇 부분에서 인상적인 유머가 등장하는데 이를 간단하게 소개하려 한다.

부모의 체벌에 찬성하는 싱가포르 팀이 사랑은 때로 강인하고 확고

해야 하며 그렇기에 때론 부모는 그들의 아이를 잘 양육하기 위해 가끔 체벌을 하여 아이의 잘못을 고치려 한다고 주장한다. 이 주장에 대해 영국 팀의 토론자는 반대 팀이 사랑에 대한 매우 흥미로운 발언을 했다고 말하면서 "제 여자 친구가 동의할지는 의문이지만 말입니다. 저는 애정을 나누는 것이 사랑이라고 생각합니다."라고 반박한다.

이어서 체벌에 반대하는 영국 팀이 체벌이 아이에게 심리적·신체적으로 나쁜 영향을 주며 부모의 체벌은 부모와 아이의 관계를 나쁘게 만들어 아이가 부모를 미워하게 만든다고 주장한다. 이에 대해 부모의 체벌을 옹호하는 싱가포르 팀은 "음, 저희 엄마도 저를 회초리로 때리셨습니다. 그러나 저는 엄마를 무서워하거나 미워하지 않습니다."라고 반박한다.

또, 영국 팀은 체벌에 대한 대안 중 하나로 부모가 아이에게 소리지르는 것은 괜찮다고 말한다. 그러면서 소리지르는 것은 체벌과 달리 잘못에 대해 설명하는 의사소통의 한 형식이라고 주장한다. 즉, 체벌은 아이에게 심리적·신체적으로 나쁜 영향을 주지만 잘못에 대해 소리치는 것은 괜찮다는 것이다. 이에 대해 싱가포르 팀은 "그들이 저의 코치가 제게 어떻게 소리를 질렀는지를, 제가 얼마나 상처 받았는지를 알았다면, 그렇게 말하지 않을 것입니다."라고 반박한다.

이 사례들에서 보듯이 상황에 맞는 적절한 유모는 토론을 흥미롭게 하면서 강력한 반박의 효과도 지닌다.

3. 반론하는 방법

반론은 상대방의 주장을 반박하는 것이다. 상대방의 주장을 반박하는 방법에는 상대방 주장의 논리적 허점이나 오류를 공격하는 방법과 자신들의 주장을 전개하여 상대방의 주장을 반박하는 방법이 있다. 전자를 직접 반박, 후자를 간접 반박이라고 부른다.

먼저, 직접 반박의 방법부터 살펴보자. 토론의 논점(쟁점)은 '주장+이유(논거)+근거자료(사실)'로 구성된다. 직접 반박은 주장을 뒷받침하는 근거자료나 주장의 이유를 공격하여 상대방의 주장을 무너뜨리는 방법이다. 근거자료를 공격하여 상대방을 무너뜨릴 수 있다면 이는 치명적인 공격 방법이 될 수 있다. 근거 자료가 사실(사실성)이 아니거나, 근거자료가 주장을 뒷받침하는 적당한 것(관련성)이 아닐 때는 더욱 그렇다. 비록 근거자료가 주장과 관련성이 있다 할지라도 그것이 주장을 충분히 뒷받침하고 있는 것(충분성)이 아님을 공격할 수도 있다.

근거자료가 사실성, 충분성, 관련성을 가지고 있다고 하더라도 그것의 이유, 즉 해석을 문제 삼을 수도 있다. 근거 자료를 잘못 해석했거나 근거 자료에 대한 정반대의 해석이 가능하다면 이를 바탕으로 상대를 공격할 수 있다. 이는 상대방의 논증 과정을 문제 삼은 것이다.

토론을 하다 보면 토론자들이 상대방의 증거(근거자료)를 공격할 때 상대의 자료와 반대 되는 증거 자료를 제시하고 반박을 했다고 생각하는 경우가 있다. 분명한 것은 증거 자체가 반박을 하는 것은 아니라는 사실이다. 증거는 주장을 뒷받침하기 위해 논리적으로 해석되어야 한다. 증거의 의미를 제시해야 한다.

토론에서 제시되는 증거들은 사실이어야 한다. 토론에서 증거의 사실성 유무가 문제가 되는 것은 바람직하지 않다. 토론에서 제시되는 증거는 당연히 사실이어야 한다. 토론에서는 증거에 대한 논리적 해석인 증거의 의미, 증거들과의 관련성 등이 문제가 되어야 한다. 결국 토론에서 근거의 사실성보다는 충분성이나 관련성이 더 문제가 되어야 한다.

일반적으로 근거의 충분성은 주장을 증명하기 위해서 제시한 사례의 비율이나 정도가 충분해야 함을 의미하지만 독서 디베이트에서는 근거로 제시된 작품의 내용이 전형적으로 그 주장을 뒷받침할 수 있는 사례가 되어야 함을 의미한다. 주장을 뒷받침할 수 있는 작품 내의 인물의 행동이나 발언, 심리는 작품 곳곳에 존재할 수 있는데, 그 중에서 가장 전형적인 사례를 근거자료로 가져와야 함을 의미한다. 즉, 독서 디베이트에서의 충분성은 양적 충분성이라기보다는 질적 충분성으로 보아야 한다.

근거의 관련성은 독서 디베이트에서 매우 중요한 요소이다. 독서 디베이트는 결국 작품(텍스트)에 대한 해석의 싸움이기 때문이다. 근거자료인 텍스트에 적절한 해석을 가하여 주장과 근거자료(텍스트) 사이에 관련성을 어떻게 맺어줄 것인가가 매우 중요하다.

마지막으로 주장 자체를 문제 삼을 수 있다. 여기서 주장은 논점으로 상위 주장(입장)을 뒷받침하기 위한 하위 주장을 말한다. 이 하위 주장이 입장을 뒷받침하고 있지 않음을 공격할 수 있다.

간접 반박은 논제에 대한 입장과 관련하여 상대방의 주장과 다른 주장(논점 제시)을 하는 것이다. 찬성 팀이 논제에 대한 자신들의 입장을 증명하기 위해 A, B, C라는 주장(논점)을 한다면, 반대 팀은 D, E,

F라는 다른 주장을 내세워 찬성 측을 반박할 수 있다.

토론에서는 논제에 대한 쟁점이 생긴다. 그렇기에 토론이 가능하다. 찬성 측은 반대 측과 이 쟁점을 사이에 두고 논제에 대한 자신의 입장을 증명하기 위해서 자신들에게 유리한 논점은 사용하고 그렇지 않은 논점은 의도적으로 배제한다. 이는 당연하다. 이와는 반대로 반대 측은 찬성 측이 자신들의 입장을 증명하기에 불리하여 의도적으로 배제한 주장(논점)을 바탕으로 자신들의 입장을 증명하려 할 것이다. 이 때 반대 측이 사용하는 방법이 간접 반박이다.

토론에서 찬성 측이 사용하는 논점은 현 상황에 대한 반박의 성격을 띠고 반대 측이 사용하는 논점은 찬성 측의 입장에 대한 반박의 성격을 지닌다. 상대방의 주장, 이유, 근거를 직접 공격하지 않더라도 자기 팀의 입장을 강화하거나 방어하는 것은 다른 팀에 대해서 간접적인 반박으로 작용하다.

예를 들어 "청소년 아르바이트 바람직하다."라는 논제로 토론을 할 때, 찬성 측이 청소년의 아르바이트는 청소년들이 경제관념을 형성하는 데 도움을 준다고 주장했다고 생각해 보자.

찬성 측은 자신들의 주장을 증명하기 위해서 청소년들을 대상으로 한 아르바이트가 경제관념 형성에 도움이 되었다는 통계 등의 근거 자료를 제시할 것이다. 이에 대해 반대 측은 통계 자료의 출처를 요구하면서 자료의 신뢰성을 공격할 수도 있고, 통계 자료의 해석에 문제(지나친 일반화 등)가 있음을 제기할 수도 있다. 이와 같은 형태로 진행되는 것은 직접 반박이다.

이와는 달리 간접 반박은 반대 측이 상대의 주장의 허점이나 논리적 오류를 직접 공격하는 대신 청소년의 아르바이트는 유흥문화와 과소비를 조장한다고 주장하여 상대방을 공격하는 방법이다. 즉 상대와 다른 공격적 주장을 통해서 상대를 반박하는 것이다.

다른 예로, 만약 찬성 측이 정부가 청년 일자리 창출을 위해서 국가의 재정을 대거 확충해서 긴급하게 지출해야 한다고 주장하면서 이와 같은 지출이 국가 재정에 미칠 악영향을 언급하지 않고 있다면, 반대 측은 이를 언급하면서 적자 지출 등의 재정적 문제를 들어 찬성 측을 공격할 수 있다. 이 때 찬성 팀은 반대 팀이 내세운 이유나 근거 자료를 직접 공격하는 한편 반대 팀에 맞서 자신들의 입장을 보완하고 강화하려 할 것이다.

결국 간접 반박의 효과는 위 토론의 논점 구성(주장+이유+근거자료)을 참고할 때 얼마나 상대방보다 더 나은 이유와 근거를 제시할 수 있는가에 달려있다. 반대 측도 새로운 주장을 펼칠 경우에는 이에 대한 입증의 책임을 져야한다.

토론을 처음 접하는 학생들은 대부분 반박 시간을 채우지 못한다. 반박 시간을 채우는 것을 매우 힘들어 한다. 이는 학생들의 토론 능력이 부족해서일 수도 있고 토론 준비가 부족해서일 수도 있다. 하지만 학생들의 반론을 잘 분석해 보면 다른 중요한 이유가 있음을 알 수 있다. 대부분의 학생들은 반박을 하라고 하면 직접 반박만 생각해서 상대방의 주장에 대한 이유나 근거를 바로 공격한다. 하지만 상대방의 주장에 대한 직접 반박은 하기도 쉽지 않을 뿐더러 상대방의 주장에 대해 직접 반박을 하고 나도 대부분 시간이 남는다. 이 때 자신들의 주장을 상대로부터 방어하거나 강화하는 간접 반박을 해야 한다. 그런데 대다수의 학생들은 간접 반박은 반박이라고 생각하지 않아서 남는 시간을 포기하는 경향이 있다.

여기서 하나만 더 짚고 넘어가자. 찬성 팀의 입론은 현 상황에 대한 반론이고, 반대 팀의 입론은 찬성 팀의 입론에 대한 반론이다. 양 팀의 입론은 토론이 진행되면 확인질문도 받게 되고 상대방의 반론도 듣게 된다. 반론을 할 때는 상대의 확인질문에 미처 답하지 못한 내용을 반론에서 답해야 하고, 상대방의 반박에 대해서도 재반박을 해야 한다. 물론 이 모든 일은 자신들의 입론을 강화시키는 방향으로 진행되어야 한다. 상대방에 대한 직접적인 공격만이 아니라 토론의 진행 상황을 반영하여 우리 팀의 입론을 튼튼하게 만들어 가는 것도 그 자체가 상대에 대한 공격이 됨을 잊지 말자.

지금까지 직접 반박과 간접 반박에 대해 설명했지만 이들의 구분이 늘 명확한 것은 아니다. 아르바이트가 경제관념 형성에 도움을 준다는 찬성 측의 주장을 반대 측이 반박하기 위해서 아르바이트가 오히려 유흥문화와 과소비를 조장한다고 말할 때, 이는 쉽게 상대방 주장에 대한 직접 반박처럼 생각된다. 이 때 우리는 반대 측이 찬성 측에 반해서 자신들의 주장을 증명하기 위해 제시하는 자료나 이유가 자기 팀의 주장을 증명하기 위한 것에 중점이 있는지, 아니면 상대방의 주장을 반박하는 데 중점이 있는지를 살펴봐야 한다. 자신들의 입장을 증명하는 데 중점을 두고 있다면 간접 반박으로, 상대방의 주장에 대한 이유나 근거를 공격하기 위해 자신들의 이유나 자료를 사용하고 있다면 직접 반박으로 봐야 한다. 즉, 직접 반박은 상대방 주장의 논리적 허점이나 오류를 공격하여 우리 팀을 공격하지 못하도록 하는 방어적 성격이 강한 반면, 간접 반박은 우리 팀의 주장으로 적을 공격하는 공격적 주장이라고 볼 수 있다.

사실 토론에서 직접 반박과 간접 반박의 구분은 그렇게 중요한 문제가 아닐지도 모른다. 그럼에도 굳이 이를 구분하려고 시도하고 이에 대해 자세히 설명하는 이유는 우리 팀의 주장에 대한 옹호와 확장도 상대방에 대한 공격의 효과가 있다는 것을 알려주기 위해서이다. 어떻게 보면 이는 상식적인 생각이다. 상대방을 직접 공격하는 것 못지 않게 우리의 성(입장)을 잘 방어하는 것도 상대에 대한 간접 공격의 효과가 있기 때문이다. 그런데도 실제 학생들의 토론을 보면 이에 대한 이해가 부족해 보인다.

우리는 흔히 가장 효과적인 방어는 공격이라고 말한다. 틀린 말은 아니지만 최선의 공격 방법은 직접 반박과 간접 반박을 적절하게 활용하는 것이다. 공격도 중요하지만 입론에 대한 방어도 중요하다. 자신들의 입론에 대한 효과적인 방어는 곧 효과적인 공격과 연결될 뿐만 아니라 그 자체가 효과적인 공격임을 명심하자.

4. 반론의 4단계

존 미니·케이트 셔스터(허경호 옮김)의 『모든 학문과 정치의 시작 토론』은 의회식 토론을 소개하다. 이 책은 의회식 토론뿐만 아니라 토론 전반에 대해서 공부하기에도 좋은 책이다. 이 책에서는 반박의 방법을 4단계로 나누어 설명하고 있다. 이 방법은 매우 효과적인 반박의 방법일 뿐만 아니라 학생들에게 반박의 방법을 가르치는 데도 유용하다. 이를 소개하고자 한다. 이 책의 내용을 중심에 두고 필요한 곳에는 설명을 덧붙였다.

1단계: "그들 말로는…"(찬성 측은 혹은 반대 측은…)

상대방의 주장을 반박할 때는 어떤 주장에 대한 반박인지 언급해야 한다. 그렇지 않은 경우, 심사위원이나 청중은 어떤 주장에 대한 반박인지 혼동할 수 있다. 심지어 왜 이런 내용을 말하고 있는지 모를 수도 있다. 토론의 세 가지 의무 중 하나인 의사소통의 의무를 이행하기 위해서도 반드시 무엇에 대한 반박인지 언급해야 한다. 이는 심판이나 청중을 위한 배려이다.

반론을 하는 사람은 당연히 반론하기 전에 무엇에 대해 반론할 것인지 머리 속으로 생각을 하지만 심판이나 청중은 반론자가 머리 속에서 무슨 생각을 하는지 알 수 없다. 그런데 무엇에 대한 반론인지 말하지 않고 바로 반론을 시작한다면 심판이나 청중은 반론자의 생각을 따라가기 어렵다.

상대방의 주장에 대해 언급할 때는 신속하게 해야 한다. 토론은 시간의 싸움이다. 상대방의 주장을 그대로 반복해서 불필요하게 시간을 낭비할 필요는 없다. 또, 상대방의 주장을 그대로 다시 한번 반복해 주는 것은 상대방을 이롭게 할 뿐이다. 반복적으로 말해진 내용은 심판이나 청중이 기억할 가능성이 더 많기 때문이다. 이와 같은 이유로 상대방의 주장을 언급할 때는 반박하려는 상대방의 주장을 세 단어에서 일곱 단어 정도로 요약하여 자신의 주장을 펼 수 있는 시간을 최대한 확보해야 한다. 가능한 최대한 짧게 한 문장 정도로 상대의 주장을 요약하는 것이 바람직하다.

예를 들면, "그들 말로는("긍정측은…" 혹은 "부정측은…") 복지혜택을 줄이면 경제에 도움이 된다는데, 그렇지만…" 혹은 "그들은 배트맨이 슈퍼맨보다 낫다고 주장하지만…"이나 "그들의 지구 온난화 주장에 대해서…"와 같이 상대방의 주장을 언급하면 된다.

2단계: "그렇지만 저는, …에 동의하지 않습니다."

반박하고자 하는 상대방의 내용을 알려주었다면 그 다음 단계는 우리 팀의 의견을 명확히 해야 한다. 상대 팀의 주장을 반박하면서 내세우는 자신들의 반대 주장의 기본적인 논점을 언급해야 한다. 이는 상대의 주장에 대해 단순히 반대하는 주장을 내놓는 것이다. 상대 팀과 대립점을 명확히 하여 자신의 반박을 명확하고 간략하게 한 문장 정도로 제시하면 된다. 이런 간략한 제시는 심판이나 청중 또는 토론의 상대방이 요점을 기억하고 받아 적기하는 데 도움이 된다.

이 단계에서는 상대의 논점에 대해 단순히 반대하거나 상대가 자신의 논점을 지지하기 위해 제시한 이유나 증거에 대해 공격할 수도 있다. 즉 상대 팀의 주장이나 이유, 증거 등에 대해 동의하지 않는다고 말하는 것이다.

3단계: "왜냐하면…"

상대방의 주장이나 이유, 근거자료에 동의하지 않는다고 말했다면 그 다음 순서는 당연히 이유를 제시해야 한다. 상대방의 주장에 반박을 전개하고 난 후에 이유를 제시하는 것은 반박자의 의무이다. 아무 이유 없이 상대방의 주장을 반박할 수는 없다. 반박의 승패는 상대방의 주장을 얼마나 논리적이고 합리적인 이유를 들어 반박하는가에 달려 있다.

여기서 이유는 자신들의 주장에 대한 별개의 뒷받침이 될 수도 있고, 상대 주장에 대한 추론적 비판이 될 수도 있다. 즉 자신의 주장을 뒷받침하는 증거나 이유를 들어서 상대를 반박할 수도 있고, 상대방의 주장, 이유(논거), 근거자료(증거) 등이 타당하거나 옳지 않음을 이유로 들어 반박할 수도 있다.

4단계: "그러므로…"

내 주장(주장에 대한 이유와 근거자료)을 가지고 상대방의 주장을 일방적으로 비판한다면 심판이나 청중이 보기에 내 주장이 상대방의 주장보다 더 낫다고 보지 않을 수도 있다. 자신의 반박을 상대의 주장과 비교하여 결론을 이끌어내고 어떻게 상대 팀을 효과적으로 제압했는지를 보여주어야 한다. 이는 보통 추론이나 증거 혹은 이 둘을 비교함으로써 이루어진다. 우리가 제시한 증거나 이유 등이 더 낫다는 것을 상대 팀의 증거나 이유와 비교하여 보여주어야 한다.

위에서 제시한 반박의 4단계를 "소극적 안락사를 인정해야 한다."란 논제를 가지고 예를 들어 보고자 한다. 찬성 측이 의사 결정권을 이유로 안락사에 찬성한다고 했을 때에 반대 측은 다음과 같이 반박할 수 있다.

"찬성 측은 개인의 자유를 이유로 소극적 안락사에 찬성하고 있습니다. 그렇지만 저희는 스스로 죽을 수 있는 자유까지를 허용해서는 안 된다고 생각합니다. 왜냐하면 생명은 가장 소중한 것일뿐더러 이의 허용은 자칫 생명 경시 풍조로 이어질 수 있기 때문입니다. 그러므로 저희는 공익을 위해 자유를 제한할 수 있는 것처럼 죽을 수 있는 자유는 인정되어서는 안 된다고 생각합니다. 또한, 환자의 고통을 덜어 줄 수 있는 방법은 안락사 이외에도 많이 있습니다. 개인의 자유보다 공공의 이익을 우선해야 합니다."

"청소년 아르바이트 바람직하다."란 논제로 반론의 예를 한 가지만 더 들어보자.[72] 만약 찬성 측이 "아르바이트를 통해서 돈의 소중함을 알게 되어 건전한 소비 습관이 형성됩니다. 왜냐하면 돈은 자신이 노력한 대가이므로 돈을 함부로 낭비하지 않고 의미 있게 사용하려는 태도가 생기기 때문입니다. 워런 버핏은 검소하게 생활하기로 유명합니다. 점심으로 햄버거와 콜라를 즐겨 먹고 중고차를 직접 몰고 다니며, 50년째 같은 집에서 산다고 합니다."라고 주장했다고 하자.

반대 측은 다음과 같이 반박할 수 있다. "찬성 측은 아르바이트로 받은 돈을 사용할 때 형성되는 태도에 주목하고 있습니다. 힘들게 번 돈이기 때문에 함부로 낭비하지 않아 건전한 소비 습관이 형성된다는 것입니다. 그러나 저희는 두 가지 이유 때문에 이 주장에 동의할 수 없습니다. 첫째, 건전한 소비 습관을 형성하기보다 돈을 낭비하게 되는 경우가 더 많습니다. 서울 YMCA 자료에 따르면 아르바이트로 번

---

72) 이 반론의 예는 신광재 외 7인이 쓴 『토론을 알면 수업이 바뀐다』란 책의 126페이지에서 가져온 것임.

돈을 52.5%는 옷과 신발 구매, 9%는 유흥비, 10%는 술과 담배 구입에 쓴다고 합니다. 둘째, 찬성 측이 사례로 든 워런 버핏의 검소한 소비 습관은 아르바이트를 통해 형성된 것이 아니기 때문에 논제와 연관이 없습니다. 그러므로 아르바이트가 건전한 소비습관의 형성에 도움이 된다는 찬성 측의 논리를 받아들일 수 없습니다."

반박을 할 때 반드시 위의 4단계를 지켜야 하는 것은 아니다. 하지만 가능하면 위의 4단계를 의식적으로 지키면서 반박을 한다면 토론이 훨씬 효과적으로 진행될 것이며, 토론자들의 반박 능력도 빠르게 신장될 것이다.

5. 독서 디베이트의 반론 시범

토론 도서	조지 오웰의 『동물농장』
논제	피지배계급은 동물농장(혁명)의 실패에 책임이 없다.
찬성 측 반론	정한섭

반론하는 방법에 대한 시범을 보이기 위해서 조지 오웰의 『동물농장』을 읽고 "피지배계급은 동물농장(혁명)의 실패에 책임이 없다."란 논제로 토론하기 위해서 2017학년도 경원중학교 3학년 김○○ 학생이 쓴 위의 예시 입론에 대한 반론 글을 써 보았다.

안녕하십니까. 저는 찬성 측 반박을 맡은 제2토론자 정한섭입니다. 반대 측은 3가지 근거를 들어 피지배 계급은 동물농장의 실패에 책임이 있다고 말씀하셨습니다. 이 세 가지 근거에 대해서 순서대로 반박하겠습니다.

반대 측은 먼저 방관적인 태도의 문제점을 말했습니다. 그렇지만 저희는 벤자민으로 인해서 동물농장의 미래가 불행해졌다고 생각하지 않습니다. 왜냐하면 우선 동물농장의 실패에 대해 벤자민에게 책임을 묻기 위해서는 동물농장의 모든 동물들에게 책임을 물어야 할 것입니다. 벤자민에게도 꼭 그만큼의 책임이 있을 것입니다.

벤자민이 동물농장을 위해서 자신의 지식을 적극적으로 사용하지 않은 것은 사실입니다. 하지만 벤자민이 자신의 지식을 적극적으로 사용했다면 사태가 달라졌을까요. 아마 벤자민은 자신의 경험으로 자신이 나서면 동물농장이 더 어려워질 수 있다고 생각하지 않았을까요.

우리는 벤자민에게 책임을 묻기 전에 그가 지식을 자신의 이익을 위해 적극적으로 사용하지 않았다는 점도 고려해야 한다고 생각합니다. 우리 주변에는 자신의 지식을 팔아서 자기 이득을 꾀하는 많은 지식인이라는 사람들이 있습니다. 그들에 비하면 벤자민은 지식인으로서 최소한의 책임은 다한 것이 아닐까요.

그러므로 벤자민에게 동물농장의 실패에 대한 책임을 묻는 것은 부당하다고 생각합니다.

다음으로 반대 측은 잘못된 신념으로 인한 비극을 언급했습니다. 그렇지만 복서와 클로버는 자신들의 신념이 잘못되었다는 사실을 알지 못했으므로 그들에게 책임을 물어서는 안 된다고 생각합니다. 왜냐하면 자신들의 신념이 동물농장에 피해를 준다는 사실을 알았다면 그들은 결코 그 신념에 따르지 않았을 것입니다.

우리는 복서와 벤자민의 잘못된 신념보다는 그들의 선한 의도를 먼저 보아야 한다고 생각합니다. 그들은 누구보다 성실하게 일했습니다. 그들의 신념은 동물농장을 위한 것이지 자신의 이익을 위한 것이 아니었습니다. 그들은 나폴레옹에 대한 믿음과 계명에 대한 믿음이 동물농장을 위해 꼭 필요하다고 생각했을 것입니다. 지도자에 대한 믿음과 일종의 법인 계명에 대한 믿음이 없다면 동물농장은 혼란에 빠질 것입니다.

반대 측은 클로버와 복서는 다른 동물들에게 존경과 신뢰를 받고 있었기에 자신들의 행동이 다른 동물들에게 미칠 영향을 생각하고 신중하게 행동했어야 한다고 말했습니다. 맞습니다. 그래서 더욱 복서와 클로버는 지도자에 대한 믿음과 계명을 철저하게 지킬 수밖에 없었다고 생각합니다. 만약 그들이 의심하고 회의하는 모습을 보였다면 동물농장은 금방 혼란에 빠졌을 것입니다. 그들은 존경 받는 인물이었기에 신념에 더 투철할 수밖에 없었던 것은 아닐까요.

그러므로 복서와 클로버에게 잘못된 신념의 책임을 묻는 것은 그들의 선의를 왜곡하는 가혹한 일이라고 생각합니다. 그들이 자신들의 신념과 그에 바탕한 행위로 어떤 개인적인 이익을 취했다면 그들에게 책임을 물을 수 있겠지만 그들은 결코 그렇게 하지 않았습니다.

마지막으로 반대 측은 타율적 행동의 잘못에 대해 말했습니다. 그렇지만 저희는 개와 돼지들에게 책임을 물어서는 안 된다고 생각합니다. 왜냐하면 개와 돼지들은 스스로 사고할 능력이 없는 도구와 같은 존재입니다. 도구는 주인이 어떻게 쓰는가에 따라 유용하게 사용될 수도 그렇지 않을 수도 있습니다. 개와 양들을 돼지들이 아닌 다른 동물들이 교육시켰다면 이들은 동물들을 보호하고 언론의 자유를 수호하는 동물들이 될 수도 있었다고 생각합니다.

찬성 팀은 유대인 학살의 주범 중 한 사람인 아이히만의 예를 들었습니다. 하지만 이 예는 적당하지 않다고 생각합니다. 아이히만은 스스로 사고할 수 있는 능력을 갖고 있는 반면, 개와 양들은 아이히만과 지적 능력에서 비교할 수 없는 존재들입니다.

개와 양들이 타인의 고통을 헤아릴 줄 모르는 무능을 지녔다고 반대 팀은 말했습니다. 그들의 말을 인정한다고 하더라도 왜 개와 양들은 그렇게 되었을까요. 그것은 돼지들이 그렇게 교육시켰기 때문이 아닐까요.

그러므로 개와 양들은 무지한 가해자들이 아니라 무지의 피해자들은 아닐까요.

이상으로 찬성 팀 반론을 마치겠습니다. 감사합니다.

6. 독서 디베이트의 학생 반론 예시

독서 디베이트에서 학생들이 사전에 준비한 반론을 몇 가지 소개한다. 앞의 입론처럼 특별히 뛰어난 반론이기 때문이 아니라 이런 식으로 반론을 준비할 수 있다는 것을 보여주기 위해서 소개하는 것이다.(사실 학생들의 독서교육을 위해서 디베이트를 할 때 학생들의 뛰어난 토론 실력은 중요하지 않을지도 모른다. 보다 더 중요한 것은 책을 즐겁게 읽는 일이다.)

토론 도서	『아우를 위하여』, 『우상의 눈물』, 『우리들의 일그러진 영웅』
논제	한 사람의 잘못(폭력)은 우리 모두의 잘못이다.
찬성 측 반론	2016학년도 3학년 이○○(마산동중학교)

예. 안녕하십니까? 저는 "한 사람의 잘못(폭력)은 우리 모두의 잘못이다."라는 논제에 찬성하는 반론자 이○○이라고 합니다. 반론에 들어가기 전에 다시 한번 용어의 개념 정의를 하겠습니다. 저희는 이번 논제인 '잘못'이란 '잘하지 못하여 그릇되게 한 일, 또는 옳지 못하게 한 일'이라고 정의합니다. 그럼, 반론을 시작하겠습니다.

첫 번째, 반대 측에서 개인의 잘못은 개인에게만 책임이 있기 때문에 우리 모두의 잘못이 아니라고 말씀하셨습니다. 그러나 잘 생각해보면 『우리들의 일그러진 영웅』에서 엄석대는 폭력을 이용해 거의 모든 아이들을 자발적으로 복종하게 만들었습니다. 하지만 서울에서 전학 온 한병태는 엄석대의 권위를 인정하지 않고 대항하였으나 결국 엄석대에게 복종하고 맙니다. 한병태는 왜 엄석대에게 굴복한 것일까요? 그것은 병태가 단지 엄석대가 무서워서 그런 것이 아니라 석대를 포함한 거의 모든 아이들이 병태를 왕따시키고 복종할 수밖에 없는 상황으로 만들어 놓았기 때문입니다. 또 폭력적인 행동에 대해 사회의 책임을 묻는 것은 그들의 폭력을 정당화시키는 것이라고 하셨는데 만약 처음부터 반 아이들이 엄석대의 폭력에 대항하여 바로 잡았다면 이런 끔찍한 일이 생기지 않았을 것입니다. 반아이들 모두가 석대의 명령을 따랐으며 그가 잘못된 일을 시키더라도 무조건 행했습니다. 그로 인해 석대는 자신의 폭력과 잘못이 옳다고 생각하고 계속 악행을 저지르게 됩니다. 따라서 석대의 폭력은 석대 개인에게만 잘못이 있는 것이 아니라 그를 포함한 학급 아이들에게도 책임이 있습니다.

두 번째, 반대 측에서 학급 아이들이 폭력의 희생자라고 말씀하셨습니다. 하지만 학급 아이들은 석대에게 자발적 복종을 하였고 석대와 같은 폭력의 가담자입니다. 여기서 자발적 복종이란 '남이 시키거나 요청하지 않았는데도 자기 스스로 남의 명령이나 의사를 좇아서 행하는 것'을 의미합니다. 『우리들의 일그러진 영웅』에서 한병태는 석대가 직접적으로 시키거나 요청하지 않았는데도 석대에게 스스로 복종을 하였습니다. 그리고 석대에게 복종을 하자마자 엄청난 혜택이 주어지자 크게 만족하고 지난 일을 후회합니다. 이 모습에서 병태는 자신의 이익을 누리기 위해 자발적으로 복종을 하며 석대의 악행을 스스로 도운 것입니다. 만약 학급 아이들이 모두 힘을 모아 석대에게 저항했다면 그의 폭력은 지속될 수 없었을 것입니다. 하지만 학급 아이들은 개인의 이익을 빼앗기는 것을 두려워하며 오히려 석대의 악행을 도와줬기 때문에 학급아이들에게도 책임이 있습니다. 따라서 학급 아이들을 폭력의 희생자라고 말하는 것은 옳지 않습니다.

세 번째, '폭력에 대한 폭력은 선이다'라고 반대 측에서 말씀하셨습니다. 하지만 담임 선생님이 석대에게 가한 체벌은 악입니다. 석대는 답지 교체 사건으로 석대의 잘못이 들통이 나기 시작합니다. 이로 인해 담임은 가차 없이 석대를 매로 두들겨 팹니다. 이 상황을 유심히 살펴보면 석대는 이미 자신이 한 행동들이 모두 옳다고 생각하고 있고 잘못된 가치관에 세뇌 되어 있습니다. 그런 상황에서 석대를 무차별적으로 때린다면 석대는 화만 날 것입니다. 체벌은 학생들이 잘못을 깨우치고 반성하라는 의미에서 하는 것입니다. 하지만 석대의 담임은 석대의 가난한 형편, 가정폭력으로 인한 잘못된 가치관을 고려하지 않고 무차별적으로 폭력을 가했습니다. 이는 석대에게 아무런 효과가 없는 폭력일 수밖에 없습니다. 만약 『아우를 위하여』에서 영래 반의 교생 선생님처럼 비폭력적인 방식으로 아이들이 학급 내 폭력의 문제를 스스로 해결할 수 있도록 했다면 오히려 더 좋은 방법이 될 수 있었을 것입니다. 따라서 폭력에 대한 폭력은 악입니다. 이상으로 찬성 측 반박을 마치도록 하겠습니다.

토론 도서	헤밍웨이의 『노인과 바다』
논제	노인이 먼 바다로 나간 것은 잘못이다.
찬성 측 반론	2017학년도 3학년 석○○(마산동중학교)

안녕하십니까? 저는 찬성 측 반론을 맡은 제2토론자 석○○입니다.

먼저 반대 측에서는 모험을 떠난 것은 열정과 의지라고 하셨는데 저희 찬성 측은 모험을 떠난 것은 무모함이라고 생각합니다. 왜냐하면 페이지 33쪽을 보시면 "그는 뱃머리에 물병 하나를 가져다 두었는데, 그것이 하루 종일 그가 필요로 하는 요깃거리의 전부였다"라는 문장이 나와 있습니다. 이 문장에서 추측할 수 있는 것은 물질적으로 준비한 것이 없다는 것입니다. 또한 먼 바다를 나가는데 준비를 하지 않는다면 목숨이 위태로울 수 있습니다. 소용돌이 치는 파도에 의해 배가 부서질 수 있는데 과연 이것을 열정과 의지라고 할 수 있을까요? 무모함이 아닐까요?

다음으로 반대 측에서는 청새치를 지키고자 했던 노인의 행위는 가치가 있다고 과정을 중시하셨는데, 저희 찬성 측에서는 모험을 떠난 것은 가치가 없고 결과를 중시해야 한다고 생각합니다. 왜냐하면 과연 모험을 떠나 먼 바다를 힘들게 가서 청새치를 잡았지만 상어들이 다 먹은 것이 그게 가치 있는 걸까요? 그리고 과정은 청새치를 잡았지만 결과는 뼈다귀만 남았는데 이건 가치가 없지 않을까요?

자존심을 회복하기 위해서 먼 바다로 떠난 것이라고 나와 있는데 청새치를 잡았을 때 뿌듯하고 기쁠텐데, 상어들이 와서 다 먹어 버렸는데 과연 노인에게 뿌듯함과 기쁨이 남아 있을까요?

그는 청새치를 지키지 못 할 것을 알고 있었습니다. 그러면서도 그는 목숨이 오가는 행동을 하였습니다. 노인은 결국 청새치를 지키지 못하여 노인의 노력이 무의미해졌습니다. 과연 노인의 행위가 가치가 있을까요?

마지막으로 반대 측에서는 노인을 청새치와 상어와 맞서 싸운 영웅이라고 하셨는데, 저희 찬성 측에서는 청새치를 지키고자 상어와 맞서 싸운 어리석은 패배자라고 생각합니다. 패배가 이미 예정된 싸움에 목숨을 걸고 어리석게 싸우는 것이 영웅일까요? 노인은 처음 84일 동안 한 마리의 물고기도 잡지 못했습니다. 무모하게 청새치를 지키려고 한 것은 한 마리라도 잡고 싶은 지나친 집착과 욕심 때문이 아닐까요?

지금까지 저희 찬성 측 반론을 들어 주셔서 감사합니다.

토론 도서	로버트 루이스 스티븐슨의 『지킬 박사와 하이드 씨』
논제	지킬 박사는 하이드의 행위에 책임이 없다.
반대 측 반론	2017학년도 3학년 박○○(마산동중학교)

① 지킬의 변신 의도가 나쁘지 않다. 쾌락 추구는 보편적인 욕구이다.

쾌락은 보편적인 욕구이므로 이를 원하는 것이 죄라는 것은 아니다. 하지만 쾌락을 즐김으로써 생기는 문제에는 반드시 책임을 져야 한다. 이런 점에서 지킬의 발상은 무책임하다. 하이드라는 도피처를 만들어 자신의 쾌락에 책임지지 않으려 하기 때문이다. 이것은 잘못된 발상이다.

② 지킬의 변신이 통제를 벗어났기 때문에 지킬의 책임이 없다.

지킬의 변신이 통제를 벗어나기 이전에 충분히 되돌아갈 기회가 있었다. 맨 처음 변신을 했을 때 지킬과 하이드의 의식의 비중이 9:1이었다면, 갈수록 8:2, 7:3 점점 하이드를 의식하고 그에게 붙들리는 것을 지킬도 느꼈을 것이다. 그러나 그는 4:6, 즉 지킬보다 하이드가 더 영향력이 있게 되는 임계점을 넘을 때까지 멈추지 못했다. 통제를 벗어난 시점부터 하이드의 잘못도 문제가 있지만 더욱 중요한 점은 통제를 벗어날 때까지 지킬은 하이드를 방치했다는 점에 있다.

③ 하이드가 저지를 악의 정도를 예상할 수 없었고 의도적인 것이 아니다.

이 주장은 지킬의 행위가 미필적 고의라는 것인데, 지킬의 쾌락 추구는 결국엔 중독과 같은 것이다. 알코올 중독자가 처음 술을 마실 때 알코올 중독을 원한 것이 아니듯이, 하이드를 만들 때도 사람을 죽이는 결과를 원하진 않았을 것이다. 이것은 인정해야 할 부분이다.

하지만 쾌락이라는 것은 이렇다. 처음에 저지른 쾌락의 정도가 10이라면 다음에는 더욱 큰 쾌락을 원하게 되어 있다. 점점 적은 자극에는 무뎌지는 것이다. 점점 큰 쾌락을 추구하다 보면 절제하기도 점점 힘들어진다. 도덕적 자아가 절제를 하는 것인데 지킬인 상태에서만 가능한 이야기이다. 지킬이 하이드를 만든 것은 결국 절제를 포기하겠다는 의미가 아닐까. 하이드는 절제를 할 수가 없도록 만들어진 인격이다. 하이드는 지킬이 절제를 포기한 쾌락을 즐기고 싶은데 책임을 지고 싶진 않기 때문에 만들어진 악이다. 결과적으로 당연한 수순이다. 하이드가 점점 의도와는 다르게 변해가는 것도 필연적인 것이다. 이렇게 보아도 미필적 고의라고 할 수 있는가? 이것은 확정적 고의다.

④ 중독의 상태이기 때문에 선택을 할 수 없었다.

알코올중독자가 처음부터 알코올에 중독되기 위해 술을 마신 게 아니듯 지킬도 처음엔 점잖지 못한 정도의 쾌락을 추구한 것이 맞다. 그러나 2의 이유와 같아 지킬의 책임이다.

2의 이유: 지킬과 하이드의 의식의 비중이 9:1이었다면 갈수록 8:2, 7:3 점점 하이드를 의식하고 그에게 붙들리는 것을 지킬도 느꼈을 것이다. 그러나 그는 4:6, 즉 지킬보다 하이드가 더 영향력이 있게 되는 임계점을 넘을 때까지 멈추지 못했다. 통제를 벗어난 시점부터 하이드의 잘못도 문제가 있지만 더욱 중요한 점은 통제를 벗어날 때까지 지킬은 하이드를 방치했다는 점이다.

5 지킬이 원한 것은 살인 등이 아니었다.

필연적으로 하이드는 살인을 저지를 만큼 변질되게 되어 있었다. 처음 추구한 쾌락은 갈수록 무뎌지기 마련이고 더 큰 쾌락을 찾게 된다. 이것이 이성적으로 절제가 가능한 것은 인간이 가진 도덕적 자아 때문인데 지킬은 그런 도덕적 자아를 제거한 하이드라는 존재를 만들어 버린다. 하이드는 절제라는 것이 있을 수가 없다. 그렇기 때문에 하이드는 살인을 저지를 만큼 변질될 수밖에 없었다. 지킬은 하이드가 되기를 멈춰야만 했다. 살인이 일어난 것은 멈추기를 주저한 지킬의 잘못이다.

6 지킬은 행위를 바로잡기 위해 노력했다.

지킬은 하이드의 행동이 잘못되었다고 느꼈다. 그것을 바로잡기 위해 조치를 취했다고 하지만 결국 그는 하이드로 변하기를 멈추지 않는다. 결국은 하이드가 더욱 자신에게 영향력을 미치도록 방치한 것이 아닌가? 하이드의 존재를 인식하면서도, 그것이 잘못되었다 느끼면서도 멈추지 않았다. 그러면서 "바로잡기 위한 조치를 취했으니 책임이 없다."라는 것은 무책임한 생각이 아닌가.

7 하이드의 자살은 두려움 때문이다.

하지만 지킬의 자술서 내용엔 "하이드가 스스로 죽음을 맞이할 용기를 찾을 것인가."라고 쓰여 있다. 이것이 두려움에 의한 자살을 의미한다면 용기라는 말을 쓰지 않았을 것이다. 과연 하이드의 상태인 내가 책임을 질 용기가 있는지 궁금했던 것이 아닐까.

10
확인질문

1. 확인질문[73]이란

확인질문은 직전의 입론이나 반론에 대해서 그 내용을 확인하는 과정이다. 입론에 대한 반론을 펼치거나 반론에 대한 재반론을 하기 위해서 입론이나 반론에서 언급한 상대방의 발언 내용에 대해서 질문을 하는 과정이다.

확인질문의 목적은 상대방의 발언 내용을 확인하여 반론을 하기 위한 발판을 마련하는 데 있다. 확인질문 시간은 질문자가 자신의 입론

---

73) 확인질문은 상대방이 말한 바를 조사한다고 하여 교차조사, 교차질문, 상호질문, 심문이라고도 한다. 이 글에서는 확인질문으로 부른다. 상호질문 또는 교차조사로 부르는 cross examination은 원래 법정용어로 반대심문을 뜻한다. 반대심문은 검사나 변호사가 신청한 증인의 진술에 대해 반대 측에서 그 진술의 신빙성을 따지기 위해 질문을 던지는 것을 말한다. 이는 쌍방에서 교차로 질문을 하는 것이지 조사하는 것은 아니기에 교차조사라는 용어는 다소 부적절해 보인다.

이나 반론에서 다하지 못했던 주장을 부연하여 설명하거나 쟁점에 대해 논쟁을 벌이는 시간이 아니다. 많은 학생들이 확인질문 시간을 상대방과 논쟁하는 시간으로 착각한다. 확인질문 시간에 질문자와 응답자가 서로 논쟁을 벌인다면 이 시간은 질문자의 시간이 아니라 서로의 시간이 된다. 하지만 확인질문은 질문자가 주도적으로 사용하는 질문자의 시간이다. 이 시간은 반론을 위해서 각종 분석 작업을 진전시키는 시간이다. 즉, 확인질문의 목적은 논쟁을 벌이는 것이 아니라 이후의 발언 시간에 활용할 정보를 캐내는 것이다.

그러므로 질문자는 확인질문을 하는 동안 논증을 전개해서는 안 된다. 확인질문은 단지 질문을 하고 그에 대한 응답을 듣는 시간이다. 응답자가 대답한 것에 대한 비판은 반박 시간에 해야 한다. 확인질문과 반박을 혼동하는 일은 없어야 한다. 응답자도 질문자의 대답에 논증을 전개해야 한다면 다음 자신들의 반박 시간을 이용해서 답변하는 것이 바람직하다.

확인 질문은 상대방의 발언 내용을 단순히 확인하는 수준에 머물러서는 안 된다. 상대방의 발언을 확인하는 목적은 상대 주장의 논리적 모순이나 허점을 찾기 위해서이다. 이를 위해서는 먼저 논제와 쟁점에 대한 질문자의 입장 정리가 충분히 되어 있어야 한다. 그렇지 않을 경우 대개 토론자들은 횡설수설하게 된다.

확인질문을 효과적으로 할 수 있다면 토론의 흐름을 주도할 수 있다. 우선 확인질문을 잘하기 위해서는 상대방의 발언을 잘 듣는 것이 중요하다. 상대방의 주장을 제대로 듣지 않고 자신의 주장만 내세운다면 상대방의 허점을 지적할 수 없다. 하지만 토론이라는 긴장된 상황에서 상대방의 주장을 잘 듣는 일은 결코 쉽지 않다. 고도의 집중력을 유지하면서 상대방 발언의 핵심을 파악해야 하기 때문이다. 이는 많은 연습이 필요하다.

상대방의 발언에 대한 경청은 매우 중요하지만 잘 듣는 것만으로는 확인질문을 잘할 수 없다. 확인질문을 효과적으로 하기 위해서는 주도면밀한 계획이 필요하다. 상대방이 쉽게 논리적 모순이나 허점을 드러내지 않을 것이기 때문이다.

2. 확인질문의 방법

확인질문에서 질문과 답변을 효과적으로 하는 데 도움이 되는 몇 가지 방법을 소개하고자 한다. 학생들의 토론에서 형식적인 면과 내용적인 면 모두에서 학생들이 가장 어려워하는 토론의 요소가 확인질문이고, 가장 교육하기 어려운 부분도 확인질문이다. 확인질문을 잘하기 위해서는 상대의 반응을 미리 예측하고 발언해야 하는데, 이 과정이 쉽지 않기 때문이다. 아래에서 설명하는 확인질문에서 질문하는 법과 답변하는 법을 숙지하고 이를 적용해 보려고 반복적으로 노력한다면 실제 토론에서 확인질문을 할 때 많은 도움을 받을 수 있다.

1) 질문의 방법
(1) 확인질문을 하기 전에 상대방으로부터 어떤 답변을 받고 싶은지 생각해 봐야 한다. 확인질문 시간에 학생들이 던지는 질문을 보면 무슨 목적으로 질문을 하는지 종잡을 수 없을 때가 많다. 그냥 그때그때

상대에게 궁금한 것을 질문하는 경우가 많다. 확인질문은 단순히 상대에게 궁금한 것을 물어 보는 시간이 아니다. 상대방으로부터 어떤 답변을 받아내는 것이 상대의 논리적 모순이나 허점을 드러낼 수 있는지를 잘 생각해서 바로 그 답을 상대로부터 얻어내기 위해 노력해야 한다.

(2) 확인질문은 상대방의 답변을 예상하고 짜임새 있게 연쇄적으로 구성되어야 한다. 보통 학생들은 토론에서 한 번에 모든 것을 다 물어 보는 경향이 있다. 모든 것을 한 번에 다 물어보면 상대방이 질문을 잘 기억하지 못할 수도 있고, 질문하는 사람의 의도가 너무 뻔히 보여서 질문자가 원하는 답변을 하지 않을 수도 있다. 또, 한 번에 모든 것을 다 물어보면 답변자는 그만큼 길게 답변할 것이고 그러면 답변을 듣다가 확인질문 시간이 끝나버리는 경우도 많다. 한 번에 모든 것을 물어보지 말고 질문을 여러 단계로 나누어서 상대방이 질문의 의도를 정확하게 알아차릴 수 없도록 해야 한다. 그런 가운데 질문자가 목적으로 정한 답변을 얻을 수 있는 방향으로 상대방을 몰아가야 한다. 답변자로부터 얻어내고 싶은 대답은 당연히 질문자의 주장을 강화시키는 것이거나 답변자의 주장을 약화시키는 것이다.

(3) 확인질문은 가능하면 질문자가 목적으로 정한 어떤 결론에 이르도록 해야 한다. 확인질문이 목적한 결론에 이르지 못하더라도 어떤 식으로든 끝맺음을 하는 것이 좋다. 보통 학생들은 확인질문 시간에 장황하게 질문하고 장황하게 답변한다. 때론 확인질문 시간이 질문을 하다가 끝나기도 하고 답변을 하다가 끝나기도 한다. 상대방의 답변이 길어지면 예의를 갖추어 적당한 시점에서 답변을 끊어야 한다. 상대방

이 계속 자신의 주장을 펼치도록 방치하는 것은 상대를 이롭게 할 뿐이다. 이런 상황에서는 예의를 갖추어 "감사합니다. 그 정도면 충분히 답변이 되었습니다." 등의 발언을 통해서 질문을 끊어야 한다. 간혹, 상대방이 분명한 답변을 회피할 경우에는 마냥 상대방의 답변을 기다리면서 소중한 시간을 흘려보낼 것이 아니라 "그 답변은 이런 식으로 이해해도 되겠습니까?" 또는 "그 답변은 이렇게 해석될 수 있군요?"라는 식으로 마무리를 지어주는 것이 좋다.

위의 세 가지 요소는 확인질문을 잘하기 위해서 반드시 명심해야 한다. 질문의 목적, 질문의 구성, 질문의 정리(마무리)는 하나의 흐름으로 자연스럽게 연결되면 좋다. 좋은 질문을 위해서는 먼저 질문의 목적을 정한 후에, 목적을 이룰 수 있도록 단계적·연쇄적으로 질문을 구성하고 어떤 식으로든 목적과 연관 지어 질문을 마무리하려고 노력해야 한다.

(4) 보통 확인질문은 상대방 주장의 핵심을 밝히거나, 상대방 주장의 결점을 분명하게 드러내거나, 상대방 주장의 모순점을 찾아내거나, 자신의 입장을 강화하기 위한 수단으로 사용한다. 이러한 목적을 달성하기 위해서 모든 질문을 간결하고 명확하게 해야 한다. 애매하거나 복합적인 질문을 던지면 답변자가 이해하지 못하고 엉뚱한 답변을 하거나 좀 더 분명하게 질문을 해달라고 오히려 질문자에게 요청할 수도 있다. 이 때 질문자가 좀 더 명확하게 질문할 수 없다면 자신의 준비 부족을 드러내게 되어 오히려 불리해질 수 있다. 가끔은 자신도 제대로 이해하지 못하는 질문을 던지는 토론자들도 있는데 이는 자칫 공격의 빌미를 제공할 수 있다. 질문을 할 때는 자기 질문의 의도를 명확

히 이해하고 단순하고 명료하게 질문하여 상대방이 질문을 이해하지 못하는 일이 없도록 해야 한다.

(5) 단순히 상대방의 발언을 확인하는 질문(예를 들면, 상대방이 말한 내용을 단순히 요약하거나 반복해서 사실관계를 확인하는 질문), 상대의 주장을 다시 한 번 말해달라는 식의 질문은 바람직하지 않다. 이는 토론 중에 질문자가 상대방의 주장을 잘 듣지 못했음을 드러내는 꼴이다. 아무리 초보 토론자라도 이런 질문은 피해야 한다. 만약, 상대방의 발언을 확인하는 질문을 한다면 이 질문으로 끝나서는 안 된다. 질문을 통해서 확인한 정보를 바탕으로 상대의 약점을 찾아내는 질문을 이어가거나, 아니면 이 확인을 통해서 자신들의 입장을 유리하게 이끌어야 한다.

(6) 개방형 질문은 피해야 한다. "당신은 무엇에 대해 어떻게 생각하십니까."와 같은 개방형 질문은 상대방이 자신의 주장을 펼 수 있는 기회를 제공해서 상대가 자신들의 주장을 강화하는 상황을 초래한다. 모든 질문은 상대방이 간략하게 답변할 수 있는 형태로 제시되어야 한다. 굳이 질문자가 '예'나 '아니오'로 답변해 달라고 하지 않더라도 간략하게 답변할 수밖에 없는 질문을 던지는 기술이 필요하다. 질문자가 답변자에게 지나치게 계속 '예'나 '아니오' 형태의 답변을 강요하는 모습은 오히려 질문자를 예의 없는 사람으로 보이게 한다. 간혹, 토론자들 중에는 개방형 질문을 던져놓고 '예'나 '아니오'로 답변하라는 우스운 요구를 하기도 한다.

(7) 모든 질문은 예의를 갖추고 진행되어야 한다. 확인질문은 그 자체가 상대를 공격하고자 하는 목적이 있기 때문에 예의를 잃으면 마치

상대방을 위협하는 것처럼 보인다. 지나치게 목소를 높여 상대를 몰아붙이는 모습은 그 자체로 심판이나 청중들의 반감을 살 수 있다. 토론은 심판이나 청중을 설득하는 일종의 게임인 만큼 감정적으로 흥분하는 모습보다는 재치와 순발력을 발휘하여 핵심을 찌르는 질문을 던져야 한다.

2) 답변의 방법

(1) 답변자는 질문자가 자신들의 입장을 강화하고 답변하는 팀의 입장을 약화시키려는 의도를 가지고 질문한다는 사실을 명심해야 한다. 답변자는 자신들의 입장을 강화하는 방향으로 신중하게 답변해야 한다. 자기 팀의 입장과 논점들을 고려하여 이에 모순되는 발언을 하지 않도록 주의해야 한다. 상대방의 질문에 대해 적극적으로 대응하되 자신들의 논지와 잘 연관시켜 답변해야 한다. 만약 자기 팀의 입장과 모순된 발언을 하게 되면 질문자는 다음 반박 시간에 바로 그 지점을 집중 공격하려고 할 것이다. 한번 잘못 대답하면 다시 주워 담을 수 없다. 또한 팀원 간의 의견 불일치에도 주의해야 한다. 팀원들의 발언과 상반되게 질문에 답하면 논리적 모순이 생겨서 곤란한 상황에 빠질 수 있다. 팀 내부에서 모순이 발생하면 걷잡을 수 없는 어려움에 처할 수도 있기 때문에 주의 깊게 답변을 해야 한다.

(2) 답변자는 모든 질문에 '예', '아니오'로 대답할 필요는 없다. 질문자가 그렇게 요구한다면 질문자의 요구를 들어주면서 자신의 의견을 간단명료하게 덧붙일 필요가 있다. 상대방이 확인하려는 내용이 지닌 의미를 간단히 언급함으로써 자신의 논지를 다시 한 번 강조하는

기회로 삼아야 한다. 예를 들면, "예(아니오), 그렇지만(하지만)~"의 형태로 답변을 할 수 있다.

(3) 상대방의 질문이 모호하거나 복합적이어서 답변하기 곤란한 상황, 즉 질문의 의미를 정확하게 이해하기 어려운 상황이라면 질문자에게 질문을 좀 더 명료하게 해 달라고 요구할 수 있다. 상대방의 모호한 질문에 모호하게 답변하는 것은 답변자에게 전혀 도움이 되지 않는다.

(4) 적극적인 답변을 통해서 자신의 주장을 보다 확고하게 만들면서 필요하면 역으로 질문자를 공격할 수도 있다. 예를 들면, 상대방의 질문은 우리 팀의 주장을 잘못 이해한 데서 비롯되었다거나 그 질문에 대한 답변은 우리 팀의 입론이나 반론에 이미 포함되어 있었다는 식으로 공격할 수도 있고, 상대방이 제기한 질문과 같은 오해가 우리가 경계해야 할 문제라는 식으로 공격할 수도 있다.

(5) 답변은 간단명료해야 한다. 시간을 벌기 위해서 길게 답변해서는 안 된다. 확인질문 시간은 질문자의 시간이다. 답변자가 마음대로 사용해도 되는 시간이 아니다. 만약 자세하게 언급해야 할 질문이라면 "그 부분에 대해서는 다음 반론 시간에 자세히 답변하겠습니다."라고 말하고, 이후 반론 시간에 반드시 답변해야 한다. 반론 시간에 답변하지 않으면 토론자로서 신뢰를 잃게 된다.

(6) 답변을 즉각적으로 할 수 없는 상황에 부딪히면 매우 당황하게 된다. 침묵이 흐르는 토론 시간은 토론자들뿐만 아니라 심판과 청중 모두를 괴롭게 한다. 상대방이 어떤 질문을 할 것인지를 사전에 충분히 생각해서 미리 답변을 마련해 두는 태도가 필요하다. 답변을 할 수 없는 상황이라면 불필요하게 시간을 끌거나 연막을 치지 말고 차라리

솔직하게 모름을 인정하는 것이 낫다. 또는 그 답변을 다음 발언 시간에 하겠다고 제안하는 것도 하나의 방법이 될 수 있다.

(7) 답변자의 기본적인 태도는 모든 질문에 성실한 자세로 답변을 하는 것이다. 상대에 대해 호의적 태도를 가지고 친절하게 답변해야 한다.

덧붙여 확인질문 시간에 질문자와 응답자 모두가 주의해야 할 사항과 확인질문의 효과적 활용에 대해 간략하게 언급하려고 한다.

학교에서 학생들과 독서 디베이트를 하다보면 확인질문 시간에 질문자와 응답자가 심판이나 청중이 알아들을 수 없는 말을 사적으로 주고받는 듯한 상황을 가끔 목격하게 된다. 친한 친구들 사이에서 있을 수 있는 일로 볼 수도 있지만 확인질문은 심판이나 청중이 알아들을 수 있도록 해야 한다. 확인질문 시간이 개인적인 의견을 주고받는 자리가 아니라 심판이나 청중을 향해 발언하는 공적 자리임을 명심해야 한다.

마지막으로 확인질문에 오갔던 내용을 효과적으로 활용하는 방법을 소개한다. 토론에서 가장 빨리 말이 오가는 곳이 확인질문을 하는 시간이다. 독서 디베이트의 심판을 해보면 가장 듣기 어려운 부분이 확인질문이다. 짧은 시간에 양측이 빠르게 주고받는 말을 메모하기도 기억하기도 모두 힘들다. 가끔은 무엇을 들었는지 알 수 없는 상황에 직면하기도 한다.

그러므로 확인질문 시간에 있었던 일 중에서 심판이나 청중이 반드시 알아야 하는 내용이라면 반론 시간이나 최종 발언 시간에 이를 다시 한번 언급해 주는 것이 좋다. 예를 들면, 우리가 확인질문 시간에 한 어떤 질문에 대해서 상대가 제대로 답변을 하지 못했다거나 자기 팀의 주장과 논리적 모순을 일으키는 답변을 했다는 식으로 언급할 수 있다. 이는 앞에서 언급한 의사소통의 원칙과 관련이 있다.

3) 확인질문의 예

토론을 공부하기 위해서 먼저 이런저런 토론과 관련한 이론 책을 보게 된다. 토론에 관한 책을 보고 이론적인 부분을 어느 정도 알게 되면, 이 이론들을 실제 토론에 적용하는 방법을 고민하게 된다. 이런 고민은 자연스럽게 구체적인 토론의 사례에 대한 관심으로 이어진다. 하지만 대부분의 토론에 관한 이론 서적들은 구체적인 사례를 많이 담고 있지 않다. 특히, 입론의 사례나 반론의 사례는 그나마 풍부한 편이지만 확인질문의 좋은 사례는 많지 않다.

학생들에게 보여줄 만한 확인질문의 사례를 찾기 위해서 토론에 대한 여러 책을 보다가, 존 M. 에릭슨 외 2명(서종기 옮김)이 쓴 『디베이트 가이드』란 토론 관련 서적에서 적절한 사례를 발견했다.

이 사례[74]는 앞서 설명한 확인질문을 하는 요령을 가장 적절하게 구현한 경우라고 생각된다. 답변자가 질문의 의도를 알아채지 못하도록 짜임새 있게 질문을 연쇄적으로 구성하여 상대방의 허점을 날카롭게 공격하는 질문들이 가히 일품이다. 확인질문을 공부하는 학생들에게 많은 도움이 될 만한 사례라고 생각되어서 소개한다.

---

74) 존 M. 에릭슨 외 2명(서종기 옮김), 『디베이트 가이드』, 길벗, 2013. 171-173쪽.

질문자: 두 번째 논점의 B부분에서 어떤 입증 자료를 제시하셨죠?

응답자: 정부의 개입을 요구하는 연구 자료였습니다.

질문자: 그 연구는 정부에서 수행한 것인가요?

응답자: 아닙니다. 츠비글러(Zwigler Research) 연구소에서 수행한 것입니다.

질문자: 그럼 정부에서 츠비글러 연구소에 그 연구를 의뢰했나요?

응답자: 네, 그렇죠. 그 연구소는 정부와 계약을 했습니다.

질문자: 계약을 한 시기는 언제입니까?

응답자: 1992년 10월입니다.

질문자: 그 해에 대통령 선거가 있었죠?

응답자: 예, 그랬던 기억이 납니다.

질문자: 혹시 돈이 그런 연구 결과에 영향을 미칠 수 있을까요?

응답자: 무슨 말씀을 하시는 건지 잘 모르겠네요.

질문자: 이런 가정을 해 봅시다. 응답자분이 정원사로 취직해서 남의 집의 잔디를 깎는다고요. 그럼 당신은 집주인이 요청하는 대로 따르실 겁니까?

응답자: 아마 그러겠지요.

질문자: 그처럼 연구 보고서를 작성할 때도 발주자의 의사가 반영될 수 있을까요?

응답자: 그럴 수 있다고 생각합니다.

질문자: 그 해에 부시 대통령이 재선을 위해 출마했었지요?

응답자: 그건 모르겠습니다.

질문자: 그 때 부시 대통령은 대선에 출마했습니다. 현재 응답자분은 20년

묵은 연구 자료를 유일한 증거로 제시하셨는데요. 그 연구는 정부의 요청과 지원으로 완결된 것으로, 이는 곧 당시 재임자의 의견이 반영되었다는 뜻과 같습니다. 그리고 그 결과는 공교롭게도 선거 기간인 11월에 맞춰서 공개되었지요. 나중에 저희 측에서 당시 대통령이 이 분야에 정부가 개입하도록 강력히 지원했다는 증거를 제시한다면, 그 때도 계속 그 주장을 고수하실 겁니까?

응답자: 음 (침묵), 실제로 어떤 부분이 문제인지를 보여주셔야죠.

질문자: 조금만 생각해봐도 답은 나올텐데요?

응답자: 으음 (침묵), 저는 확신이 서지 않는군요. (침묵) 저희는 그것이 꽤 괜찮은 증거라고 판단했습니다.

질문자: 감사합니다. 그럼 이번에는 세 번째 논점으로 넘어가 보죠. 그 논점의 제목이 무엇인지 다시 말씀해 주시겠습니까?

3. 독서 디베이트의 확인질문 시범

독서 디베이트를 할 때 학생들을 지도하기 위해서 만들어본 확인질문의 사례를 한 가지 소개한다.

토론 도서	로이스 로리의 『기억전달자』
논제	조너스의 마을은 유토피아(이상사회)이다.
반대 측 확인질문	정한섭

찬성 측은 조너스의 마을이 유토피아(이상사회)이다는 입장을 가지고

있고, 이를 뒷받침하기 위한 가장 중요한 논점으로 이 마을이 매우 안전하다고 주장한다. 반대 측은 조너스의 마을이 안전하다는 찬성 측의 주장에 맞서 찬성 측으로부터 조너스의 마을이 안전하지 않다는 답변을 이끌어내고자 한다. 이것이 반대 팀의 질문의 의도이며 목적이다. 만약 찬성 측으로부터 반대 측이 원하는 대답을 이끌어낼 수 있다면 찬성 측의 주장은 치명타를 입게 된다. 찬성 측은 조너스 마을이 안전하지 않다는 반대 측의 주장을 결코 인정할 수 없다. 이것을 인정한다는 것은 곧 토론에서 패한다는 의미이다. 찬성 팀은 조너스의 마을은 완벽하게 안전하지는 않지만, 우리가 사는 사회와 비교했을 때 거의 완벽에 가까울 만큼 안전하다는 자신들의 생각을 방어하는 것이 목표이다. 확인질문 시간은 보통 3분이므로 아래와 같이 많은 시간 동안 한 가지 질문을 이어갈 필요는 없다. 하지만 승패를 결정하는 데 있어 중요한 질문이라면 충분한 시간을 사용하는 것도 좋은 방법이다.

반대: 조너스의 마을이 안전하다고 주장하신 것이 맞습니까?

찬성: 네, 그렇습니다.

반대: 조너스의 마을에서 칼렙이라는 아이가 강에 빠져 죽은 사건이 있었습니다. 알고 계십니까?

찬성: 네, 알고 있습니다.

반대: 그래도 조너스의 마을이 안전하다고 생각하십니까?

찬성: 그렇습니다.

반대: 그 이유를 설명해 주실 수 있습니까?

찬성: 칼렙의 죽음은 사회 안전의 문제라기보다는 개인의 실수와 부주의

로 인한 것이라고 생각합니다.

반대: 칼렙은 어린 아이였습니다. 아이가 한 실수와 부주의에 죽음의 원인을 돌리는 것은 무책임한 일입니다. 아이들이 실수를 하는 것은 당연합니다. 안전한 사회라면 혹시 있을 수 있는 실수로부터도 아이를 보호할 수 있어야 하지 않을까요?

찬성: 그렇지 않습니다. 아무리 안전한 사회라도 개인의 실수와 그로 인한 사고는 있을 수 있다고 생각합니다.

반대: 그렇다면, 조너스의 마을에 비행기가 나타났을 때 주민들이 당황한 사건에 대해서는 어떻게 생각하십니까?

찬성: 그것은 조종사의 단순한 실수가 아닐까요.

반대: 저는 조종사의 실수를 말하는 것이 아닙니다. 주민들의 반응을 말하는 것입니다. 마을에 비행기가 지나갈 수도 있는 일인데 이 마을 사람들은 너무나 당황하는 모습을 보입니다. 그것이 이상하지 않습니까?

찬성: 좀 더 구체적으로 말씀해 주시죠.

반대: 마을에 두 대의 제트 비행기가 지나갔을 때, 마을 사람들은 "당혹감에 휩싸여 누군가가 이 무시무시한 사건을 해명해 주기만을 멍하니 기다리고" 있으며, 조너스는 "마을이 온통 침묵에 빠져 무언가를 기다린다는 느낌이 들자 속이 울렁거리기 시작했다. 온몸이 부들부들 떨렸다."고 말하고 있습니다. 제가 조너스의 마을 사람들이 너무나 당황한다고 표현한 것은 스스로 낯설고 두려운 상황에 대처하지 못하고 극단적인 공포를 느끼는 상태를 말하는 것입니다.

찬성: 마을에 비행기가 나타나면 누구나 당황할 것입니다.

반대: 이것은 비행기만의 문제가 아닙니다. 만약 비행기가 아닌 어떤 낯선

물체가 마을에 나타나거나 예상치 못한 사건이 일어난다면 마을 사람들은 어떤 반응을 보일까요?

찬성: 매우 당황하리라 생각합니다.

반대: 그 당황함의 정도가 우리 사회와 비교한다면 지나치다고 생각하지 않습니까? 이 마을 사람들은 스스로 낯설고 두려운 상황을 해결하지 못하고, 누군가 이 상황을 해결해 주기만을 바라고 있습니다.

찬성: 당황함의 정도가 다소 지나친 면은 있지만 이는 조너스의 사회가 그만큼 안전하다는 것을 증명하는 일이기도 합니다.

반대: 왜 그렇게 생각하십니까.

찬성: 마을 상공으로 비행기가 낮게 나는 일이 없을 정도로 안전하다는 뜻이 되니까요. 마을 사람들의 당황함의 정도는 어떻게 보면 조너스의 마을이 그만큼 안전하다는 반증이라고 생각합니다.

반대: 관리와 통제에 의한 획일화된 안전이 오히려 낯선 상황에 대한 대응 능력을 떨어뜨린다고는 생각하지 않습니까? 마치 마마보이나 동물원의 동물이 야생에서 적응하지 못하는 것처럼 말입니다. 그리고 이는 겉으로는 안전해 보이지만 실제로는 매우 불안전한 상황이 아닐까요?

찬성: 그럴 수는 있습니다. 하지만 이는 사회를 안정적으로 관리하면서 그 낯설고 위험스러운 상황을 통제하면 해결되는 일입니다. 조너스의 마을처럼요. 통제와 규율이 없는 안전은 있을 수 없습니다. 조너스의 마을은 위험을 잘 통제해 왔고 앞으로도 그럴 것이라 생각합니다.

반대: 조너스의 마을이 낯설고 위험한 상황을 백퍼센트 통제할 수 있다고 믿습니까? 저는 결코 그렇게 할 수 없을 것이라 생각합니다.

찬성: 왜 그렇게 생각하십니까.

반대: 우리는 신이 아닙니다. 완벽한 통제와 완벽한 안전은 둘 다 불가능한 것입니다. 조너스의 마을 사람들은 수시로 사소한 규칙을 어깁니다. 그리고 가끔씩 사람들은 사고를 당하기도 합니다.

찬성: 완벽하지는 못하겠지만 거의 완벽에 가깝게 통제하고 안전을 보장할 수는 있을 것입니다. 바로 조너스의 마을이 그렇습니다. 폭력과 굶주림 등으로 고통 받는 우리가 사는 세상과 비교해 본다면 이를 이해하실 수 있을 겁니다. 조너스의 마을은 우리가 생각하는 것 이상으로 안전합니다.

반대: 조너스의 마을은 비행기조차 통제하지 못했습니다.

찬성: 물론 낯설고 위험스러운 상황을 백퍼센트 통제하지 못할 수 있습니다. 하지만 조너스의 마을에서는 기억보유자가 있어서 이 문제를 해결하고 있습니다. 이 마을에서 위험스러운 상황은 매우 드물겠지만 그것에 대한 대책도 이미 세워 놓고 있는 것이죠.

반대: 기억보유자 한 사람에게 마을의 안전을 맡기는 것이 바람직하다고 생각하십니까?

찬성: 이 마을은 기본적으로 매우 안전하므로 기억보유자 한 사람만으로도 충분하다고 생각합니다.

반대: 만약 마을에 낯설고 위험한 사건이 벌어졌는데 기억보유자가 사고를 당하거나 한다면 어떻게 될까요?

찬성: 그 두 가지 일이 동시에 생길 가능성은 거의 없다고 생각합니다. 우리 사회와 달리 조너스의 마을은 매우 안정되어 있기 때문이죠. 이것은 그야말로 가정에 불과할 뿐입니다.

반대: 물론 가정이긴 하지만 이런 일이 생기는 것이 전적으로 불가능하다고 주장하시는 것은 아니겠죠?

찬성: 불가능하지는 않지만 확률적으로 희박하죠.

반대: 만약에 기억보유자뿐만 아니라 마을 사람 모두에게 기억이 있다면 확률적으로 희박한 상황이 벌어져도 쉽게 대응할 수 있지 않을까요? 그것이 훨씬 더 마을을 안전하게 할 수 있다고 생각하지 않나요?

찬성: 물론 그럴 수 있지만, 마을 사람들은 기억들로부터 고통 받겠죠. 그리고 그 기억들이 조너스 마을의 안전을 파괴할 수도 있습니다. 기억과 감정은 서로 연결되어 있고, 감정은 때때로 매우 통제하기 어려운 것이죠.

반대: 조너스의 마을이 완벽하게 안전하지는 않다는 것에 동의할 수 있습니까.

찬성: 동의할 수 있지만 거의 완벽에 가까울 만큼 안전하다고 생각하며, 나머지 조금 부족한 부분은 기억보유자가 해결할 수 있다고 생각합니다.

4. 독서 디베이트 학생 확인질문 예시

먼저, 『인형의 집』의 내용을 간단히 요약해 보자. 노라는 남편 헬메르가 죽을병에 걸려 그와 함께 남쪽 지방으로 휴양을 가야 했다. 하지만 그들은 돈이 없었다. 남편을 살리기 위해 노라는 아버지의 서명을 위조하여 그 경비를 크로그스타드에게 빌린다. 남편은 병에서 회복되지만 그녀는 그 사실을 남편에게 알리지 않았다. 그녀는 바느질이나 서류 작업으로 푼돈을 벌어 남편 몰래 그 돈을 갚아 왔다.

로라의 비밀을 알고 있는 크로그스타드는 직장을 잃을 위기에 처하자 노라를 찾아와 남편에게 노라의 비밀을 폭로하겠다고 협박한다. 한편 남편의 오랜 친구인 랑크 박사가 노라에게 사랑을 고백해 온다. 그러나 노라는 마음을 굳게 먹고 남편의 명예를 위해서라면 목숨을 바칠 각오까지 한다.

마침내 모든 비밀이 드러난다. 비밀을 안 헬메르는 노라를 비난한다. 헬메르는 노라에게 그들의 결혼 생활은 이제 허위일 뿐이고 그녀는 아이들을 교육시킬 자격이 없다고 말한다. 또한 경박한 여자 때문에 자신의 인생을 망쳤다며 노라를 모욕한다. 그러나 크로그스타드가 린데 부인 덕분에 마음을 바꿔 차용증서를 돌려보내자, 그는 언제 그랬냐는 듯이 노라를 용서하겠다고 말한다.

하지만 노라는 그들의 결혼이 한 번도 진실한 적이 없었다는 것을 깨닫는다. 그리고 아내나 어머니이기 전에 한 인간으로서의 자신을 찾아 허위와 위선뿐인 '인형의 집'을 떠난다.

확인질문은 토론 중에서 학생들이 가장 어려워하는 부분이다. 확인질문 중에 질문이 끊기거나 답변이 끊기는 경우가 많고, 질문의 의도나 답변의 의도를 이해하기 어려운 경우도 많다. 아래의 확인질문은 비교적 학생들의 수준에서 잘 된 경우이다. 확인질문을 이해하는 데 도움이 되리라 생각된다. 먼저, 찬성 측과 반대 측의 확인질문의 목적을 간단히 설명한 후, 확인질문의 예를 제시한다.

반대 측은 확인질문을 통해서 모든 문제의 시작이 노라라는 것을 증명하고 싶어 한다. 그녀가 헬메르를 살리기 위해 돈을 빌리려고 증서의 서명을 위조한 일이 문제의 시작이라고 본다. 남편을 살린 후에도 남편에게 그 사실을 말하지 않은 것은 더욱 문제라고 본다. 또한 노라가 자신을 사랑하는 랑크 박사를 이용하여 채무를 갚으려고 한 것 자체가 부도덕한 일임을 지적하려 한다. 결국, 반대 측은 노라의 위조 서명과 랑크 박사와의 부적절한 관계에서 찬성 측의 약점을 찾을 수 있다고 생각한다.

찬성 측은 이에 맞서 노라는 남편을 살리기 위해 서명을 위조할 수밖에 없었다고 생각한다. 그녀는 남편을 살리기 위해서 최선을 다한 책임감 있는 여성임을 증명하고 싶어 한다. 오히려 문제는 여성이 자신의 이름으로 돈을 빌릴 수 없는 그 당시의 사회적 상황에 있다고 주장한다. 그리고 랑크 박사와의 관계에서 그녀가 랑크 박사의 도움으로 채무를 갚으려고 시도한 사실은 인정한다. 하지만 그가 사랑을 고백하자 그녀는 그것을 받아들이지 않는다. 그에게 돈을 빌리지도 않는다. 이러한 행동은 노라가 한 가정의 아내로서 책임을 다한 것이라고 생각한다.

찬성 측은 노라가 랑크 박사를 계속 자신의 집에 오도록 내버려 둔 것은 헬메르가 그를 필요로 하기 때문에 어쩔 수 없었다고 생각한다. 노라가 랑크 박사를 곁에 두고 있는 것은 아내로서 남편을 배려한 행동이라고 주장한다. 찬성 측은 문제는 오히려 헬메르에게 있다고 생각한다. 그래서 그의 행동이 아내를 위한 책임감 있는 행동인지에 대해서 의문을 제기한다.

토론 도서	헨리크 입센의 『인형의 집』	
논제	로라는 책임감 있는 사람이다.	
찬성/반대 측 확인질문	2017학년도 3학년	찬성 측: 오○○, 나○○(마산동중학교) 반대 측: 최○○, 정○○(마산동중학교)

〈반대 측 제2토론자의 확인질문〉

정○○: 노라가 서명을 위조한 차용증서로 헬메르를 구한 것을 그에게 말하지 않은 것은 잘못이 아닙니까?

오○○: 노라의 의도 자체가 나쁜 것은 아니기 때문에 노라의 잘못이 아니라고 생각합니다.

정○○: 헬메르는 거짓말하는 것을 싫어하는 성격입니다. 노라는 그것을 알고 있었음에도 헬메르에게 거짓말을 했는데 그것은 잘못이 아닙니까?

오○○: 방금 입론에서도 말씀드렸다시피 노라는 헬메르가 자존심이 강한 사람이라는 것을 알고 있었습니다. 그렇기 때문에 노라는 헬메르를 위해서 말을 하지 않은 것이라고 생각할 수 있습니다.

정○○: 헬메르를 위해서 말을 안했다고 하셨는데, 거짓말을 싫어하는 헬메르에게 말을 하지 않은 것은 잘못된 것이 아닙니까. 어떻게 생각하든 잘못되지 않았습니까?

오○○: 하지만 그렇게 하면 평화롭던 가정을 깨뜨리는 일이 됩니다.

정○○: 그런데 노라는 자신이 저지른 일을 헬메르에게 들킬까봐 노심초사 했습니다. 헬메르는 믿었던 아내가 위조 차용증서를 사용해서 많은 돈을 빌렸다는 사실을 알고 분노했습니다. 그리고 노라는 그런 남편의 행동을 보고 자신의 남편을 이기적인 사람이라고 생각하고 아이들을 버려두고 집을 나가게 됩니다. 이 모든 원인은 전부 다 노라에게 있지 않습니까. 노라가 처음부터 사실대로 (크로그스타드에게 돈을 빌린 일을) 말했다면 이런 일(남편과 싸우고 노라가 집을 나가게 되는 일)은 일어나지 않았다고 생각합니다.

오○○: 저는 모든 원인이 노라에게 있다고 생각하지 않습니다. 왜 노라에게 모든 잘못이 있다고 생각하시는지는 모르겠지만, 이런 일이 벌어진 것은 부당한 사회 제도라든가 헬메르의 태도 등이 원인이라고 생각합니다. (제한시간 종료)

〈찬성 측 제1토론자의 확인질문〉

오○○: 먼저, 노라가 랑크 박사가 자신을 사모한다는 점을 이용하여 채무를 갚으려 했다는 것이 문제가 된다고 말씀하셨습니다.

최○○: 예.

오○○: 그런데, 노라는 실제로 부탁을 하지 않았습니다. 맞죠?

최○○: 실제로 부탁은 하지는 않았지만 그런 의도가 담겨 있는 게 아니겠습니까.

오○○: 하지만 그것을 생각으로만 했고 행동으로 옮기지 않았기 때문에 그것이 잘못이라고 할 수 없지 않을까요.

최○○: 과연, 생각만 하고 실제로 행동하지 않았다고 해서 잘못이 아니라고 할 수 없습니다. 저희가 그렇게 생각하는 이유는 노라가 그런 행위를 생각한 이유는 바로 자신이 채무 관계를 정리할 수 없었다는 거 아니겠습니까. 자신이 책임질 수 없었던 일을 처음부터 실행하지 않았다면 그런 일이 벌어지지 않았을 겁니다.

오○○: 제가 궁금한 것이 있는데 반대 측에서는 남편이 책임감이 있는 사람이라고 생각하시는지 묻고 싶습니다.

최○○: 남편이 책임감이 있냐고 물어 보시는 것입니까?

오○○: 네.

최○○: 어떤 부분에 대해서 책임감이 있다고……

오○○: 어, 전체적으로, 저희가 지금 노라에 대해 토론을 하는 것과 비슷하게 남편은 과연 남편으로서의 책임을 다 했느냐 이런 것을 물어 보고 싶습니다.

최○○: 남편이 가장으로서 할 수 있는 일은 가정을 위해 돈을 벌어오는 것 그리고 가정을 위해서 헌신하는 것 아니겠습니까.

오○○: 그러면, 구체적으로 어떤 헌신을 했는지 말씀해 주실 수 있겠습니까?

최○○: 남편이 은행의 총재가 되기 위해서 자신이 그만큼 노력한 바가 있고, 또 자신의 아이들과 아내를 먹여 살리기 위해서 돈을 벌어 오는 그 자체가 가장이 해야 할 일이 아니겠습니까.

오○○: 네. 그러면…… (제한시간 종료)

〈반대 측 제1토론자의 확인질문〉

최○○: 예, 첫 번째로 노라를 사랑하는 랑크 박사를 이용해서 돈을 갚으려고 했다고 하지 않았습니까?

나○○: 네.

최○○: 하지만 노라를 사랑하는 랑크 박사를 이용한 것이 잘못이라고는 생각하지 않으십니까?

나○○: 물론, 랑크 박사를 이용해서 돈을 갚으려고 했습니다. 그런데 만약에 진짜 그 방법을 이용해서 돈을 갚으려고 했다면 고백을 받고 아예 돈을 갚았지 않았을까요. 고백을 거절한 이유는 무엇일까요.

최○○: 처음에 노라가 생각한 것은 고백을 받고 돈을 빌린다는 것이 아닙니다. 그냥 사랑한다는 관계를 이용해 돈을 빌리는 것이지 고백을 받고 돈을 빌린다 이런 생각을 하지는 않았던 것 같습니다.

나○○: 네. 그래서 결국은 고백을 받았는데 거절하고 부탁도 하지 않았습니다.

최○○: 하지만 그전에도 자신을 사랑한다는 사실은 알고 있지 않습니까.

나○○: 네, 맞습니다. 하지만 고백을 거절한 이후에도 곁에 둔 이유는 남편이 랑크 박사와 아주 친하기 때문에 그대로 곁에 둔 거라 생각합니다.

최○○: 그러면 다르게 한번 생각해 보겠습니다. 과연 노라가 랑크 박사를 이렇게 사랑하는 관계가 되도록 가까이 두면서 돈을 빌리게 된 이유가 무엇이라고 생각하십니까?

나○○: 어, 노라는 혼자 스스로 수예나 이런 것을 하면서 돈을 갚아 나갔습니다. 그런데 혼자서는 힘들었겠죠. 그래서 랑크 박사를 이용하려 했지만, 결국엔 안 빌리지 않습니까.

최○○: 그래서 혼자서 그렇게 일을 하고 혼자서 수예를 하면서 견디기까지 최초의 시발점이 무엇이라고 생각하십니까?

나○○: 남편의 죽음이 임박해지자 돈을 빌릴 수밖에 없었습니다.

최○○: 제 생각에는 그 빌리는 것 자체에서 위조 서명이라는 문제가 있었기 때문에 지금까지 이런 상황이 벌어졌지 않습니까?

나○○: 만약, 위조 서명을 하지 않았다면 남편이 죽을 수밖에 없었습니다. 그 당시에는 여성은 남성의 허락을 받고 돈을 빌릴 수밖에 없었기 때문입니다. (제한시간 종료)

〈찬성 측 제2토론자의 확인질문〉

나○○: 어, 먼저 위조 서명에 대해 한 번 질문을 드리겠습니다. 위조 서명을 한 거 자체가 단순하게 나쁜 것이라고 주장하신 거 맞습니까?

정○○: 위조 서명한 게 단순히 나쁘다는 것이 아니고 위조 서명한 것도 분명히 나쁘기는 하지만 그 후에 위조 서명한 것을 알리지 않은 것이 더 나쁘다고 생각합니다.

나○○: 만약, 위조 서명을 하지 않았으면 남편이 어떻게 되었을 것이라고 생각합니까?

정○○: 위조 서명을 하지 않고도 아버지에게 서명을 받을 수도 있었을 것이라고 생각합니다.

나○○: 하지만 그 땐 아버지가 매우 위독하지 않았습니까. 빨리 서두르지 않으면 남편이 죽을 수도 있습니다.

정○○: 그런데 아버지가 (서명을) 해 주었을지도 모르지 않습니까. 왜 해 보지도 않고 그렇게 말씀하시는 거죠.

나○○: 어, 그 당시, 아, 알겠습니다. 그러면, 다른 질문을 하겠습니다. 노라는 랑크 박사를 이용해서 돈을 갚으려고 한다고 하셨습니다. 그런데 노라는 단순히 돈을 갚기 위해서 랑크 박사를 곁에 둔 것이 아니라고 생각합니다. 왜냐하면 남편이 랑크 박사와 가장 친하기 때문입니다. 맞습니까?

정○○: 네.

나○○: 네, 그러면 만약 노라가 랑크 박사를 쫓아낸다면 남편이 어떻게 생각할 거 같습니까?

정○○: 랑크 박사를 쫓아낸다하더라도 노라가 자신의 상황을 잘 이해하고 랑크 박사와 사랑하는 사이까지 갔다는 것을 얘기했다면 남편도 랑크 박사를 좋아하지 않았을 것입니다.

나○○: 어, 그런데 랑크 박사는 남편의 아주 친한 친구입니다. 만약 그를 쫓아낸다면 그게 책임 없는 행동이 아닐까요. 남편에 대한.

정○○: 하지만 남편을 지키기 위해서 그렇게 했다고 볼 수 있지 않습니까. 랑크 박사가 노라를 좋아하면 노라는 가정이 있는데 그거를 깨고 랑크 박사를 좋아한다는 것은 잘못된 것이 아닙니까.

나○○: 네, 다음 질문을…… (제한시간 종료)

11
최종발언

1. 최종발언이란

입론에서 시작된 토론은 확인질문과 반박의 단계를 거치면서 상대방의 주장을 공격하기도 하고, 자신들의 주장을 상대의 공격으로부터 방어하기도 하면서 다소 혼란스러운 상태가 된다. 이러한 혼란스러움은 토론자들뿐만 아니라 심판이나 청중도 마찬가지다. 아니, 심판과 청중은 토론자들보다 더 할 것이다. 혼란스러운 상황으로부터 각 팀은 자신들의 주장을 명료하게 정리하여 심판이나 청중에게 들려줘야 한다. 최종발언은 토론을 쟁점을 중심으로 정리하면서 우리 팀이 왜 토론에서 승리했는지를 심판이나 청중에게 마지막으로 호소(설득)하는 과정이다.

최종발언을 할 때 유의해야 할 점을 몇 가지 소개한다.

(1) 토론은 이성을 도구로 심판이나 청중을 논리적으로 설득하는 말하기의 한 방식이지만 최종발언에서는 감성적 호소도 도움이 된다. 인간은 논리에 의해서 설득 당하기도 하지만 감성적 호소에 의해 설득 당하는 경우도 많다. 오늘날 토론에서 로고스 뿐만 아니라 파토스 또한 중요하게 다루고 있는 것도 이 때문이다.

최종발언은 정책토론 모형처럼 찬성 측 발언으로 끝날 수도 있고, 칼 포퍼 토론 모형(독서 디베이트 모형)처럼 반대 측 발언으로 끝날 수도 있다. 찬성 측과 반대 측의 최종발언 중 먼저 최종발언을 하는 팀은 뒤에 최종발언을 하는 팀으로부터 반박을 받을 수도 있기 때문에 감성적 호소에 좀 더 신중해야 하지만 뒤에 최종발언을 하는 팀은 이 팀의 발언으로 토론이 종료되기 때문에 좀 더 적극적으로 감성적 호소를 할 필요가 있다.

(2) 자신의 입장을 효과적으로 대변할 수 있는 비유, 일화, 속담, 격언, 유명인사의 명언 등을 적절하게 활용하여 심판이나 청중에게 강한 인상을 남길 필요가 있다. 최종발언에서 활용할 비유, 일화 등은 신뢰할 수 있는 것이어야 한다. 출처를 잘 확인하고 출처가 불명확한 자료를 사용해서는 안 된다. 자신들의 입장과 직접적인 관련이 있으면서 가능한 잘 알려진 자료면 좋다.

여기서 특히 주의해야 할 것은 비유의 사용이다. 비유는 설명이나 설득을 위한 매우 효과적인 수단임에는 틀림없다. 하지만 비유를 사용할 때에는 매우 신중할 필요가 있다. 비유는 원관념과 보조관념 사이의 유사성에 기반해서 설명하는 방식인데, 두 대상이 완전히 일치하지 않으므로 차이점도 역시 존재한다. 비유를 사용하고자 하는 측은 두 대상 사이의 유사점을 강조하고 싶겠지만 반대 측은 두 대상 사이의 차이점을 부각시키면서 비판하려 할 것이다. 단, 마지막 최종발언을 하는 사람은 비유를 좀 더 적극적으로 활용할 필요가 있다. 마지막 최종발언으로 토론이 종료되므로 상대팀이 비유에서 발생하는 차이점을 부각시키려 해도 기회가 없기 때문이다.

(3) 최종발언은 앞서 이루어진 양팀의 토론 내용을 공평하게 정리해 주는 시간이 아니다. 학생들과 토론을 해보면, 최종발언 시간에 "상대편은 이런저런 주장을 했고, 저희 팀은 이런저런 주장을 했습니다."라고 양측의 논점을 비슷한 정도로 정리하는 경우를 자주 볼 수 있다. 물론 최종발언 시간에 앞서 이루어진 토론의 내용을 정리해주는 것은 필요하다. 이 때는 쟁점을 중심으로 자신들이 잘한 점과 상대편이 잘하지 못한 점을 부각시켜서 요약해 주는 것이 바람직하다. 자신들의 장점과 상대방의 약점을 최대한 부각시켜서 토론을 공격적으로 정리하는 것이 좋다.

(4) 비록 최종발언 시간이라 하더라도 반박할 것이 남아 있다면 이 시간에 반박을 할 수 있다. 상대편 주장에 반론의 여지가 있다면 마지막까지 철저히 반론하는 것이 좋다. 이 때는 앞의 반론을 되풀이하기보다는 앞의 발언 중, 미진했던 반론이나 재반론에 초점을 맞추어야 한다. "최종발언을 하기 전에 찬성 측(혹은 반대 측) 주장에 대해 반박할 것이 있습니다."라고 말한 다음에 반박을 하고, 이후에 최종발언을 이어가면 된다. 그렇다고 해서 최종발언 시간을 모두 반박 시간으로

활용해서는 안 된다. 반박할 내용의 요점만 간략하게 언급한 다음 바로 최종발언을 해야 한다. 마지막으로 최종발언을 하는 팀은 앞서 최종발언을 한 팀의 내용에서 반박할 것이 있으면 반박해도 된다.

(5) 앞 단계의 반박이나 확인질문을 잘하지 못해서 이기기 어려운 토론도 마지막 최종발언을 잘하면 그만큼 승률이 높아진다. 그리고 무엇보다 승패를 떠나서 끝까지 포기하지 않고 최선을 다하는 태도가 필요하다. 토론이 찬반으로 나뉘어 승패를 가리는 일종의 게임이긴 하지만 승패 그 자체가 목적일 수는 없다. 서로의 입장 차를 확인하고 더나은 대안을 고민해보는 것이 중요하다. 승패를 떠나 최선을 다하는 것은 토론자의 의무이다.

2. 독서 디베이트 학생 최종발언 예시

토론 도서	로이스 로리의 『기억전달자』
논제	조너스의 마을은 유토피아(이상사회)이다.
찬성 측 최종발언	2015학년도 1학년 최○○(마산동중학교)

조너스의 마을은 이상사회가 맞습니다. 모두가 똑같이 행복한 완벽한 세상입니다.

우리가 우려하는 감정이나 기억을 인정하지 않고 존재하지 않는다고 해서 이상사회가 아닌 것은 아닙니다. 감정이나 기억은 그 양면성 때문에 그 자체로 행복의 조건이 되지는 못합니다. 사랑도 이런 점에서 마찬가지입니다.

만약 누가 누군가를 좋아하지만 그 사람이 다른 사람을 좋아한다면 사랑하는 마음이 행복하기만 하지는 않을 것입니다. 그것은 그 사람에게 더 큰 고통을 안겨 줄 수 있습니다.

원로회에서 사랑을 비롯한 감정이나 기억을 없앤 이유는 바로 이것 때문입니다. 우리에게 감정이나 기억이 소중하다고 할지라도 그것의 존재 자체가 행복의 조건이 될지 불행의 시작이 될지는 아무도 알 수가 없는 것입니다. 책에서는 이렇게 말했습니다. 더 나은 것을 위해 그것들을 버렸다고, 이러한 기억과 감정을 통제하여 갈등을 최소화시키고 고통을 없애며, 효율성을 극대화시킨 조너스의 마을이야말로 다수에게 행복을 주는 유토피아가 분명하다고 말씀 드리고 싶습니다.

여러분!

사회를 구성하는 대부분의 사람들은 자신의 적성에 맞는 일을 하며 전쟁, 가난, 고통이 없는 세상, 어떤 차별도 없는 평등한 세상, 이것이 우리가 꿈꾸는 이상적인 사회의 모습이 아닙니까. 한 번이라도 그런 사회를 꿈꿔본 분, 불평등하고 혼란스러운 사회, 불안한 미래에 대해 고민해보신 분들이라면 우리 팀의 손을 들어주실 거라 생각합니다.

감사합니다.

토론 도서	로이스 로리의 『기억전달자』
논제	조너스의 마을은 유토피아(이상사회)이다.
반대 측 최종발언	2015학년도 1학년 최○○(마산동중학교)

만약 내가 조너스였다면 나는 어떤 길을 선택하였을까요? 나는 조너스

와 같이 사람들에게 기억과 감정을 일깨우는 위험한 길을 선택했을 것 같습니다. 그 이유는 바로 우리가 인간이기 때문입니다. 모든 것을 통제하고 조작하여 평화롭고 평온한 세상을 만들어 주면 과연 그 세상은 바람직한 세상일까요? 아닙니다. 내 의지에 의해 이루어진 것이 아니라면 아무런 소용이 없습니다. 온실 속에 화초 같은 삶, 수동적인 삶은 우리가 진정으로 원하는 삶이 아닙니다.

우리가 원하는 바람직한 사회에서 세상을 살아간다는 것은 자신이 선택한 이 세상에서 실패의 경험과 고통을 이겨내면서 더 성장하고 단단해지면서 비로소 맛볼 수 있는 진정한 행복을 느끼는 것이라고 생각됩니다.

인간에게 감정이 제거되면 인간은 더 이상 개성이 없어지게 됩니다. 그림을 그리려고 크레파스를 열었더니 24색 모두가 회색이라면 여러분은 아름다운 그림을 그릴 수 있겠습니까? 저녁 무렵 하늘을 물들이는 노을도, 비온 뒤 자리한 무지개도 회색 크레파스만으로는 아름다운 그림을 그릴 수가 없습니다. 사회도 마찬가지라는 생각입니다. 모든 인간을 똑같은 사회의 구성원으로 만들어 갈 것이 아니라 오히려 인간을 자유롭게 하고 자유로운 선택을 존중하게 해야 비로소 바람직한 사회의 모습을 가질 수 있다고 생각합니다.

바람직한 사회는 조너스의 마을처럼 인간을 억누르고 통제하고 약물의 힘으로 만들어지는 것이 아닙니다. 사랑하는 사람의 아이를 낳을 수도 없고 감정을 느낄까봐 매일 약을 먹는 그들을 보면서 저는 그들이 인간으로서 존중받지 못한다고 여겼습니다. 늘 같은 상태, 평화로운 일상은 철저한 감시와 통제로 만들어진 허상일 뿐이라 언제 무너질지 모릅니다.

잔혹한 전쟁의 기억 속에서 사람은 고통과 절망만을 느끼는 것이 아니라 생명의 소중함, 일상의 평화로움이 얼마나 중요한 것인지 비로소 깨닫게 되는 것입니다. 바람직한 사회는 조직보다 인간을 가장 소중히 여기고, 우리가 보고 듣고 느끼는 삶을 아름답게 바라볼 수 있게 만드는 사회라야 정말 바람직한 사회라고 할 수 있습니다.

　이상으로 최종 발언을 마치겠습니다. 감사합니다.

토론 도서	헤밍웨이의 『노인과 바다』
논제	노인이 먼 바다로 나간 것은 잘못이다.
반대 측 최종발언	2016학년도 3학년 이○○(마산동중학교)

　책에서 노인은 청새치가 상어에게 남김없이 뜯어 먹힐 것을 알면서도 결코 방치하지 않고 자신의 목숨을 걸고 안간힘을 다해 상어에게 반격합니다. 이런 모습을 보면 매우 무모하고 어리석다고 생각할 수 있지만 그렇지 않습니다. 왜냐하면 성공할 수 없다는 것을 알면서도 청새치와 사투를 벌이는 이유는 노인의 입을 통해 선명하게 제시됩니다. "인간은 파멸당할 수는 있을지 몰라도 패배할 수는 없어"라고 말합니다. 이 말은 아무리 실패를 반복하더라도 좌절할 수 없다는 의미로 곧 인간은 죽음이라는 파멸을 피할 수 없는 존재이지만 불굴의 의지로 맞서야 한다는 것을 뜻합니다. 이런 노인의 말은 인간의 승리나 패배에 중점을 두는 것이 아니라 인간이 어떤 태도로 삶을 살아야 하느냐라는 가치관을 문제 삼고 있다는 것을 알 수 있습니다.

　결말의 테라스의 웨이터와 관광객의 대화를 통해 그들은 노인이 잡은 청새치를 상어로 착각합니다. 하지만 마을의 다수를 차지하는 어부들 사이에서는 청새치의 뼈가 승리의 증거로 남아 노인의 일화는 신화로 회자되고 기억될 것입니다. 노인의 사투는 결코 무의미하지 않았습니다.

끝으로 이 책의 작가가 책을 읽는 우리들에게 노인의 삶이 무모하고 가치없는 패배자의 인생이라는 것을 남기기 위해 이 책을 썼을까요? 결코 그렇지 않습니다. 노인이 먼 바다로 나간 것이 단순히 고기를 잡아 돈을 벌기 위한 목적이었다면 그의 삶은 무모한 삶일 것입니다. 하지만 노인은 먼 바다로 나가 큰 물고기를 잡음으로써 자신의 한계를 극복하고 강한 의지와 믿음의 힘을 보여준 것입니다. 노인은 고기를 잡지 못하는 날이 길어졌음에도 오늘은 다를 것이라는 희망의 배를 타고 바다로 나간 것입니다.

우리의 삶을 예로 들자면 우리는 살아오면서 목표를 세우고 그것이 계획대로 되지 않아 낙담할 때가 많습니다. 하지만 이 책의 노인처럼 포기하지 않고 다시 일어설 수 있는 도전정신을 배운다면 어떠한 어려움도 이겨낼 수 있을 것입니다. 이 책이 노벨문학상을 받을 수 있었던 것도 독자들에게 큰 호응과 인기가 있었던 것도 독자들에게 인간이란 죽을 때까지 포기하지 않고 시도해야 하는 존재 곧 희망을 추구하는 존재라는 큰 교훈을 남기고 있기 때문이라고 생각합니다.

이상으로 반대 측 최종발언을 마치겠습니다. 감사합니다.

12
작전 타임

　작전 타임은 대부분의 디베이트에서 절차로서 주어져 있다. 작전
타임은 시간만 제한하고 토론자들이 원할 때 사용하게 하는 방법과 토
론의 모형 내의 특정한 위치에 작전타임을 고정시켜서 사용하는 방법
이 있다. 작전 타임의 시간만 한정되어 있는 경우는 자신이 속한 팀이
다음 순서에서 발언기회를 갖고 있는 경우 작전타임을 신청할 수 있다.
토론자가 발언하는 중에는 당연히 작전 타임을 요청할 수 없다.

　독서 디베이트에서는 토론 모형 내의 입론과 첫 번째 반론 다음에
작전 타임을 고정시켜 사용한다. 가능하면 학생들에게 작전 타임을 여
유 있게 주어서 작품에 대해서 조금이라도 더 토의하게 하는 것이 바
람직하다고는 생각하지만 전체적인 토론의 흐름을 깨지 않도록 해야
한다.

　작전 타임 시간을 효과적으로 활용하여 상대 팀에 대한 대응전략을

잘 짠다면 토론의 흐름을 역전시킬 수 있다. 그런데 간혹 학생들은 이 시간에 잡담을 하는 경우가 있는데 이는 바람직하지 않다. 주어진 시간을 최선을 다해서 활용해야 한다.

13
토론의 평가

1. 평가의 방법

독서 디베이트에서 토론의 결과를 포함한 평가가 필요한가 묻는다면 반드시 그렇다고 대답하겠다. 일반적으로 디베이트는 무승부가 없으며 어느 팀이 이겼는지를 반드시 판정해줘야 한다. 이런 판정이 승부욕을 자극해서 경쟁을 심화시킬 것을 걱정할 수도 있다. 하지만 경쟁이 마냥 부정적인 것은 아니다. 학생들은 독서 디베이트에서의 경쟁을 즐긴다. 경쟁은 성취동기를 자극하고 이는 학생들이 분석적인 독서를 하도록 자극한다. 또, 팀 간의 경쟁은 팀원 간의 협력을 강화시키는 역할을 한다. 경쟁을 부정적으로만 볼 것이 아니라 교육적으로 잘 활용하는 방법을 고민해야 한다.

독서 디베이트를 평가할 때, 모든 평가가 그렇지만 공정함을 유지해야 한다. 하지만 이는 생각보다 쉽지 않다. 토론 시간 내내 집중해서 들어도 그 모든 것이 머리 속에 남는 것도 아니고, 평가를 위해서 메모를 하지만 때론 중요한 내용을 놓치기도 하기 때문이다. 완벽한 공정함은 어차피 불가능하겠지만 공정함을 유지하고자 하는 노력은 가능하다. 공정한 평가는 학생들이 좀 더 독서 디베이트를 열심히 하도록 격려해 주는 효과가 있다.

공정한 평가를 위해서 심판이나 교사에게 요구되는 능력은 토론의 이론에 대한 지식, 경청하는 능력, 효과적으로 메모하는 능력 등이다. 토론 이론에 대한 공부는 좋은 책들이 많으므로 그렇게 어렵지 않다. 토론에 대한 이론을 모르고도 물론 토론을 평가할 수 있다. 하지만 토론의 이론을 알고 보면 토론에서 보아야 할 것들이 더욱 잘 보인다. 특히, 교사의 입장에서 토론이 효과적으로 진행되지 않았을 때 다음의 토론을 위해서 그 원인을 파악해야 하는데, 이 때 토론의 이론들은 많은 도움이 될 수 있다.

비교적 쉽게 배울 수 있는 토론의 이론에 비해 토론을 잘 듣고 메모하는 능력을 기르는 것은 쉽지 않다. 많은 토론을 접해보고 반복해서 메모하는 연습을 통해서만 길러질 수 있는 능력이다. 토론을 평가할 때 토론자들의 발언 태도, 목소리, 자신감 등의 요소는 물론 중요하지만 토론자들이 논리를 전개하는 능력을 집중적으로 볼 필요가 있다. 많은 경우 토론자들이 주는 인상이 토론의 결과에 영향을 미치는 것을 보았다. 이는 어쩔 수 없는 일이기도 하지만 토론자들의 논리를 파악하는 일이 생각보다 쉽지 않기 때문이기도 하다. 토론을 평가하는 심판이나 교사는 사전에 토론의 논제에 대해 충분히 숙지하고 있어야 한다. 가능하다면 논제에 대해 가능한 쟁점들을 충분히 조사해서 알고 있는 것이 토론을 평가하는 데 도움이 된다. 논제에 대해 충분히 조사해서 알고 있다면 토론을 들을 때 중요한 것이 무엇인지 판단하기가 훨씬 쉽기 때문에 듣기도 쉬워진다.

토론에서 평가가 토론의 결과에 대한 평가만을 의미하지는 않는다. 한데 가끔 토론을 참관해서 보면 결과만 판정해 주고, 그 이유를 설명하지 않는 경우가 있다. 이는 결코 교육적으로 바람직하지 않다. 반드시 피드백을 통해서 자신이 토론에서 잘한 점과 그렇지 못해서 아쉬운 점을 학생들이 이해하도록 도와주어야 한다. 양 팀이 어떤 점에서 잘하고 어떤 점에서 그렇지 않은지 포괄적으로 평가하면서도 각각의 토론자가 어떤 점을 잘했고 어떤 점을 잘하지 못했는지도 가능하면 함께 평가해 주면 좋다.

단, 각각의 토론자를 평가할 때는 주의할 필요가 있다. 장점을 말해 줄 때는 괜찮은 데 단점을 지적할 때는 자칫 학생이 상처를 받을 수도 있기 때문이다. 가능하면 장점과 함께 단점을 지적하면서 마지막으로 격려하는 것을 잊지 말아야 한다. 그런데도 학생이 상처를 받았다고 느껴진다면 평가가 끝난 후에 다시 한번 더 토론에 대해서 이야기하면서 학생을 격려해 줄 필요가 있다. 토론에서 학생을 평가할 때 잘한 점만을 말하는 교사들도 있는데 이것도 그렇게 바람직해 보이지 않는다. 평가는 객관적이고 때론 냉정해야 한다. 마냥 칭찬하는 것은 어느 순간 더 이상 칭찬의 의미를 갖지 못하는 말의 잔치에 불과할 수도 있다.

마지막으로 독서 디베이트에서 학생들을 어떻게 평가하는지를 간단히 설명하고자 한다.

먼저, 토론의 모형에 바탕을 둔 토론 기록지와 토론 평가지를 만든다. 토론 기록지는 토론의 단계별로 발언자들의 이름과 발언 내용을 기록할 수 있도록 만든 것이고, 토론 평가지는 기록한 내용을 바탕으로 승패를 판단하고 토론의 내용(평가 내용)을 학생들에게 설명해 줄 때 사용하기 위해서 만든 것이다. 보통 토론 평가지는 일반적으로 토론의 단계별로 평가해야 할 항목을 정해놓은 것이다. 평가를 하는 방법은 항목별로 점수를 주는 방법과 어느 팀이 어떤 항목에서 더 잘했는지를 기록하거나 표시하는 방법이 있다.

독서 디베이트의 평가는 일반적으로 사용하는 평가지를 따르지 않았다. 평가해야 할 항목들은 이미 알고 있으므로 평가지에 기록할 필요가 없고, 항목별로 점수를 부여하고 그것을 합산하여 승패를 판정하는 방식이 타당한 평가라고 생각되지 않았기 때문이다. 부분을 합하면 반드시 전체가 되는 것은 아니다. 토론의 부분 부분을 잘했다고 하더라도 반드시 전체 토론을 잘한 것이 아닌 경우도 있다.

토론 평가지는 토론의 모형을 중심으로 해서 전체를 3라운드로 나누고, 각각의 라운드에서 어느 팀이 잘했는지를 평가하도록 만들었다. 1라운드는 양 팀이 한 번의 입론과 확인질문을, 2라운드는 양 팀이 한 번의 반론과 확인질문을, 3라운드는 양 팀이 한 번의 반론과 최종발언을 하도록 설정했다. 3라운드 중에서 많은 라운드를 이긴 팀이 승리한 것으로 판정했다. 비슷한 정도의 토론을 했다면, 좀 더 논제를 입증하기 어려운 측이 승리한 것으로 판정하거나 1라운드보다는 2라운드를,

2라운드보다는 3라운드를 더 잘한 팀이 승리한 것으로 판정했다.

토론 평가지는 토론의 흐름을 한 눈에 파악할 수 있도록 만들었고, 단계별로 발언자의 이름도 적을 수 있게 했다. 각 라운드의 끝에는 각 팀의 잘한 점과 아쉬운 점을 적을 수 있는 란을 만들어 토론을 평가할 때 사용했다. 토론 중에는 토론 기록지에 중요한 내용을 계속 메모하다가 잘한 점과 아쉬 점은 빨간색이나 다른 색의 연필을 이용하여 표시를 해 두었다. 그리고 각 라운드의 끝에 작전타임 시간이 있는데, 학생들이 작전 회의를 하고 있을 때, 토론 기록지를 보면서 잘한 점과 아쉬운 점을 토론 평가표에 간략하게 옮겨 적었다. 이 토론 평가지로 결과를 판정해 주고 그렇게 판정한 이유를 설명해 주었다.

교사의 토론 평가가 끝나고 나면 토론에 참석한 모든 사람들(토론자, 심판진, 진행자, 시간 계측원 등)에게 최우수 토론자를 추천할 수 있도록 만든 양식지를 나누어 주었다. 최우수 토론자 추천지는 먼저 최우수 토론자를 추천하는 사람이 누군지를 적은 다음에, 최우수 토론자로 추천받을 사람을 적고 그 이유를 간략하게 적을 수 있도록 만들었다. 모든 사람들이 최우수 토론자 추천지를 제출하면 교사가 추천지 하나하나를 보면서 누가 누구를 어떤 이유로 추천했는지 읽어 주었다. 최우수 토론자를 추천할 때는 한 사람이 연속해서 두 번 받지 않도록 앞의 토론에서 최우수 토론자로 뽑힌 학생은 배제했다. 여러 학생들이 최우수 토론자로 뽑혀서 격려 받을 수 있기를 바랐기 때문이다.

최우수 토론자를 뽑고 나서 시간이 나면 토론에 대한 소감을 간단히 들어보면서 학생들과 함께 토론을 평가해 보기도 한다.

2. 독서 디베이트의 평가 시범

토론이 끝난 후 학생들을 평가했던 예를 몇 가지 소개한다. 독서 디베이트를 할 때마다 영상으로 기록을 했는데, 그 중에 몇 개를 골라서 평가한 내용을 영상에서 옮겨 적은 것이다.

학생들을 평가할 때 특별한 원칙이 있는 것은 아니다. 평가할 때는 주로 알고 있는 토론의 이론을 기반으로 학생들이 고쳐야 할 점, 논리적인 문제, 작품 이해에 도움을 주는 내용들을 말해 주었다.

토론 도서	헤밍웨이의 『노인과 바다』	
논제	노인이 먼 바다로 나간 것은 잘못이다.	
토론자 / 평가자	2017학년도 3학년	찬성 측: 강○○, 석○○(마산동중학교) 반대 측: 오○○, 김○○(마산동중학교) /정한섭

자, 토론 결과를 말씀드리겠습니다. 토론하면서 느꼈을 것 같은데 오늘 토론은 반대 팀이 이겼습니다. 반대 팀이 토론 내내 준비가 정말 많이 됐구나 그런 느낌을 가질 수 있었고…….

첫 번째 입론에서 용어 정의를 할 때에 사전적인 정의만 하지 말고 자신의 주장에 맞게 정의를 할 필요가 있습니다. 물론 반대 팀도 그 정의를 받아들일 수 있어야 되겠지만…….

그 다음에 오늘 오○○을 비롯해서 확인질문이 전체적으로 방법은 다 좋았어요. 간단간단하게 끊어 질문하는 방법은 좋았는데, 원하던 답을 얻었는가 생각해 보면 그렇지는 않은 것 같아요. 그래서 좀 더 명확한 목표를 가지고 전략적으로 접근할 필요가 있습니다. 이전 토론보다는 훨씬 확인질문이 나왔어요.

그 다음에 강○○의 확인질문은 도대체 뭘 묻고자 하는가, 처음에 의도는 알겠는데, 계속 같은 질문을 반복하고 있어요. (학생: 답을 이상하게 해 가지고, 다른 답을 해서) 상대방이 원하는 답을 내놓지 않는다고 계속 같은 질문을 하는 것은 좋은 방법은 아닌 것 같아요. (학생: 질문을 잘 이해하지 못하는 것 같아서) 어쨌든 그런 방식으로는 원하는 답을 얻을 낼 수 없다는 생각이 들었고…….

김○○의 입론은 전체적으로 무난했다는 생각이 듭니다.

그 다음에 석○○의 반론은 글쎄요, 그냥 들어보면 괜찮기는 한데, 특별히 인상적이지는 않았어요. 눈에 띌 만큼 참 괜찮네, 그런 느낌은 좀 없었어요. 김○○의 확인질문도 아까 말했다시피 단계적으로 질문을 하려고 하는 것은 좋았는데 답변을 제대로 받아내지 못했다는 생각이 듭니다.

그 다음에 오늘 토론에서 인상적인 부분은 오○○의 반론인데 전체적으로 조목조목 반론을 잘했다 이런 생각이 들고, 무엇보다도 그 앞에 제대로 답변하지 못한 부분을 다시 상기시키면서 답변을 보충해 주는 그런 태도도 좋았습니다.

그 다음에 이제 다른 부분은 놓아두고, 토론 전반을 보면 어떤 느낌이 들었느냐하면 반대 팀은 실패가 또 다른 성공으로 위해 나아가는 과정이라는 하나의 목표를 가지고 명확하게 그것을 인식시켰다는 생각이 들어요. 그런데 찬성 팀은 계속 무모하다, 그런데 왜 무모한 것이 문제가 되는지를 좀 더 구체적으로 증명을 했어야 되는데 그런 부분이 부족하고, 전체적으로 보면 가치 있다 없다 이런 얘기가 많이 나오는데 그 가치가 어디에서 생기는 거냐, 무엇이 가치를 만드는 거냐, 거기에까지 나아가야 할 것 같은데, 거기까지 나아가지 못했지만……

어쨌든 반대 팀의 주장을 들어보면, 실패라는 것은 성공을 위해서 꼭 필요하구나, 성공을 위한 하나의 과정이구나 그런 느낌이 명확하게 들었습니다. 이상입니다.

토론 도서	프랜시스 스콧 피츠제럴드 『위대한 개츠비』	
논제	개츠비의 사랑은 위대하다.	
토론자 / 평가자	2016학년도 3학년	찬성 측: 이○○, 이○○, 유○○(마산동중학교)
		반대 측: 황○○, 심○○, 권○○(마산동중학교) /정한섭

오늘의 토론은 전반적으로 좋지 않았습니다. 작품과 논제 그리고 쟁점을 모두 깊이 있게 이해하지 못했다는 느낌이 들었습니다.

전체적으로 토론의 문제가 머리 속에서 무슨 생각을 한다는 것은 좀 알겠는데 (학생들 웃음소리) 그게 명확하게 언어로 표현이 안 되니까 질문을 하는 사람도 대답을 하는 사람도 무슨 질문, 무슨 대답인지 좀 알 수 없는 그런 상황이 반복되었고……

그래서 자신의 생각을 언어로 좀 더 정확하게 표현하고자 하는 노력이 좀 필요하다는 생각이 들고……

그 다음에 지금 문제가 되는 것이 5년 전의 데이지와 지금의 데이지는 같으냐 다르냐, (학생들 같다 다르다 의견 분분) 같지. (학생: 본질적으로는 같잖아.) 같은데 5년 전의 데이지는 순수함과 속물적인 면을 다 같이 가지고 있었는데, 그 순수함이 지금보다는 조금 더 많다고 보고, 5년 후의 데이지도 순수한 면이 있지, 그 개츠비를 만났을 때 눈물을 흘리고 이런 것 보면, (학생: 셔츠를 보고 눈물을 흘린 걸거야. 다른 학생들 웃는다.) 그런데 약간 속물적인 면이 조금 더 강화되어 있는 거지.

그럼 이게 순수한 데이지를 사랑한다고 했을 때, 이 순수함이라는 것은 두 가지로 볼 수 있는데, 데이지 자체의 순수함일 수도 있고 과거 자신이 데이지를 사랑하던 그 시절의 순수함, 그 시절의 순수함이 부정한 방법으로 돈을 계속 모으면서 깨지잖아. (학생: 예) 그것을 다시 회복하려고 하는 거지. 그 순수함을 회복하려고, 자신의 순수함을 회복하려고 하는 것으로 볼 수 있는 거지. 데이지라는 사람의 순수함이라기보다는 그 순수함의 초점이 자기 자신에게 맞추어져 있다고도 볼 수 있어.

그 다음에 핵심적인 문제인데 거의 건드리지 못한 것은, 사랑을 얻는 수단으로써 수단과 방법을 가리지 않고 사랑을 얻으려 하는 것은 글쎄 양면이 있지. 그렇잖아. 어떤 어려움을 극복하더라도 그 사랑을 이루려고 하는 게 아름답고 대단한 사랑으로 보일 수도 있고 (학생: 집착으로 보일 수도 있고) 그래 집착이나 탐욕적인 것이 될 수도 있고, 그런 부분에 대해서 좀 논의가 되었어야 하는데, 깊이 있게 얘기가 되지 않는, 아까 이○○의 반론에서 그런 얘기가 사실 나왔잖아. 사랑하는 아내를 위해서 약을 훔쳤을 때에, 그 방법은 좋지는 않지. 부정적이긴 하지만 그 사랑 자체를 문제 삼기는 또 어렵지. 그 사랑을 표현하는 수단이 바람직한 것은 아닌데 오히려 그 사랑이 뭐냐 더 위대하게 보일 수도 있잖아. 어떻게 보면 거기에서 문제는 자기희생의 개념이 붙어 있기 때문이지. 남의 물건을 훔치면 처벌을 받을 건데, 그 처벌을 감수하고서라도 아내를 위해서 뭔가를 하는 거지. 그러니까 이 수단이 자기 자신을 위한 것이냐 상대방을 위한 것이냐의 의미를 좀 분석해 볼 필요가 있는데 그 부분도 그냥 지나치고……. (학생들 웃음소리)

전체적으로 어떤 느낌이냐 하면 깊이 들어가지 못하고 겉에서 빙빙 돌다가 끝났다는 느낌이 들었는데, 작품을 제대로 이해하지 못했구나 (학생: 네) 하는 그런 느낌이 강하게 들었습니다.

어쨌든 토론의 승패를 가려야 하니까, 토론이 전체적으로 좋지 않았지만 찬성 측이 그래도 반대 측의 허점을 몇 가지 지적한 것 중에 괜찮은 부분이 있어서, 오늘의 토론은 찬성 팀이 승리했습니다.

토론 도서	허먼 멜빌의 『선원, 빌리 버드』	
논제	비어 함장이 빌리를 교수형시킨 것은 정당하다.	
토론자 / 평가자	2016학년도 3학년	찬성 측: 황○○, 한○○, 심○○(마산동중학교)
		반대 측: 이○○, 강○○, 유○○(마산동중학교) /정한섭

결과를 말씀드리면, 일단 토론은 굉장히 좋았고, 결과를 판단하기가 매우 어려웠습니다. 그래서 어디에 중점을 뒀느냐 하면, 이○○이 오늘 빠진 부분(감기 몸살로 입원)을 어떻게 해석을 해야 하나, 이 부분에 중점을 두었는데, 어쩔 수 없다는 것에 중점을 둘 것인지, 이유를 떠나서 참여하지 못했다는 것에 중점을 둘 건가 좀 생각을 했는데, 일단은 의도적으로 빠진 것은 아니기 때문에 어쩔 수 없음을 인정해야 한다는 생각이 듭니다.

그렇게 보면 반대 팀이 사실은 불리한 환경에 놓여있었다는 생각이 들어요. 갑자기 팀원이 교체되는 상황이었기 때문에……. 불리한 상황에도 토론은 사실 비슷했기 때문에 그래서 반대 팀이 이겼다고 판단했습니다. (학생들 박수)

그럼, 토론의 내용에 대해 좀 살펴보겠습니다. 비어 함장이 행위의 결과를 중시한다는 것에 대해서는 좀 오해가 있는 것 같은데, 행위의 결과를 중시한다는 게 사람이 죽었다는 것 자체를 중시하는 것은 아닙니다. 행위의 결과를 중시한다는 것은 그 사건이 이 배에 미칠 어떤 파급효과를 고려한다는 뜻이지, 그 동기보다는 이 사건이 전함에 어떤 파급효과를 미칠 것인가 그것을 고려한다는 뜻인데, 너무 살인에만 중점을 둔다는 느낌이 있었고……

　그 다음에 폭력은 어떤 경우든 이해될 수 없다는 황○○의 입론은 옳지 않습니다. 폭력은 상황에 따라서 개인이 행사할 수도 있고, 국가가 폭력을 행사하기도 하고, 필요하면 악을 제압하기 위해서 폭력이 행사될 수 있죠. 악을 힘으로 제압하지 않는다면 뭘로 제압할 수 있겠습니까. 상황에 따라서 달라지는 면이 있습니다.

　그 다음에 확인질문을 할 때에 황○○이 확인질문을 하는 부분에서 살인이 그러니까 빌리를 교수형시킨 것이 과연 살인에 대한 거냐, 반란에 대한 것이냐를 구분한 것은 훌륭했는데, 사실은 살인에 대한 게 아니죠. 비어가 빌리를 교수형시킨 것은 살인보다는 그것이 불러일으킬 반란의 가능성에 중점을 두고 있는 거죠. 그런데 황○○은 구분은 훌륭했는데 살인에 중점을 뒀다는 그런 생각이 들고, 어쨌든 그렇게 구분해서 볼 수 있다는 것은 굉장히 좋은 생각이었습니다.

　그 다음에 토론의 평가를 떠나서 이 작품을 좀 더 논리적으로 해석하면 어떻게 할 수 있느냐 하면, 르네 지라르라는 철학자의 『희생양』이란 책이 있는데, 이에 의하면 빌리를 일종의 희생양으로 볼 수 있습니다.

　희생양이라는 것은 사회가 오염되면 그게 질병에 의한 것이든 살인에 의한 것이든 사회가 오염되면 사회를 정화시켜야 되죠. 오염된 사회를 정화시키는 데 필요한 것이 희생양이거든. 희생양 의식을 통해서 그 사회를 정화하는데, 빌리와 클래가트의 동기가 어떻든 간에 하급자가 상급자를 전시에 죽였기 때문에 배의 질서는 무너지는 거죠. 배가 오염된 상태라면 이것을 정화시켜야 돼. 정화시키기 위해서는 희생양이 필요한데, 조직 내의 사람을 가지고 희생양으로 삼을 수는 없어요. 그러면 반발하기 때문에. 그런데 빌리는 조직 밖에서 들어온 사람이죠. 외부인이에요. 빌리를 희생시켜서 배를 정화시키는 것이 비어 함장의 역할이라고 볼 수 있죠.

비어 함장은 빌리가 죄가 없다고 생각하면서도 일종의 희생양으로 삼았고 빌리는 또 그것을 받아들였어요. 자기가 희생양이 될 수밖에 없는 상황을 사실 받아들였다고 보는 거죠. 여기에서 생기는 문제가 선한 사람의 폭력을 어떻게 볼거냐인데, 악한 사람이 예를 들어서 클래가트가 악한 사람인데 악한 사람이 선한 사람에게 폭력을 행사했잖아요. 모함의 형태로 폭력을 행사했는데, 그러면 거기에 선한 사람은 어떻게 대응할 수 있느냐. 악한 자가 폭력을 행사하면 선한 자는 어떻게 대응해야 됩니까. 가만 있어야 되나. 힘으로 맞설 수밖에 없어요. 그렇잖아.

어쨌든 선한 자도 결국은 폭력을 행사해야 되는 거죠. 그러면 폭력의 정당성이 문제가 될 수 있어요. 악한 사람도 폭력을 행사하고 선한 사람도 폭력을 행사했죠. 그럼, 둘 다 폭력을 행사했는데 이 사회가 혼란에 빠지겠죠. 그것을 방지하기 위해서 선한 자의 폭력은 인정하지만 그 폭력에 대해서는 책임을 물어야죠.

그래서 빌리는 죄가 없긴 없는데 어쨌든 폭력을 행사했고 그 폭력을 용납하면 선한 자의 폭력이라 하더라도 이것을 용납하면 폭력이 확산되고 사회는 어지러워지겠죠. 그래서 비어는 빌리에게 책임을 물은 거고, 빌리는 순순히 그것을 받아들인 거죠.

좀 복잡한 문제예요. 우리 사회에도 악한 자들이 있고, 악한 자들이 폭력을 행사할 때 과연 선한 자들이 어떻게 할 것인가라는 문제가 생기죠. 그게 긴급한 상황이 아니라면 국가에 위임해서 해결하면 되죠. 공공의 폭력, 국가에게 폭력을 위임하고 국가가 폭력을 행사하면 되는데, 이게 지금 전시의 상황은 그런 상황이 아니잖아요. 비어에게 맡겨져 있기 때문에 복잡한 문제였는데 토론 자체는 수준이 있었어요.

토론의 결과는 비슷했지만 반대 팀이 조금 불리한 환경에 있었다는 것을 감안해서 승리한 것으로 평가했습니다. 이상입니다.

토론 도서	알베르 까뮈의 『이방인』	
논제	뫼르소에 대한 사형 판결은 정당하다.	
토론자 / 평가자	2015학년도 2학년	찬성 측: 황○○, 심○○(마산동중학교) 반대 측: 이○○, 이○○(마산동중학교) /정한섭

오늘 토론은 전반적으로 좀 좋지 않았습니다. (학생들 웃음소리) 작품이 좀 어려웠죠. (학생들: 예) 이번 토론은 찬성 팀이 이겼습니다. (학생들 박수) 박수를 칠 필요는 없고……. 찬성 팀이 잘해서 이긴 것이 아니고 반대 팀의 논리가 (학생: 이상했어요.) 완전히 이상한, 정말 반대 팀이 싸이코 패스인가, (학생들 웃음소리) 이런 생각이 좀 들었는데……. 농담입니다.

자, 첫 번째 가장 큰 문제는 상식적인 건데, 용어 정의를 하지 않았다는 거예요. 여기서 핵심 용어는 '정당하다'고, 그러면 법적인 정당방위에 대한 개념을 정확하게 살펴봤어야 했어요. 그러니까 인터넷에 검색해 보면, 정당방위, 그러니까 법적으로 정당방위는 명확한데 자신의 생명에 대해서 치명적인 위협을 느낄 경우, 단순 위협이 아니고, 내가 곧 죽을 것 같은 치명적인 위협을 느낄 경우에 정당방위가 인정됩니다. 단, 상대방이 단순히 주먹을 쥐고 위협했는데 내가 총을 쏜다든가 그런 것은 정당방위가 될 수 없죠. 그렇다면 정당방위를 명확하게 규정하고 아랍인의 행동이 과연 치명적인 위협이었느냐를 따져볼 필요가 있었는데 그러지 않았다는 거고…….

그 다음에 반론의 문제는 심○○의 반론은 주장은 있는데 근거는 없는 반론, 이○○의 반론은 비논리적이고 무슨 말을 하는지 알 수 없는 그야말로 우왕좌왕하다가 시간을 보내서 이해가 안 되고, 특히 가장 문제가 뭐냐면 예를 들어서 모든 살인이라는 것은 약간의 흥분 상태, 감정적으로 격앙된 상태에서 일어나죠. (반대 팀이 뫼르소가 정신적 흥분 상태에서 살인을 했기 때문에 죄가 없다고 주장함.) 그럼, 그런 상태에서 범죄를 저지르면 당연히 그것은 범죄지. 그게 범죄가 아니라면 이 세상에 범죄가 없는 거지. 그게 만약 범죄가 아니라면 이런 범죄 밖에 없는 거지. 아주 논리적으로 이성을 가지고, 저 놈을 죽이겠다는 명확한 생각으로 살인을 하는 거지. 그런 경우도 물론 있을 수도 있겠지만 그건 정말 싸이코 패스에 가까워.

그래서 살인은 약간의 비정상적인 상태, 흥분하고 이런 상태에서 저질러지는데 그 비정상의 정도를 판단하는 거죠. 예를 들면, 이 애가 싸이코 패스야, 그럼 이 애가 죄가 없나. 싸이코 패스가 살인을 하면 죄가 없나. (학생: 있어요.) 그럼, 죄가 있는데 감옥에 가는 대신에 정신 병원에 가두어서 정신 치료를 받게 하는 거지. 그 사람이 죄가 없는 건 아니지. 죄가 없는 경우는 정당방위일 경우뿐이야. 그러니까 지금 살인을 했는데 그 살인이 죄가 없음을 인정한다는 것은 이 사람의 행위가 정당방위였다는 거지.

안 그러면 뭐냐, 누가 봐도 이 사람이 비정상적이고 정신적인 치료가 필요해, 그래서 죄는 있다고 하지만 사형을 시킬 정도는 아니다. 논리를 구분해야 되는데 두 가지 방법이 있어. 첫 번째 방법은 완벽한 정당방위다. 이 사람은 논리적이고 이성적인 사람이지만 이 사람의 행위는 완벽한 정당방위이기 때문에 이 사람에게는 죄가 없다. 이 사람에게는 죄가 있기는 하지만 이 사람의 정신적 상태를 조금 참작한다면 좀 치료가 필요한 상태고 그렇게 본다면 사형까지는 좀 지나치다, 이 두 논리 중 하나를 선택해야 되는데……

반대 팀은 두 사람이 논리적으로 준비가 안 되었다는 것이 사전에 모여서 의견 조율을 하지 않은 거지. 제대로. (학생: 예) 그래서 어떻게 보면 전체적으로 찬성 팀이 잘한 경기라기보다는 반대 팀이 준비가 좀 덜 되어 자멸하는 그런 경기였다고 생각됩니다.

토론 도서	소포클레스의 『오이디푸스 왕』
논제	오이디푸스는 운명에 맞선 영웅이다.
토론자 / 평가자	2014학년도 3학년 찬성 측: 김〇〇, 유〇〇(마산동중학교) 반대 측: 배〇〇, 배〇〇(마산동중학교) /정한섭

선생님이 토론을 굉장히 재밌게 들었고, 사실 이 작품을 처음 읽은 지는 5월 달 정도 되는 것 같은데 굉장히 오래 되었어요.

여러분들은 잘 모르겠지만 이 작품은 철학, 심리학 등 여러 분야에서 굉장히 유명한 책이에요. 그래서 선생님도 줄거리나 이런 것은 다 알고 있었는데 실제로 읽어본 것은 처음이었고, 읽어보니까 이게 무슨 말인지 잘 몰라서 이런저런 책을 읽고 공부를 했었는데, 공부를 하면서 이 책이 참 대단한 책이다 이런 생각이 많이 들었어요. 이 책을 학생들에게 꼭 읽혀야겠다, 이런 사명감 같은 걸 좀 느꼈어요.

논제를 개발하는 데 시간이 많이 걸렸는데, 막상 개발해 놓고 걱정이 좀 앞섰어요. 이걸로 학생들이 토론을 도대체 할 수 있을까. 계속 그 걱정을 하고 어떻게 하면 학생들이 좀 토론을 잘할 수 있을까 고민을 많이 했는데, 생각보다는 뭐 사람은 각자의 수준에서 이해하는 능력이 있구나 하는 생각을 했었고, 도움도 좀 될 것 같다는 생각을 했어요.

오늘은 이 앞 토론과 좀 다르게 선생님이 중간 중간에 끼어들어서 토론을 진행시켰던 면도 아마 그동안에 갖고 있던 불안감, 걱정 이런 것들이 있어서 짜임새 있게 토론이 진행되었으면 좋겠다는 생각으로 중간 중간에 선생님이 일부러 얘기를 했었고……

이 논제에서 선생님이 저번에 한 번 동아리 시간에 들어가서 이야기했는데, 핵심적인 것은 운명을 어떻게 정의할 것인가가 굉장히 중요하죠. 그러니까 찬성 측에서는 보통 우리가 일반적으로 생각하듯이 소극적인 의미에서 주어진 것으로서, 내가 어쩔 수 없는 것으로서 운명을 정의하면 좀 유리할 것이고, 반대 측에서는 운명이라는 것은 내가 하는 것이, 내가 하는 행위, 내가 하는 말, 그것이 곧 운명이지 신이 나에게 주는 것은 아니라고 좀 더 적극적으로 운명을 해석하면 유리할 것이다, 이런 얘기를 했었죠. 그러면서 오이디푸스가 가지고 있는 성격적인 어떤 결함이나 그런 부분들을 적극적으로 이용하면 유리하다 이런 얘기를 했었어요.

그런데 반대 쪽이 그 부분을 좀 적극적으로 이용하지는 못했다는 생각이 들어요. 그러니까 운명을 좀 더 적극적으로 정의하면서 오이디푸스의 성격적인 결함을 계속 지적하면서 그에 바탕해서 영웅이 아니다 이렇게 이어갔으면 좋았을 것 같아요. 계속 반복되는 얘기가 행위에 대해서 책임은 졌는데 영웅까지는 아니다, 이런 얘기를 계속 반복을 했고 그런 얘기를 들을 때마다 왜 그렇지에 대한 의문이 계속 머리 속에 떠올랐고, 뒤쪽에 가서는 이것에 대한 연장선인지는 모르겠지만, 눈을 찌르면서 왕위에서 물러난 것은 책임을 지는 것이 아니라 국가를 더 혼란에 빠뜨린 것이다, 이렇게 약간 보충하는 면이 있었어요.

영웅이 아니라고 처음에 입론할 때부터 왜 아닌지를 분명하게 짚고 넘어갔어야 했는데 그렇지 못했다는 생각이 들었고, 스핑크스 문제도 해석이 필요했어요. 반대 측에서는, 스핑크스를 통해서 나라를 구한 것은 사실이지만 그 문제가 결국 모든 것의 발단이 되는 부분인데, 그 부분에 대한 해석도 좀 있었어야 했다 이런 생각이 듭니다.

전체적으로 보면 찬성 측에서는 강조한 말이 책임이었고, 반대 측에서는 무책임이었죠. 어떻게 보면 쟁점은 책임과 무책임의 그런 문제였던 것 같고, 그 부분에서는 좀 집중력이 있었던 것 같아요. 그런데 눈을 찌른 이 부분에 대해서는 해석이 조금 더 구체적이었어야 했는데, 좀 부족하다는 느낌은 있었고, 그래도 여러분들 수준에서는 상당히 해석력은 있었다 이런 생각이 듭니다.

입론은 ○○이가 ○○보다 조금 더 짜임새가 있었어요. 그 다음에 확인질문은, 오늘은 확인질문은 근래에 본 확인질문 중에서 가장 나았어요. 그 전에 확인질문은 도대체 누가 무슨 말을 하고 있는지 잘 모를 정도였는데, 오늘은 그래도 서로 주고받는 말이 조금 연결이 되는, 이 앞에는 서로 딴소리 (학생들 웃음) 하는 그런 상태였다면 오늘은 조금 공격적인 면도 있고 내용도 유기적으로 잘 연결되는 이런 부분이 있어서 좋았다는 생각이 들고, 그게 아마 2:2 토론이었기 때문에 그럴 수도 있겠다 이런 생각이 들었어요. 4:4 토론은 어떻게 보면 쉽고 좋은 것 같지만, 정신없는 상태일 수도 있는데, 2:2니까 아마 책임감도 조금 더 많이 느꼈던 것 같고 더 짜임새가 있어서 오늘 확인질문은 들을 만했다 이렇게 평가하고 싶습니다.

그 다음에 찬성 측에서 이야기했던 게 진실의 추구를 계속 책임감과 연결시켰죠. 백성과 나라의 안전. 그 다음에 반대 측은 성격적인 문제, 독단, 이런 것을 계속 이야기 했었는데, 아까 선생님이 ○○의 용어 선택의 문제를 지적을 했었는데, 오늘 토론 중에서 선생님이 조금 관심 있게 들었던 게 나라를 통치하는 왕의 성격, 성품, 인격의 문제가 나왔어요. 반대 측은 포용력 있는 사람이 훌륭한 왕이다 이런 얘기를 했었고, 찬성 측에서는 독단적인 왕이 훌륭한 왕이다 이런 얘기를 했었는데, 아까 용어 선택의 문제를 지적했던 게 독단이란 표현의 문제예요.

독단은 사실 좋은 게 아니잖아요. 차라리 결단력이라고 했으면 어땠을까하는 생각이 들어요. 독단적이다 이렇게 하면 결코 좋은 왕이 아니잖아요. 어차피 왕은 무언가를 결정해야하는 입장에 있죠. 그래서 주변의 사람들의 말을 들었어요. 듣기는 들었어요. 들었고 그것을 행할 것이냐 말 것이냐를 결단하는 거죠. 독단이라는 말을 들었을 때 어감이 좀 지나치게 부정적이었고 독단적인 왕을 우리가 훌륭한 왕이라고 하진 않죠. 포용력과 결단력을 두루 갖춘 사람이 훌륭한 왕인 거죠. 주변의 이야기를 잘 듣고 필요할 때에는 결단할 수 있는 사람이 좋은 왕이다, 이런 부분을 이야기하는 것 자체는 좋았는데, 용어 선택에 조금 신중을 기해야 할 거다 이런 생각이 들었어요.

그 다음에 사실, 여러 분들의 토론을 평가할 때 마다 어떤 생각이 드냐면 평가하느니 차라리 토론을 하겠다 이런 생각이 드는데 (학생들 웃음), 여러분도 아마 토론을 하면서 말도 하고 상대방의 의견도 들어야 되죠. 그런데 해보면 듣기가 너무 힘들어요. 일전에 토론지도를 ○○여고에 가서 하고 왔는데, 그 학생들이 여러분보다 좀 낫다고 생각하는 게 잘 듣는 거였어요. 듣기가 굉장히 힘든데 듣기에 조금 더 신경을 써주면 좋겠고, 오늘은 굉장히 잘 들었던 것 같아요.

이전의 토론에서는 계속 반대 측은 반대 측의 이야기만 하고 찬성 측은 찬성 측의 이야기만 계속 했었는데, 오늘은 잘 듣고 서로에 대해서 반박하는 모습을 보여줘서 그 부분도 좋았다는 생각이 듭니다. 그리고 선생님이 평가를 하지만 다 잘 듣지는 못해요. 아마 여러분들이 잘한 부분도 있고 선생님이 지적을 했으면 하는 부분도 있을 것 같은데, 이게 메모하면서 해야지 했다가 실제로 말을 할 때는 잊어버리고, 적다가 또 어떤 말은 놓쳐 버리고 이런 경우가 많이 있기 때문에 그런 부분은 감안을 하면서 들어주면 좋을 것 같아요.

그 다음에 요약(퍼블릭 포럼 디베이트 형태의 토론이었음)이 우리가 보통 저번에 선생님이 말했던 게 상, 중, 하 이렇게 있다면, 오늘의 요약은 중간 정도였어요. 하는 자기 쪽의 입론과 반론만 요약하는 거죠. 중간은 우리 쪽과 다른 쪽을 다 요약하는 거예요. 제일 좋은 요약은 핵심을 요약하면서 우리 편의 주장을 강화시켜야 되는데, 그런 부분이 둘 다 마찬가지인데 찬성 측과 반대 측 둘 다 좀 부족했다는 생각이에요. 둘 다 자기 측과 반대 측의 입장을 잘 요약했어요. 그러다 보니까 시간이 끝나버렸죠. 그래서 요약을 할 때는 다 하려고 하지 말고 꼭 필요하고 우리에게 유리한 부분을 중심으로 요약하면서, 우리가 강조해야 할 부분을 꼭 짚어주는 이런 부분이 있으면 더 좋았을 것 같은데, 전체적으로 요약은 잘했지만 약간의 좀 공격성이라고 해야 하나, 좀 더 적극적인 반박, 이런 게 있었으면 더 좋았을 것 같다는 생각은 들었어요. 어쨌든 상대방의 입장까지 요약을 했다는 것은 잘 들었다는 증거죠. 그런 점에서는 좋았습니다.

그 다음에 최종발언은 ○○이가 전체적으로 토론을 잘했는데, 최종발언이 굉장히 좀 아쉬웠어요. 최종발언에서 왜 말을 하다가 마는듯한 이런 느낌이 들었는지 모르겠는데, 끝까지 이 영웅성에 대해서 없다고만 계속 얘기를, 책임은 진 것 같지만 영웅성은 없다는 말을 하고 왜 없는지를 정확하고 명확하게 심사위원이나 듣는 사람들에게 인식시켜줬어야 했는데 그렇지 못했다는 생각이 들어서 좀 아쉽고……

○○이는 최종발언의 시작이 ○○이보다 훨씬 나았죠. 마치 오이디푸스가 스핑크스를 무찌르는 장면을 이야기할 때 근래 이순신 장군의 영화의 한 장면이 떠올랐으니까. 그런 면에서 보면 조금 더 인상적이었다는 생각이 들고, 끝까지 용어 선택의 문제는 잘 생각을 해보셔야 되요. 찬성 팀이 전체적으로 토론을 잘했어요. 선생님이 봤을 때는 오늘 찬성 측이 이겼어요. 하지만 용어 선택은 신중하게 생각을 해야 될 것 같아요.

전체적으로 논리적으로는 옳으나, 용어에 의해서 그 논리가 무너지는 듯한 이런 느낌을 줬거든요. 그래서 긴장감 이런 것 때문에 이럴 수 있을 것 같은데 토론이든 일상생활이든 용어를 좀 신중하게 생각해서 구사를 해야 된다, 이것을 좀 명심했으면 좋겠고, 오늘은 이것을 가장 강조하고 싶어요. 용어는 신중하게 선택하자. 이상입니다.

독서 디베이트 평가지

순서		찬성 측			반대 측			시간 사용
		제1토론자	제2토론자	제3토론자	제1토론자	제2토론자	제3토론자	
1 라 운 드	1	입론 (　　　)						4분/
	2					확인질문 (　　　)		2분/
	3				입론 (　　　)			4분/
	4		확인질문 (　　　)					2분/
좋은점					좋은점			
아쉬운점					아쉬운점			
2 라 운 드	5			반론 (　　　)				3분/
	6				확인질문 (　　　)			2분/
	7						반론 (　　　)	3분/
	8	확인질문 (　　　)						2분/
좋은점					좋은점			
아쉬운점					아쉬운점			
3 라 운 드	9		반론 (　　　)					3분/
	10					반론 (　　　)		3분/
	11			최종발언 (　　　)				3분/
	12						최종발언 (　　　)	3분/
좋은점					좋은점			
아쉬운점					아쉬운점			
승리팀								

토론 기록지

기록자: (   )

논제 : 노인이 먼 바다로 나간 것은 잘못이다.

찬성: 먼 바다로 나간 것은 잘못	반대: 먼 바다로 나간 것은 필요한 일
1 입론: ( )	**2** 확인질문: ( )

논제 : 노인이 먼 바다로 나간 것은 잘못이다.

찬성: 먼 바다로 나간 것은 잘못	반대: 먼 바다로 나간 것은 필요한 일
4 확인질문: ( )	**3** 입론: ( )

논제 : 노인이 먼 바다로 나간 것은 잘못이다.

찬성: 먼 바다로 나간 것은 잘못	반대: 먼 바다로 나간 것은 필요한 일
5 반론 1: ( )	**6** 확인질문: ( )

논제 : 노인이 먼 바다로 나간 것은 잘못이다.

찬성: 먼 바다로 나간 것은 잘못	반대: 먼 바다로 나간 것은 필요한 일
8 확인질문: ( )	**7** 반론 1: ( )

논제 : 노인이 먼 바다로 나간 것은 잘못이다.

찬성: 먼 바다로 나간 것은 잘못	반대: 먼 바다로 나간 것은 필요한 일
9 반론 1: ( )	**10** 반론 2: ( )

논제 : 노인이 먼 바다로 나간 것은 잘못이다.

찬성: 먼 바다로 나간 것은 잘못	반대: 먼 바다로 나간 것은 필요한 일
11 최종발언: ( )	**12** 최종발언: ( )

최우수 토론자 추천

일시: 2017. 10.   .

장소: 도서실

도서: 헤밍웨이의 『노인과 바다』

논제: 노인이 먼 바다로 나간 것은 잘못이다.

추천하는 사람 성명 : (   )

추천받는 사람 성명	추 천 이 유

사 회 자 대 본[75]

〈 인사 및 토론 안내 〉

▶ 안녕하십니까? 지금부터 ○○중학교 독서토론을 시작하겠습니다. 저는 이번 토론의 사회를 맡은 (　　　)입니다.

토론 도서는 (　　　)이며 논제는 (　　　)입니다. 찬성 측, 제1토론자는 (　　　), 제2토론자는 (　　　), 제3토론자는 (　　　)입니다. 그리고 반대 측 제1토론자는 (　　　), 제2토론자는 (　　　), 제3토론자는 (　　　)입니다.

▶ 오늘 토론 형식은 칼 포퍼 토론(Karl Popper Debate) 형식을 변형한 것입니다. 모형에 대한 설명은 생략하겠습니다. 토론의 각 단계마다 제한시간 1분과 30초 전에 안내를 하겠습니다. 제한시간 안에서 발언해 주십시오. 그럼 지금부터 토론을 시작하겠습니다.

〈 입론 및 확인질문 〉

▶ 첫 순서는 찬성 팀의 입론입니다. 찬성 측 제1토론자께서는 입론을 준비해 주시기 바랍니다. 준비되셨습니까? (네) 발언 시간은 4분입니다. 시작해 주십시오.

시간도우미: [발언시간이 1분 남으면 안내] ⇒ 1분 남았습니다.
시간도우미: [발언시간이 30초 남으면 안내] ⇒ 30초 남았습니다.
시간도우미: [발언시간이 끝나면 발언을 중단시킴] ⇒ 끝났습니다.

예, 수고하셨습니다. ○분 ○초 발언하셨습니다.

▶ 다음은 반대 측 확인질문입니다. 반대 측 제2토론자께서는 확인질문을 준비해 주시기 바랍니다. 준비되셨습니까? (네) 발언 시간은 2분입니다. 시작해 주십시오.

---

75) 부산가톨릭대학교 전국 중학생 독서토론 한마당 사회자 대본을 참고해서 만들었음.

시간도우미: [발언시간이 1분 남으면 안내] ⇒ 1분 남았습니다.
시간도우미: [발언시간이 30초 남으면 안내] ⇒ 30초 남았습니다.
시간도우미: [발언시간이 끝나면 발언을 중단시킴] ⇒ 끝났습니다.

예, 수고하셨습니다.

▶ 다음은 반대 측 입론 시간입니다. 반대 측 제1토론자께서는 입론을 준비해 주시기 바랍니다. 준비되셨습니까? (네) 발언 시간은 4분입니다. 시작해 주십시오.

시간도우미: [발언시간이 1분 남으면 안내] ⇒ 1분 남았습니다.
시간도우미: [발언시간이 30초 남으면 안내] ⇒ 30초 남았습니다.
시간도우미: [발언시간이 끝나면 발언을 중단시킴] ⇒ 끝났습니다.

예, 수고하셨습니다. ○분 ○초 발언하셨습니다.

▶ 다음은 찬성 측 확인질문입니다. 찬성 측 제2토론자께서는 확인질문을 준비해 주시기 바랍니다. 준비되셨습니까? (네) 발언 시간은 2분입니다. 시작해 주십시오.

시간도우미: [발언시간이 1분 남으면 안내] ⇒ 1분 남았습니다.
시간도우미: [발언시간이 30초 남으면 안내] ⇒ 30초 남았습니다.
시간도우미: [발언시간이 끝나면 발언을 중단시킴] ⇒ 끝났습니다.

예, 수고하셨습니다.

〈 작전회의 〉
▶ 지금부터 3분 간 작전회의 시간을 갖겠습니다.

시간도우미: [시간이 30초 남으면 안내] ⇒ 30초 남았습니다.
시간도우미: [시간이 끝나면 안내] ⇒ 끝났습니다.

▶ 작전회의 시간이 끝났습니다. 모두 제 자리에 앉아주십시오.

〈 반론 및 확인질문 〉
▶ 다음은 양 팀의 반론 시간입니다. 찬성 측 제3토론자께서는 반론을 준비해주시기 바랍니다. 준비되셨습니까? (네) 발언 시간은 3분입니다. 시작해 주십시오.

　　시간도우미: [발언시간이 1분 남으면 안내] ⇒ 1분 남았습니다.
　　시간도우미: [발언시간이 30초 남으면 안내] ⇒ 30초 남았습니다.
　　시간도우미: [발언시간이 끝나면 발언을 중단시킴] ⇒ 끝났습니다.

예, 수고하셨습니다. ○분 ○초 발언하셨습니다.

▶ 다음은 반대 측 확인질문입니다. 반대 측 제1토론자께서는 확인질문을 준비해 주시기 바랍니다. 준비되셨습니까? (네) 발언 시간은 2분입니다. 시작해 주십시오.

　　시간도우미: [발언시간이 1분 남으면 안내] ⇒ 1분 남았습니다.
　　시간도우미: [발언시간이 30초 남으면 안내] ⇒ 30초 남았습니다.
　　시간도우미: [발언시간이 끝나면 발언을 중단시킴] ⇒ 끝났습니다.

예, 수고하셨습니다.

▶ 다음은 반대 측 반론입니다. 반대 측 제3토론자께서는 반론을 준비해주시기 바랍니다. 준비되셨습니까? (네) 발언 시간은 3분입니다. 시작해 주십시오.

　　시간도우미: [발언시간이 1분 남으면 안내] ⇒ 1분 남았습니다.
　　시간도우미: [발언시간이 30초 남으면 안내] ⇒ 30초 남았습니다.
　　시간도우미: [발언시간이 끝나면 발언을 중단시킴] ⇒ 끝났습니다.

예, 수고하셨습니다. ○분 ○초 발언하셨습니다.

▶ 다음은 찬성 측 확인질문입니다. 찬성 측 제1토론자께서는 확인질문을 준비해 주시기 바랍니다. 준비되셨습니까? (네) 발언 시간은 2분입니다. 시작해 주십시오.

시간도우미: [발언시간이 1분 남으면 안내] ⇒ 1분 남았습니다.
시간도우미: [발언시간이 30초 남으면 안내] ⇒ 30초 남았습니다.
시간도우미: [발언시간이 끝나면 발언을 중단시킴] ⇒ 끝났습니다.

예, 수고하셨습니다.

〈 작전회의 〉

▶ 지금부터 3분 간 작전회의 시간을 갖겠습니다.

시간도우미: [시간이 30초 남으면 안내] ⇒ 30초 남았습니다.
시간도우미: [시간이 끝나면 안내] ⇒ 끝났습니다.

▶ 작전회의 시간이 끝났습니다. 모두 제 자리에 앉아주십시오.

〈 마지막 반론과 최종발언 〉

▶ 양 팀의 마지막 반론과 최종발언 시간입니다. 찬성 측 제2토론자께서는 반론을 준비해주시기 바랍니다. 준비되셨습니까? (네) 좋습니다. 발언 시간은 3분입니다. 시작해 주십시오.

시간도우미: [발언시간이 1분 남으면 안내] ⇒ 1분 남았습니다.
시간도우미: [발언시간이 30초 남으면 안내] ⇒ 30초 남았습니다.
시간도우미: [발언시간이 끝나면 발언을 중단시킴] ⇒ 끝났습니다.

예, 수고하셨습니다. ○분 ○초 발언하셨습니다.

▶ 다음은 반대 측 제2토론자의 반론 시간입니다. 준비되셨습니까? (네) 좋습니다. 발언 시간은 3분입니다. 시작해 주십시오.

시간도우미: [발언시간이 1분 남으면 안내] ⇒ 1분 남았습니다.
시간도우미: [발언시간이 30초 남으면 안내] ⇒ 30초 남았습니다.
시간도우미: [발언시간이 끝나면 발언을 중단시킴] ⇒ 끝났습니다.

예, 수고하셨습니다. ○분 ○초 발언하셨습니다.

▶ 다음은 찬성 측의 최종발언이 있겠습니다. 찬성 측 제3토론자께서는 최종발언을 준비해주시기 바랍니다. 준비되셨습니까? (네) 좋습니다. 발언 시간은 3분입니다. 시작해 주십시오.

시간도우미: [발언시간이 1분 남으면 안내] ⇒ 1분 남았습니다.
시간도우미: [발언시간이 30초 남으면 안내] ⇒ 30초 남았습니다.
시간도우미: [발언시간이 끝나면 발언을 중단시킴] ⇒ 끝났습니다.

예, 수고하셨습니다. ○분 ○초 발언하셨습니다.

▶ 끝으로 반대 측의 최종발언이 있겠습니다. 준비되셨습니까? (네) 좋습니다. 발언 시간은 3분입니다. 시작해 주십시오.

시간도우미: [발언시간이 1분 남으면 안내] ⇒ 1분 남았습니다.
시간도우미: [발언시간이 30초 남으면 안내] ⇒ 30초 남았습니다.
시간도우미: [발언시간이 끝나면 발언을 중단시킴] ⇒ 끝났습니다.

예, 수고하셨습니다.○분 ○초 발언하셨습니다.

〈 마무리 〉
▶ 이상으로 오늘 토론이 끝났습니다. 토론에 적극적으로 임해준 토론자들에게 박수를 부탁드립니다. 심사위원들의 평가 후, 평가 결과를 바로 말씀드리겠습니다.

〈 참고 도서 〉

- 김복순,『(개정신판) Debate의 전략』, 보고사, 2012.

- 이정옥,『토론의 전략』, 문학과지성사, 2008.

- 신광재 외 7인,『토론을 알면 수업이 바뀐다』, 창비, 2011.

- 한상철,『토론』, 커뮤니케이션북스, 2006.

- 존 M. 에릭슨 외 2인,『디베이트 가이드』, 길벗, 2013.

- 케빈 리,『대한민국의 교육을 바꾸다 Debate 디베이트』, 한겨레에듀, 2011.

- 케빈 리,『이것이 디베이트 형식의 표준이다!』, 이지스에듀, 2017.

- 이두원,『논쟁』, 커뮤니케이션북스, 2005.

- 존 미니 외 1인(허경호 옮김),『모든 학문과 정치의 시작 토론』, 커뮤니케이션북스, 2008.

- 박보영 외 1인,『대립토론 결승전』, 행간, 2013.

- 숙명여자대학교의사소통센터,『발표와 토론』, 숙명여자대학교출판국, 2008.

- 박인기 외 2인,『토론 교육, 무엇을 어떻게 가르칠 것인가』, 한우리북스, 2014.

- 백미숙·이상철,『스피치와 토론』, 성균관대학교출판부, 2014.

- 백미숙,『토론』, 커뮤니케이션북스, 2014.

- 장혜영,『발표와 토의』, 커뮤니케이션북스, 2012.

- 최영미 외 3인,『독서와 토론』, 박이정, 2016.

- 김주완,『교실토론의 방법』, 우리학교, 2009.

- 알프레드 스나이더·맥스웰 슈누러(민병곤 외 2인 옮김),『수업의 완성 교실토론』,
  사회평론, 2014.

- 강태완 외 3인,『토론의 방법』, 커뮤니케이션북스, 2001.

- 박승억 외 3인,『토론과 논증』, 형설출판사, 2005.

- 하병학,『토론과 설득을 위한 우리들의 논리』, 철학과현실사, 2014.

- 서정혁,『논증』, 커뮤니케이션북스, 2015.

- 김병원,『생각의 충돌』, 자유지성사, 2000.

- 앤서니 웨스턴(이보경 옮김),『논증의 기술』, 필맥 2007.

- 스티븐 E. 툴민(고현범·임건태 옮김),『논변의 사용』, 고려대학교출판부, 2006.

- 정한섭,『토론의 전사4: 고전 읽기와 독서토론』, 한결하늘, 2017.

〈 참고 논문 〉

- 이경진, 「입론 모형을 활용한 중학생 토론 교육 연구」, 상명대학교 석사논문, 2015.
- 정재림, 「딜레마 내러티브를 활용한 토론 수업의 방안 연구:
  드라마 제재 활용 사례를 중심으로」, 『교양교육연구(제9권 제3호)』, 2015.
- 이승윤, 「비판적/창의적 사고 능력 함양을 위한 독서토론 지도 방안」,
  『대학 작문(13호)』, 2015.
- 서영진, 「교과서 토론 담화 텍스트의 적합성 분석: 논증 구성 및 상호교섭
  양상을 중심으로」, 『국어교육학연구(제49집 제2호), 2014.
- 김주환, 「독서토론이 고등학생의 작품 이해에 미치는 영향」, 『화법연구 27』, 2015.
- 박재현, 「한국의 토론 문화와 토론 교육」, 『국어교육학연구 제19집』, 2004.
- 김주환, 「배심원 토론 수업의 교육적 효과」, 『교육연구 제50집』,
  성신여대 교육문제연구소, 2011.
- 박기철, 「바람직한 토론문화를 위한 토론대회의 패러다임 전환 제안」,
  『스피치와 커뮤니케이션 제14호』, 2010.
- 이형래, 「교실 독서토론 모형에 관한 연구」, 『한국초등국어교육 제39집』, 2009.
- 이두원, 「토론자의 디베이트 능력과 수행평가 모델 연구」,
  『커뮤니케이션학 연구: 일반, 제16권 3호』, 2008.
- 서현석, 「초등학교 토론 교육의 내용 체계 연구」, 『화법연구 18』, 2011.
- 서정혁, 「찬반 대립형 독서토론 모형 연구: 교보·숙명 전국독서토론대회
  모형을 중심으로」, 『독서연구』, 한국독서학회, 1996.
- 박삼열, 「토론과 수사적 설득」, 『철학탐구 36』, 중앙대학교 중앙철학연구소, 2015.
- 임칠성, 「토론의 본질과 토론 지도」, 『화법연구 18』, 한국화법학회, 2011.
- 박재현, 「교육적 기능을 고려한 토론 유형 선택의 변수」, 『화법연구 19』, 한국화법학회, 2011.
- 이황직, 「개방형 논제 제시 독서토론 모형 연구」, 『독서연구 17권』, 한국독서학회, 2007.
- 이인화, 「문학토론에서 소설 해석의 양상에 관한 연구」, 『새국어교육』,
  한국국어교육학회, 2013.
- 박재현, 「중등학교 국어 교과서 토론 단원에 제시된 정책 논제의 적합성 분석」,
  『새국어교육』, 한국국어교육학회, 2013.
- 박재현, 「초·중·고 학생의 정책 토론 입론 양상 분석: 피해와 내재성 쟁점을 중심으로」,
  『화법연구 25』, 한국화법학회, 2014
- 박재현, 「정책 토론의 입론 구성 교육 내용 연구」, 『우리말글, 60』, 우리말글학회, 2014.

[부록1] 한 학교 한 책 읽기 활동

마산동중학교에서 1학년을 대상으로 2014학년도~2016학년도에 '한 학교 한 책 읽기 활동'을 진행했다. 한 학교 한 책읽기는 1학년 2학기에 진행되었다. 주당 5시간인 기존의 국어 수업에서 1시간(학기 17시간) 빼서 1학년 모든 학생을 대상으로 진행하였다.

대상 작품은 2014학년도에는 로이스 로리의 『기억전달자』, 2015학년도에는 조지 오웰의 『동물농장』이었다. 2016학년도에는 『동물농장』이 좀 어려웠다는 의견이 있어서 비교적 쉽다고 생각되는 허균의 『홍길동전』을 대상 작품으로 선정했다. 이 작품은 국어 교과서에도 일부가 실려 있어서 기존 교과 수업과 연계하기도 용이했다.

진행의 기본 방향은 해당 작품을 읽은 후 다양한 표현활동을 통해서 작품을 이해한 다음, 마지막으로 독서 디베이트와 독서 논술 활동을 통해서 내용을 깊이 있게 이해할 수 있도록 하는 것이다.

한 학교 한 책읽기 활동은 사서 선생님과 국어 선생님이 서로 협력하여 진행했다. 사서 선생님은 17차시 동안 활동할 수 있는 계획표와 활동지를 만들었고, 국어 선생님은 그 활동지를 가지고 실제 수업을 진행했다. 매 시간 활동지를 가지고 국어 선생님이 수업을 진행하고, 수업이 끝나면 학생들의 활동지를 거두어서 사서 선생님께 제출했다. 사서 선생님은 그 중에서 우수한 작품을 뽑아서 시상도 하고 학생들이 볼 수 있도록 전시도 하였다.

독서 디베이트는 국어 선생님이 주도적으로 진행하였다. 디베이트를 하기 전에 먼저 디베이트를 하는 데 필요한 기본적인 이론적 지식을 공부했다. 그런 다음, 논제에 대해서 논제 설정 이유와 쟁점들에서 대해 설명해 주었다.

실제 토론을 위해서 학급에서 대표 토론을 할 두 팀을 뽑았다. 학급에서 4명(팀당 2명)은 토론을 하고 다른 학생들은 심판을 하게 했다. 이렇게 해서 학급 대표를 뽑은 후, 학급 간 대결로 디베이트를 진행했다. 학급 대표를 뽑는 디베이트는 수업 시간에 했고, 학급 간 대결은 방과 후에 도서실에서 진행했으며, 토론을 보고 싶은 학생은 참관할 수 있게 했다.

한 학교 한 책 읽기의 17차시 계획표와 독서 디베이트 논제를 제시하니 독서 교육에 참고가 되면 좋겠다.

1. 로이스 로리의 『기억전달자』

가. 17차시 계획표: 사서교사 양지우

도서명	활동		활동내용	비고
기억 전달자	기초 단계	독서 퀴즈	책의 내용을 퀴즈 형식으로 풀어봄	반별 모둠으로 진행
		나만의 한 구절	책 속에서 가장 인상 깊은 구절을 찾고 그 이유 적기	교사가 우수작 선정 → 게시하여 학생들 투표 → 보상 및 작품 게시
		기억 더듬기	기억전달자의 가장 아름다운 기억과 가장 슬픈 기억 제시 후, 나(학생)의 가장 아름다 운 기억이나 가장 슬픈 기억 중 하나 적어보기	교사가 우수작 선정 → 보상 및 학생 동의한 작품 게시
	발전 단계	질문 만들기	기억전달자를 읽은 후 가장 좋은 질문을 만들어 1,2위로 뽑힌 질문에 대한 답 써 보기	학생 2인 이상 협력해 서 제출 → 좋은 질문 10가지 뽑기 → 1,2위 질문 뽑기 → 질문에 대한 답 써 보기
		독서 감상문 쓰기	책에 대한 감상 풀어보기	교사가 우수작 결정하 여 시상
		영화 감상	영화화된 작품 감상하기	필립 노이스 감독의 〈더 기버: 기억전달자 (2014)〉
	심화 단계	반별 독서 토론 대회	퍼블릭 포럼 디베이트 토론 형식으로 반 예선 거쳐 6개 팀이 진출하여 최종 우승팀 을 선정, 결승전 방송으로 시청	결승전에는 결승에 오르지 못한 각 반 대 표와 교사가 배심원이 되어 최종 우승팀 결 정

『기억전달자』 논제 및 쟁점

1. 논제: 조너스의 마을은 바람직하다. (혹은 이상사회이다.)

2. 논제 설정의 이유

우리가 로이스 로리의 『기억전달자』를 읽고 토론할 논제는 "조너스의 마을은 바람직하다."입니다. 이 논제는 우리가 행복하기 위해서 우리 사회 (혹은 국가)가 갖추어야 할 조건 혹은 우리 사회가 나아가야 할 방향을 생각해 보자는 뜻에서 정했습니다. 여러분의 삶은 지금 즐거운가요, 행복한가요. 이 질문에 "예"라고 대답할 사람은 많지 않을 것입니다. 그렇다면 우리의 삶은 왜 행복하지 못할까요. 무엇이 우리의 삶을 불행하게 하는 것일까요. 우리는 어떻게 하면 행복해질 수 있을까요. 행복의 조건은 개인적인 것과 사회적인 것이 있습니다. 사회적 조건이 어떻든 개인이 스스로의 삶에 만족한다면 행복하겠지요.

하지만 오늘 우리가 생각해 보고자 하는 것은 사회적 조건입니다. 우리 사회가 어떤 조건을 갖추었을 때 우리는 행복할 수 있는지, 우리 사회가 나아가야 할 방향을 생각해 보자는 것입니다.

3. 쟁점 설정의 방향과 이유

우리는 위의 논제에 따라 토론에 익숙하지 않은 여러분들이 좀 더 쉽게 토론을 준비할 수 있도록 세 가지 쟁점을 준비했습니다.

첫 번째 쟁점은 '가치 지향성'이라고 이름 붙였습니다. '가치'는 철학적으로 '대상이 인간과의 관계에 의하여 지니게 되는 중요성, 인간의 욕구나 관심의 대상 또는 목표가 되는 진(眞), 선(善), 미(美) 따위를 통틀어 이르는 말'로 정의됩니다. '지향성'은 의식이 어떤 대상을 향하는 작용 일반을 가리킵니다. 가치 지향성을 우리의 논제와 관련지어 쉽게 풀이하면 **'우리 사회가 나아가야 할 중요한 방향'**이라고 말할 수 있겠습니다.

조너스의 마을은 여러분들이 생각하기에 바람직한 사회인가요, 그렇지 않은가요. 아마 각자 생각이 조금씩 다를 것입니다. 작품 자체만을 가지고 따지기보다는 우리가 사는 세상과 관련지어 생각해 보면 더 좋을 것입니다. 조너스의 마을의 장점과 단점을 우리 사회와 비교하여 곰곰이 생각해 보세요. 여러분은 우리 사회가 어떤 방향으로 나아가야 한다고 생각하나요. 조너스의 마을과 비교하여 우리 사회가 나아가야 할 방향을 생각해 보면 좋겠습니다. 이것은 여러분이 생각하는 바람직한 사회의 조건을 생각해 보는 일이 될 것입니다.

이 쟁점은 필수 쟁점으로 반드시 토론에서 다루어야 합니다. 필수 쟁점에서 이기는 팀이 토론에서 승리할 가능성이 많습니다.

'가치지향성'이 우리 사회가 나아가야 할 방향이라는 목적과 관련이 있다면 두 번째와 세 번째 쟁점은 목적을 이루기 위한 수단과 관련이 있습니다. 두 번째 쟁점은 '윤리성(도덕성)', 세 번째 쟁점은 '공정성'이라고 이름 붙였습니다. 우리는 목적뿐만 아니라 목적을 이루기 위한 수단도 중요함을 알고 있습니다. 조너스의 마을은 바람직한 사회일 수도 있고 그렇지 않을 수도 있습니다. 만약 조너스의 마을이 바람직한 사회라면 우리는 마을을 유지하기 위해서 사용하고 있는 수단의 정당성에 대해서도 생각해 보아야 할 것입니다. 사회의 유지와 발전을 위해서 정의로운 방법을 사용하지 않는 사회를 바람직한 사회라고 부를 수 있을까요. 이 문제도 사람마다 생각이 다를 수 있을 것입니다. 각자의 생각을 정리해 보면 좋겠습니다.

첫 번째 쟁점은 필수 쟁점으로 토론에서 반드시 다루어야 합니다. 하지만 두 번째와 세 번째 쟁점을 다룰 것인지는 여러분이 판단하면 됩니다. 여러 분의 입장(찬성 혹은 반대)을 증명하는 데 도움이 되는 더 나은 쟁점이 있다면 그것을 여러분이 개발하여 사용하면 됩니다. 우리가 제시한 쟁점을 반드시 다룰 필요는 없습니다. 하지만 원활한 토론을 위해서 필수 쟁점을 포함하여 총 3가지 정도의 쟁점을 사용하는 것이 좋겠습니다.

4. 쟁점

(1) 가치 지향성

조너스의 마을은 철저한 규칙과 통제로 사회를 유지해 갑니다. 나아가 불편하고 실용적이지 않는 것들은 모두 없애버립니다. 사람들을 불편하게 하는 차이를 없애고 날씨 또한 통제합니다. 색깔, 기억, 감정 등을 없애고 그 대가로 사람들에게 안전한 생활과 즐거움을 보장합니다. 이 마을에는 고통이 없습니다. 질서와 통제, 예측 가능성, 힘들지 않는 편안한 삶이 이 마을의 특징입니다.

반면에 조너스의 마을은 선택의 기회(자유)가 없고 그에 따른 책임도 없습니다. 나아가 차이에 따른 불편과 실용적인 목적을 위해 인간의 감정도 없애 버립니다. 조너스는 이 마을을 "아무 느낌이 없는 세계"라고 표현하고 있습니다. 조너스는 또한 이 마을에는 사랑이 없음을 암시하고 있습니다. 그렇다고 해서 이 마을에 즐거움과 행복이 없는 것은 아닙니다. 물론 즐거움과 행복이 무엇인지는 사람마다 생각이 조금씩 다를 것입니다. 그리고 자유와 선택이 없다고 해서 인간의 삶이 불행한 것일까요. 자유와 선택이 있는 우리의 삶은 조너스 마을 사람들의 삶보다 더 나은가요.

바람직한 사회의 최우선 가치는 규칙과 통제를 통한 사회적 안전인가요, 아니면 안전보다 우선하는 가치가 있는 것일까요. 안전하지 않는 사회가 바람직한 사회가 될 수는 있는 것일까요. 바람직한 사회의 조건으로 안전은 어느 정도 비중(중요성)을 차지하는 것일까요. 나아가 조너스의 마을이 정말 안전한 사회인지도 생각해 보세요.

(2) 윤리성(도덕성)

조너스의 마을은 노인(안락사)과 아기(출산 제한), 규칙 위반자를 대상으로 임무해제를 행하고 있습니다. 노인들은 적당한 나이가 되면 임무 해제 기념식을 한 후 안락사를 당합니다. 아기들은 생활에 잘 적응하지 못하거나 쌍둥이 중에서 몸무게가 가벼운 아이가 임무해제를 당합니다. 또 중요한 규칙을 두 번 이상 어기면 임무해제를 당합니다. 임무해제는 마을의 인구 증가, 식량 부족, 규칙 위반 등을 막는 현명한 방법인가요. 아니면 생명을 존중하지 않는 비윤리적 행위인가요.

비윤리적으로 보이는 임무해제로 인해 조너스의 마을 사람들은 굶주림과 가난으로부터 보호 받고 있습니다. 또 이 마을 사람들은 적절한 교육과 원하면 언제든 의학적 치료를 받을 수도 있습니다. 노인들은 임무해제

전까지 노인의 집에서 존경과 안락한 삶을 보장 받습니다. 마을은 매우 체계적이고 안정적으로 관리되고 있습니다. 오히려 이것이 더 생명에 대한 책임감 있는 행동은 아닐까요.

임무해제가 없는 우리 사회에는 굶주림과 질병 등으로 고통 받는 사람들이 많습니다. 생명을 관리하지 않고 생명에 대해 책임지지 않는 것, 오히려 이것이 더 생명을 소홀히 하는 행위는 아닌가요. 적절하게 생명을 통제하는 것이 생명을 존중하는 행위가 될 수는 없는 것인가요.

또 하나 생각해 볼 문제는 임무해제가 무엇인지 마을 주민들에게 알려주지 않는 것입니다. 임무해제는 곧 죽음입니다. 부정적으로 보면 살인입니다. 이 행위는 주민들을 속이는 비윤리적 행위인가요. 아니면 임무해제의 두려움으로부터 마을 사람들을 보호하기 위한 최소한의 윤리적 행위일까요. 진실만이 유일하게 윤리적 행위인가요.

(3) 공정성
조너스가 기념식에서 얻게 된 직위는 '기억보유자'입니다. 그는 '늘 같음 상태' 이전의 기억을 품고 있다가 돌발 상황(예측하지 못한 상황)이 벌어지면 그 기억으로부터 지혜를 얻어 문제에 대한 해결책을 제시하는 사람입니다.

하지만 기억보유자는 고통스러운 삶을 살게 됩니다. 전쟁과 학살 등과 같은 고통스러운 기억 때문입니다. -물론 행복한 기억도 있습니다.- 기억보유자는 이 고통스러운 기억으로부터 마을을 보호하기 위한 지혜를 얻습니다. 그리고 철저하게 고독한 삶을 삽니다. 그는 자신의 인생 중 어떤 부분도 가족과 함께 나눌 수 없습니다. 이것은 기억보유자가 지켜야 할 규칙입니다.

기억보유자는 분명히 마을의 일원이고 이 직위 역시 위원회에서 결정해 주는 것입니다. 고통스러운 기억은 기억보유자만 지니고 마을 주민들은 기억이 없습니다. 그러므로 고통도 받지 않습니다. -물론 행복한 기억도 없습니다. - 기억보유자는 기억을 간직하고 있는 대가로 마을 사람들로부터 최고의 존경과 마을 사람들은 상상도 할 수 없는 여러 혜택(예를 들면 거짓말을 해도 되고 다른 사람에게 예의를 지키지 않아도 되며 원한다면 어떤 자료도 볼 수 있습니다.)을 누리고 있습니다. 기억보유자에 대한 마을 사람들의 이러한 행위는 공정한가요. 개인의 희생 위에 세워진 조너스의 마을은 바람직한 사회일까요. 전체를 위한 개인의 희생은 불가피한가요. 누군가의 희생 없이 바람직한 사회는 가능한 것일까요.

또 하나 생각해 볼 문제는 원로 위원회에서 사람들의 직위(직업)를 12살 기념식에서 정해 주는 것입니다. 이 마을은 직업 선택의 자유가 없습니다. 교사와 원로 위원회의 세심한 관찰과 대화, 아이들의 자원 봉사활동 등을 참고하여 직위를 정해줍니다. 직위가 정해지면 직위에 대한 훈련을 받고, 훈련 중에도 원로 위원회는 아이들의 행동을 관찰하고 필요하면 행동을 교정해 줍니다. 아이들의 적성을 살펴서 직업을 정해주는 것은 공정한 행위인가요. 그렇지 않은가요. 각자에게 직업 선택의 자유가 주어져 있는 우리 사회는 조너스의 마을보다 더 공정한 사회인가요. 아니면 아이들의 적성과 능력을 충분히 관찰하여 아이에게 직위를 부여하는 조너스의 마을이 더 공정한 것일까요.

5. 마무리

논제가 여러분에게 어렵게 느껴질 수 있다고 생각됩니다. 하지만 여러분의 수준에서 여러분이 생각한 것을 가지고 부담 없이 토론하면 됩니다. 우선 여러분 주위의 사람들과 위의 문제들로 이야기를 해 보세요. 선생님과 부모님, 친구들과 이야기를 해 보면 많은 도움을 받을 수 있을 것입니다.

이 토론을 통해서 우리가 꿈꾸는 세상에 대해 좀 더 구체적이고 발전적으로 생각해 보는 계기가 되면 좋겠습니다. 즐거운 토론이 되면 좋겠습니다.

참고로 논제와 쟁점은 양지우 선생님과 정한섭 선생님이 협의하여 개발하였습니다. 토론의 논제나 쟁점과 관련하여 궁금한 점이 있으면 언제든 물어보십시오.

2. 조지 오웰의 『동물농장』

가. 17차시 계획표: 사서교사 양지우

단계	차시	활동	활동내용	비고
읽기 활동	1~2	읽기	'동물농장(조지 오웰)' 읽기	- 책의 내용을 꼼꼼하게 읽을 수 있도록 지도
읽은 후 활동 / 기초단계	3	독서퀴즈	책의 내용을 퀴즈 형식으로 풀어봄	- 모둠으로 진행
	4	마인드맵	마인드맵으로 줄거리 정리하기	- 마인드맵, 관계도 등으로 내용 파악
	5~6	〈동물농장〉 혁명일지 쓰기	동물농장의 주요 사건 정리 → PPT 작성하여 사건 브리핑	- 모둠활동 - 태도, 내용, 발표 등으로 우수 모둠 결정
읽은 후 활동 / 발전단계	7	동물들의 삶을 비교	돼지(혹은 개도 포함)와 다른 동물들의 삶이 어떤 식으로 점점 불평등해졌는지 정리하기	- 책의 내용 인용하여 정리
	8	〈동물농장〉 세 가지 질문	1. 동물농장을 떠난 스노볼은 어떻게 되었을까? 2. 말 백정에게 끌려 간 복서는 마차 안에서 무슨 생각을 했을까? 3. 나폴레옹을 비롯한 돼지들은 왜 인간처럼 행동했을까?	- 자신의 생각이 잘 드러나는 답 쓰기 - 우수 답변 게시
	9	〈동물농장〉 다시 쓰기	'내가 동물농장의 (　)였다면 (　)했을 것이다.' 라는 문장을 완성하고 그 후의 이야기 쓰기	- 책에서 마음에 들지 않는 부분 바꿔보기
	10	캐릭터 그리기	마음에 드는 동물을 정하여 상상하여 캐릭터 그리기	- 인물의 특징 잡아 그리기 - 이유 설명하기
	11	우리 반 7계명	동물농장의 7계명처럼 우리 반의 7계명 만들기	- 모둠활동 - 태도, 내용, 발표 등으로 우수 모둠 결정
	12	동물 분석	책속에서 그 동물의 성격이 드러나는 부분을 바탕으로 10마리 동물의 성격이나 태도의 장점과 단점 정리	- 나폴레옹, 스퀼러, 스노볼, 벤자민, 복서, 클로버, 몰리, 모지즈, 양들, 개들
읽은 후 활동 / 심화단계	13	만장일치 토론 I	개인 및 모둠 순위 정하기 (위 10마리 동물에 대하여)	- 개인 순위 정하기 - 모둠 토론을 통하여 순위 정하기
	14	만장일치 토론 II	조별 대표 뽑아 반 순위 정하기	- 우수토론자 뽑고 우수토론자가 속한 모둠에게 상품
	15	반별 독서토론 (디베이트)	반에서 두 팀을 정하여 토론을 하고 나머지 학생들은 토론 평가	- 토론 팀은 2인 1조 - 최종 우승팀 반별 토론대회 참가
	16	독서논술	논제에 대한 자신의 생각 표현하기	- 우수작품 교내상 시상
읽은 후 활동 / 정리단계	17	활동정리	읽기와 읽은 후 활동에 대한 소감 나누기	- 느낀 점, 좋았던 점, 힘들었던 점 등 자유롭게 소감 발표 - 교사의 정리

『동물농장』 논제 및 쟁점

1. 논제: 피지배계급은 동물농장(혁명)의 실패에 책임이 없다.

 '지배계급'은 어떤 사회에서 경제적인 면과 정치적인 면에서 어떤 사람이나 집단, 조직, 사물 등을 자기의 의사(뜻, 생각)대로 복종하게 하여 다스리는 집단(사람들)이다. 이들은 신분, 재산, 직업 따위가 비슷한 사람들로 이루어져 있다. 경제적인 면에서 지배계급은 모든 사회생활의 경제적인 면을 지배하고 통제하는 집단으로서 생산수단(자본과 기계)을 가지고 있다. 이들을 보통 자본가라고 부른다. 정치적인 면에서의 지배계급은 현재 있는 생산양식[76]과 사회 형태를 유지하고 재생산하기 위하여 국가권력을 행사하는 계급을 말한다.

 간단히 말해 지배계급은 권력과 자본(돈)을 가지고 있는 집단을 말한다. 피지배계급은 지배계급의 다스림을 받는 집단을 말한다. 정확한 표현은 아니지만, 쉽게 말해서 대통령을 포함한 정치가들과 기업(공장, 자본)을 가지고 있는 사람들은 지배계급이고, 정치권력을 가지고 있지 않은 시민이나 노동을 통하여 먹고 살고 있는 사람들을 피지배계급이라 할 수 있다.

 『동물농장』에서 지배계급은 나폴레옹을 중심으로 한 돼지들을 말하고 그 외의 동물들은 피지배계급이라고 볼 수 있다. 다만, 이 토론의 논제에서 말하는 피지배계급의 동물은 벤자민, 복서, 클로버, 양, 개로 범위를 제한한다.

---

76) 인간이 생존하기 위해 필요한 물질적 재화(의식주, 연료, 생산도구 등)를 획득하는 양식을 말함.

2. 논제 설정 이유

우리가 조지 오웰의 『동물농장』을 읽고 토론할 논제는 **"피지배계급은 동물농장(혁명)의 실패에 책임이 없다."**입니다. 『동물농장』은 전체주의 사회를 풍자한 작품으로 잘 알려져 있습니다. 전체주의(全體主義)는 개인의 모든 활동은 민족·국가와 같은 전체의 유지[77]와 발전을 위하여서만 존재한다는 이념입니다. 이탈리아의 파시즘과 독일의 나치즘이 대표적입니다. 개인보다는 전체(국가, 민족)를 중요하게 생각하며 전체를 위한 개인의 희생을 당연하게 생각합니다. 전체를 위해 개인의 희생을 강요하고 개인의 자유를 억압하는 사상입니다.

전체주의는 보통 1인 독재체제로 이루어집니다. 전체주의의 절정을 보여준 인물로 독일의 히틀러와 러시아의 스탈린이 있습니다. 이들은 개인의 이익보다 집단의 이익을 강조하여 국민의 정치생활은 물론, 경제·사회·문화생활의 모든 영역에 걸쳐 실질적인 통제를 가했습니다. 국가와 민족의 발전이라는 이름으로 개인의 자유는 억압되었고 필요하면 개인에게 폭력을 행사했습니다.

슬라보예 지젝이라는 철학자는 "공산주의와 스탈린주의의 무서운 점은 악인(惡人, 나쁜 사람)이 악(惡, 나쁜 일)한 일을 행하기 때문이 아니다. 선(善, 좋은, 착한)한 이들이 그들이 뭔가 대단한 일을 하고 있다고 느끼면서 끔찍한 일을 저지르기 때문에 무서운 것이다."라고 말했습니다. 독일의 히틀러와 러시아의 스탈린도 자신들이 민족과 국가를 위해서 좋은 일을 한다고 생각했을 것입니다. 물론 그 결과는 우리도 잘 알고 있는 것처럼 독

---

77) 어떤 상태나 상황을 그대로 보존하거나 변함없이 계속하여 지탱함.

일과 러시아를 비롯한 전 세계의 사람들에게 끔찍한 고통을 주었습니다.

만약, 피지배계급인 시민들의 정신이 깨어있었다면, 너희(히틀러와 스탈린, 『동물농장』의 돼지들)가 하는 일은 '좋은 일'이 아니라고 말하는 다수의 시민들이 있었다면 그들이 악행(惡行)을 저지를 수 있었을까요. 그들의 잘못은 그들 개인만의 잘못일까요. 물론 역사를 되돌릴 수는 없지만 역사로부터 배우지 못하는 국가(민족)에게 미래도 없을 것입니다.

우리가 토론의 논제를 피지배계급의 문제에 맞추고 있는 이유는 잘못을 저지른 지배계급의 죄를 덜어주기 위함이 아닙니다. 그들(히틀러, 스탈린, 『동물농장』의 나폴레옹을 포함한 돼지들)의 죄는 분명하고 그들은 그 죄에 책임을 져야 합니다.

그런데, 지배자 혹은 통치자가 훌륭한 인물(동물)이면 좋겠지만, 그들도 항상 선하거나 옳을 수는 없습니다. 히틀러나 스탈린과 같은 나쁜 통치자는 언제든 나타날 수 있습니다. 이때 사회가 잘못되지 않기 위해서는 피지배계급(시민)의 역할이 무엇보다 중요합니다. 그 역할을 고민해 보기 위해서 논제를 위와 같이 정했습니다.

조지 오웰은 『동물농장』을 러시아 혁명에 대한 풍자로 쓴 것은 사실이지만 이 풍자가 '더 광범위한 적용범위를 갖게 하자는 것'도 자기 의도였다고 말했습니다. 이 해명에서 오웰은 권력 자체만을 목표로 하는 혁명은 주인만 바꾸는 것으로 끝날 뿐 본질적 사회변화를 가져오지 못한다는 것, **대중이 살아 깨어 있으면서 지도자들을 감시·비판하고 질타**[78]**할 수 있을 때에만 혁명은 성공한다는 것** 등이 그가 작품 『동물농장』에 싣고자 한 메

---

78) 큰 소리로 꾸짖음.

시지라고 말했습니다. 피지배계급의 역할을 고민한다는 것은 곧 오웰의 더 광범위한 목표대로 깨어있는 대중의 의식을 살펴보는 문제가 될 것입니다.

우리들 대다수는 평범한 한 사람의 시민으로 살아갈 것입니다. 우리들이 어떤 시민으로 살아갈 때, 우리사회가 잘못된 방향이 아닌 바람직한 방향으로 나아갈 수 있을까요. 정치가를 포함한 지배계급(계층)의 사람들에게 모든 일을 맡겨 두면 될까요. 이 문제를 고민해보자는 것이 이 토론(논제)의 목표입니다.

3. 쟁점 설정의 방향과 이유

우리는 위의 논제에 따라 토론에 익숙하지 않은 여러분들이 좀 더 쉽게 토론을 준비할 수 있도록 세 가지 쟁점을 준비했습니다. 쟁점은 찬성 측과 반대 측이 의견을 달리 하는 지점을 말합니다. 쟁점은 서로 겹치지 않도록 인물(동물[79])의 특징을 중심으로 나누었습니다.

인물(동물)들은 크게 지식인과 비지식인(지식인이 아닌 사람)으로 나누고, 비지식인은 다시 신념(의지)이 있는 사람과 그렇지 않은 사람으로 나누었습니다. 여기서 말하는 지식인은 지식을 가지고 있고 세상이 어떤 방향으로 나아가고 있는지를 아는 사람을 말합니다. 세상을 자기만의 입장과 시선으로 볼 수 있는 사람을 말합니다. 『동물농장』에서는 벤자민이 여기에 속하는 동물입니다. 그는 돼지들만큼 혹은 그보다 더 똑똑하고 일이 진행되는 상황을 누구보다 잘 파악하고 있는 동물입니다. 하지만 그는 동

---

79) 동물과 사람을 구분하기 어려워서 섞어서 사용함. 『동물농장』은 우화이므로 『동물농장』의 동물들은 곧 사람에 대한 비유로 보아야 할 것임.

물농장의 혁명에 무관심하고 그의 지식을 동물농장의 바람직한 변화를 위해서 사용하지 않습니다.

비지식인은 세상(일, 사건, 사태)이 돌아가는 모습을 자신만의 시각으로 볼 수 없는 사람을 말합니다. 비지식인에 속한 동물들은 다시 두 무리로 나누었습니다. 한 무리는 세상에 대한 자신만의 지식을 갖지 못하고 어떤 사람이나 사상(생각, 이념, 계명)에 맹목적인 동물들입니다. 합리적인 이유나 근거에 의해 만들어진 신념(믿음)이 아닙니다. 더욱 큰 문제는 자신의 사상이나 신념이 옳지 않을 수도 있다는 사실을 인정하지 않는다는 것입니다. 이들은 어떤 행동의 옳고 그름을 생각하고 필요하면 의심하지만, 옳고 그름을 판단하는 자신만의 기준(복서: 나폴레옹은 언제나 옳다, 클로버: 동물농장의 7계명)에 맹목적[80]입니다. 그러므로 그들은 합리적인 판단이 불가능합니다. 그들의 신념이 옳다면 문제가 없겠지만 그것이 잘못되었다면 모든 일을 잘못된 잣대(기준)로 판단하게 됩니다. 그들은 자신의 신념(잣대, 기준)을 절대로 의심하지 않습니다.

이들은 어떤 사상에 맹목적이긴 하지만 아주 선한 동물들입니다. 그들은 개인의 이익을 위해 행동하지 않습니다. 그들의 신념이 옳든 그르든 그들은 자신들이 하는 행동이 전체 동물들을 위한 최선의 행동이라고 믿고 있습니다. 그들은 자신들의 신념에 따라 최선을 다해서 동물농장을 위해서 일합니다. 『동물농장』에서는 복서와 클로버가 여기에 속하는 동물들입니다.

다른 한 무리는 생각 자체가 거의 없는 동물입니다. 이들은 지식도 신념

---

80) 주관이나 원칙이 없이 덮어놓고 행동하는. 또는 그런 것.

도 없습니다. 그냥 지배계급의 동물들이 시키는 대로 행동하는 동물들입니다. 자신의 행동이 동물농장에 도움이 되는 행동인지 그렇지 않는지를 생각조차 하지 않는 인물들입니다. 어떤 행동의 옳고 그름을 고민조차하지 않는 동물들입니다. 『동물농장』에서 양들과 개들이 여기에 속하는 동물들입니다.

위의 내용들(동물들의 특징, 성격)을 간략하게 표로 정리하면 다음과 같습니다.

동물	지식	신념	행동
벤자민	지식인, 지적 수준이 높음.	부정적 신념: 세상은 어떻게 하든 변하지 않을 것이라고 생각함. 더 좋아지지도 나빠지지도 않을 것임.	동물농장의 변화를 위해 긍정적 행동도 부정적 행동도 하지 않음.
복서, 클로버	노동자, 지적 수준이 낮음.	긍정적 신념: 헌신과 노력에 의해서 세상이 바뀔 것이라고 믿음.	동물농장의 변화를 위해 적극적으로 행동함.
개와 양들	어리석은 민중들, 감시자들, 지적 수준이 낮음.	신념이 없음. 복종이 곧 신념.	부정적 행동만을 함.

위의 동물들은 현실 세계의 다양한 시민(피지배계급)의 모습을 반영하고 있습니다. 지식인, 신념이 있는 노동자, 세상(사회)에 대한 고민이나 생각이 없는 사람들 등. 이들 동물들을 통해서 각각의 시민들이 어떻게 살아야 우리사회가 더욱 바람직한 사회가 될 수 있을지를 생각하고 고민해 볼 수 있도록 쟁점을 잡았습니다.

4. 쟁점

(1) 벤자민

지적이지만 현실의 문제에 참여하지 않는 동물(가치: 자유와 책임)

벤자민은 동물농장에서 누구보다 똑똑한 동물입니다. 사태를 잘 파악하고 글도 누구보다 잘 읽습니다. 그러나 그의 지식은 그 자신 외에는 거의 누구에게도 도움이 되지 않는 것처럼 보입니다. 그는 지식이 있지만 그 지식을 동물농장의 바람직한 변화를 위해서 사용하지 않습니다. 그는 자신의 어떤 노력에도 사회는 더 나아지지 않을 것으로 생각하고 있습니다. 그는 세상의 모든 일을 냉소적[81]이며 비관적으로 봅니다.

그가 자신의 지식을 동물농장을 위해 사용하지 않는 것은 그것이 자신에게도 동물농장을 위해서도 최선이라고 그가 생각했기 때문일까요. 아니면 자신만 살아남으면 이 세상은 어떻게 되든 상관없다는 이기적인 생각 때문일까요. 그가 자신의 이익을 위해서 돼지들에게 적극적으로 협력하지 않은 것은 또 어떻게 봐야 할까요. 그가 살아남는 것만을 목표로 했다면 그의 지식을 돼지들을 위해서 사용하는 것이 더 낫지 않았을까요. 그는 왜 그렇게 하지 않았을까요.

지식인은 자신이 알고 있는 지식을 사회를 위해서 사용할 책임이 있을까요. 아니면 자신의 지식을 어떻게 사용할지는 개인의 자유에 속하는 것이므로 우리가 상관할 바 없는 것일까요. 벤자민은 동물농장의 실패에 책임이 있을까요, 그렇지 않을까요.

---

81) 쌀쌀한 태도로 업신여기어 비웃는. 또는 그런 것.

(2) 복서와 클로버

지적이지 않지만 성실하며 신념에 충실한 동물(가치: 과정과 결과)

복서와 클로버는 누구보다 성실하며 힘이 센 동물들입니다. 머리가 나쁘긴 하지만 신념이 매우 강합니다. 복서는 나폴레옹에게 맹목적으로 충성하는 인물이며, 클로버는 계명에 맹목적입니다. 그들이 나폴레옹과 계명에 맹목적인 이유는 그렇게 하는 것이 동물농장에 도움이 된다고 판단하기 때문일 것입니다. 그들은 누구보다 동물농장을 위해서 자신들의 모든 것을 바쳐서 일합니다.

가끔 동물농장이 잘못된 방향으로 가는 것 같아서 의심하기도 하지만 자신의 신념을 절대로 버리지 않습니다. 자신만의 신념이 있기에 그들이 동물농장을 위해 헌신할 수 있었던 것인지도 모르겠습니다. 특히, 복서의 경우에는 신념이 없었다면 불가능할 정도로 열심히 일합니다.

모두에게 도움이 된다고 생각하여 자신들의 신념에 따라 행동했지만 그 결과가 좋지 않을 때, 그들에게 실패의 책임을 물을 수 있을까요. 복서와 클로버는 자신들의 이익보다는 동물농장을 위해서 일했습니다. 하지만 그들의 행동은 동물농장에 도움이 되지 못했습니다. 아니, 결과만 놓고 본다면 해(害)가 되었다고 봐야할 것 같습니다. 하지만 그들은 자신들의 행위가 동물농장에 도움이 된다고 확신했습니다. 그 확신에 따라 최선을 다했습니다. 우리는 개인적인 이익을 위한 것은 아니지만 그들의 잘못된 신념이 동물농장에 나쁜 영향을 주었다면 그들에게 책임을 물어야 할까요. 좋은 일을 하기 위해 최선을 다해서 노력했는데 그것이 오히려 나쁜 결과를 가져왔다면 그 행위에 대해서 책임을 물어야 할까요. 복서와 클로버는 동물농장의 실패에 책임이 있을까요, 그렇지 않을까요.

(3) 개들, 양들

생각 없이 시키는 대로 하는 동물(사실: 행위자의 범죄의 동기와 능력, 정당화)

개들과 양들은 돼지들이 시키는 대로 하는 동물들입니다. 이들은 아무런 생각이 없이 행동하는 것처럼 보입니다. 개들은 동물들을 폭력을 써서 위협하고, 양들은 동물들이 의견을 자유롭게 표현하지 못하게 방해합니다. 이들의 이런 행동들은 돼지들의 지배를 강화하고 동물농장을 잘못된 방향으로 나아가게 합니다.

머리가 나쁘고 무지해서(아는 것이 없어서) 남들이 시키는 대로 행동을 했는데, 그것이 나쁜 결과를 가져온다면 그것에 대해 책임을 져야 할까요. 옳고 그름을 판단하지 못하는 상태에서 한 일도 책임을 물어야 할까요. 옳고 그름을 판단하지 못하는 것 그 자체가 죄는 아닐까요. 옳고 그름을 판단할 수 없을 때는 행동하지 말아야 하는 것은 아닐까요. 개들과 양들은 동물농장의 실패에 책임이 있을까요, 그렇지 않을까요.

5. 마무리

논제가 여러분에게 어렵게 느껴질 수 있다고 생각됩니다. 하지만 여러분의 수준에서 여러분이 생각한 것을 가지고 부담 없이 토론하면 됩니다. 우선 여러분 주위의 사람들과 위의 문제들로 이야기를 해 보세요. 선생님과 부모님, 친구들과 이야기를 해 보면 많은 도움을 받을 수 있을 것입니다.

이 토론을 통해서 우리가 꿈꾸는 세상, 바람직한 사회의 실현을 위해 시민들이 어떤 생각을 가지고 어떤 삶을 살아야 하는지에 대해 좀 더 구체

적이고 발전적으로 생각해 보는 계기가 되면 좋겠습니다. 즐거운 토론이
되면 좋겠습니다.

　참고로 논제와 쟁점은 양지우 선생님과 정한섭 선생님이 협의하여 개발
하였습니다. 토론의 논제나 쟁점과 관련하여 궁금한 점이 있으면 언제든
물어보십시오.

3. 허균의 『홍길동전』

가. 17차시 계획표: 사서교사 양지우

단계	차시	활동	활동내용	비고
읽기 활동	1~2	읽기	- '홍길동전(허균)' 읽기	- 책의 내용을 꼼꼼하게 읽을 수 있도록 지도
읽은 후 활동	3	독서퀴즈 만들기	- 책의 내용을 바탕으로 모둠별 퀴즈 만들기	- 모둠으로 진행 - 설명(풀이)까지 쓰기
	4	독서퀴즈 풀기	- 다른 모둠이 만든 독서퀴즈 풀기	- 모둠원이 의논하여 풀기 - 잘한 모둠에게 보상
	5~6	10문장 줄거리	- 줄거리를 10문장으로 만들기 - 각 개인이 만든 줄거리를 모둠별로 의논하여 모둠별 10문장 줄거리 완성 - 각 모둠 발표를 통하여 공통된 의견을 모아 우리 반 10문장 줄거리 완성	- 개인의견 → 모둠의견 → 반 의견을 모으는 과정 에서 중요한 내용 및 사건으로 요약하도록 지도
	7	인물관계도 그리기	- 등장인물의 관계도 그리기 - 각 인물에 대한 설명 쓰기	
	8	시대 상황 파악하기	- 시대상황을 알 수 있는 책의 내용을 찾아 적고 당시 시대가 어떠했는지 써보기	- 다양한 단어, 문장 등을 찾도록 지도
	9~10	홍길동 현상수배 하기	- 홍길동이 도적이라는 입장에서 현상수배 전단 만들기 - 얼굴, 죄목, 인적사항 등을 책에 근거 하거나 상상하여 자유롭게 만들기	- 개인 또는 모둠으로 작성하여 발표하고 전시
	11~12	홍길동 상소문 쓰기	- 홍길동이 의적이라는 입장에서 임금에게 올리는 상소문 쓰기 - 책의 내용을 근거로 하되 설득력 있는 상소문 쓰기	- 개인 또는 모둠으로 작성하여 발표하고 전시 - 북아트(족자 만들기)와 접목하여 실시
	13~14	나의 율도국	- 내가 이루고 싶은 율도국은 어떤 나라인지 생각해보고 율도국의 10가지 법 제정해 보기	- 개인 또는 모둠으로 작성하여 발표하고 전시
	15	반별 독서토론	- 반에서 두 팀을 정하여 토론을 하고 나머지 학생들은 토론 평가	- 토론팀은 2인 1조 - 최종 우승팀 반별토론대회 참가
	16	독서논술	- 논제에 대한 자신의 생각 표현하기	- 우수작품 교내상 시상
	17	활동정리	- 읽기와 읽은 후 활동에 대한 소감 나누기	- 느낀 점, 좋았던 점, 힘들었던 점 등 자유롭게 소감 발표 - 교사의 정리

『홍길동전』 논제 및 쟁점

1. 논제: 홍길동은 사익(私益)을 추구한 출세주의자이다.

2. 논제 설정 이유

우리가 허균의 『홍길동전』을 읽고 토론할 논제는 "홍길동은 사익(私益)을 추구한 출세주의자이다."입니다. 출세주의자라는 말 속에는 아버지에게 인정받고 싶은 욕구와 신분 상승의 욕구가 포함됩니다.

우리는 홍길동을 보통 신분 제도를 비판하고, 그것을 극복한 개혁적이고 영웅적인 인물로 생각하고 있습니다. 탐관오리들을 응징하고 가난한 백성들을 도운 정의로운 인물이며, 율도국이라는 이상적인 국가를 세운 혁명적인 인물로 생각하고 있습니다.

홍길동은 정말로 의심의 여지가 없는 정의로운 인물이며 영웅일까요? 우리는 『홍길동전』의 홍길동에 대한 일반적인 해석에 단지 시비를 걸기 위해서 이렇게 논제를 설정한 것은 아닙니다. 홍길동이 신분 제도를 비판하고 그것을 극복하고자 했던 영웅적인 인물임을 인정하더라도 홍길동의 한계를 생각해 보는 것은 『홍길동전』을 훨씬 깊고 다양하게 이해하도록 도울 것입니다.

우리가 이 논제를 통해서 생각해보고자 하는 것은 '『홍길동전』은 홍길동 개인의 문제의식을 사회 전체에 대한 개혁의 정당성으로 발전시켰는가'하는 것입니다. 이 소설은 다만 가정과 사회에 불만이 많았던 홍길동이 개인의 불만을 해소하고 개인의 성취 과정을 보여주는 출세주의 소설은 아닐까요. 개인의 출세와 성공을 작품의 중심에 둠으로써 사회 개혁(신분제도, 빈민구제, 이상국 건설)의 필요성이나 문제의식을 약화시킨 것은 아닐까요. 이 말 속에는 사회개혁이라는 명분을 앞세워서 실제로 사회는 개혁하지 않고 자신의 출세를 위해서 이것들을 이용했다는 부정적 의미가 포함되어 있습니다. 홍길동은 신분에 대한 열등감을 에너지 삼아 여러 투쟁에서 승리함으로써 병조판서에 오르고 심지어 율도국의 왕이 됩니다. 이러한 줄거리가 적서 차별(신분제도)의 문제를 진정으로 비판했다기보다는 뛰어난 개인의 우연한 성취를 지나치게 과장하는 것은 아닐까요. 그래서 신분제도의 비인간적인 면을 축소하거나 은폐 또는 암암리에 용납하고 인정하는 결과를 낳았다고 볼 수는 없을까요. 홍길동은 사익(私益:개인의 이익)을 추구한 출세주의자인가요, 아니면 공익(公益:사회의 이익)을 추구하는 사회개혁가인가요.

『홍길동전』에 대한 이러한 토론은 이 작품이 지닌 가치와 한계를 동시에 살펴보는 계기가 될 것입니다. 그럼으로써 작품을 비판적인 관점에서 읽을 수 있는 안목을 기르는 데 도움이 될 것입니다.

3. 쟁점 설정의 방향과 이유

우리는 위의 논제에 따라 토론에 익숙하지 않은 여러분들이 좀 더 쉽게 토론을 준비할 수 있도록 세 가지 쟁점을 준비했습니다. 쟁점(爭點)이란 논제에 대한 찬성 측 입장과 반대 측 입장이 부딪히는 지점에서 만들어집니다. 찬반 양 팀이 각자 찬성하는 입장과 반대하는 입장에서 서로 치열하게 맞대결하는 주장입니다. 일반적으로 토론은 논제에 대한 쟁점을 분석하여 논점(주장: 찬반의 입장을 뒷받침하는 하위의 주장)을 설정하고, 논점을 뒷받침할 근거와 이유를 찾아서 자신들의 입장을 증명하는 것입니다. 쟁점이 명확해야 치열하고 생산적이 토론이 이루어질 수 있습니다. 토론은 쟁점을 바탕으로 자신의 입장(논제에 대한 찬성 혹은 반대)을 적절한 논점을 들어 반박할 수 없도록 증명하는 팀이 승리하게 되거나 상대방의 논점을 적절하게 반박하는 팀이 승리하게 됩니다.

하지만 쟁점을 찾는 것은 많은 시간과 노력을 필요로 하는, 쉽지 않은 일입니다. 그래서 우리들은 미리 작품을 분석하여 여러분들이 토론에서 사용할 수 있는 쟁점을 제시합니다. 여러분들은 이 쟁점에 맞추어 책을 읽고 쟁점(논점)을 뒷받침할 수 있는 근거와 이유를 책 속에서 찾으면 됩니다. 하지만 우리가 제시한 쟁점만을 토론에서 이용할 필요는 없습니다. 여러분의 입장(논제에 대한 찬성 혹은 반대)을 증명하는 데 필요한 더 나은 쟁점(논점)을 찾아서 사용해도 됩니다.

우리들은 각각의 쟁점 사이에 변별성과 연계성이 있도록 구성하려고 노력했습니다. 각 쟁점들이 상호 배타성과 토론자의 주장을 강화하는 일관된 방향성을 갖추도록 설정하려고 노력했습니다. 각각의 쟁점들이 중복되지 않으면서 일관된 논리적 흐름을 갖도록 하려고 노력했다는 의미입니다. 이는 여러분이 작품을 이해하는 하나의 관점을 가질 수 있도록 도울 것입니다.

보통 토론에서 쟁점은 3개 정도가 적당하며 작품의 이해를 심화시킬 수 있는 것이어야 합니다. 우리는 가정, 국내, 국외로 나누어 3가지 쟁점을 제시하겠습니다.

4. 쟁점

(1) 가정의 문제: 신분 제도

가정의 문제에서 다루고자 하는 쟁점은 홍길동이 진정으로 신분 제도에 문제의식을 가지고 있었냐는 것입니다. 길동은 서자로 태어나서 자신의 능력을 발휘할 수 없는 상황에 분노합니다. 그는 호부호형(呼父呼兄: 아버지를 아버지라 부르고 형을 형이라고 부름)하지 못하고 종들로부터 천대를 받는 것을 가슴 아파합니다. 그는 자신의 천한 출생을 한탄하면서 사람이 사람을 천하게 대하는 것은 옳지 않다고 생각합니다. 이런 길동의 생각은 가부장적 유교사회에서 그 자체로 신분 제도에 대한 저항이며 혁명적인 사상으로 볼 수 있지 않을까요.

아니면, 그의 생각은 그저 홍길동 개인의 신세 한탄에 그치는 것일까요. 홍 판서의 집안에서 벌어지는 신분의 갈등은 신분제도 전반에 대한 문제 제기일까요. 아니면, 자신의 불우한 처지를 한탄하는 길동의 개인적인 푸념과 반항에 불과할까요.

홍 판서는 호부호형하지 못하는 길동의 한을 풀어 줍니다. 길동은 이제 자신을 '소인(小人)'이 아니라 '소자(小子)'와 '소제(小弟)'로 부를 수 있게 됩니다. 이로써 적서차별 제도는 홍 판서의 집에서는 영향력을 잃습니다. 이는 신분제도에 대한 길동의 저항을 상징적으로 보여주는 상황일까요. 아니면, 자식의 처지를 불쌍하게 생각한 아버지의 사랑의 행위에 지나지 않을까요. 신분제도에 대한 길동의 문제의식이 과연 아버지가 호부호형을 허락하는 것으로 해결될 수 있을까요. 이런 식의 개인적인 문제 해결은 오히려 사회 전반의 신분 제도의 문제를 해결하려는 의지를 약화시키는 것은 아닐까요. 길동의 진정한 고민은 적서 차별이라는 불공정한 사회제도에 의해서 자신이 희생당하고 있다는 것이므로, 그것의 해결은 홍 판서의 개인적인 차원이 아니라 국가 전체의 차원에서 이루어져야 하는 것이 아닐까요.

가정을 벗어난 길동은 더 이상은 신분제도를 문제 삼지 않는 것처럼 보입니다. 길동은 개인적인 차원을 넘어서 사회적(국가적) 차원에서 신분제도에 대한 문제의식을 가지고 있었을까요. 길동이가 가정에서 보여준 신분 차별에 대한 문제제기는 적서차별이 수백 년간 당연시되던 신분제 사회에서 신분 차별의 부당성을 알리고, 신분 차별에 순응하던 당시의 사람들에게 이에 대한 저항의식을 사회문제로 표면화시킨 개혁적 행위일까요. 아니면, 서자로 태어나 자신의 능력을 발휘하지 못하는 불우한 개인의 지극히 사적인 반항 행위에 불과할까요.

(2) 국내의 문제: 빈민 구제

홍길동은 집을 나간 다음에 도적의 우두머리가 됩니다. 길동은 도적의 무리들로 활빈당을 조직합니다. 길동의 활빈당은 해인사를 습격하고, 탐관오리를 공격하여 빼앗은 재물과 곡식을 가난한 백성들에게 나누어 줍니다. 이런 행동은 기존의 사회체제에 대한 저항이었을까요. 길동은 의적 활동으로써 새로운 세상을 건설하려 했던 것일까요.

조선에서 길동의 활빈당 활동은 길동이 병조판서에 제수되면서 끝납니다. 과연 길동이 활빈당 활동을 통해서 추구했던 것은 무엇일까요. 백성들은 의적 활빈당의 활약에 많은 박수를 보냈을 것입니다. 그런데 어느 날 길동이는 병조판서에 제수되고 곧 조선을 떠납니다. 이런 홍길동을 백성들은 어떻게 생각했을까요. 홍길동은 제도의 개혁을 통하여 가난한 백성들을 구제하려는 생각이 있었을까요. 아니면, 신분적 한계에 갇혀 있는 자신의 처지를 개혁하려 했을까요. 홍길동은 활빈당을 그 자신의 신분 상승(병조판서)을 위한 발판으로 삼은 것은 아닐까요. 빈민 구제는 단지 자신의 이름을 세상에 알리기 위한 방책이 아니었을까요. 아니면, 길동이가 병조판서의 벼슬을 요구하여 받은 것은 신분제도를 깨뜨리고 사회를 개혁하려는 상징적인 의미가 담겨있는 행위일까요.

길동은 병조판서라는 벼슬을 받자마자 가난한 백성들을 구제하는 의적 활동을 중지하고 사라집니다. 길동은 그나마 '활빈'(가난한 백성을 구함)이라는 이름으로 벌이던 사회활동조차 중단한 것입니다. 그렇다고 병조판서가 되어 민중을 괴롭히는 탐관오리들을 벌을 주어 다스린 것도 아닙니다. 병조판서라는 이름 하나 받은 것으로 모든 일을 중단하는 것은 '활빈'이라는 명목의 활동조차 실제로는 개인적인 출세를 위한 수단이었음을 증명하는 것이 아닐까요.

아니면, 대다수 민중이 유교적 이념과 도덕관념에 깊이 빠져 있는 상황에서 국가에 반기를 드는 것은 애초에 불가능하지 않았을까요. 만약 길동이 역모를 도모했다면 민중의 영웅은커녕 천하의 역적으로 배척당하지 않았을까요. 그가 한 이전의 모든 활동이 순전히 개인적인 욕망에 바탕한 반역을 위한 명분 쌓기로 매도되지는 않았을까요. 그래서 길동은 병조판서의 벼슬을 받는 것으로 만족할 수밖에 없었던 것이 아닐까요. 그가 병조판서의 벼슬을 이용하여 아무것도 하지 않았다는 것은 다르게 보면 그가 이를 이용하여 개인적 이득을 취하지 않았다는 의미도 됩니다. 이를 우리는 신분제도를 타파하고자 하는 그의 순수한 마음 때문이라고 생각할 수는 없을까요.

(3) 국외의 문제: 율도국(이상국 건설)

길동은 스스로를 '의병장(의로운 군대의 장군)'이라 했습니다. 그 이름처럼 그는 의로운 사람일까요. 그가 율도국을 정벌한 것은 의로운 일일까요. 길동의 말처럼 율도국은 형편없는 나라였을까요. 길동은 아무도 없는 무인도에 가서 '율도국'이란 나라를 새로 세운 것이 아닙니다. 멀쩡한 나라를 왕이 되고자 난데없이 침략하여 정복한 것입니다. 그렇다면, 율도국의 백성들에게 길동은 의롭지 않은 침략자에 불과하지 않을까요.

길동의 침략 전쟁으로 죄 없는 군사들이 죽었고, 율도국의 정당한 통치 질서는 파괴되었습니다. 길동의 율도국 정벌은 과연 의로운 행동일까요. 이는 길동이 후에 율도국을 잘 다스렸다는 사실과는 별개로 불의(不義)가 아닐까요. 율도국이 후에 태평성대를 누린다는 말이 있는데 이것으로 율도국을 정복(침략)한 길동의 행위가 정당화될 수 있을까요.

아니면, 홍길동의 율도국 정벌은 그가 이상적인 나라를 건설하기 위한 불가피한 선택이었을까요. 모든 개혁에는 어차피 고통과 희생이 따르는 것이 아닐까요.

집 떠난 길동이 활빈당을 조직하여 의적활동을 하고, 병조판서를 제수받는 등 대장부로서의 면모를 보이는 행동들은 길동의 최종 목표는 아니었을 것입니다. 만약 길동이 조선의 불합리한 모순들을 고발하는 것과 병조판서가 되는 것이 최종 목표였다면 그는 그토록 바라던 벼슬을 사양하지도 않았을 것입니다. 또, 그는 조선을 떠나지도 않았을 것입니다.

길동에게는 사회를 개혁하고자 하는 분명한 이상이 있었다고 보아야 하지 않을까요. 그는 일개 병조판서로서 조선 사회를 개혁하여 이상국가를 건설하는 것이 불가능하다고 판단하고, 나라 밖으로 나가 율도국을 세운 것은 아닐까요. 그러나 문제는 율도국이 길동과 하등의 관계가 없었고 또한 율도국의 폭정이나 모순이 전혀 드러나지 않았는데도 길동이 율도국을 침략하여 나라를 세운 것입니다. 이를 어떻게 해석해야 할까요.

『홍길동전』에서 율도국은 조선을 대신하는 기능을 담당하고 있다고 보아야 하지 않을까요. 길동은 조선을 개혁하여 이상국가를 건설하고 싶었지만 현실적으로 그것이 불가능함을 인정하고, 율도국을 정벌하여 새로 나라를 세워서 그의 이상국가를 실현한 것으로 봐야 하지 않을까요. 길동이 율도국을 세워 조선의 문제를 율도국에서 해결한 것으로 생각할 수는 없을까요. 율도국은 한 마디로 조선의 이상국가의 모습이라고 보아야 하지 않을까요.

길동은 모두가 평화로운 이상사회를 건설한 혁명가인가요. 아니면, 다른 나라를 무력으로 빼앗은 침략자에 불과한가요.

5. 마무리

논제가 여러분에게 어렵게 느껴질 수 있다고 생각됩니다. 하지만 여러분의 수준에서 여러분이 생각한 것을 가지고 부담 없이 토론하면 됩니다. 우선 여러분 주위의 사람들과 위의 문제들로 이야기를 해 보세요. 선생님과 부모님, 친구들과 이야기를 해 보면 많은 도움을 받을 수 있을 것입니다.

이 토론을 통해서 우리가 꿈꾸는 세상에 대해 좀 더 구체적이고 발전적으로 생각해 보는 계기가 되면 좋겠습니다. 즐거운 토론이 되면 좋겠습니다.

참고로 논제와 쟁점은 정한섭 선생님과 안경득 선생님이 협의하여 개발하였습니다. 토론의 논제나 쟁점과 관련하여 궁금한 점이 있으면 언제든 물어보십시오.

[부록2] 독서 디베이트 도서 및 논제 정리

〈소설〉

순	도서명	작가	논 제	핵심요소
1	홍길동전	허균	홍길동은 사익(私益)을 추구한 출세주의자이다.	공익과 사익
2	기억전달자	로이스 로리	조너스의 마을은 바람직하다.	안전과 자유 선택과 책임
3	허생전	박지원	허생은 의로운 인물이 아니다.	지식인의 의무
4	동물농장	조지 오웰	피지배계급은 동물농장(혁명)의 실패에 책임이 없다.	민주시민의식
5	변신	카프카	그레고르가 가족보다 자신의 죽음에 대한 책임이 더 크다.	가족애, 소통
6	이능	나카지마 아츠시	적군(흉노)에게 포로로 잡힌 후, 이능이 한 선택은 옳다	국가의 의무 국민의 의무
7	노인과 바다	헤밍웨이	노인이 먼 바다로 나간 것은 잘못이다.	성공과 실패 과정과 결과
8	지킬 박사와 하이드 씨	로버트 루이스 스티븐슨	지킬은 하이드의 악행(惡行)에 대한 책임이 없다.	선과 악 양면성
9	아우를 위하여 / 우상의 눈물 / 우리들의 일그러진 영웅	황석영 / 전상국 / 이문열	한 사람의 잘못(폭력)은 우리 모두의 잘못이다.	폭력 시민의식
10	이방인	까뮈	뫼르소에 대한 사형 판결은 정당하다.	타자성, 관용, 부조리
11	이반 일리치의 죽음	톨스토이	죽음에 대한 이반의 태도 (반응과 수용)는 타당하다.	삶과 죽음 가족애
12	예고된 죽음의 연대기	마르케스	비까리오 형제에 대한 처벌의 정도는 적당하다.	명예, 복수, 정의
13	수병, 빌리 버드	허먼 멜빌	비어 함장이 빌리를 교수형시킨 것은 정당하다.	선과 악 정의와 폭력
14	프랑켄슈타인	메리 셸리	프랑켄슈타인은 비극적 영웅이다.	타자성, 윤리성, 책무성
15	술라	토니 모리슨	술라는 악(惡)한 존재이다.	타자성, 정체성

〈희곡〉

순	도서명	작가	논 제	핵심요소
16	인형의 집	헨리크 입센	노라는 책임감 있는 사람이다.	가족애, 자아실현
17	장 아누이의 안티고네	장 아누이	안티고네의 삶(죽음)은 숭고(崇高)하다.	국가에 대한 의무, 가족에 대한 의무
18	오이디푸스 왕	소포클레스	오이디푸스는 운명에 맞선 영웅이다.	운명, 진실의 추구
19	아가멤논	아이스킬로스	클뤼타이메스트라의 복수는 정당하다.	폭력, 복수, 가족애
20	메데이아	에우리피데스	메데이아는 악한 존재이다.	정의, 복수, 모성애
21	베니스의 상인	셰익스피어	샤일록에 대한 재판은 공정하다.	타자성, 정의, 공정성
22	맥베스	셰익스피어	맥베스는 운명의 희생양이다.	운명, 욕망, 정의, 양심
23	오셀로	셰익스피어	오셀로가 이아고보다 비극적 결말에 대한 책임이 더 크다.	사랑, 소유, 질투
24	햄릿	셰익스피어	햄릿은 정신적으로 고귀한 인물이다.	광기, 정의, 고귀함
25	시련 The Crucible	아서 밀러	세일럼에서는 불의(不義)가 승리했다.	정의와 불의, 시민의식

[부록3] 다수의 학생과 함께하는 독서 디베이트

학생들과 독서 디베이트를 하고자 할 때 고민되는 부분 중에 하나가 참여 가능한 학생 수의 문제이다. 보통 디베이트는 2:2 혹은 3:3 형식이다. 여기에 사회자와 시간계측원을 포함시켜도 독서 디베이트에 참여 가능한 인원은 6명~8명 사이이다. 그래서 보통 인원이 10명이 넘어가면 같은 논제로 토론을 두 번을 한다. 한 번은 직접 토론을 하고 한 번은 친구들의 토론은 관전한다. 학생들이 토론을 직접 하는 것 못지않게 토론을 보는 것도 많은 도움이 된다.

그런데 토론에 참여하고자 하는 학생들의 숫자가 20명 정도 되면 어떻게 해야 될까. 이 많은 숫자의 학생들을 데리고 디베이트를 할 수 있을까. 물론 가능하다. 학생들에게 다양한 역할을 부여하면 된다. 실제로 19명을 데리고 조지 오웰의 『동물농장』을 읽고 독서 디베이트를 한 적이 있다. 그때의 경험을 간단하게 소개한다.

먼저, 19명이 할 수 있는 독서 디베이트의 모형을 고민했다. 기존의 독서 디베이트 모형을 그대로 사용하면서 약간의 변형을 했다.

순서		찬성 측			반대 측			시간
		제1토론자	제2토론자	제3토론자	제1토론자	제2토론자	제3토론자	(40분)
1 라운드	1	입론						4분
	2					확인질문		2분
	3				입론			4분
	4		확인질문					2분
	5	작	전		타	임		3분
2 라운드	6			반론				3분
	7				확인질문			2분
	8						반론	3분
	9	확인질문						2분
	10				방청객1(확인질문 혹은 반론)			1분
	11	방청객1(확인질문 혹은 반론)						1분
	12	작	전		타	임		3분
3 라운드	13		반론					3분
	14					반론		3분
	15	방청객2(확인질문 혹은 반론)						1분
	16				방청객2(확인질문 혹은 반론)			1분
	17			최종발언				3분
	18						최종발언	3분

　　기존의 독서 디베이트 모형과 차이점은 거의 없다. 다만 방청객의 역할을 하는 학생들이 토론에 참여할 수 있는 기회를 제공하기 위해서 방청객이 확인질문 혹은 반론을 할 수 있는 단계를 토론 모형에 포함시킨 것뿐이다. 이 모형을 만들 때 방청객이 어느 시점에서 발언하게 할 것인지를 고민했다. 발언이 너무 앞쪽으로 가면 전체 토론의 흐름이 깨지고 몰입도가 떨어질 것이라는 생각이 들었다. 그래서 2라운드가 끝나기 직전과 최종발언의 앞에 방청객의 발언 시간을 포함시켰다.

　　방청객의 발언 위치와 함께 또 하나 고민한 것은 이들의 발언 시간을 얼마나 줄 것인가라는 문제였다. 너무 짧게 시간을 주면 하고 싶은 말을 다하기 어렵고, 너무 많은 시간을 주면 토론이 산만해지기 쉽다. 1분 정도의 시간이 비교적 적당하다고 판단했다. 방청객에게 얼마의 시간을 줄지는 학생들의 수준이나 토론 시간 등 여러 요소를 생각해서 적절하게 정하면 된다.

각각의 학생들이 맡은 역할을 자리 배치표를 통해서 좀 더 구체적으로 살펴보자.

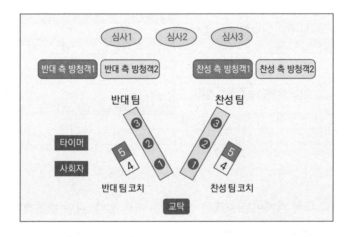

자리 배치표를 보면 알겠지만 기본적으로 3 대 3 토론 모형이다. 여기에 찬성 팀과 반대 팀에 각각 2명의 토론 코치를 두었다. 토론 코치가 하는 일은 토론 중에는 자신들의 생각을 메모를 통해서 전달하거나 작전 타임 시간에 함께 작전 회의를 하는 것이다. 작전 타임 시간을 제외하고는 토론자들에게 직접 말로 의사를 전달할 수는 없다.

앞에서 설명한 것처럼 찬성 팀과 반대 팀에 각각 방청객을 2명 두었다. 방청객은 토론기록지를 기록하면서 자신들의 발언을 준비한다. 방청객은 확인질문이나 반론을 선택해서 할 수 있다. 발언 전에 먼저 확인질문을 할 것인지 반론을 할 것인지를 미리 말하고 발언하게 했다. 둘 중 하나만 할 수 있다. 반론과 확인질문을 섞어서 하지는 못하게 했다.

심사 위원은 3명의 학생으로 구성했다. 심사 위원은 홀수로 구성해야 한다. 디베이트는 반드시 찬성과 반대 팀 중에서 승리 팀이 있어야 한다. 무승부는 없다. 더 많은 학생들을 디베이트에 참여시켜야 한다면 여기서 심사 위원수를 5명 정도로 늘리면 된다. 심사위원들은 토론기록지와 토론 평가지를 모두 기록하도록 했다. 토론이 끝난 후에 심사위원들이 개별적으로 어느 팀이 승리했는지 심사 결과를 발표하고, 심사위원들로부터 많은 표를 받은 팀이 승리한 것으로 했다.

사회자는 미리 준비된 대본을 읽으면서 토론을 진행했고, 시간계측원은 사회자 대본에 따라 단계별로 발언 종료 1분 전과 30초 전에 토론자들에게 시간을 알려주도록 했다.

토론이 끝난 후에는 토론에 참여한 모든 학생들에게 최우수 토론자 추천 양식을 주고, 최우수 토론자를 추천하도록 했다. 학생들이 모두 추천을 끝내면, 교사는 추천지를 모아서 어느 학생이 누구를 추천했으며 그 이유는 무엇인지 하나하나 읽어주었다.

최우수 토론자 발표가 끝나고 나면 간단하게 오늘의 토론에 대한 소감을 나누었다.

이외에도 더 많은 인원을 토론에 참여시킬 수 있는 방법이 있다. 예를 들면, 토론 대회를 홍보하는 포스터나 안내장을 만들게 할 수도 있고, 기자를 임명하여 토론 관전기를 쓰게 할 수도 있다.

인원을 얼마든지 늘려서 디베이트를 할 수는 있지만 토론의 흐름이 깨지거나 긴장감이 떨어지지 않도록 심사숙고해야 한다. 자칫 잘못하면 토론이 중구난방이 되어 매우 혼란스러울 수 있다.

[부록4] 독서 디베이트의 기록

독서 디베이트를 위해서 토론 관련 이론들을 공부하다 보면 이론만 가지고 실제 토론이 진행되는 상황을 머리로 그려보기가 쉽지 않아 어려움을 겪게 된다. 이론들은 정도의 차이는 있지만 추상화 과정을 거친다. 다양한 변수가 존재하는 실제 상황을 이론으로 정립하기 위해서 추상화는 어쩔 수 없다. 이렇게 추상화된 이론들은 현실과 차이가 있을 수밖에 없다. 그렇게 때문에 토론을 공부할 때는 이론과 실제를 동시에 공부하는 방법이 가장 좋다. 실제 토론 장면을 많이 보거나 실제 토론을 해보는 것이 무엇보다 중요하다.

문제는 토론과 관련한 이론 자료들은 넘쳐나는데 실제 토론을 볼 수 있는 자료들은 구하기가 쉽지 않다는 점이다. 실제 토론 상황을 보여주는 자료는 크게 두 가지가 있다. 하나는 영상 자료이고 다른 하나는 영상을 글로 옮겨 놓은 자료이다. 영상 자료는 조금만 노력하면 구할 수 있는데, 실제 토론을 글로 옮겨 놓은 자료는 구하기가 어렵다.

영상 자료만 있으면 되지 그것을 군이 글로 옮겨 놓은 자료가 왜 필요한가 의문이 들 수도 있다. 그 이유는 영상 자료보다는 그것을 글로 옮겨 놓은 자료가 토론을 분석하는데 훨씬 용이하기 때문이다. 영상자료는 음성 자료의 단점을 그대로 지닌다. 집중해서 듣기가 생각만큼 쉽지 않고 들은 내용도 기억하기가 쉽지 않다. 물론 여러 번 들으면 되겠지만 듣는 것만으로는 부족하고 들은 내용을 어떤 식으로든 기록해야 한다. 결국 토론을 제대로 분석하고 이해하기 위해서 문자로 기록하는 일은 필수적이다.

음성 자료를 문자 자료로 바꾸어 놓으면 실제 토론의 상황을 훨씬 더 명료하게 떠올릴 수 있고 토론에서 토론자들이 사용하는 논리를 분석하기가 훨씬 쉽다. 토론에서 어떤 부분이 잘 되었고 어떤 부분이 문제가 있는지를 쉽게 파악하는 데 도움이 된다. 그러므로 토론을 공부할 때 토론을 글로 옮겨 놓은 자료를 보면 상당히 도움이 된다.

하지만 토론 전체를 글로 옮겨 놓은 자료를 보기가 쉽지 않다. 이런 자료가 많지 않기 때문이다. 토론 영상이 있다고 하더라도 이 자료를 글로 잘 옮겨 놓지 않는 이유가 있다. 일단 영상 속의 말들을 글자로 옮기는 데는 많은 시간이 걸리기 때문이다. 영상 속의 말을 반복해서 듣고 글로 옮기는 일은 고된 일이다. 이보다 더 중요한 이유는 토론 속에 오간 말들을 문장으로 옮겨 적어보면 그 말들의 비논리적인 면들이 너무 많이 보여서 이런 정도의 내용을 굳이 옮겨 적는 수고를 해야 할 필요가 있을까라는 회의가 들기 때문이다. 실제로 학생들의 토론을 영상으로 기록하고 그것을 다시 글로 옮겨 적어보면 말로 들을 때는 그럴 듯해 보였는데, 글로 보면 말도 안 되는 내용들이 들어가 있는 경우가 많다. 우리가 일상에서 사용하는 말들도 그것이 논리적으로 들리더라도 글로 옮길 때는 부득이 상당 부분을 다듬을 수밖에 없다. 토론에서 오간 말들도 다듬으면 되겠지만 그것은 토론의 현장성을 훼손시키는 행위가 될 수 있다. 토론에서 오간 말들을 상당 부분 다듬어야 한다면 굳이 기록할 필요가 없을지도 모른다. 이런 생각들을 하다보면 토론 영상 자료를 가지고 있더라도 글로 옮겨 적지 않게 된다.

그리고 무엇보다 토론의 전 과정이 비교적 무난한 토론을 보기가 쉽지 않다. 반론은 괜찮은데 최종발언은 기대 이하이거나 입론은 괜찮은데 확인질문에서 엉뚱한 질문과 대답을 해서 전체적인 토론의 수준이 떨어지는 경우가 많다. 그러다 보니 글로 옮길만한 토론 영상이 별로 없다. 토론 대회에서 좋은 성적을 거둔 팀의 토론도 글로 옮겨보면 생각보다 문제가 많이 보인다.

이러한 문제에도 불구하고 토론 영상을 글로 옮겨 보는 작업은 학생과 지도교사 모두에게 꼭 필요한 일이다. 학생들은 자신의 토론 영상을 글로 옮기면서 토론에서 자신의 문제가 무엇인지를 알 수 있고, 토론을 지도하는 교사는 토론 지도의 방향과 평가 등에서 많은 도움을 받을 수 있다. 무엇보다 토론을 처음 공부하는 학생과 교사에게 토론을 문자로 기록한 자료는 토론의 전체적인 모습을 쉽게 그려보는 데 도움이 된다.

여기서는 가장 최근에 학생들과 했던 토론을 영상으로 기록했다가 이것을 다시 글로 옮겨 적은 두 사례를 싣는다. 실제 토론 내용을 거의 수정 없이 옮겨 적었고, 토론 과정에서 학생이 잘못 들었거나 잘못 말한 것이 명백한 경우는 일부 단어나 문장을 조금 수정했다. 조금의 수정은 있지만 실제 그대로 토론을 옮겨 적은 것으로 생각하면 된다.

토론 사회자의 안내 말(진행하는 말)은 적지 않았다. 토론의 사회자는 사회자 대본을 읽으면서 진행하기 때문에 이 책에 실려 있는 사회자 대본을 참고하면 된다.

토론 작품은 알베르 까뮈의 『이방인』과 아이스퀼로스의 『아가멤논』이다. 토론은 칼 포퍼 토론 모형을 변형한 앞서 소개한 독서 디베이트 모형을 사용했다. 이 모형은 3:3 토론 모형인데, 토론 참가자가 적어서 이 두 토론은 2:2 토론을 했다. 토론 모형의 특별한 차이점은 없고 단지 3명이 하던 역할을 2명이 하도록 한 것뿐이다. 토론 모형은 아래에 소개한다.

여기에 소개된 토론이 특별히 좋은 자료라고 말할 수는 없다. 사실 학생들의 토론을 보고 평가할 때 토론에 대한 만족의 정도를 학생들에게 말하기도 하는데 그것은 절대적인 것이 아니라 상대적인 것이다. 아쉬운 점이 많아도 상대적으로 나아진 면이 있으면 잘 된 토론이라고 말한다. 토론과 관련한 책들에서 배운 이론적 잣대로 실제 토론을 보면 늘 다소간의 아쉬움이 남았다. 학생들과의 토론에서 그것은 어쩔 수 없는 일이다. 좋은 토론에서 배울 수도 있지만 그렇지 않은 토론에서도 배울 수 있다는 생각으로 이 자료들을 싣는다.

이 자료가 독서 디베이트가 실제 어떻게 진행되는지 이해하는 데 도움을 줄 것이라고 믿는다. 여기에 실린 학생들의 토론이 아주 뛰어난 토론도 아니지만 그렇다고 특별히 문제가 있는 부분도 없어서 독서 디베이트를 공부하는 데 도움이 되리라 믿는다.

아무리 말을 잘하는 사람도 그 말을 글로 옮겨 보면 글만큼 논리적이지 않음을 알 수 있다. 토론이 논리적인 말하기이긴 하지만 그것이 글만큼 논리적이기는 어렵다. 이 점을 감안해서 이 자료를 보면 좋겠다. 학생들이 얼마나 토론을 잘했는지 그렇지 않은지라는 잣대로 보지 말고, 토론이 어떤 식으로 진행되고 있는지, 앞서 배운 토론의 이론을 바탕으로 실제 학생들의 토론에서 어떤 문제들이 있는지 등을 중심으로 보면 좋겠다.

1. 독서 디베이트(칼 포퍼 변형)의 모형

(1) 총 소요 시간: 40분

(2) 제한 시간을 초과했을 경우 종이 울리며, 15초 이내로 발언을 마무리해야 한다.

(3) 토론 절차: 찬성 측에서 시작해서 반대 측에서 끝남.

순서	찬성 측		반대 측		시간
	제1토론자	제2토론자	제1토론자	제2토론자	(40분)
1	입론				4분
2				확인질문	2분
3			입론		4분
4	확인질문				2분
5	작전 타임		작전 타임		3분
6		반론			3분
7			확인질문		2분
8				반론	3분
9		확인질문			2분
10	작전 타임		작전 타임		3분
11	반론				3분
12			반론		3분
13					3분
14		최종발언		최종발언	3분

(4) 토론자의 역할

① 제1토론자: 입론, 확인질문, 반론

② 제2토론자: 반론, 확인질문, 최종발언

2. 독서 디베이트 기록 자료

가. 알베르 카뮈의 『이방인』 독서 디베이트 기록 자료

토론 도서	알베르 카뮈의 『이방인』
논제	뫼르소에 대한 사형 판결은 정당하다.
토론자	2017학년도 3학년 찬성 측: 최○○, 정○○(마산동중학교) 반대 측: 김○○, 박○○(마산동중학교)
토론일	2017년 11월 18일
장소	마산동중학교 도서실
기록자	2017학년도 3학년 최석민, 김기품(마산동중학교)

첫 토론은 조금 아쉬움이 남습니다. 전반적으로 주장에 대한 근거가 부족하고, 토론이 산만한 느낌이 들었습니다. 앞 팀의 토론을 참고하여 좀 더 좋은 토론이 되도록 노력해 주십시오. 그럼, 알베르 까뮈의 『이방인』에 대한 두 번째 토론을 시작하겠습니다.

〈찬성 측 제1토론자 입론〉

찬1(최○○): 안녕하십니까. 찬성 측 입론을 맡은 제1토론자 최○○입니다. 오늘 저희가 토론할 도서는 『이방인』이며, 토론할 논제는 "뫼르소에 대한 사형 판결은 정당하다."입니다.

저희 팀은 뫼르소에 대한 사형 판결이 정당하다고 주장합니다. 먼저, '정당성'이란 낱말의 개념을 정의하겠습니다. '정당성'은 '사리에 맞아 옳고 정의로운 성질'을 말하는데 저희 팀은 '정의로운 성질을 띠며 나아가 사회의 안전에 영향을 끼치는 성질'이라고 정의하겠습니다. 그럼, 뫼르소에 대한 사형 판결이 정당함을 세 가지 근거를 들어 증명하겠습니다.

첫째, 뫼르소는 사회의 혼란을 야기하는 반사회적 인물입니다. 뫼르소는 자신의 욕망에 충실합니다. 어머니의 장례식 전날 밤 영안실에 있는 어머니의 시신 옆에서 담배를 피우는 행위, 장례식이 끝난 뒤 무덤 앞에서 묵도도 하지 않고 떠나는 행위, 장례식 다음 날 마리와 희극영화를 보고 잠자리를 같이 하는 행위 등을 보면 뫼르소는 일반적인 사회의 관습을 지키지 않고 자신의 욕망에만 충실한 지극히 자기중심적인 사람임을 알 수 있습니다.

뫼르소가 체면과 예의에 얽매이지 않고, 자신의 욕망을 충실히 따르는 것을 보고 그가 정직하고 솔직한 사람이라고 말하는 사람도 있습니다. 하지만 저희는 그렇게 생각하지 않습니다. 만약, 뫼르소 한 사람이 아닌 다수의 사람들이 뫼르소와 같은 행동을 하면 사회는 어떻게 흘러갈까요? 아마 서로의 욕망만 채우려 하다가 결국 가지려고 하는 모든 것을 놓치겠죠. 사회는 법으로만 흘러가는 것이 아닙니다. 각자 개인의 삶에 도덕성이 존재해야 사회는 원활하게 흘러가는 것이죠. 기본적인 도덕을 지키지 않으면 이는 곧 사회의 혼란을 초래한다는 사실을 꼭 기억해야 할 것입니다.

둘째, 뫼르소는 의도적인 살인을 저질렀습니다. 뫼르소는 해변에서 아랍인과 두 번째로 마주합니다. 그리고 그는 아랍인에게 총을 쏘아 살인을 합니다. 뫼르소가 아랍인을 총으로 살해한 것은 자신의 분노 때문에 일어난 우발적 살인이라고 할 수 있을까요? 뫼르소가 아랍인에게 한 발의 총알만 쐈다면 우발적인 살인이라고 할 수도 있습니다. 하지만 그는 한 발을 쏘고 연이어 네 발을 더 쐈습니다. 이는 우발적인 살인이 아닌 고의적인 살인 의도가 담긴 행위라 할 수 있습니다. 네 발을 더 쐈다는 것은 아랍인을 고의적으로 살해하기 위해 그것도 확실히 살해하기 위해 한 행동이라고 할 수 있습니다. 따라서 그는 우발적인 살인이 아닌, 미리 살인을 염두에 두고 벌인 잔인한 살인, 즉 고의적인 살인을 했습니다.

　셋째, 뫼르소의 재판과정과 결과는 정당했습니다. 뫼르소의 재판에서는 뫼르소가 어머니의 장례식과 그 이후 보인 행위들을 근거로 뫼르소를 유죄로 몰아가는 상황이 전개됩니다. 이 상황만 보면 살인이 아닌 장례식과 그 이후의 행위에 대한 재판으로 느껴질 수도 있겠죠. 하지만 뫼르소가 살인을 하게 된 이유를 찾아보면 앞서 말했듯이 고의적인 살인이었고, 이런 행위의 근본적인 원인은 뫼르소가 자기중심적으로만 살아가는 이기적이고 도덕성이 없는 인물이라는 데 있는 것입니다. 그렇기에 재판에서 장례식과 그 이후의 행동을 통해 뫼르소의 도덕성을 판단하였고, 살인의 배경을 설명할 수 있게 된 것입니다. 또한 뫼르소의 반사회적 행동은 사회에 큰 문제를 일으킵니다. 그의 반사회적 행위는 우리 사회의 안정적 유지와 발전에 치명적 위협을 가하는 행위라 할 수 있습니다.
　사회 구성원들은 한 사람의 행동을 보고 이에 잘못된 공감을 느끼고 똑같은 행위를 저지를 수 있는 유동적인 존재입니다. 그렇기에 뫼르소의 반사회적 행위를 보고 이를 쉽게 넘겨서는 안 됩니다. 엄벌을 통해 다른 사회 구성원들이 그의 잘못된 행위에 공감하는 일이 없도록 해야 합니다. 따라서 뫼르소의 재판과정과 절차는 정당하다고 말할 수 있습니다.

　저희 팀은 첫째, 뫼르소는 사회의 혼란을 야기하는 반사회적 인물이다. 둘째, 뫼르소는 의도적인 살인을 저질렀다. 셋째, 뫼르소의 재판과정과 결과가 정당했다라는 근거들을 내세워 주장을 입증하였습니다. 이상으로 논제 뫼르소에 대한 사형판결은 정당하다의 찬성 측 입론을 마치겠습니다. 감사합니다.

〈반대 측 제2토론자의 확인질문〉

반2(박○○): 일단 뫼르소가 반사회적 인물이라 하셨죠?

찬1(최○○): 네.

반2(박○○): 뫼르소가 반사회적 인물이라고 하는 것부터가 잘못되었다고 생각합니다. 그는 반사회적 인물이 아니라 조금 다를 뿐입니다. 검사는 그가 당연히 해야 할 일을 하지 않았다고 하였습니다. 장례식에서 눈물을 흘리고 장례 뒤에는 우울한 척을 해야만 하는 것이 인간의 도리라고 말하는 것입니다. 검사는 부조리한 사회를 만드는데 앞장선 악인이며, 뫼르소는 그에 의해 희생된 사람이라고 볼 수 있습니다.

찬1(최○○): 그렇다면 뫼르소 한 사람이 아닌 여러 사람이 뫼르소와 같은 행동을 한다면 우리 사회가 어떻게 될지 상상해 보셨습니까?

반2(박○○): 그렇다면 문제가 될 수도 있겠지만 분명한 것은 뫼르소는 타인에게 피해를 주지 않았습니다.

찬1(최○○): 다른 사람에게 피해를 주지 않는다고 해서 자기중심적으로 살아가는 것은 지극히 이기적인 것입니다. 입론에서 말했듯이 뫼르소의 행동을 보고 사회구성원들이 잘못된 공감을 느낄 수 있고 그 행동을 쉽게 따라 할 수 있습니다. 이런 면을 보아 뫼르소의 행동은 사회문제를 일으킬 수 있는, 도덕적으로 문제가 있는 행동입니다.

반2(박○○): 그렇지 않습니다. 뫼르소의 행동은 다른 것뿐입니다. 그 때문에 사형을 시킨다는 것은 도가 지나칩니다.

찬1(최○○): 저희가 말한 것은 다름이 아닙니다. 뫼르소의 행위는 다름의 잣대로 판단할 수 없는 사안입니다. 뫼르소는 도덕성이 상실되었고 이 때문에 사회구성원들이 잘못된 공감을 느낄 수도 있지 않습니까?

반2(박○○): 그럴 수도 있지만 모든……. (제한시간 종료)

〈반대 측 제1토론자의 입론〉

반1(김○○): 안녕하십니까? 반대 측 입론을 맡은 제1토론자 김○○입니다. 오늘 토론의 논제는 "뫼르소에 대한 사형 판결은 정당하다."입니다. 논제의 '사형'은 '중범죄자의 생명을 박탈해 사회적 존재를 영구적으로 말살하는 방법'으로 정의하겠습니다. 저희는 논제에 반대합니다. 지금부터 세 가지 근거를 들어 설명하겠습니다.

첫째, 뫼르소는 스스로에게 매우 솔직한 인물입니다. 또는 과하게 정직하다고도 할 수 있습니다. 일반적으로 사람들은 좋지 않은 일이 생기면 남이 비위를 맞춰주길 바라며 자신의 의사는 그렇지 않더라도 표면적으로는 남의 시선을 신경 쓰며 행동합니다. 하지만 작품 내에서 뫼르소는 그렇지 않습니다. 자신이 옳다 생각하는 것을 추구하며 자유롭게 행동합니다. 이러한 행동들은 남에게 이해되지 않을 수도 있습니다. 일반적인 사람들과는 다르게 행동하기 때문입니다. 그는 관습이나 체면에 얽매이고 싶지 않았을 뿐입니다. 다르다고 해서 그것이 반사회적 인물이라는 것은 큰 비약입니다.

둘째, 뫼르소는 살인의 의도가 없었습니다. 그는 아랍인을 죽인 이유가 '태양' 때문이라고 했습니다. 이것을 어떻게 이해해야 할까요? 우선 뫼르소는 우연히 아랍인을 만난 것입니다. 뫼르소 자신도 그렇게 말하고 있습니다. 그리고 그는 아랍인과 마주할 때 태양에 의한 여러 불쾌한 느낌을 받았습니다. 특히 아랍인의 칼에서 반사된 빛이 이마를 쑤시고 속눈썹을 쥐어뜯고 고통스럽게 두 눈을 후벼 파는 느낌을 주었습니다. 그러한 불쾌한 상황이 뫼르소의 판단력을 잃게 만든 것입니다. 한 발 이후 연달아 쏜 네 발도 같은 이유로 설명할 수 있습니다. 그가 살인의 의도가 없었다고 해서 죄가 없는 것은 아닙니다. 그러나 그 죄는 교수형을 당할 만큼의 중죄는 아닙니다.

셋째, 뫼르소의 재판 과정은 이상하기 짝이 없습니다. 재판은 사건의 증거와 정황 등을 조합해 객관적인 판단을 내려야 하는데 그의 재판에서는 아랍인을 죽였다는 것보다 그가 어머니의 장례식 이후 보인 행동이 심판 받는 것처럼 보입니다. 검사는 뫼르소가 죄를 저질렀기 때문에 범죄자인 것이 아니라 그의 행동만으로 그가 이미 범죄자라고 단정 지어버렸습니다. 검사는 그저 그가 남들과 다르다는 이유로 영혼도 없고 도덕도 없는 사람이라고 생각한 것입니다. 검사의 이러한 시각은 문제가 많습니다. 검사는 기존의 관습을 강요하고 변화를 두려워하며 자신의 생각과 다른 것은 받아들이지 못하는 독선적인 사람입니다. 그리고 재판은 부조리에 맞선 혁명가를 사형시킨 듯 보입니다. 이렇듯 뫼르소의 재판은 부조리로 가득 차 있고 판결은 부당하다고 볼 수 있습니다.

뫼르소는 자신이 이상하다고 생각하지 않았습니다. 그는 관습이나 체면에 얽매이지 않았을 뿐입니다. 그런 삶은 조금 다른 삶이지 틀린 삶이 아닙니다. 그는 재판에서 다르다는 이유로 사형을 선고 받았습니다. 다르다는 것이 사형의 이유가 될 수 있을까요. 절대 그렇지 않습니다. 우리는 재판의 부조리함을 인식해야 합니다.

〈찬성 측 제1토론자의 확인질문〉

찬1(최○○): 첫 번째 쟁점의 첫 번째 근거로 뫼르소는 매우 솔직한 인물이고 자기 자신의 욕망을 충실히 이행하는 솔직한 인물이라고 했습니다. 맞습니까?

반1(김○○): 네, 뫼르소는 매우 솔직한 인물입니다.

찬1(최○○): 하지만 솔직하다는 것이 너무 지나칩니다. 뫼르소가 자신의 욕망에 정직하기 위해 한 행동이 사회적 혼란을 야기할 수 있다고는 생각해보지 않으셨습니까?

반1(김○○): 구체적으로 어떤 혼란을 말씀하시는 겁니까?

찬1(최○○): 조금 전에 도덕성이 문제가 된다고 하지 않았습니까?

반1(김○○): 뫼르소의 도덕성이 결여되어 있다고 어떻게 판단할 수 있습니까?

찬1(최○○): 뫼르소의 행동은 충분히 도덕성이 결여되어 있다고 볼 수 있습니다.

반1(김○○): 그것은 뫼르소가 달라 보이기 때문이지 도덕적으로 보았을 때 근본적으로 문제가 있다고 생각하는 것은 논리적 비약이 아닙니까?

찬1(최○○): 다르다고는 볼 수 없습니다. 계속 강조하듯이 많은 사람들이 뫼르소와 같이 행동하면 사회는 혼란에 빠지게 될 것입니다.

반1(김○○): 뫼르소의 행동을 많은 사람이 하면 사회혼란이 생긴다고 해서 뫼르소를 사형시키는 것은 너무 섣부른 판단입니다.

찬1(최○○): 뫼르소의 도덕성 문제로 그가 살인을 저지르게 되었다고는 생각하지 않습니까?

반1(김○○): 어떻게 연관이 됩니까?

찬1(최○○): 뫼르소가 불쾌한 감정을 참지 못해 한 발을 쏘고 그 이후 네 발을 더 쏴서 확인사살을 한 것은 도덕성 결여와 연관 지을 수 없습니까?

반1(김○○): 네 발을 더 쏜 것이 확인사살이라고 보는 것도 뫼르소에 대한 편견이 낳은 결과 아닙니까?

찬1(최○○): 그럼 네 발을 더 쏜 이유가 무엇이라 생각하십니까?

반1(김○○): 그것도 첫 발과 같이 우발적 범행이라 볼 수 있습니다.

찬1(최○○): 우발적 범행이면 한 발로 끝냈을 것입니다.

반1(김○○): 하지만 판단력을 잃은 상태에선 충분히 그럴 수 있습니다.

찬1(최○○): 하지만 아랍인은 한 발을 맞고 이미 쓰러진 상태였습니다. 이를 보고도 네 발을 더 쐈습니다. 그럼에도 우발적 살인이라고 볼 수 있습니까?

반1(김○○): 사실 그걸 판단하기에는 책의 내용이 부족한 것 같습니다.

찬1(최○○): 무슨 말을 하시는 것입니까?

반1(김○○): 어느 편에서든 확신할 수 없는 상황이었습니다.

찬1(최○○): 어떻게 확신할 수 없는 것입니까? 이미 아랍인은 쓰러진 상태였고……. (제한시간 종료)

〈찬성 측 제2토론자의 반론〉

찬2(정○○): 안녕하십니까. 저는 "뫼르소에 대한 사형판결은 정당하다."라는 논제에 대한 찬성 측의 반론을 맡은 정○○입니다.

첫 번째로 반대 측은 책 속의 인물인 뫼르소는 정직한 인물이라고 말했습니다. 우리가 보통 정직한 사람이라고 말할 때는 그 사람의 언어적인 면이나 행동을 보고 판단합니다. 그렇다면 뫼르소의 언어나 행동을 보고 정직한 사람이라고 할 수 있을까요? 뫼르소는 어머니의 시신을 보러가는 버스에서 잠을 자고 어머니의 시신 옆에서 담배를 피우고 커피를 마셨습니다. 심지어 뫼르소는 시신을 보려 하지도 않았고 한 번도 울지 않았습니다. 이런 모습을 보고도 정직한 사람이라고 볼 수 있습니까? 어머니의 장례에서는 아무런 감정의 변화가 없고 여자에게 느끼는 욕정에만 솔직한 것은 정직한 사람에게서 나오는 모습이 아닙니다. 그리고 언어적인 측면에서 볼 때 그는 예의를 차려주는 말을 싫어했습니다. 뫼르소는 듣기 싫은 말이나 필요 없다고 생각되는 말을 단호하게 잘라 말했습니다. 저희는 그런 뫼르소가 정직한 인물이 아닌 반사회적 인물이라고 규정하겠습니다.

두 번째로 반대 측은 살인의 의도가 없었다고 하셨습니다. 뫼르소는 아랍인을 왜 죽였냐는 질문에 태양 때문이라고 했습니다. 뫼르소는 아랍인을 죽이려는 의도가 없었고 그것은 우연이라고 했습니다. 그리고 죽인 것은 끊임없이 내리쬐는 태양빛 때문이라고 했는데 이것은 뫼르소의 변명이라고 생각합니다. 왜냐하면 뫼르소는 반사회적 인물이기 때문입니다. 그리고 아랍인에 대한 개인적 분노가 아니라 그 당시 불쾌감 때문이라고 했지만 총을 한 발 쏘고 그 뒤로 네 발을 더 쏜 것을 보면 우발적인 사고가 아니라고 생각합니다. 뫼르소는 총알 다섯 발을 쏘았습니다. 한 발을 쏘고 두 번째 발을 쏘기까지 충분한 시간이 있었는데, 이것이 우발적 사고였다면 한 발을 쏘고 멈추어야 했습니다. 뫼르소는 이성적 판단을 할 시간이 있었음에도 불구하고 쏘았기 때문에 우발적 범행이 아니라고 생각합니다.

마지막으로 반대 측에서는 재판의 결과가 정당하지 않다고 주장하셨습니다. 뫼르소는 어머니의 장례식을 치르고 나서 여자 친구와 놀러 다녔고 아랍인을 죽였습니다. 어머니의 장례식 이후 뫼르소가 보인 행동은 처벌받아 마땅합니다. 뫼르소에게 내려진 사형이라는 판결이 뫼르소에게도 나쁘지 않았다고 생각합니다. 참으로 오래간만에 어머니를 생각했다는 문장이 나옵니다. 여기서 처음이라는 단어에 포인트를 맞추어야 합니다. 처음이라는 말의 의미는 그 동안 뫼르소는 어머니를 생각하지 않았다는 말이 됩니다. 사형이라는 판결로 어머니를 생각하게 되었고 이해하게 된 계기가 되었다고 생각합니다. 그리고 재판의 결과는 정당하다고 생각합니다. 이상입니다.

〈반대 측 제1토론자의 확인질문〉

반1(김○○): 우선 반론에서 뫼르소가 보인 행동은 정직한 것이 아니라고 했습니다. 그것이 어머니의 장례식 이후 보인 행동 때문이라 하셨습니다. 맞나요?

찬2(정○○): 네.

반1(김○○): 어떻게 정직을 정의하신 건지는 모르겠는데 그런 정직은 남들에게 정직하게 보이는 것이지 자기 자신에게 정직한 것은 아니지 않습니까? 그러니까 찬성 측에서 보신 정직과 저희 측에서 보는 정직이 다른 것입니다.

찬2(정○○): 정직의 사전적 의미에 따르면 솔직하고 꾸밈이 없는 것인데…….

반1(김○○): 그렇죠, 꾸밈이 없는 거죠. 자신의 마음을 꾸밈이 없이 남들에게 보여주는 것 아닙니까?

찬2(정○○): 그러니까 그 꾸밈이 없는 행동이 사회적으로 문제가 되는 행동이라고 생각합니다.

반1(김○○): 그것이 어떻게 문제가 되는 것입니까?

찬2(정○○): 사회적 혼란을 낳습니다.

반1(김○○): 구체적으로 어떻게요? 꾸밈이 없는 게 어떻게 구체적으로 문제가 되는지 설명해 주십시오.

찬2(정○○): …….

반1(김○○): 두 번째 질문으로 넘어가겠습니다. 찬성 측 입론을 듣다 보니 의문이 하나 들었는데 찬성 측의 주장은 근본적으로 뫼르소가 이렇기 때문에 이렇다 저렇기 때문에 저렇다 이런 식의 주장 아닙니까? 정작 사건의 객관적인 정황은 제쳐두고 장례식 이후 보인 뫼르소의 다른 행동을 판결의 잣대로 사용하고 있지 않습니까?

찬2(정○○): 총알을 다섯 발 쏜 것은 사실이 아닙니까?

반1(김○○): 그 총알을 다섯 발 쏜 것이 고의적이라고 보는 것도 뫼르소의 장례식 이후 보인 행동 때문에 고의적이라고 단정 짓는 것 아닙니까?

찬2(정○○): 그것만 본 것이 아니라 한 발을 쏘고 시간이 지났음에도 불구하고 네 발을 더 쏜 것을 보아 고의적이라고 하는 것입니다. 그 짧은 시간 동안 충분히 멈출 수 있었다고 생각합니다.

반1(김○○): 그 네 발이 고의적이라고 판단하면 그런 결론이 나오지만 사실 그것이 고의적인지 아닌지는 확실치 않은 정보입니다. 저희는 우발적으로……. (제한시간 종료)

〈반대 측 제2토론자의 반론〉

반2(박○○): 안녕하세요? 반대 측 반론을 맡은 제2토론자 박○○입니다.

첫 번째로 찬성 측 반론에서 뫼르소가 어머니의 장례식에서 보인 행동은 뫼르소가 반사회적 인물이라는 것을 증명한다고 하셨는데 저희는 그렇게 생각하지 않습니다. 사람들은 남의 비위를 맞춰주기 위해 행동하고 그렇지 않으면 예의가 없다고 생각하는 경향이 있습니다. 뫼르소가 어머니의 장례식장에서 보여준 행동을 가지고 그를 패륜아로 보고 반사회적 인물이라고 생각하는 것은 지나친 것입니다. 조금만 생각해보면 그것은 삶의 방식이 다를 뿐이지 틀린 것이 아닙니다. 마치 뫼르소의 삶은 간신과 충신의 관계 같습니다. 남의 비위를 맞춰주는 간신과 솔직하고 옳은 말만 하는 충신의 관계와 비슷합니다. 간신만이 가득한 왕궁에 충신 하나가 있다면 이상하고 눈에 가시인 건 사실입니다. 부조리한 사회 즉, 무능한 왕도 충신보다는 간신을 좋아합니다. 그렇기 때문에 사회는 뫼르소에게 사형이라는 벌을 내린 것입니다.

그리고 두 번째로 네 발의 총성은 의도적인 살인이라는 것을 증명하는 것이라 하셨는데 그 문제는 뫼르소의 말처럼 별로 중요하지 않은 문제입니다. 뫼르소는 아랍인이 있을 것이라고는 생각도 못하고 해변가를 걸어갔습니다. 그리고 아랍인을 만났을 때 태양과 칼날이 주는 불쾌감과 압박감이 뫼르소를 죄여 왔습니다. 뫼르소는 그런 상황에서 판단력을 잃고 방아쇠를 당긴 것입니다. 여기까지만 보아도 이미 살인의 의도는 없어 보입니다. 나머지 네 발의 총성도 충동적인 행동일 뿐이지 그것만으로 뫼르소가 고의적인 살인을 했다고 판단할 수는 없습니다.

그리고 뫼르소는 도덕성이 결여되어 있고 장차 사회에 큰 혼란을 불러일으키기 때문에 미리 사형을 시켜야 한다고 하셨는데 그가 반사회적 인물이라고 보는 시각부터가 잘못 되었습니다. 왜 그가 반사회적 인물인가요? 거듭 말하지만 그는 조금 다를 뿐입니다. 검사는 뫼르소가 인간으로서 당연히 해야 할 일을 하지 않았다고 했습니다. 장례식장에서 눈물을 흘리고 장례식 뒤에는 우울한 척해야만 하는 것이 인간의 도리라고 말하고 있는 것입니다. 검사는 그런 관습에 집착해 부조리한 사회를 만드는데 앞장선 악인입니다. 뫼르소는 그런 모든 정황에 의해 희생당한 불쌍한 사람이라고 생각합니다. 이상입니다.

〈찬성 측 제2토론자의 확인질문〉

찬2(정○○): 아까 반대 측에서 고의적이라고 생각하면 고의적이 되고 우발적이라고 생각하면 우발적이 된다고 하셨는데, 그리고 그것이 책에도 나와 있다고 하셨는데 그것에 대해 자세히 말해주실 수 있으십니까?

반2(박○○): 다시 말해주십시오.

찬2(정○○): 고의적이라고 생각하면 고의적이 되고 우발적이라고 생각하면 우발적이 된다고 한 것에 대해 설명해 주십시오.

반2(박○○): 책에 정확히 나오지 않은 내용이니까 생각하는 대로 흘러가고 저희가 생각하기에는 우발적이라고 생각하는 것입니다.

찬2(정○○): 그건 단지 반대 측에서 주장하는 내용이지 확실하지 않은 내용 아닙니까?

반2(박○○): 반대로 말하면 찬성 측에서도 찬성 측에서 주장하는 내용이지 확실하지 않은 내용 아닙니까?

찬2(정○○): 하지만 총알 다섯 발이 있지 않습니까? 한 발도 아니고 두 발도 아니고 다섯 발입니다. 그리고 한 발을 쏘고 아랍인이 죽은 것 같이 반응이 없었는데도 네 발을 더 쏘았습니다.

반2(박○○): 그러니까 앞서 말했듯이 그것이 충동적인 살인일 뿐입니다.

찬2(정○○): 그럼 충동적인 살인은 잘못이 아닙니까?

반2(박○○): 잘못이 아니라는 걸 말하는 것이 아닙니다. 그저 사건을 중심으로 본 것이 아니라 장례식 이후 보인 행동, 그런 것들을 잣대로 뫼르소의 사형을 판단하는 것이 잘못되었다고 말하는 것입니다.

찬2(정○○): 그럼, 뫼르소가 충동적인 행동을 한 것이 잘못이었다고 인정하는 것인데 그럼 재판의 결과가 정당한 것이 아닙니까?

반2(박○○): 아니죠. 사건을 중심으로 봐야하는데 장례식에서 뫼르소가 보인 행동이 도덕적으로 잘못되었다, 그것만을 가지고 사형을 내린 것이 잘못되었다는 것입니다.

찬2(정○○): 그것을 보지 않고 아랍인을 살해했다는 것만 보면 잘못이 아닙니까?

반2(박○○): 잘못이죠. 그런데 사형까지 갈 잘못은 아니라는 것입니다. 사형……. (제한시간 종료)

〈찬성 측 제1토론자의 반론〉

찬1(최○○): 네, 저는 "뫼르소에 대한 사형판결은 정당하다."라는 논제의 찬성 측 반론을 맡은 최○○입니다.

먼저 앞선 확인질문에서 뫼르소가 스스로에게 솔직한 인물이다, 그리고 사형판결을 받는 것은 옳지 않다고 주장하셨는데, 하지만 뫼르소 개인의 부도덕한 행위를 통해 사회구성원들이 그의 행위에 공감을 느끼게 되면 사회의 혼란을 야기할 것입니다. 우리가 예부터 장례식을 지내고 삼일장을 지내는 이유가 무엇이라 생각하십니까? 이는 나를 낳아주고 키워주신 부모님에 대한 예를 갖추고 공경하는 것이라 볼 수 있습니다. 뫼르소의 행동은 부도덕한 행동이고 이런 행동이 사회구성원들에게 영향을 끼친다면 큰 문제가 될 것입니다. 뫼르소의 행동은 사회적인 혼란을 야기하는 행동입니다.

그리고 찬성 측에서는 아랍인을 죽인 것이 분노에 의한 우발적인 행동이라 하셨는데 책의 내용에 따르면 아랍인은 총알 한 발을 맞고 숨이 멎은 상태였습니다. 그런데도 네 발을 더 쏜 것은 살인의도가 담긴 것이라 볼 수 있습니다.

또한 반대 측에서는 재판과정과 결과가 정당하지 않다고 하셨는데 재판에서 나왔듯이 뫼르소가 아랍인을 죽인 것은 명백한 사실입니다. 그렇기에 그 살인 행위에 관한 것은 더 물어볼 필요가 없는 것이죠. 이미 객관적인 증거가 나와 있으니까요. 뫼르소가 한 발을 쏜 후 네 발을 더 쐈다는 것이 많은 사람들에게 의문을 남기는 것은 당연한 것입니다. 그렇기에 왜 쐈느냐? 단순한 우발적인 살인이냐 아니면 자발적이고 계획적인 행동이냐를 판단하기 위해서 뫼르소가 그 전에 부도덕한 행동을 한 것을 잣대로

든 것이고 여자 친구와의 행동 등을 보아 그의 도덕성이 없다고 판단해 살인과 연관을 지은 것입니다. 그렇기에 뫼르소는 도덕성 문제가 심각한 인물이고 아랍인을 죽인 행위는 명백하게 고의적인 행위라고 재판관들은 판단한 것입니다. 이를 보아 재판과정과 결과가 정당하지 않다고 말하는 것은 옳지 않은 주장입니다.

또한 반대 측에서는 저희의 입론의 근거가 비약이라고 하셨는데 뫼르소의 행동은 충분히 인과관계가 잘 드러나 있습니다. 앞서 말했듯이 그의 부도덕한 행동 때문에 아랍인을 살해한 것입니다. 이와 마찬가지로 그의 모든 행동의 원인은 그의 부도덕한 모습, 이기적인 모습에 의거한 것입니다.

이에 따라 저희 팀은 뫼르소의 행동은 충분히 비도덕적인 행동이고 그에 따라 아랍인을 살해하였고 그와 마찬가지로 모든 뫼르소의 행동은 그의 부도덕한 모습에 의거한 것이라고 볼 수 있습니다. 이상으로 반론을 마치겠습니다. 감사합니다.

〈반대 측 제1토론자의 반론〉

반1(김○○): 반대 측 반론을 맡은 김○○입니다.

첫 번째로 찬성 측에서는 뫼르소가 태양 때문에 아랍인을 죽였다고 말한 것은 말이 안 되는 일이라고 하셨습니다. 하지만 상황을 생각해 보십시오. 뫼르소는 이미 아랍인과 한 차례 싸워 상처를 입고 스트레스를 받은 상태였습니다. 이런 상황에서 내리쬐는 태양과 아랍인이 든 번뜩이는 칼에서 느낀 불쾌감과 압박감이 뫼르소의 판단력을 흐리게 만들었습니다. 즉, 우발적인 범행이라 할 수 있습니다. 뫼르소가 태양이라 답한 것은 그 불쾌한 상황의 초점이 태양에 있었기 때문입니다.

그리고 뫼르소의 사형이 사회정의를 유지하기 위한 정당한 판결이라 하셨습니다. 하지만 그렇지 않습니다. 재판은 뫼르소가 다르다는 이유로 사형시킨 모순이 많은 재판입니다. 재판에서 가장 중요한 것은 객관적인 사건의 정황과 증거입니다. 그 정황과 증거를 조합해 가장 객관적인 판단을 내려야 하는 자리에서 사건 그 자체보다는 뫼르소의 평소의 다른 행실을 논하고 있습니다. 검사는 억지 주장을 펼치면서 부조리한 사회를 만드는 데에 앞장선 것입니다. 뫼르소에 대한 사형 판결은 결국 부조리한 사회의 결과물입니다. 따라서 뫼르소는 자신이 다르게 살아왔음을 반성할 필요가 없습니다. 오히려 그는 자신의 운명을 당당히 받아들여 자신의 사형 집행일에 되도록 많은 사람이 와서 증오의 함성으로 맞아주기를 바라는 것처럼 이미 부조리함을 인식하고 있었습니다.

그리고 재판에서 아랍인을 죽인 뫼르소의 행동은 처벌받아 마땅한 행동이지만 사형감은 아닙니다. 우발적인 살인의 경우 우리나라 형법에 따르면 10년 이하의 징역이라고 명시되어 있습니다. 그리고 장례식장에서의 행동을 연관 짓는 수준이 아니라 변호사가 문제를 제기할 정도로 그의 행실만을 재판에서 중요하게 다루었습니다. 이는 문제의 소지가 있습니다. 이상으로 반론을 마치겠습니다. 감사합니다.

〈찬성 측 제2토론자의 최종발언〉

찬2(정○○): 안녕하십니까. 최종발언을 맡은 찬성 측 제2토론자 정○○입니다. 오늘 토론에서 저희는 뫼르소의 사형판결은 정당하다고 주장했습니다. 뫼르소의 언어적인 모습, 행동적인 측면에서 보아 뫼르소는 반사회적인 인물이라 볼 수 있습니다. 어머니를 만나러 가는 버스에서 졸고 어머니의 관 앞에서 담배를 피우고 어머니에 대한 관심이 전혀 없었다는 점, 예의상 하는 말이나 행동을 싫어한다는 점, 상대방을 존중하고 상대방을 배려하는 능력이 없다는 점을 들어 뫼르소는 자기중심적인 인물이라고 생각합니다. 뫼르소의 솔직함은 사회혼란을 낳을 수도 있는 것으로 판단이 됩니다.

살인의 의도가 있었느냐 없었느냐를 따지기 전에 뫼르소가 아랍인을 왜 죽였냐는 질문에 태양이라 답한 것에 초점을 맞추어야 합니다. 반대 측에서는 불쾌한 상황 때문에 아랍인을 죽였다고 했는데 우발적인 범행이라면 다섯 발을 쏘지 않았을 것입니다. 이성적으로 판단해 한 발을 쏜 이후 네 발을 더 쏘지 않았을까요? 이것은 반대 측에서 제대로 답변을 하지 못했습니다. 책에서 나온 내용이나 행동으로 판단할 때 총을 다섯 발 쏜 것은 고의적인 살인으로 보여집니다.

그 다음 재판의 결과가 정당한가 정당하지 않은가에 대해 말씀드리겠습니다. 실제로 어머니의 장례식에서는 울지 않았고 장례 후 여자 친구와 놀러다녔다는 점 때문에 더욱 무거운 형벌을 받았습니다. 사건의 정확한 정황이나 증거를 제쳐두고 뫼르소의 평소 행실을 문제 삼은 것처럼 볼 수 있는데 어찌 되었든 뫼르소가 잘못한 것 아닙니까? 어머니의 죽음에 관심을 주지 않고 놀러다녔다는 점도 객관적인 사실입니다. 반대 측에서는 객관적인 사실을 들어 재판을 해야 한다고 주장했습니다. 객관적인 증거는 총알 다섯 발과 놀러다닌 정황입니다. 그리고 객관적인 증거만으로는 고의적인 사고냐 우발적인 사고냐를 판단할 수 없다고 저는 생각해 뫼르소의 평소 행실을 들었기 때문에 이 재판의 결과는 정당하다고 생각합니다.

저희 측 주장은 뫼르소는 반사회적 인물이다, 뫼르소의 살인은 고의적이다, 뫼르소의 재판은 정당하다입니다. 감사합니다.

〈반대 측 제2토론자의 최종발언〉

반2(박〇〇): 안녕하십니까. 반대 측 최종발언을 맡은 박〇〇입니다. 오늘 토론에서 저희 팀은 뫼르소는 스스로에게 솔직했다, 뫼르소의 살인은 우발적이다, 뫼르소의 재판의 과정과 결과는 공정하지 못하다고 주장했습니다. 이 세 가지 주장을 들어 논제에 반대하였습니다.

저희가 확인질문에서 재판은 사건을 중심으로 보아야 하고 뫼르소의 재판은 뫼르소의 행실만을 중요하게 다루었다라고 문제를 제기했는데 찬성 측은 이런 질문에 제대로 답변하지 못했습니다. 이를 보아 저희 측이 주장한 뫼르소의 재판이 사건을 중심으로 보아야 하는데 그러지 못하였다라는 것과 어머니의 장례식에서 뫼르소가 보인 행동은 사건과 연관이 없다는 주장이 좀 더 설득력 있다고 생각합니다.

오늘 토론에서 가장 중요한 것은 사형이 의미하는 것이 사회의 부조리인가 뫼르소 개인의 비인간성인가를 다루는 문제라고 생각합니다. 뫼르소는 스스로를 속이지 않고 자신의 욕망대로 정직하게 살아 왔습니다. 다만 그것이 다른 사람의 비위를 맞춰주지 못해 다른 사람에게는 이상하게 보여졌을 것입니다. 하지만 그런 부분이 그를 폐륜아나 이상한 사람으로 만들 만큼 이상한 부분입니까? 뫼르소는 남들과 조금 다른 삶을 살았을 뿐입니다. 뫼르소의 다름을 인정하지 못하고 자신들만의 잣대로 뫼르소를 판단하였기 때문에 사형이 내려진 것입니다.

우리 사회에서도 다름 때문에 고통 받는 사람이 있습니다. 대표적인 예로 장애인이 있습니다. 장애인은 불편한 부분이 있다는 점을 빼면 우리와 다를 것이 없습니다. 하지만 우리는 그런 장애인들을 불편하게 대하는 경우가 허다합니다. 실제로 서울 강서구에 특수학교를 설립하려 하였지만 주민들이 극구 반대해서 장애인의 학부모들이 무릎까지 꿇었음에도 불구하고 결사적으로 반대하였습니다. 우리 사회가 발전하기 위해서는 뫼르소처럼 다른 사람을 포용할 필요가 있습니다. 이상 최종발언을 마치겠습니다.

〈심사결과〉

토론의 결과를 말씀드리면 오늘 토론은 반대 측이 이겼습니다. 첫 번째 입론 부분에서 찬성 측은 정당함을 용어 정의하고 반대 측은 사형을 용어 정의했는데 사실은 사형보다는 정당함을 용어 정의하는 것이 맞습니다. 그래서 첫 번째 입론 부분에서는 찬성 측이 더 잘했다 그런 생각이 들었습니다.

그 다음 첫 번째 확인질문에서도 찬성 측의 확인질문이 좋았습니다. 나름대로 반대 측의 답변도 좋았는데 문제는 답변할 때 조금 흥분된 것 같은 느낌을 받았습니다. 그래서 듣기에 조금 불편했습니다. 조금 더 차분하게 임했으면 좋았을 것 같습니다. 그래서 1라운드는 찬성 측이 이겼다고 보았습니다.

두 번째에 들어가서 찬성 측과 반대 측의 반론을 비교해 보면 찬성 측의 반론이 더 나았습니다. 하지만 반대 측의 확인질문이 좋았습니다. 특히 정직을 타인에 대한 정직과 자신에 대한 정직으로 구분해 말한 것이 좋았습니다. 찬성 측의 반론이 오늘 굉장히 좋았는데 세 번째 쟁점인 과정과 결과에 관한 것은 조금 납득하기 어려웠습니다. 그래서 두 번째 라운드는 반대 측이 이겼다고 보았습니다.

세 번째 라운드로 들어가면 찬성 측과 반대 측의 반론은 모두 비슷했습니다. 최종발언도 찬성 측과 반대 측 모두 내용면에서는 비슷했는데 최종발언의 형식적인 측면에서 본다면 반대 측이 좀 더 나았다는 생각이 들었습니다. 자신들의 입론이나 주장에 대한 요약보다는 우리 사회에서 실제로 일어나고 있는 일을 예로 들어 설명했다는 점이 좋았습니다. 최종발언은 단순히 자신들의 주장을 요약하기보다는 우리 측이 왜 이겼는가를 설명하는 단계입니다. 그런 면에서 반대 측이 좀 더 나았다고 보았고 그래서 오늘 토론은 반대 측이 이겼습니다.

오늘 토론은 전체적으로 좋은 토론이라고 생각했습니다. 이상입니다.

나. 아이스퀼로스의 『아가멤논』 독서 디베이트 기록 자료

토론 도서	아이스퀼로스의 『아가멤논』
논제	클뤼타이메스트라의 복수는 정당하다.
토론자	2017학년도 3학년 찬성 측: 강○○, 나○○(마산동중학교) 반대 측: 최○○, 정○○(마산동중학교)
토론일	2017년 11월 25일
장소	마산동중학교 도서실
기록자	2017학년도 최석민, 김기품(마산동중학교)

독서토론동아리의 7번째 토론입니다. 저번 달에는 알베르 까뮈의 『이방인』으로 토론했는데, 토론 내용이 매우 좋았습니다. 오늘도 기대가 됩니다. 오늘은 그리스 3대 비극 작가 중 한 사람인 아이스퀼로스의 오레스

테이아 3부작 중 첫 번째 작품이면서 가장 뛰어난 작품으로 평가되는 『아가멤논』으로 토론하겠습니다. 이 토론을 통해서 인간의 욕망과 정의 등에 대해 생각해 보면 좋겠습니다.

이 작품은 중학생과는 처음 토론하는 작품입니다. 내용이 다소 어렵지 않는지 모르겠습니다. 너무 부담을 갖지 말고 편안한 마음으로 즐기면서 토론을 하면 좋겠습니다. 지금부터 토론을 시작하겠습니다.

〈찬성 측 제1토론자 입론〉

찬1(강○○): 안녕하십니까? 저는 찬성 측의 입론을 맡은 제1토론자 강○○입니다.

토론을 본격적으로 시작하기에 앞서 '정당하다'에 대한 용어정의를 하겠습니다. 일반적으로 '정당하다'는 '이치에 맞아 올바르고 마땅하다'라는 의미를 가지고 있습니다. 하지만 오늘 토론에서 저희 찬성 측은 '정당하다'를 '어떠한 피해가 생겼을 때 (가해자가) 그에 걸맞는 대가를 치르는 것'이라고 정의합니다. 아가멤논은 결코 가족들에게 좋은 가장, 아내에게 좋은 남편, 국가적 차원에서 보았을 때 좋은 왕이 아니었습니다. 이러한 아가멤논에 의해 가정과 가문, 국가가 고통을 받았던 것이 아니었을까요? 이런 아가멤논의 모습을 보고 아내였던 클뤼타이메스트라가 정의를 실현하기 위해 복수를 행한 것이 아니었을까요? 지금부터 3가지 근거를 들어 저희 측의 주장인 클뤼타이메스트라의 복수는 정당하다는 것을 증명해 보도록 하겠습니다.

첫 번째로 가족적인 면, 가정적인 면에서 살펴보도록 하겠습니다. 아가멤논은 한 가정의 좋은 아버지, 좋은 남편이 아니었습니다. 그 이유가 왕의 역할을 수행하기 위해 가정의 행복을 희생한 것이라고도 생각할 수 있지만 그렇다고 하기에는 가정의 희생이 너무나도 컸습니다. 아가멤논은 아내를 방치하고 프리아모스의 공주를 첩으로 데려와 아내를 모욕하였습니다. 트로이 원정을 위해서 딸을 제물로 바치는 반인륜적 행위 또한 마다하지 않았습니다. 신이 뜻을 정했다고 하더라도 선택을 하는 것은 인간이고 미래를 만들어가는 것도 인간이 하는 것입니다. 아가멤논이 정말로 딸을 사랑했다면 제우스에게 벌을 받을 각오를 하더라도 트로이 출정을 포기했을 것입니다. 결론적으로 아가멤논은 가정적인 부분에 있어서 무능했습니다.

두 번째로 가문의 측면에서 살펴보도록 하겠습니다. 아트레우스 가문의 저주의 특징은 죄를 범한 위의 세대가 운명적으로 죄를 짓는 자식을 낳고, 결국 그 자식이 죄를 범하게 되는 죄의 싸이클(inheritance)을 의미한다는 것입니다. 과학적으로 불가능해 보이지만 유전에 있어서 60% 이상이 환경적 요인에 의해 결정된다는 사실에 근거하면 부모의 악행이 충분히 환경적으로 유전 가능하다는 것을 알 수 있습니다. 그러므로 이러한 구조적 싸이클을 끊기 위한 클뤼타이메스트라의 복수는 정당성이 있어 보입니다. 복수는 또 다른 복수를 낳게 된다고 생각할 수 있지만 클뤼타이메스트라의 경우에는 자신과 자식들, 그리고 가문을 보호하기 위한 불가피한 선택이었다고 생각됩니다.

세 번째로는 국가적인 측면에서 살펴보도록 하겠습니다. 한 남자의 복수욕에서 시작된 어리석은 전쟁이었던 트로이 전쟁은 죄 없는 무고한 생명들을 희생시키고 아르고스의 전사들을 전쟁터로 몰아넣어 죽음의 길로 인도했습니다. 이렇게 전쟁으로 많은 사람들에게 고통을 준 아가멤논, 그는 과연 영웅적인 인물일까요? 아가멤논은 가정과 국가를 그의 복수욕의 희생물로 삼고 클뤼타이메스트라는 그의 행동에 저항하려는 것은 아니었을까 하는 생각이 듭니다. 아가멤논을 죽여 백성들의 원한을 풀어준 클뤼타이메스트라는 영웅적 인물이 아니었을까요?

이러한 근거들을 바탕으로 저희 찬성 측은 클뤼타이메스트라의 복수는 정당하다고 주장하는 바입니다.

〈반대 측 제2토론자의 확인질문〉

반2(정○○): 찬성 측 입론에서 아가멤논이 가정의 면에서 좋은 남편이 아니었다고 하셨죠?

찬1(강○○): 네.

반2(정○○): 그런데 아가멤논은 한 나라의 왕이었고 왕으로서 책임을 다해야 했습니다. 맞습니까?

찬1(강○○): 네.

반2(정○○): 그럼 왕으로서 책임을 다하기 위해서 다수를 위해서 소수를 희생해야 하는 것 아닙니까?

찬1(강○○): 그렇다고 하기에는 가족의 희생이 너무 컸다고 생각하며 전쟁을 위해서 딸을 희생하는 반인륜적인 행위는 제가 생각하기에는 너무 큰 희생이 아닌가 생각합니다.

반2(정○○): 가족의 희생이 컸다고 하셨는데 아가멤논이 트로이 전쟁에서 가정을 선택했다면 그리스에는 어떤 일이 벌어졌을지 생각해보셨습니까?

찬1(강○○): 국가적으로 생각했을 때 전쟁이 끝난 뒤에도 아가멤논은 욕을 먹지 않았습니까? 무고한 그리스 전사들을 희생시키고 죄없는 트로이 사람들을 희생시킨 등의 행위를 통해 국가적으로도 많은 비난을 받았다고 생각하는데 어떻게 생각하십니까?

반2(정○○): 어쨌든 전쟁에서 승리하지 않았습니까? 아가멤논이 한 국가의 시민이었다면 가정을 선택하는 것이 맞지만 국가의 왕이기 때문에 국가를 책임지는 책임감이 필요하다고 생각합니다.

찬1(강○○): 다시 한 번 말씀해 주십시오.

반2(정○○): 그러니까 아가멤논이 왕이기 때문에 국가를 책임지기 위해 가정을 희생한 것이라 생각합니다. 그에 대해 어떻게 생각하십니까?

찬1(강○○): 그런데 국가를 책임지기 위한 전쟁……. (제한시간 종료)

〈반대 측 제1토론자의 입론〉

반1(최○○): 안녕하십니까. 입론을 맡은 반대 측 제1토론자 최○○입니다. 오늘 토론할 논제는 "클뤼타이메스트라의 복수는 정당하다."입니다.

저희 팀은 이번 논제에 대해 클뤼타이메스트라의 복수는 정당하지 않다고 주장합니다. 본 내용에 앞서 '정당성'이란 말의 개념을 정의하겠습니다. '정당성'은 '법적, 도덕적, 사회적인 측면에서 옳고 모두에게 받아들여질 만한 성질'이라고 정의하겠습니다. 그럼, 클뤼타이메스트라의 복수가 정당하지 않다는 주장을 세 가지 근거를 통해 증명하겠습니다.

첫째, 아가멤논에게 좋은 아버지, 좋은 남편을 바라는 것은 옳지 않습니다. 아가멤논은 단순히 한 가정의 아버지가 아닌 국가의 왕입니다. 왕이란 존재는 수많은 국민들의 삶에 크게 기여하고 영향을 끼치는 존재입니다. 왕의 잘못으로 수많은 국민의 삶이 큰 피해를 입을 수 있습니다. 그렇기에 아가멤논이 왕의 역할을 제대로 수행하기 위해서는 가정의 희생이 필요한 것은 피할 수 없는 사실입니다.

아가멤논은 함선이 출항할 수 있도록 순풍이 불어주지 않아 출항이 지연되고 있는 상황에서 자식을 희생시키든지 아니면 출정을 포기해야하는 선택에 놓이게 됩니다. 아가멤논은 자식을 희생시키는 선택을 하죠. 앞에서 말했듯이 아가멤논은 왕이란 존재입니다. 그가 자식 때문에 출정을 포기한다면 그 이후의 결과는 많은 국민들에게, 또 국가에게 피해를 끼쳤을 겁니다. 그렇기 때문에 아가멤논은 자신의 자식을 포기하면서까지 자신의 나라, 국민을 위해 희생한 영웅적인 인물이라 할 수 있습니다.

그리고 남편의 입장에서 아가멤논은 10년 동안 아내를 방치하였고 외로움을 느낀 아내는 외도를 했다고 생각할 수도 있겠지만 아가멤논은 한 집안의 가장이 아닌 동맹국들의 맹주였고 전쟁을 하면서 아내를 돌본다는 것은 사실상 불가능한 일입니다. 또한 아내 클뤼타이메스트라의 행동을 살펴보면 그녀는 아들인 오레스테스를 추방하고 정부를 두고 방탕한 생활을 했습니다. 이런 행동을 봤을 때 그녀는 아내로서의 역할을 제대로 하지 않는 인물입니다. 그런 사람이 어떻게 아가멤논을 심판할 자격이 있다고 말할 수 있겠습니까?

둘째, 아트레우스 가문의 악행과 아가멤논은 아무런 상관이 없습니다.

아트레우스의 가문은 대대로 악행과 많이 연루되어 있습니다. 그래서 이를 통해 악행이 유전되어 아가멤논에게까지 영향을 끼쳐 자식을 죽인 것이라고 추측해 보기도 합니다. 물론 도덕적, 윤리적으로 혹은 환경적인 배경을 통해 악행이 유전될 수도 있습니다. 하지만 아가멤논의 행위를 가문의 악행 때문에 필연적으로 일어난 일이라고 할 수 없습니다. 악행이 어렸을 때 악한 부모에 의해 어느 정도 유전이 되었다 하더라도 성장하는 과정에서 교육과 같은 방법을 통해 악과 선을 구분할 수 있게 됩니다. 즉 생물학적, 환경적으로 보아도 잔인한 행위가 필연적으로 유전된다고 보는 것은 무리입니다. 또한 클뤼타이메스트라가 아가멤논을 죽인 것이 가문의 악행을 연장시키는 것으로 볼 수 있습니다. 클뤼타이메스트라는 아가멤논과 캇산드라의 시체를 보고 환호하였고 아가멤논의 장례도 치러주지 않았습니다. 이를 통해서 오히려 클뤼타이메스트라가 훨씬 더 잔인한 인물이고 아트레우스 가문의 악행은 오히려 그녀에 의해 계속된다고 볼 수 있습니다.

셋째, 아가멤논은 국가를 위해 헌신한 전쟁의 영웅입니다. 먼저 그가 치른 트로이 전쟁은 제우스가 남의 아내를 빼앗는 파리스와 헬레네의 무모한 행동에 분노하였고, 제우스는 그들을 보호해 준 토로이인들에 대해서도 죄의 대가를 원하였습니다. 즉 가정의 신, 환대의 신을 모욕한 파리스를 응징하려는 것이죠. 그렇게 제우스의 정의를 수행하는 자로서 아가멤논이 원정을 감행하게 되었기 때문에 그의 전쟁은 의로운 것이라고 규정할 수 있습니다.

그 전쟁에서 아가멤논이 승전하였기 때문에 그는 전쟁의 영웅이라 칭해질 수 있습니다. 이를 통해 봤을 때 클뤼타이메스트라가 아가멤논을 죽인 것은 자신이 권력을 차지하고 그녀의 정부인 아이기스토스를 위해서 남편을 죽인 것이라고 볼 수 있습니다. 그렇기에 클뤼타이메스트라는 전쟁의 영웅을 죽인 악녀라고 볼 수 있고 아가멤논은 권력에 대한 욕심에 가득 찬 악녀에게 무참히 살해된 불행한 전쟁의 영웅이라고 할 수 있습니다.

따라서 저희 팀은 아가멤논에게 좋은 아버지, 좋은 남편을 바라는 것은 무리이다, 아트레우스 가문의 악행과 아가멤논은 아무런 상관이 없다, 아가멤논은 국가를 위해 헌신한 전쟁의 영웅이라는 근거를 통해 주장을 증명했습니다. 이상 입론을 마치겠습니다. 감사합니다.

〈찬성 측 제1토론자의 확인질문〉

찬1(강○○): 먼저 클뤼타이메스트라가 아내로서의 역할을 다하지 못했다 하셨는데 아가멤논은 아내를 10년 동안 방치하고 트로이에서 방탕한 생활을 했습니다. 또 프리아모스의 공주인 캇산드라를 데려와 아내를 모욕하였습니다. 이러한 것을 참아내는 것은 아내에게 무리한 일이 아니었나 생각합니다.

반1(최○○): 물론, 두 사람 모두 방탕한 생활을 한 건 맞지만 객관적인 사실로 볼 때 아가멤논은 전쟁이라는 특수한 상황에 놓여 있었습니다. 그런 부분을 고려했을 때 아가멤논에게 벌어진 상황은 어쩔 수 없는 상황이라고도 생각할 수 있지 않습니까?

찬1(강○○): 그럼 전쟁이 나쁘다고 생각하십니까?

반1(최○○): 전쟁이 좋을 때도 있고 나쁠 때도 있습니다.

찬1(강○○): 무고한 생명이 희생 되는 것도 좋은 전쟁이라 할 수 있습니까?

반1(최○○): 이전에도 말씀드렸듯이 전쟁의 특수성이라 규정하겠습니다.

찬1(강○○): 전쟁을 위해 딸을 희생시킨 것도 옳은 행동이라 할 수 있겠습니까?

반1(최○○): 그렇기 때문에 다수 국민을 위해 자신의 딸을 희생시킨 그를 전쟁의 영웅이라 칭하는 것입니다.

찬1(강○○): 전쟁을 목적으로 딸을 희생시킨 것은 살인을 위해 살인을 한다는 것인데 이에 대해 어떻게 생각하시는지?

반1(최○○): 딸을 죽이기 위해 전쟁을 한 것이 아니라 전쟁의 과정에서 딸이 희생된 것이라 생각합니다.

찬1(강○○): 그러니까 전쟁을 목적으로 딸을 희생시키지 않았습니까? 전쟁을 목적으로.

반1(최○○): 전쟁을 통해 국민을 살리기 위해 그랬죠.

찬1(강○○): 국민들을 살리기 위한다구요? 이 전쟁의 목적은 국민을 살리기 위한 것이 아닙니다.

반1(최○○): 이 전쟁을 통해 국민을 행복하게 할 수 있고 복수도 할 수 있다고 생각합니다.

찬1(강○○): 어떻게 국민이 행복해진다고 하시는 것이죠?

반1(최○○): 아까 말했듯이 복수라는 것은……. (제한시간 종료)

〈찬성 측 제2토론자의 반론〉

찬2(나○○): 안녕하십니까? 반론을 맡은 찬성 측 제2토론자 나○○입니다. 먼저 반대 측에서 왕이기 때문에 가정에 좋은 남편, 좋은 아버지를 바라면 안 된다 말씀하셨는데 저희는 이것이 옳지 않다고 생각합니다. 아가멤논은 한 가정의 아버지로서 가족을 돌봐야하는 중요한 자리에 있었습니다. 아가멤논이 딸을 살리기 위해 애초에 전쟁을 그만두었어야 한다고 생각합니다. 하지만 아가멤논은 딸을 희생시켜 전쟁에 참여했습니다. 이를 보아 아가멤논은 가족보다 전쟁을 우선시한다고 생각할 수 있습니다. 이런 아가멤논을 죽인 클뤼타이메스트라의 행동은 옳다고 생각합니다.

두 번째로 아내의 복수가 더 심한 악행이었고 아가멤논에게 악함이 유전되지 않았다고 하셨는데 하지만 아가멤논의 가문은 대대로 악행을 저질렀습니다. 아가멤논 또한 가문의 일원이라 수많은 악행을 저질렀습니다. 그 악행의 대를 끊기 위해 아가멤논을 죽인 클뤼타이메스트라의 행동은 정당한 복수라고 생각합니다. 그녀가 아가멤논을 죽인 것도 악행이라 생각할 수 있지만 그것은 아가멤논 가문의 저주를 끊기 위한 것으로 자신과 자식들 그리고 가문을 보호하기 위한 불가피한 선택이었다고 생각합니다.

그리고 아가멤논을 전쟁의 영웅이라고 하셨습니다. 하지만 아가멤논을 국가의 면에서 본다면 트로이 전쟁은 아내를 빼앗긴 한 남자의 복수욕에서 비롯된 전쟁이었습니다. 이런 이유로 많은 살상을 한 아가멤논을 전쟁의 영웅이라고는 할 수 없습니다. 이 모든 것은 아가멤논의 호전적 그리고 잔인한 성격에서 비롯된 것입니다. 클뤼타이메스트라가 오만하고 잔인한 왕을 죽인 것은 백성을 위한 것이었습니다. 트로이를 과도하게 파괴하고 약탈한 아가멤논에 대한 신의 응징이고 이는 정당한 복수라고 생각합니다. 이상 반론을 마치겠습니다.

〈반대 측 제1토론자의 확인질문〉

반1(최○○): 클뤼타이메스트라가 아가멤논을 심판할 자격이 있다고 생각하십니까?

찬2(나○○): 네.

반1(최○○): 클뤼타이메스트라는 아가멤논과 캇산드라의 시체를 보고 환호하였습니다. 또한 그녀는 정부를 두고 방탕한 생활을 하여 아내로서의 역할과 책임을 다하지 않았습니다. 이렇게 잔인하고 방탕한 인물이 아가멤논을 심판할 자격이 있다고 생각하십니까?

찬2(나○○): 애초에 아내를 방탕한 생활로 이끈 것은 아가멤논이라고 생각합니다. 아가멤논은 전쟁 때문에 아내를 10년 동안이나 버려두고 트로이에서 방탕한 생활을 했습니다. 전쟁에 출전하기 위해 딸까지 희생시켰는데 이것이 클뤼타이메스트라의 복수가 정당하다는 것을 보여주는 것이라 생각합니다.

반1(최○○): 그럼, 이 전쟁은 아가멤논이 주도한 것이라 생각하십니까?

찬2(나○○): 아가멤논의 동생이 아내를 빼앗겼기 때문에 복수를 하러 출전한 전쟁이라 생각합니다.

반1(최○○): 이 전쟁은 제우스가 트로이가 보여준 불의를 심판하기 위해 일으킨 전쟁입니다. 그리고 이 전쟁에서 정의로운 자로 아가멤논이 선택된 것입니다. 전쟁이라는 특수성을 고려했을 때 아가멤논의 방탕한 생활이 무조건 심판받아야 한다고 생각할 수는 없습니다.

찬2(나○○): 하지만 제우스가 아가멤논을 선택했다 하더라도 아가멤논은 딸을 죽이지 않고 전쟁을 포기하는 선택을 할 수 있었습니다. 그런데 전쟁을 선택한 것은 아가멤논이 가정에 대한 책임감이 없는 것이고 이는 아가멤논이 잘못한 것이 아닙니까?

반1(최○○): 전쟁을 선택한 상황은 없었습니다. 아가멤논은 제우스에게 선택된 자이고 그렇기 때문에 선택권이 없었습니다.

찬2(나○○): 제우스에게 선택 받았다 하더라도 자기가 전쟁에 안 나가면 그만 아닙니까? 딸 희생 대신……. (제한시간 종료)

〈반대 측 제2토론자의 반론〉

반2(정○○): 안녕하십니까? 저는 클뤼타이메스타의 복수는 정당하다라는 논제에 반대하는 반대 측 제2토론자 정○○입니다.

첫 번째 쟁점에서 아가멤논은 좋은 남편 좋은 아버지가 아니었다고 하셨습니다. 저는 아가멤논이 좋은 아버지 좋은 남편이 아니냐를 따지기 전에 트로이 전쟁이라는 상황을 생각해 보아야 한다고 생각합니다. 트로이 전쟁이 일어난 이유는 트로이 왕자인 파리스가 스파르타 왕인 메넬라오스의 아내인 헬레네를 빼앗아 갔기 때문입니다. 그리고 메넬라오스의 형제인 아가멤논이 트로이를 치기 위해 군대를 이끌었습니다. 이 전쟁은 10년이나 이어지게 되고 아가멤논이 승리하게 됩니다.

그럼, 트로이 전쟁을 위해서 아가멤논의 선택이 불가피했던 이유를 설명하겠습니다. 아가멤논은 한 국가의 왕이었습니다. 만약 그리스가 전쟁에 참여하지 않았다면 그 국가에 어떤 일이 벌어질지 상상할 수 없습니다. 이렇듯 왕은 국가를 생각하는 마음이 베이스로 자리잡고 있어야 한다고 생각합니다. 아가멤논이 왕의 역할을 제대로 수행하기 위해서는 가족의 희생은 불가피했습니다. 세상의 이치는 두 마리 토끼를 잡도록 하지 않기 때문입니다. 국가와 가정의 선택에서 아가멤논이 한 시민이었다면 가정을 선택했을지 모르지만 한 국가의 왕인 아가멤논은 국가를 선택할 수밖에 없었다고 생각합니다. 물론 아가멤논이 가정을 생각하지 않았다는 것은 아닙니다. 그 상황 그리고 사회적 위치가 그런 선택을 하게 만들었다고 생각합니다.

두 번째 쟁점인 가문의 면에서 아가멤논의 악행은 유전되었다고 하셨습니다. 하지만 저희 측은 아가멤논의 악행과 아트레우스 가문의 저주는 관련이 없다고 생각합니다. 아가멤논은 악행과 많이 연루되어 있었고 이를 아트레우스 가문의 저주와 연결되어 있어 자식을 죽인 것이 아니냐고 추측해 볼 수 있으나 그렇게 단정을 지어 말하는 것은 옳지 않다고 생각합니다. 아가멤논이 이피게네이아를 죽인 것은 악행이 아니라 당대 수치 문화와 사회적 위치가 있었고 제우스에게 선택받았기 때문에 어쩔 수 없는 행위였습니다. 악행으로만 본다면 클뤼타이메스트라가 남편과 캇산드라를 죽이고 희열을 느낀 것이 더욱 악행이고 가문의 저주를 이어받은 것이 아닌가 생각합니다.

마지막 쟁점인 국가의 면에서 아가멤논은 잔인하고 호전적인 왕이라고 하셨습니다. 저희 측은 아가멤논이 국가를 위해 가정을 희생한 영웅이라고 생각합니다. 아가멤논은 국가를 위해 헌신한 영웅이고 자신의 딸을 희생시키면서까지 전쟁에서 이겨야 한다는 사명감을 가지고 있었습니다. 물론 아가멤논이 영웅이라고 불리는 것은 전쟁에서 이겼기 때문입니다. 클뤼타이메스트라가 아가멤논을 죽인 것은 아이기스토스를 위한 것이었기 때문에 그녀는 전쟁의 영웅을 죽인 악인이고 아가멤논은 불행한 전쟁의 영웅이라고 생각합니다.

〈찬성 측 제2토론자의 확인질문〉

찬2(나○○): 딸을 희생시킨 것은 반인륜적인 행위가 아닙니까?

반2(정○○): 하지만 그 모든 것은 제우스가 전쟁을 일으켰기 때문입니다.

찬2(나○○): 제우스가 아가멤논을 선택했다 하더라도 최종선택의 몫은 아가멤논에게 있는 것 아닙니까?

반2(정○○): 하지만 아가멤논이 가지고 있는 사회적 위치로 보면 아가멤논은 선택권이 없었습니다. 아가멤논은 한 국가의 왕인데 전쟁에 나가지 않는 것은 잘못된 것 아닙니까?

찬2(나○○): 한 국가의 왕이라 해도 딸을 죽이면서까지 전쟁에 나갈 필요가 없지 않습니까?

반2(정○○): 트로이 전쟁에 나가지 않았다면 그 이후의 상황이 어떻게 될 것 같습니까?

찬2(나○○): 트로이 전쟁은 침략당한 것이 아니라 침략한 것이 아닙니까?

반2(정○○): 트로이 전쟁에 나가지 않는 것은 한 국가의 왕으로서 책임을 지지 않는 것 아닙니까?

찬2(나○○): 한 국가의 왕으로서는 그렇게 생각할 수 있지만 한 가정의 아버지, 남편으로서 입장은 생각해 보지 않으셨습니까?

반2(정○○): 그러면 아가멤논은 지금 한 국가의 왕이죠?

찬2(나○○): 네.

반2(정○○): 한 국가의 왕이 중요합니까? 가정이 중요합니까?

찬2(나○○): 물론, 한 국가의 왕이 중요하지만 트로이 전쟁은 한 남자의 복수욕에서 비롯된 어리석은 전쟁이 아닙니까?

반2(정○○): 그래서 결론은 무엇이 더 중요하다는 말씀이십니까? 저는 소수를 희생시켜서 다수를 살리는 것이 맞다고 생각합니다.

찬2(나○○): 아가멤논 때문에 많은 사람이 희생되었고 딸까지 희생되었습니다. 그게 잘못된 것 아닙니까?

반2(정○○): 트로이 전쟁에서 아가멤논이 잘못했다고 생각하십니까?

찬2(나○○): 네.

반2(정○○): 왜 그렇게 생각하십니까?

찬2(나○○): 제우스의 선택을 받았지만 최종적으로 트로이 전쟁을 통해 많은 살생을 하고 그리고 트로이를 파괴한 아가멤논은 잘못이 없다고 생각하십니까? (제한시간 종료)

〈찬성 측 제1토론자의 반론〉

찬1(강○○): 안녕하십니까? 오늘 토론에서 찬성 측 반론을 맡은 강○○입니다. 바로 본론에 들어가도록 하겠습니다.

첫 번째는 가정에 대한 것입니다. 반대 측에서는 아가멤논에게 좋은 아버지, 좋은 남편을 요구하는 것은 잘못이라고 하셨고, 그 때문에 클뤼타이메스트라의 복수는 정당하지 못하다고 하셨습니다. 저희는 그렇게 생각하지 않습니다. 제우스의 뜻에 따라 전쟁을 일으켰다 해도 전쟁을 결정하는 것은 인간이고 결국 미래를 만들어 가는 것도 인간입니다. 전쟁을 목적으로 딸을 희생시키는 즉, 살생을 목적으로 살생을 하는 것 자체가 모순된 것이고 이런 상황은 아가멤논이 악한 사람이라는 것을 증명하며 클뤼타이메스트라의 복수가 정당방위임을 입증하는 것이 아닐까요?

두 번째로는 가문에 대한 것입니다. 악행은 유전적 요인에 의해 과학적으로 유전될 수 없다고 생각하지만 모든 사람이 그러한 것은 아닙니다. 아트레우스 가문은 다릅니다. 그 가문의 저주는 선대로부터 이미 증명되었고 아가멤논 또한 그러지 말라는 법은 없습니다. 실제로도 아가멤논은 작중에서 잔인하고 반인륜적인 행위를 하였고 이것이 아가멤논이 비열한 인간임을 증명해 클뤼타이메스트라의 복수가 정당방위임을 입증하는 것이 아닐까요? 이러한 inheritance, 구조적 사이클을 끊기 위한 클뤼타이메스트라의 행동이 영웅적인 것이 아닐까요?

세 번째로는 국가에 대한 것입니다. 트로이 전쟁은 아내를 빼앗긴 한 남자의 복수욕에서 비롯되었습니다. 시작부터가 어리석은 전쟁이었다는 것입니다. 그러한 어리석은 전쟁 때문에 죄 없는 사람들이 죽어나갔고 용맹한 아르고스의 전사들이 죽어나갔습니다. 아가멤논이 정말 무능력하고 분별력이 없다는 것을 잘 보여주는 사례라고 생각합니다.

그리고 조금 전 전쟁으로 국민들이 행복해진다 하셨는데 오히려 아가멤논은 전쟁으로 무고한 전사들을 희생시켰기 때문에 사회적 비난을 받고 있었습니다. 전쟁으로 국민들이 행복해진다는 것은 잘못된 발언인 것 같습니다. 그러므로 국가의 면에서 클뤼타이메스트라의 행동은 아가멤논을 죽여 백성들의 원한을 풀어준 영웅적 행동이 아닌가 생각합니다. 이로써 저희 찬성 측 반론을 마치겠습니다. 이상입니다.

〈반대 측 제1토론자의 반론〉

반1(최○○): 안녕하십니까? 저는 클뤼타이메스트라의 복수는 정당하다라는 논제에 반대하는 반론자 최○○입니다. 반론에 앞서 '정당성'이라는 용어에 대한 정의를 다시 한 번 해드리겠습니다. '정당성'이란 '법적, 도덕적, 사회적으로 옳고 모든 사람에게 받아들여질 만한 성질'이라고 정의하겠습니다.

먼저 확인질문 시간에 클뤼타이메스트라가 아가멤논을 심판하는 것이 정당하다고 하셨습니다. 하지만 클뤼타이메스트라는 아가멤논과 캇산드라의 시체를 보고 환호하였으며 정부를 두고 방탕한 생활을 해 아내로서의 책임을 다하지 않았습니다. 이렇게 방탕하고 아내로서의 책임도 다하지 않는 존재가 어떻게 아가멤논을 심판할 자격이 있다고 볼 수 있을까요?

그리고 찬성 측은 아가멤논이 아버지로서의 책임을 다할 수 없었다는 것에 반대하셨는데 아가멤논은 국가의 왕이라는 특수한 위치에 놓여있다는 것을 고려해야 합니다. 그는 국가의 왕이라는 위치에 있었기 때문에 그의 희생이 필요하다는 것은 모두가 아는 사실입니다.

또한 악함이 유전되지 않는다는 것에 반대하셨는데 앞선 입론에도 있듯이 교육을 통해 충분히 극복할 수 있는 것이고 가문의 특성 때문에 한 인물이 완전히 악하다고 단정짓는 것은 무리한 주장 같습니다.

그리고 반론에서 트로이 전쟁이 복수욕이 빚어낸 어리석은 전쟁이라 하셨는데 트로이 전쟁은 입론에서도 말했고 반론에서도 말했고 확인질문 시간에서도 말했듯이 파리스의 불의에 분노한 제우스가 일으킨 전쟁이고 그를 보호해준 트로이 사람들의 처벌까지도 원했고 가정의 신, 환대의 신을 모욕한 파리스에 대한 응징입니다. 그렇기 때문에 어리석은 전쟁이라고 하는 것은 다소 모순적인 발언입니다.

그리고 아가멤논이 한 국가의 왕이라는 중요한 위치에 있다면 국민을 위해 자신의 가정은 다소 피해를 볼 수도 있습니다. 자신이 희생도 하지 않고 일을 잘 꾸려나가려고 하는 것은 희생정신이 부족하고 다소 이기적인 존재로 기억되지 않을까 생각합니다. 이로써 저희는 앞선 입론, 반론, 확인질문에서 나왔던 내용을 반박하였습니다. 이상으로 반론을 마치겠습니다. 감사합니다.

〈찬성 측 제2토론자의 최종발언〉

찬2(나○○): 안녕하십니까? 찬성 측 최종발언을 맡은 제2토론자 나○○입니다. 저희 찬성 측은 클뤼타이메스트라가 아가멤논을 죽인 것은 정당한 복수라고 생각합니다.

먼저 아가멤논은 한 가정의 가장이자 한 여자의 남편이었습니다. 하지만 아가멤논은 전쟁 출전을 위해 딸을 희생시키고 10년이라는 시간 동안 아내를 방치했습니다. 이런 행동을 봐도 그렇듯 아가멤논은 가정에 대한 책임이 없고 잔인한 인물이라고 할 수 있습니다. 클뤼타이메스트라는 자신이 아가멤논을 죽인 것은 정당한 복수라고 주장합니다.

두 번째로 가문의 악행은 가문 대대로 이어졌습니다. 이런 환경에서 자란 아가멤논도 잔인한 성질을 가지고 있고 트로이 전쟁에서 많은 사람을 희생시켰습니다. 그리고 신전도 파괴했습니다. 이런 것을 보아 아가멤논의 성격은 잔인하다고 볼 수 있습니다. 클뤼타이메스트라가 이런 잔인하고 오만한 성격을 가진 아가멤논을 죽인 건 자신과 자식을 보호하기 위한 수단이었다고 생각합니다.

그리고 아가멤논은 국가의 왕이었습니다. 하지만 인간은 신의 뜻을 따라 움직이는 수동적 존재가 아닙니다. 트로이 전쟁은 제우스에 의해 일어났지만 선택의 몫은 아가멤논이 가지고 있었습니다. 딸을 버리고 수많은 학살을 한 건 아가멤논의 선택입니다. 이 모든 것을 보면 아가멤논은 잔인하고 호전적이고 오만한 왕임을 알 수 있습니다. 클뤼타이메스트라가 가정 그리고 자식을 위해 복수를 한 것은 정당하다고 생각합니다.

윗물이 맑아야 아랫물이 맑다는 이야기가 있습니다. 만약 잔인하고 오만한 왕인 아가멤논이 그리스를 통치한다면 그리스는 망할 확률이 높습니다. 하지만 클뤼타이메스트라가 이런 잔인하고 오만한 왕을 제거하였으므로 백성 모두가 평안하게 살 수 있었을 것입니다. 이상으로 최종발언을 마치겠습니다.

〈반대 측 제2토론자의 최종발언〉

반2(정○○): 안녕하십니까? 반대 측 최종발언을 맡은 제2토론자 정○○입니다. 이번 토론에서 저희는 클뤼타이메스트라의 복수는 정당하다라는 논제에 반대합니다.

첫 번째로 저희는 가족의 면에서 아가멤논에게 좋은 남편, 좋은 아버지를 바라는 것은 무리라고 생각합니다. 아가멤논은 한 국가의 왕이었고 만약 아가멤논이 트로이 전쟁에서 졌다면, 아가멤논이 한 국가의 왕으로서 역할을 제대로 수행하지 않았더라면 그 국가에 어떤 일이 벌어졌을지는 모릅니다. 저는 소수의 희생으로 다수를 구해야한다고 다시 한 번 강조하는 바입니다.

아가멤논이 왕의 역할을 제대로 수행하기 위해서 가정의 희생은 불가피했다고 생각합니다. 한 사례를 들어서 저희 주장을 강조하겠습니다. 스웨덴의 한 버스운전사가 있었습니다. 한 유치원생은 횡단보도를 건너고 있었습니다. 그런데 그 유치원생은 그 버스기사의 아들이었습니다. 그때 버스기사는 브레이크가 고장났다는 것을 알고 두 가지 생각을 했습니다. 내 아이를 치고 많은 생명을 구해야 하나 내 아이를 살리고 많은 생명을 죽거나 다치게 해야 하나. 만약 첫 번째 선택을 했다면 아이는 살았겠지만 승객 모두가 죽을 수도 있는 상황이었습니다. 결국은 버스기사의 아이가 희생되었습니다. 버스 기사는 아들을 안으며 미안하다고 말합니다. 만일 자신의 아이를 살리려 했으면 버스 안 승객은 어떻게 되었을까요? 내가 운전자였다면 자신의 아이를 칠 수 있었을까요? 이것은 소수를 희생해 다수를 살린 대표적인 예입니다.

두 번째로 가문의 면에서 아트레우스 가문의 저주와 아가멤논은 아무런 관련이 없다고 주장합니다. 아트레우스 가문은 대대로 악행을 많이 저질러 이것이 아가멤논에게 유전되었다고 추측해 볼 수 있지만 교육을 통해 바꿀 수 있었는데 가문 때문에 무조건 나쁘다고 하는 것은 잘못된 생각인 것 같습니다. 악행으로만 보면 남편과 캇산드라를 죽이고 희열을 느낀 클뤼타이메스트라가 오히려 가문의 저주를 이어받은 것이 아닌가 생각합니다.

세 번째로 국가의 면에서 아가멤논은 국가를 위해 많은 것을 희생한 영웅이라고 생각합니다. 클뤼타이메스트라가 아가멤논을 죽인 것은 권력을 차지하고 자신의 정부인 아이기스토스를 위한 것이기 때문에 오늘 토론의 논제인 클뤼타이메스트라의 복수는 정당하지 않다고 생각합니다. 그리고 왕이라는 위치에 있는 아가멤논에게 국가가 중요한지 가정이 중요한지 다시 한 번 생각해 보아야 한다고 생각합니다. 이상으로 최종발언을 마치겠습니다. 감사합니다.

〈심사결과〉

토론이 굉장히 수준이 있었다고 생각됩니다. 무척 흥미 있었습니다. 승패를 결정하기 어려울 정도로 양 팀 다 잘했다고 생각합니다.

첫 번째 입론은 양쪽 다 매우 훌륭했습니다. 확인질문도 양 팀 다 괜찮았습니다. 하지만 답변의 면에서 찬성 측의 답변보다는 반대 측의 답변이 우수했다고 생각합니다. 그래서 첫 번째 라운드에서는 반대 측이 이겼다고 보았습니다.

반론에서는 찬성 측과 반대 측 반론이 모두 좋았습니다. 근래에 본 반론 중에서 가장 나은 반론이라고 생각이 들 정도로 잘하였습니다. 사실 반론이 어려운 부분인데 둘 다 잘했다고 생각했습니다. 확인질문이나 답변은 양 팀 다 비슷했습니다.

마지막에 가서는 양 팀의 반론 모두 괜찮았고 최종발언도 양 팀이 인상적인 부분을 조금씩 첨가시켜 좋았습니다.

그런데 내용을 떠나 형식면에서 보면 반론 시간에 확인질문을 다루는 것은 좋지만 순서로 보면 찬성 측의 순서가 조금 바뀌었습니다. 확인질문을 먼저 처리하고 반론을 하는 것이 순서상 맞습니다.

토론은 전반적으로 비슷했지만 전략적으로 보면 반대 측은 전쟁의 특수성 그리고 다수를 위한 소수의 희생이 필요하다는 것을 토론 시간 내내 강조했다는 것이 기억에 남았습니다. 그래서 큰 틀에서 보면 반대 측이 토론에서 이겼다고 생각합니다. 두 팀 모두 훌륭했습니다. 이상으로 토론을 마치겠습니다. 15분 후 다음 팀의 토론이 있겠습니다.

이 책은 문학 작품을 읽고 대립형 토론을 해보고 싶은 선생님과 학생들을 위해 썼다. 하지만 이 책은 학생들의 토론 교육을 주된 목적으로 쓴 것은 아니다. 이 책은 학생들의 독서 교육을 위해서 썼다. 토론은 학생들이 책을 읽는 동기를 부여하는 한 수단일 뿐이다. 늘 중심은 독서에 있어야 한다. 수단과 목적이 바뀌지 않아야 한다.

나는 학생들이 책에서 어떤 유용성을 찾기보다는 책 그 자체를 즐기면 좋겠다. 세상을 살아가는 데 독서가 반드시 필요한 것은 아니다. 책은 읽지 않아도 상관은 없다. 책을 읽는다고 해서 반드시 더 나은 사람이 되는 것도 아니다. 나의 어머니도 책을 읽지 않았지만 누구보다 좋은 분이라 생각한다. 책을 좀 읽었다는 내 삶이 어머니의 삶보다 더 가치 있다고 생각하지도 않는다.

오늘날 독서에 과도한 의미를 부여하고 반 강제적으로 학생들에게 책을 읽히는 문화는 경계해야 마땅하다. 책을 읽어야 할 필요성을 이야기하기보다는 먼저 책을 읽을 수 있는 환경을 만들어야 한다. 그러기 위해서는 학생들이 빈둥거릴 여유가 필요하다. 오늘날과 같은 교육 환경과 입시 경쟁에서 책을 좋아하는 아이들이 생겨날 수 있을까.

나에게 책을 읽는 일은 좋은 취미활동이다. 나는 이 취미로부터 무엇을 얻고자 하지 않는다. 내가 좋아할 수 있는 더 좋은 취미활동이 있다면 책을 읽지 않을 것이다. 내가 학생들에게 늘 하는 말은 좋은 취미활동들이 많지만 독서도 평생 함께 할 수 있는 좋은 취미 중 하나라는 것이다. 무턱대고 멀리하기보다는 독서가 자신의 일생에 괜찮은 취미활동이 될 수 있는지 한 번 접해보라고 권한다. 나 자신에게 독서는 꽤 괜찮은 취미활동이지만 학생들에게는 그렇지 않을 수도 있다. 학생들이 억지로 책을 읽기보다는 취미생활을 하듯 책을 읽기를 바란다. 책을 읽으라는 강박적 요구는 독서를 학습을 위한 수단으로 생각하기 때문에 생겨난다. 독서는 그냥 재미있는 지적인 오락거리 중 하나일 뿐이다.

책을 좀 읽었다는 사람들 중에 세계 최고의 독서가로 돈키호테를 꼽는 사람들이 있다. 나도 한 때 그런 생각을 한 적이 있다. 책에서 읽은 것을 현실에 그대로 재현하는 이 사람에게 독서는 삶이다. 하지만 이런 나의 생각은 조금씩 변했다. 책과 삶은 다른 것이다. 이를 구분하지 못하는 것은 바람직하지 않다. 책은 그 자체로 삶이 아니며 삶이 될 수도 없다. 책을 읽는 일과 개인의 삶과 개인의 능력을 동일시하는 현상은 사라져야 한다.

요즘 내가 꼽는 최고의 독서가는 이탈로 칼비노의 소설인 『나무 위의 남작』에 나오는 잔 데이 브루기라는 유명한 도적이다. 책 읽기를 즐거운 의무로 삼은 이 도적의 이야기를 좀 하자.[82] 이 이야기는 책읽기의 즐거움을 다시 한번 생각하게 한다.

이탈로 칼비노(이현경 옮김)의 『나무 위의 남작』은 아주 매력적인 인물들로 가득 차 있다. 그 중 한 명이 위대한 산적 잔 데이 브루기이다. 코지모(일생을 나무 위에서 사는 『나무 위의 남작』의 주인공)가 호두나무 위에서 『질 블라스 이야기』란 책을 읽고 있었을 때, 잔 데이 브루기는 두 명의 순경에게 쫓기어 코지모의 나무 아래로 도망을 오게 된다. 코지모는 브루기를 나무 위에 숨겨준다. 순경들이 가자 브루기는 코지모의 책에 관심을 보이며 숨어 있을 동안 책을 읽게 빌려달라고 한다. 코지모는 책을 빌려준다.

그후 잔 데이 브루기는 책을 다 읽자마다 코지모에게 책을 돌려주고, 다른 책을 빌려 자신의 비밀 은신처에 틀어박혀 책읽기에 빠진다. 브루기는 하루 종일 숨어서 소설이란 소설은 모두 탐독할 정도로 책읽기에 빠진다. 책을 다 읽고 더 읽을 책이 없으면 은신처에서 나와 코지모를 찾아 책을 빌리기 위해 하루 종일 숲을 뒤지고 다녀 사람들을 놀라게 하고 순경들이 총동원되어 그의 흔적을 찾아 추적하게 만든다.

코지모는 동생이 나무 위로 갖다 주는 책만으로는 더 이상 브루기

---

82) 이탈로 칼비노(이현경 옮김), 『나무 위의 남작』, 민음사, 1997. 144-163쪽에서 정리함.

의 요구에 몰려 버틸 수가 없게 된다. 그는 유태인 책장수에게 책을 구입하여 브루기에게 빌려준다. 소설에 푹 빠진 브루기는 코지모에게 책을 교환하기 위한 경우를 제외하고는 자신의 은신처에서 결코 나오지 않는다.

브루기는 서서히 잊혀져 간다. 도적과 강도들은 강도짓과 도적질을 할 때마다 브루기의 권위와 경험을 이용한다. 강도와 도적들은 사람들에게 공포감을 주기 위해 잔 데이 브루기의 이름을 이용하였고, 그러면 사람들은 겁에 질려 쉽게 그들의 물건을 내준다. 브루기는 도적질을 하지 않고도 그 이름을 빌려주는 대가만으로도 충분히 그럭저럭 먹고 살 수 있었다. 하지만 하루 종일 흐리멍덩한 눈으로 소설 책만을 읽으면서 더 이상 물건을 훔치려고 하지 않는 브루기는 사람들에게 더 이상 공포심을 주지 못하고, 도적들에게도 어떤 존경심도 불러일으키지 못한다. 이를 보다 못한 브루기가 키운 두 명의 젊은 산적들은 훌륭한 대장을 되찾기 위해, 브루기가 잃어버린 명성을 되찾아 주기 위해 그를 찾아가 세금징수원의 집을 크게 한탕 털 것을 제안한다.

하지만 아무리 책을 잠시만 덮고 자신들의 말을 들어달라고 해도 브루기는 책에서 눈을 떼지 않는다. 젊은 두 도적은 책이 있는 한 아무것도 할 수 없음을 알고 그에게서 책을 빼앗는다. 브루기가 책을 돌려달라고 소리치지만 두 젊은 도적은 돌려주지 않고 브루기는 책을 읽게 해달라고 애원한다. 책을 돌려달라고 애원하는 브루기에게 두 젊은 도적은 도적질에 성공하면 책을 실컷 읽을 수 있도록 해주겠다고 제안한다. 그래도 브루기가 말을 듣지 않자 두 젊은 도적은 책의 끝부분부터 페이지를 한 장씩 뜯어 불 속에 던져버린다. 브루기는 책이 어떻게 끝나는지 알 수 없게 되었다며 괴로워한다. 두 젊은 도적이 책을 더 뜯어 불 속에 던지려고 하자 브루기는 결국 그들에게 협조하겠다고 약속한다. 브루기가 투덜거리면서 후회를 하면 그 때마다 두 젊은 도적은 책 찢는 소리를 들려준다.

세금징수원의 집에 도착한 브루기는 이미 더 이상 과거의 브루기가 아니었기 때문에 잡혀서 감옥으로 간다. 그는 교수형을 선고받는다. 하지만 그가 진정으로 걱정하는 것은 오히려 책을 읽을 수 없고, 그가 마지막으로 읽던 『클래리사 할로우』라는 책을 다 읽지 못한 것이다. 이를 안 코지모는 『클래리사 할로우』라는 책을 새로 한 권 더 구해서 감옥의 쇠창살 가까운 나무 위에서 책을 큰 소리로 읽어 준다.

『클래리사 할로우』를 다 읽자 브루기가 약간 우울해진 것을 느낀 코지모는 필딩의 소설 『조나단 와일드』를 읽어 준다. 잔 데이 브루기는 생의 마지막 날까지 조나단 와일드의 문제에만 관심을 가진다. 그가 교수형을 당하기 직전 나뭇가지 위에 있는 코지모에게 마지막으로 한 말은 소설이 어떻게 끝나는지 말해달라는 것이었다. 코지모는 당신에게 이런 말을 해서 유감이지만 조나단 와일드는 목매달아 죽는다고 말한다. 브루기는 코지모에게 "고마워, 나도 그럴 건데! 안녕!"이라고 대답하며 직접 사다리를 발로 차서 목이 졸려 죽는다.

책읽기를 자발적 의무로 삼은 한 도적의 이야기는 책읽기가 그 자신을 죽음으로 몰아넣었지만 죽음조차도 그에게서 책읽기의 즐거움을 방해하지 못함을 우리에게 보여준다. 그의 가장 큰 근심은 소설을 읽지 못하는 것이며, 죽기 직전까지 그가 유일하게 관심을 가진 것은 소설 속 인물의 운명이었다. 결국 그는 소설 속의 인물과 자신을 동일한 죽음 속으로 몰아넣는다. 소설 읽기의 강렬한 매혹이 느껴지지 않는가.

여기서 중요한 사실은 도적이 아무런 조건 없이 책을 읽었다는 것이다. 그에게 읽으라고 한 사람도 없으며, 그에게 책을 빌려주는 대가로 무엇을 요구한 사람도 없다. 강요와 대가를 요구하는 것은 책읽기의 죽음이 될 수 있다. 아마 도적의 죽음은 요구된 책읽기의 죽음을 비유하는 것인지도 모를 일이다. 그가 잡혀 죽음을 당하게 되는 것은 두 젊은 산적이 그에게 책을 읽게 해주는 대가로 도적질을 요구했기 때문이 아닌가.

아이들이 책읽기를 좋아하려면 무상성(無償性)이 전제되어야 한다. 강요해서는 안 된다. 스스로 책읽기를 즐거운 의무로 삼을 수 있어야 한다. 책 읽기를 통해서 아무것도 아이에게 바라지 말고 아이가 책을 통해 꿈꾸게 해야 한다.

가끔 가르치는 학생들 중에서 어떻게 하면 책을 잘 읽을 수 있는지 물어보는 경우가 있다. 그때 내가 아이들에게 즐겨 해주는 이야기가 있다. 중국 최고의 석학으로 말년에 북경대학 부총장까지 지낸 계선림의 회고록인 『우붕잡억』에 나오는 이야기다.

노신 선생이 말한 우스개 이야기가 생각난다. 돌팔이 의사 하나가 시장터에서 큰 소리로 빈대를 퇴치하는 묘책이 있다고 떠들어댔다. 그러자 어떤 사람이 돈을 내고 그 묘책이 적힌 종이를 샀는데, 층층이 다른 종이로 꼭 싸여져 있었다. 조심스레 펴보니 단 두 마디의 묘책이 쓰여 있었다.

"부지런히 잡아라."

과연 이 말은 틀릴까, 맞을까? 아니, 그것은 정확한 답이었다. 하지만 하나마나 한 이야기일 뿐이다. 내 경험도 두 마디로 압축할 수 있다.

"부지런히 노력하라."

여기에 다시 두 마디를 덧붙이면 이렇다.

"분초를 다투어, 읽고 읽어 잊지 마라."

영감(靈感)이 없다고는 말할 수 없다. 하지만 영감은 하늘에서 툭하고 떨어지는 게 아니라 부지런히 노력하는 가운데서 나오는 것이다.[83]

이 이야기에서 우리는 두 가지 교훈을 얻을 수 있다. 첫째, 어떤 일을 쉽게 할 수 있는 묘책은 없으며 있다면 성실한 노력이 있을 뿐이다. 둘째, 사람들이 층층이 꼭 싸여져 있는 종이를 포기하지 않고 펼친 이유는 그 속에 빈대를 잡는 묘책이 있다고 믿었기 때문이다. 우리가 어떤 일을 포기하지 않고 하려면 자신에 대한 신뢰가 필요하다. 특별한 묘책을 찾기보다는 자신을 믿고 열심히 하는 것이 묘책이라면 묘책이다. 독서도 마찬가지다. 책을 잘 읽는 방법은 없다. 그저 성실히 읽고 또 읽을 뿐이다.

마지막으로 나에게 독서란 무엇일까를 생각해 본다. 얼마 전 수전 손택의 일기와 노트를 책으로 만든 『다시 태어나다』란 책에서 나름 그

83) 계선림(이정선·김승룡 옮김), 『우붕잡억』, 미다스북스, 2004. 347-348쪽.

해답을 찾았다. "내 독서는 탐욕스러운 사재기, 축적, 미래를 위한 비축, 현재의 빈 구멍을 채우려는 노력이다."[84]

이 책이 학생들이 책을 가까이 하는 데 조금이라도 도움이 되길 기원하며 글을 마친다.

84) 수전 손택＊데이비드 리프 엮음(김선형 옮김), 『다시 태어나다 1947~1963』, 이후, 2013. 389쪽.

토론의 전사 8 - 독서 디베이트의 정석

1판 1쇄 2018년 4월 23일 발행
1판 2쇄 2022년 7월 01일 발행

지은이 ㅣ 정한섭

기획 및 편집 ㅣ 유덕열, 박세희

펴낸곳 ㅣ 한결하늘
펴낸이 ㅣ 유덕열
출판등록 ㅣ 제2015-000012호
주소 ㅣ 경기도 안산시 단원구 선삼로4길 11 (101호)
전화 ㅣ (031) 8044-2869   **팩스** ㅣ 070-7580-2860
이메일 ㅣ ydyull@hanmail.net

ISBN 979-11-88342-07-5

이 도서의 국립중앙도서관 출판예정도서목록(CIP)은 서지정보유통지원시스템 홈페이지
(http://seoji.nl.go.kr)와 국가자료공동목록시스템(http://www.nl.go.kr/kolisnet)에서
이용하실 수 있습니다.(CIP제어번호: CIP2018012129)